普通高等学校“十二五”规划教材

汽车试验方法

杨志华　编著

国防工业出版社

·北京·

内容简介

本书从汽车试验的基本概念出发，介绍了汽车试验的必要性和汽车试验的目的、分类、基本步骤，讨论了汽车试验与汽车检测、汽车试验仪器与车上仪表的关系。

阐明了现代试验技术的模块化组织思想和电测法技术手段，介绍了测试系统的一般组成、测试系统的数学转换特性和机械量的电测量的典型试验装置，讨论了测量误差分析、试验数据的静态与动态处理的数学原理和基本方法。

以汽车整车的主要使用性能和汽车主要系统、总成及零部件为研究对象，介绍了常见汽车试验项目的组织方法、试验装置的组成与特点和试验操作要点，对一些关键数据和限值的要求进行了分析与讨论。

本书适用于高等学校车辆工程专业或其他相关专业本科生作为汽车试验技能培养的专业教材，也可供汽车制造、检测和修理行业相关人员作为汽车试验检测方面的技术参考书。

图书在版编目(CIP)数据

汽车试验方法/杨志华编著. —北京:国防工业出版社,2013.9

普通高等学校"十二五"规划教材

ISBN 978-7-118-08899-1

Ⅰ.①汽... Ⅱ.①杨... Ⅲ.①汽车试验-高等学校-教材 Ⅳ.①U467

中国版本图书馆 CIP 数据核字(2013)第 209449 号

※

国防工業出版社出版发行

(北京市海淀区紫竹院南路 23 号 邮政编码 100048)

涿中印刷厂印刷

新华书店经售

*

开本 787×1092 1/16 印张 13 字数 322 千字

2013 年 9 月第 1 版第 1 次印刷 印数 1—4000 册 定价 29.80 元

(本书如有印装错误,我社负责调换)

国防书店:(010)88540777 发行邮购:(010)88540776

发行传真:(010)88540755 发行业务:(010)88540717

前　言

本书的主要定位是作为车辆工程专业高年级本科生的试验技能培养专业教材，其理论基础是工程力学、工程数学和电工电子技术等学科基础课程，汽车理论和汽车构造为其专业先修课。

作者通过多年的车辆工程专业本科生教学实践，并通过对现行培养方案和专业课程体系的调研，发现在汽车试验技能培养方面，需要一本综合性较强、涵盖面较广的教材。本书就是力图从汽车试验概述、机械量的电测量技术、试验数据分析与信号处理、整车性能试验和底盘主要总成及零部件的典型试验等诸多方面，对汽车试验方法进行介绍与讨论。

另外，在多年的汽车试验类的课程教学中，发现用较大篇幅单纯地罗列乃至摘录试验标准，与本科生教学的目的和定位不符，而且标准文件更新较快，过于详细地叙述其细节内容和参数要求等意义不大。所以本书致力于汽车试验的组织思想、仪器原理和基本测试方法的讲授，而对于试验标准部分，介绍得不是很系统、很详细，希望读者在制定试验大纲和进行实际测试作业时查阅具体试验项目的最新标准。

希望有关院校在选用本书作为教材时，依据自身条件和培养计划，配置相应的实验课程。

本书由吉林大学汽车工程学院杨志华编著，在取材、章节体系和具体编写内容等方面，得到了吉林大学车辆工程学科以及汽车试验学（亦称“汽车试验方法”）课程教研组各位同仁的大力支持与帮助。在此，编者表示衷心的感谢。

最后，恳请广大读者对书中的错误与疏漏提出宝贵意见。

编者

目　录

第一章　汽车试验概述

一、基本概念

所谓“汽车试验”，简单地说,就是通过实际测试的手段确定汽车的某个(些)参数。这里的“参数”，一般是指物理量的定量数值，例如，力、温度、速度或者声级等(也包括各类疲劳寿命试验的循环次数等数据)；个别情况下也可能是定性评价，例如，有关操纵稳定性或越野通过性的一些试验，可以采取某些主观评价法，由试验员给出诸如“好”“较好”“一般”“较差”……的定性评价。

一般来说，汽车试验所采用的仪器设备、试验场所、试验环境和试验工况等，都应该遵循国家或者相关部门、行业或企业发布的正规标准文件。标准可以确保试验操作规范、安全，数据结果准确、可信，具有典型性、代表性和可比性。而有些探索性、创新性试验，也可以由研究人员自行制定试验标准和操作规范，这也是对汽车基础理论、设计制造技术和汽车试验方法的有力推动。

二、试验与理论的关系、试验的必要性

可以说，“试验”是和“理论分析计算”相对的。例如，要确定一辆汽车的最高车速，既可以通过理论分析的方法，也可以通过试验测试的方法得到结果。理论分析，就是由车辆结构参数、行驶环境参数和驾驶员操作(意图)出发，通过汽车理论的动力学分析，计算出该车在给定条件下能够达到的最高行驶车速；而如果由试验员驾驶一辆被试车在实际道路上行驶，按标准规定的方法和程序，通过测量汽车通过给定路段的时间，或者利用各种速度测量仪器直接测量其瞬时速度，就是试验方法。

理论分析的价值在于，可以定量地揭示各参数之间的内在关系，可以在没有实物原型、不需要进行实际操作的条件下，预测研究对象的性能，对于产品的设计开发有很强的指导作用。然而，理论分析决不能完全取代实际测试，尤其是对于现代汽车行业来说，汽车试验的必要性主要体现在以下几方面。

(1) 作为一种室外交通工具,汽车的使用条件复杂，整车、各系统、机构和零部件会遇到各种难以预料的载荷、工作条件和行驶环境。对这些纷繁复杂的使用条件建立完整且精确可靠的理论模型，是比较困难的、有时甚至是不可能的。例如，汽车车身的防雨密封性，如果完全进行理论预测，需要建立雨滴尺寸、分布密度、降水化学成分、雨滴相对于车身的速度和角度等模型，需要考虑车身不同部位内外蒙皮和各类密封件的缝隙几何尺度、排水结构设计、抗水性、浸润性和含水能力……试图在此基础上精确预测是否渗漏及渗漏(包括滴、流)的水滴速度，是极其困难的。

(2) 汽车是一种高度普及的社会化的民用商品(军用和专业比赛车辆不在此列)，研究、制造单位之间的竞争异常激烈。厂商为了争夺市场，势必要在产品的性能、质量和成本之间

做出平衡，“不惜血本”的模式是走不通的，过分的“精益求精”也是不符合商业规律的。一个研发任务，要在有限的人力、物力和时间条件下，寻求在法规允许和市场满意框架下的利益最大化，势必要通过科学、合理的试验手段，定量、可靠地确定产品的设计参数，达成研发和制造效费比的最优化。而在深层次的理论分析和机理解释方面，暂时有所欠缺是可以接受的。

(3) 汽车研究和设计的许多问题，已经有了理论模型，但是这些模型并非普遍适用，或者模型中的某些参数不易确定。例如，上述的“求解最高车速”问题，车辆载荷的精确值、载荷在各车轴及各车轮之间的分配、底盘和车身的技术状况、润滑油(脂)的技术状况和温度、发动机进排气系统的通畅程度、燃油的品质、门窗密封程度等，对于实际车速是有影响的，但是在汽车理论模型中是很难考察这些因素的，一般是视作常数或者忽略不计。也就是说，理论模型与实际情况是有出入的。再例如，关于汽车的操纵稳定性问题、关于轮胎的侧偏特性，当前进行了大量研究，取得了许多成果，但要精确、可靠地定量评价一辆给定汽车的操纵稳定性能，或者哪怕只是给定轮胎在任意工况下的侧偏刚度，都是非常困难的。而如果需要对这类问题精确求解，进行实车测试显然是更可靠的。

(4) 由上述几点可以看出，理论不能代替试验，归根结底，在于现有理论的不准确性或者局限性。而进行汽车试验，不仅能弥补这种局限性，解决试验者当前面临的工程实际课题，还有可能将试验中提取出的单纯经验性的结论，上升到理论规律的高度。例如，操纵稳定性和牵引通过性等领域的大量试验研究，为轮胎侧偏特性理论和土壤本构模型的建立和验证提供了广泛、可靠的数据支撑。可见，汽车试验可以弥补现有知识体系的缺失、创建新的理论学说，从而推动汽车基础理论研究和设计制造技术的进步。

因此，进行汽车试验及对汽车试验的方法进行研究，对于优化汽车产品的设计、推动汽车工业的发展、完善汽车基础理论研究及激励和带动相关技术理论(如，传感技术、信号分析理论和技术、电子设备制造技术等)的发展，都具有重要意义。

三、汽车试验的分类

汽车试验的研究范围广泛、项目繁杂，可以从不同角度进行分类。

1．按试验目的分类

(1) 质量检查试验。通过定期检查，鉴定目前生产的汽车产品质量的稳定性，如果检查要求由用户提出，也可以不定期。如果检查出问题还要进行简要分析。由于产品的性能和质量指标参数已经确定、试验规范已经成型，而且产品质量检查强调时效性，所以这类试验比较简单、快捷。

(2) 新产品定型(鉴定)试验。新产品(整车或总成、零部件)在正式投产前必须进行的全面性能试验，必须按国家有关试验标准和规程进行，通常还要选择不同试验地区验证其在不同温度、湿度、海拔及大气条件下的适应性。一般要进行多轮试验，样件数量逐轮增加，每轮发现的问题及时改进，直到性能要求全面满足，产品尺寸、材料和工艺等参数全部确定。

有时将质量检查试验和新产品定型试验统称为产品检验性试验。

(3) 科研探索类试验。为了改进现有产品或研制新产品，就要对车辆的新部件、新结构、新材料和新工艺等进行系统而广泛的研究，其中试验验证是必不可少的。另外，还包括对汽车及相关领域基础理论和技术的研究及汽车试验方法本身的探讨。

科研探索类试验，所涉及的大都是目前尚未成熟的技术或者尚未普遍成立的理论，试验项目的深度、广度较大，试验规范和操作实施方法可以由试验者根据具体的试验项目灵活确定，对试验数据的精确度要求很高，采用的设备非常先进，手段通常较复杂。与之相比，产品检验性试验在试验项目、规范、过程和操作方法等方面必须依据国家和部门、行业的有关标准来进行，确保试验工作有章可循，试验对象之间的定量分析具有可比性。

2. 按试验对象分类

就是按车辆结构层次划分为三类：整车试验、机构及总成试验和零部件试验。

(1) 整车试验。通常称作“整车性能试验”，是在不解体条件下对汽车的各主要使用性能进行的考察和评价，主要包括汽车的动力性、燃油经济性、制动性、操纵稳定性、平顺性和通过性等，还有环保性、车内空间舒适性和整车基本参数的测定等。待测性能不同，试验项目和评价指标也不同，例如动力性试验要测试最高车速、最大爬坡度和加速时间等项目，制动性则要通过制动距离或者制动减速度等来评价。汽车整车试验，尤其是整车的道路试验，相对于其他汽车试验更接近汽车的真实使用状况，对于客观地评价汽车使用性能、发现和暴露实际使用工况下的异常状况和可靠性问题、考察汽车的设计制造水平、对汽车及相关领域基本理论的验证和创新，都具有重要意义。但由于整车不解体，试验中的有些异常现象和故障难以准确判断其来源。

(2) 机构及总成试验。主要考察机构或总成的工作性能和耐久性。如测试发动机的功率、变速器的效率或转向器总成的疲劳寿命等。

(3) 零部件试验。主要考察被试件的设计和工艺的合理性，主要测试项目包括强度(静载和疲劳)、刚度、抗磨损能力和选材的合理性等。例如各类齿轮的疲劳寿命试验、滑动花键的磨损试验、驱动桥壳的弯曲刚度和强度试验等。

本书主要介绍各类金属零部件的试验。对于汽车上使用日益广泛的非金属零件和电工电子元器件，也要根据其设计特点和工作环境制定试验项目、进行测试。

机构及总成试验和零部件试验，这两个层次的划分不是绝对的，或者说有时是比较模糊的。行业中经常将汽车试验按对象简单划分为两大类：整车试验、总成与零部件试验。本书第三章讲述的就是整车性能试验，总成与零部件试验则统归入第四章。

3. 按试验场所分类

主要就是室内和室外两个场所。两类试验各有优劣、互为补充。

(1) 室外道路试验。就是在室外实际道路上对车辆的技术性能进行验证。由于试验环境条件真实，驾驶操作真实，通常不需要对车辆进行解体，可以进行几乎所有整车性能试验，而且其结果可信度较高。但室外条件不易控制，试验过程易受无关因素干扰，数据重复性较差。车载条件也对测试仪器设备提出了更高的要求。而且室外道路试验的组织和实施耗时较长，动用人员较多。近年来，随着测试技术的进步，小型高性能传感器、电子化智能化车载数据记录处理设备和信号短距离无线传输遥测系统等的应用日益增多，大大提升了汽车道路试验能力，降低了试验难度。

对于有越野性能要求的车辆，“道路”也可以包括田间、沙地、冰雪地等非铺装地面。

(2) 室内台架试验。就是在室内专用试验场地内搭建专用试验台架，利用试验台模拟实际使用工况，对整车或总成、零部件进行测试。室内试验，可以消除天气、道路状况和交通流量等不确定因素的影响，有利于组织和安排试验，缩短试验周期，试验数据精密度高、重复性好、可比性强。但行驶阻力、整车惯量、车轮负荷变动或路面附着系数等真实行驶工况的模拟是一个需要重视的问题，否则试验结果是不可信的。台架本身搭建时间可能较长，但试验操作本身过程较短(对于疲劳类试验，台架运行的时间很长，但并不需要全程人工操作和监控)，仪器设备大多是固定式的，比较容易布置和操控。

(3) 试验场试验。这是又一类室外道路试验，但是其路面(地面)是根据不同试验目的、严格按照规范铺装的。同一个试验场，有不同的分场地(跑道)可供不同试验项目使用，试验安排和组织更合理，测试过程更科学。专用、统一的试车场地能提高试验环境条件的典型性和均一性、试验数据的重复性和可比性。专用场地还具有设施完备、服务周全和行驶安全性好等优点。还可以利用各种刻意“恶化”的路面(地面)，人为地提高车辆行驶和人员操控的难度，加大试验负荷，进行所谓“强化”或“浓缩”试验(参见第三章第十节“快速可靠性试验的基本原理”部分)，尽快暴露出问题，缩短试验周期。

汽车试验场占地面积较大，建设成本高，数量不多，如图 1-1 所示。

图 1-1　汽车试验场高速环形跑道

(4) 使用试验。顾名思义，使用试验就是在实际使用中对车辆(或车辆的某部分)的某个指标进行测试。这也是一种在室外道路上进行的试验,但这种“试验”往往并不是利用专业设备进行通常意义上的试验测量，而是仅仅由驾驶员对某些行车信息进行记录，如行车环境、发动机水温和油温、加油数量、手脚操作动作和次数、维护与修理项目与次数等。对于道路和气象条件、车辆载荷、驾驶操作习惯、车辆技术状况和维修调整作业等不做任何特殊规定，完全按驾驶员意图和实际行驶环境操作，得到的结果最为真实可信。但是由于驾驶员习惯和使用环境等随机性影响因素的存在，使得试验数据的典型性和重复性不好，且可操作性很差。能够采用使用试验方式的汽车试验项目并不多。

四、汽车试验的基本步骤

不同的汽车试验项目，实施手段千差万别，详略繁简各不相同。总体而言，可以划分为四个基本步骤。

1. 制定试验大纲

汽车试验的技术性很强，试验结果的影响因素很多，在实际测试前必须进行周密的计划、组织与准备。首要任务就是制定试验大纲，它是指导试验的纲领性技术文件，它的编制是否科学、合理，将影响整个试验的成败。

试验大纲主要规定如下内容：试验必须完成的任务，以及要达到的目的；试验项目与测试条件；所有测试参数与对应的仪器设备；试验操作的程序和具体方法；人员组织与计划进度；计划外事件的应对预案等。

2．试验仪器设备和人员的准备

严格按照试验大纲的要求，准备好所需的全部仪器设备，包括购置、安装(搭建)、调试、标定、试运行等各项工作。同时针对各仪器设备和各环节操作，安排好专门的试验人员，配置必要的记录表格。

3．具体实施操作

根据试验大纲规定的试验项目和目的，使用仪器设备对被试件进行测试，以获取试验数据和结果。具体作业(包括现场操作和数据的分析与处理)要严格遵循各级标准和有关技术文件的要求，以确保试验过程安全、有序，数据结果真实、准确、有效。

4．编写试验报告

试验报告是对试验的全面总结。报告中需要回顾本次试验问题的提出和简要的测试方案，所选用的试验方法和测试系统的配置等。着重描述现场试验的条件(包括时间、地点、参与人员、环境条件和配套设施条件等)，如实叙述具体操作过程和得到的各项结果和数据，对观察到的现象和发现的问题进行必要的分析，对测试数据进行误差分析，论述对试验结果是否满意、试验目的是否达到、试验中出现的问题及提出的对策。有可能的话，通过归纳与推演，将试验数据与资料提升到理论规律的高度，对现有理论知识体系进行改进与完善。

五、几个相关问题

1．汽车试验与汽车检测

如前所述，“汽车试验”就是通过实际测试的手段确定汽车的某个(些)参数。

而某些实测项目，例如确定一辆在用汽车的外轮廓尺寸、车速表指示误差、车轮定位参数、发动机润滑系统压力与机油品质、前照灯的发光强度与照射方向……更多的是被运用在行业检测领域及指导汽车的故障诊断与修理，而不是制造企业、科研单位和高等院校。习惯上，通常把这类作业较简单、快捷，对数据结果的精度和重复性要求相对不高的实际测试，称为“汽车检测”，而不是“汽车试验”。

也可以这样说，“试验”强调的是学术性，对测试结果的定量精度和可信度要求较高，试验的组织、试验平台的搭建与仪器的安置、试验的操作过程等较复杂，试验进程可以由试验组织者灵活掌握，对试验对象可以进行不同层次的解体拆装或者改造，对试验数据往往要认真研究、分析，对数据结果有异议时可以进行重复测试乃至更改试验方案；而“检测”由于其目的基本上是为行政管理或者维修生产活动服务，对检测作业的速度和管理的智能化要求很高，主要强调的是方便、快捷，要求尽量不对车辆进行解体，检测设备的自动化和智能化要求更高，检测结果产生后往往立即生效(其结果有时只是定性的“合格”或者“不合格”，而不一定要求精确的定量数据)。

需要注意的是，“试验”与“检测”在测量学上没有本质的区别，都是利用测试系统感知和拾取被测量，根据测试系统的输出来推断输入信号(也就是被测量)；在基本技术手段上，也都是采用电测法。

“检测”与“试验”在项目和设备方面也并没有严格的、绝对的区别，例如，在底盘测功机或者道路上测试汽车的燃油消耗量、在制动试验台或者道路上确定汽车的制动性能、测试汽车的排气污染物的成分和数量，既属于“汽车综合性能检测”的范畴、也可以称作“汽车试验”。

因此，本书讨论的信号测试与处理的原理、各项实际测试项目，基本上不细究其属于“检测”还是“试验”，而一律采用“试验”或者“测试”的提法。

2．汽车试验仪器设备与车上测试设备的关系

现代测试系统，其基本组织和工作原理都是相同的，基本上都是由传感器、信号的中间变换与处理(包括传输)装置及必要的记录、数据处理和显示打印等输出设备组成。只是用于不同场合和目的时，其技术含量、复杂程度和测试结果的精度、可信度及数据使用的便利性有所不同。

汽车试验仪器设备，指的是为了进行某项汽车试验而专门配置的硬件设施和相关软件，它不属于汽车的组成部分，也就是说，不做试验的时候它与汽车是无关的。由于其目的是专门用于汽车试验，而且相对于各类车上设备，专用的试验仪器设备对成本不敏感，所以它的技术含量和测试精度是非常高的。例如，测试汽车的行驶速度，做汽车试验时会用到五轮仪、光电计时设备或者各类非接触式车速仪，其测试精度很高；但仪器的安装、试验现场的布置、试验实施、信号的记录及后续处理等相对复杂。

车上测试设备则是汽车的一部分，其目的是为汽车的正常运行或驾乘人员的安全和舒适服务。具体又可以分为两类：车载显示仪表和车载传感器。车载显示仪表，是为了行车安全与方便，给驾驶员提供一些信息，其显示部位通常在驾驶室内的组合仪表上，方便驾驶员观察或调取。其特点是要适应车载的运行环境，对工作可靠性和耐久性要求较高，但是显示数值的定量可信度并不高。例如，同样是测试汽车的行驶速度，车速表可以非常便捷直观地向驾驶员显示实时车速，也不需要额外安装，比上述各种专用速度仪方便得多；但是该仪表的指示误差较大，只是一个大致的参考信息，其定量数据基本上不可信(车速表检测标准的相对误差上限可允许达到20%)。车载传感器，是为汽车各电控系统提供输入信号的基础元件，其信号供电控单元分析与处理，并据此控制各执行器的动作，对驾驶员来说其信号一般是不可见的。车载传感器要能适应各种苛刻的车载条件(其工作条件可能比车载显示仪表还要恶劣)，同时为了提高汽车电控系统的控制精度与合理性，其测量精度要求也比显示仪表要高。例如，制动防抱死系统需要轮速传感器，其基本原理和各种汽车试验专用的转速传感器相同，精度也相仿；而发动机电控系统中的各种曲轴转速/位置传感器、空气流量(压力)传感器、燃油流量和压力传感器、排气成分传感器和各类温度传感器等，其工作环境比外置的汽车试验仪器设备要恶劣得多，对工作可靠性的要求很高，而其测量精度一般不如固定式的汽车试验仪器设备。

可见，无论是汽车试验仪器设备、车载显示仪表还是车载传感器，都能对某些汽车参数进行测量和(或)显示，都属于测试系统(车载传感器是测试系统的一部分，完整的系统还包括电控单元中的输入信号处理电路等)。但是，出于设置目的、应用场合及成本控制等要求的不同，三者在技术含量、设计特色、数据的精度和可信度、测试过程与结果显示的便捷性等方面有很大的区别。

本书的“测试装置”“仪器设备”等术语，主要指的是各种专用的汽车试验仪器设备。在相关章节对车上测试设备的基本原理也会略作介绍。

第二章 机械量的电测量技术

在现代社会，试验测试手段和方法广泛应用于国民经济和社会生活的各个领域。包括汽车试验在内，现代测试技术普遍具有两大特点：从测试装置的组织和构成的角度看，采用的是“模块化”；在信号测量的实现手段上，采用的是“电测法”。

模块化，就是指某项试验所使用的整套测量装置，是由若干既相互联系、又相对独立的元件(也可以称为“环节”)组成。也就是说，整个测试系统是由若干子系统组成，而这些子系统不一定只运用于某项固定的试验。一项试验结束后，可以将整个测试系统再次拆解成若干子系统；当这些子系统重新组合时，又可以构成另一套测试系统(可能需要增减某些元件)，进行另一项试验。显然，这种“搭积木”式的组织方法，有利于提高试验准备和试验实施过程的效率，也有利于提高试验装置的利用率。

电测法就是指现代的专业试验技术普遍是将被测量先转换成某种电信号。当然，如果被测量本身就是电信号，就无需此转换。与机械式测量方法相比，电信号的传输、处理、记录和显示更方便，电测法的精度、自由度和智能化程度更高。例如，用弹簧测力计测量力或者重量，属于简单的机械式测量，弹簧的刚度特性和标尺的精度变化难于控制，量程也有限，测量结果只能采用纸质记录等方式，分析和处理效率低；而采用电测法，先由应变式或其他类型的传感器将被测非电量——这里指的就是力转换成某种电信号，再进行信号的中间变换、记录和重放处理等操作，整个测试过程的精度和自动化程度高，量程大，结果的存储、复制和传输等较简单。

本章就是介绍汽车试验系统的各组成环节，研究被测量在试验测试系统中的转换和传输。

第一节 测试系统的转换特性

一、测试系统的基本组成

汽车试验所使用的各种硬件元件和器材，实际工作中经常见到各种“计”“表”“仪(器)”等不同术语，本节则大量出现“装置”的提法。它们都属于同一概念，其本质都是“测量或指示被测量值的装置”。不同提法只是源于行业习惯或标准定义。

例如，汽车组合仪表中的速度测量和显示装置一般叫“速度表”或“车速表”，专业汽车试验用的测速装置则习惯称作“速度计”或“速度仪”；测量燃油消耗的装置叫“油耗仪”或者“油耗传感器”都可以……

从“模块化”的观点出发，一整套测试系统，是由若干部分(即“子系统”)组成的。汽车试验项目众多，所采用的具体试验装置千差万别，但是总体而言，一个完整的测试系统，从被测信号变换和传输的过程来看，主要包括三部分：传感器、信号调节器、记录与显示装置。另外还可能有定度设备、校准设备和数据处理装置等，如图 2-1 所示。

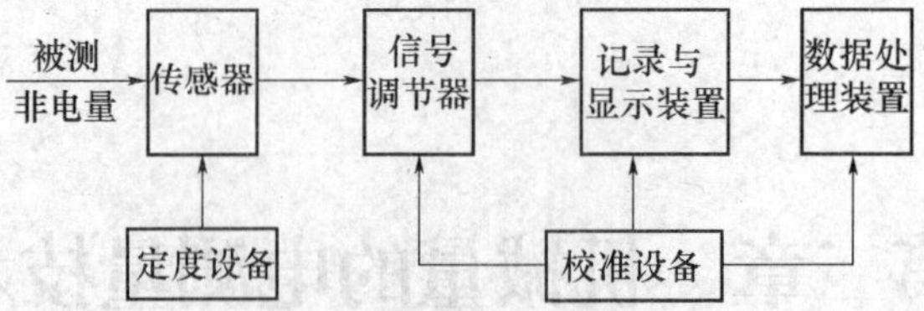

图 2-1　测试系统的基本组成

传感器：将被测量(通常是非电量)转换成电信号的装置，也称为感应器或变送器。有的定义认为，“变送器”指的是能够输出标准化信号的传感器，也就是说，“变送器”已经兼具信号调节的部分功能。

信号调节器也称信号调理器，指的是信号的中间变换(包括各种变换之间的传输)。来自传感器的信号，经过中间处理后，才能成为能量足够、不易失真、干扰少、便于传输的电信号，供记录或显示。“信号调节器”是一个统称，具体种类有很多，功能包括阻抗匹配、多路信号的切换，信号的放大、整形、滤波、调制与解调、数字量和模拟量的相互转换等。

记录与显示装置，也就是测试系统的输出端，或称“负载”。测试系统的输出信号，就是通过这个环节记录或者直接显示，供使用者分析或利用数据处理机分析计算。记录方式目前多采用磁介质记录，属于隐性记录，记录信号是数字量，便于信息的存储、复制、重放和分析处理；显性则指的是在纸介质或者屏幕上直观地显示信号的连续变化波形，属于模拟输出。

在有些学科领域和资料中，按测试信号的流程将测试系统划分为三级，初级是检测—传感级(或敏感元件—传感器级)、中间级是信号调理级、终端级叫读出—记录级，分别对应上述传感器、信号调节器和记录与显示装置。

数据采集系统。现代化试验测试，广泛采用计算机技术。这种运用计算机进行信号的各种拾取、转换、运算、记录和存储等工作的测试系统，通常被称作“计算机数据采集系统”或“数据采集系统”，有时简称“数采”。需要注意的是，“数据采集系统”不仅具有数据采集的功能，也能进行相当多的数据处理操作。

试验的被测量通常是在时间上连续变化的模拟量，由传感器拾取后，产生的原始电信号也是模拟量；另一方面，测试结果很多情况下也需要以连续的模拟量的形式输出。但是作为数据采集系统核心的计算机，只能处理数字量，所以数据采集系统必须要在输入端将模拟量转换为数字量(A/D)、在输出端将数字量转换为模拟量(D/A)，中间运算和处理交由数字计算机完成，如图 2-2 所示。

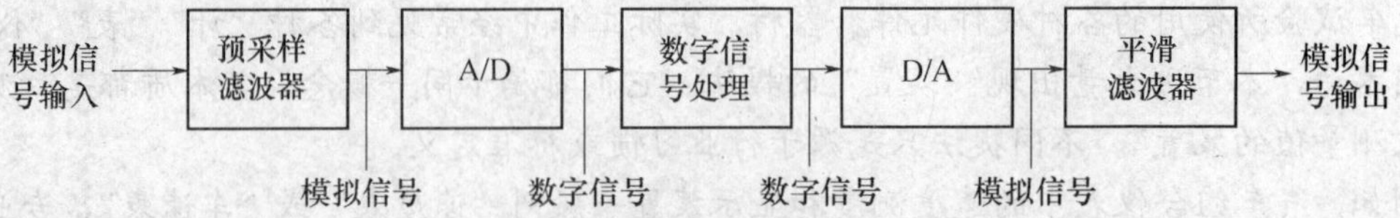

图 2-2　数据采集系统简图

传感器、信号调节器、记录与显示装置这 3 个环节是测试系统的主干，它们直接负责被测信号的测量。

同时，为了使测试系统自身工作正常、结果可靠，还需要有定度和校准等设备。

定度也叫标定，就是确定测试装置的输出—输入关系，传感器等测试装置，如果未经标定，那么即使通过试验操作，测试系统产生了输出信号，也无法确定与其对应的输入量，就是被测量的数值，试验是没有意义的。

对于试验工作中所使用的各种中间变换装置，由于装置自身老化或者环境不标准等因素的影响，其增益倍率或截止频率等标称性能参数不一定准确，这时就需要校准。校准，就是在同一输入信号的作用下，用该工作装置和更高精度等级的标准装置的输出信号进行比较，找出工作装置的误差，进行修正。

此处的“测试系统”，仅是针对被测信号的感知、传输处理和记录分析等流程而言的，也就是直接服务于被测物理量的测量。而整个汽车试验的硬件体系还要包括被试件、动力输入装置、加载装置和其他联接支承设备等环节，这些环节的功用，就是产生、并向测试系统提供一个或几个被测物理量。

例如，图 2-3 所示的是一个完整的发动机台架试验示意图，发动机是被试件、同时也是动力输入装置，测功机作为加载装置提供阻力，变速器实现台架的机械联接和动力的传递与转换，三者匹配产生输出转矩和转速两个被测量。为了测量这两个机械量，要使用测速发电机(或其他转速测传感器)，测功机要有转矩测试功能。如果加上油耗传感器则可以测量燃油消耗率。此处的转速、转矩和油耗传感器，及其信号的后续传输、处理和记录显示装置等，就是本节讨论的“测试系统”。

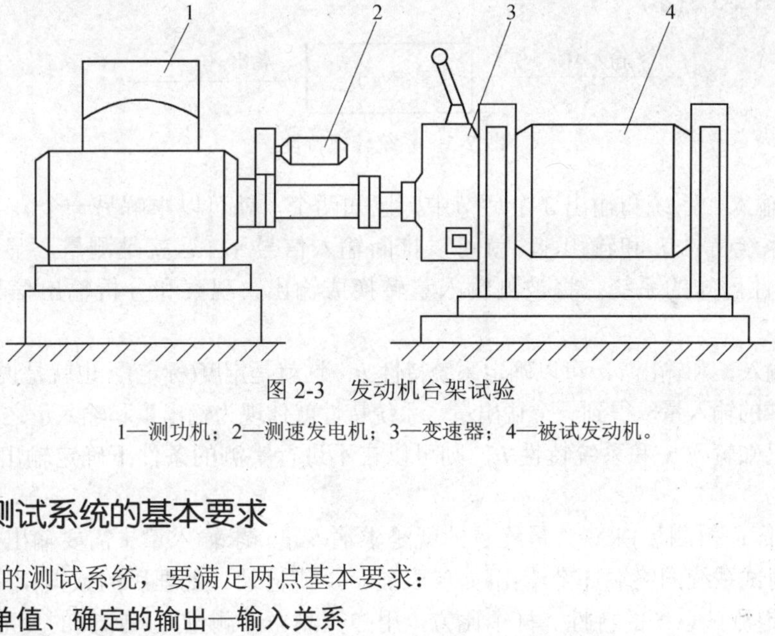

图 2-3　发动机台架试验

1—测功机；2—测速发电机；3—变速器；4—被试发动机。

二、对测试系统的基本要求

一个理想的测试系统，要满足两点基本要求：

1. 具有单值、确定的输出—输入关系

也就是说，系统的输入 x 和输出 y 之间满足“一一映射”的数学定义。否则，同一个输入会引起不同的输出，或者同一个输出对应不同的输入，系统将无法工作。

2. 满足单向性

所谓“单向性”，是指被测系统的运作可以对测试系统施加影响，而测试系统对被测系统没有反作用或者反作用尽量小。就是说不能因为安置了测试系统而影响被测系统原来的工作状况。例如，测试振动或者温度信号时，需要在被试件上安装加速度传感器或者温度传感器，要求这些传感器质量轻、面积小、埋藏浅，尽量不改变被试件原来的质量、刚度或者温度分布特性。再如，本章第二节介绍的“滑变电阻式传感器”，由于触头和电位计导线的接触摩擦，会使得传感器的单向性有所降低。

一般来说，非接触式测量的单向性更好。另外，我们也希望测试系统的输出—输入关系成线性(图 2-4)，但不是必须的。因为很多测试装置的物理背景就是非线性的，在数据处理过程中将非线性数据修正成线性的也不是很困难。

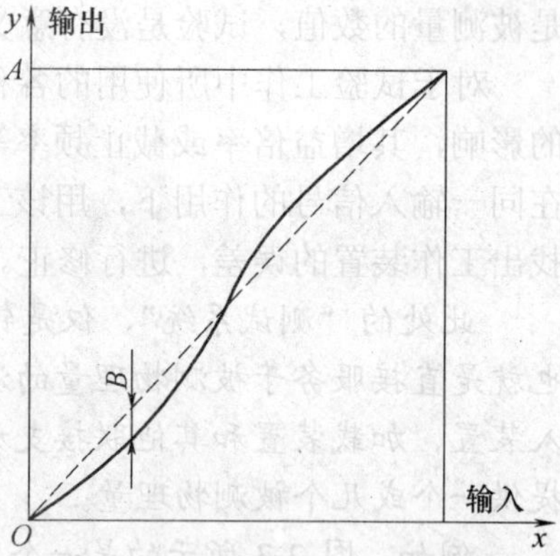

图 2-4　定度曲线与非线性度

三、系统的基本思想

所谓“系统”，按全国科学技术名词审定委员会的定义，就是“为实现规定功能以达到某一目标而构成的相互关联的一个集合体或装置(部件)。”按这个定义的表述，测试系统就是为了确定某物理量的数值而由传感器、信号调节器和记录与显示装置等构成的一个集合体。

如果不细究测试系统内部的具体组成、各子系统的不同功用和工作原理，可以将整个测试系统看作一个单元，这个单元有输入、也有输出。也就是说，暂时不考察测试系统内部的详细构造和物理原理，将其视作一个“黑箱”，那么这个黑箱的基本功能就是将输入量 x 按某种关系转换成输出量 y，这里的“某种关系”指的就是系统本身的特性，通常用符号 h 代表。其转换关系如图 2-5 所示。

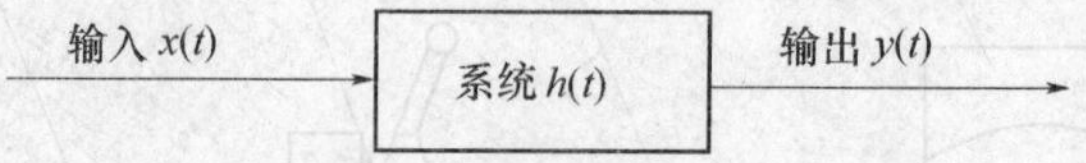

图 2-5　系统转换特性

显然，在输入、系统和输出 3 个环节中，已知两个，就可以求解另一个。

(1) 已知系统特性 h 和输出 y，就可以推断输入信号 x，这就是测量。显然，(汽车)试验就是利用特性已知的系统，将被测输入量转换成输出，观察和分析输出信号，从而确定输入量。

(2) 已知输入 x 和输出 y，可以确定系统特性 h，这就是定度(标定)。也就是说，定度是对系统施加一个已知的输入量，得到一个输出量，系统特性就体现为输出量和输入量之间的关系。

(3) 如果已知输入 x 和系统特性 h，则可以在不进行实测的条件下确定输出 y。这称为输出信号预测。

可见，对于试验(测量)来说，最终目的就是求输入量。求输入量 x 需要输出信息 y 和系统特性 h。y 由测试系统的终端环节给出(如仪表显示，或记录、处理后的数据)，那么测量的一个关键就是确定测试系统的特性。打个比方，用弹簧测力计测量力，弹簧的变形量是输出量，由仪器直接给出，那么必须事先知道弹簧的转换特性，也就是变形 y 和受力 x 的关系，才能根据变形量 y 来推断受力 x。(而当确定了这种转换特性后，就可以根据变形—受力的关系，把力的刻度直接标划在测力计上，方便使用。)

本节所研究的“系统特性”，就是基于这种“输入→系统→输出”的模型，主要从数学转换的角度研究系统特性，也就是输出量 y 与输入量 x 的关系，而不详细研究试验装置的具体物理构型和工作原理。涉及到的一些物理模型只是作为系统特性分析的实例。

四、测试系统的静态特性

静态，指的就是测试系统的输入和输出都不随时间变化的状态。对于工程实际测试，如果信号变化非常缓慢，在测试观察期间可以忽略其变化时，也可视作静态。

在这个定义中，“输入和输出”改成“输入或输出”是一样的。因为输入和输出中只要有一个不变，另一个也应该不变。反之，如果两者中一个固定而另一个变化，则说明系统的转换特性在改变，这样的系统是很少见的，也是我们不希望得到的。

测试系统的静态数学模型，用输出—输入关系式表达为

$$y = a_0 + a_1 x + a_2 x^2 + \cdots + a_n x^n \tag{2-1}$$

式中：x 为系统的输入量；y 为输出量；a_0、a_1、a_2、…、a_n 等为常数。

系统及其特性，就取决于 a_0、a_1、a_2、…、a_n 等的数值。给定一组 a_0、a_1、a_2、…、a_n，在数学上就是确定了一个系统。

如果系统是绝对理想的，满足单值、单向和线性的条件，那么其输出—输入关系式应该是一条过原点的直线：$y = a_1 x$。绝对理想的系统是不存在的，系统的实际特性曲线与上述理想直线之间存在着各方面的偏差，就构成了系统的静态特性。

测试系统的静态特性包括零点漂移、灵敏度、非线性度、回程误差和死区等。

1．曲线的截距—零点漂移

零点漂移的含义是，当测试系统的输入为零时，输出不为零。显然，当 a_0 不等于零时，就会造成零点漂移。也就是说，零点漂移表达的是 y—x 关系曲线在纵坐标上的截距，如图 2-6(b) 所示。

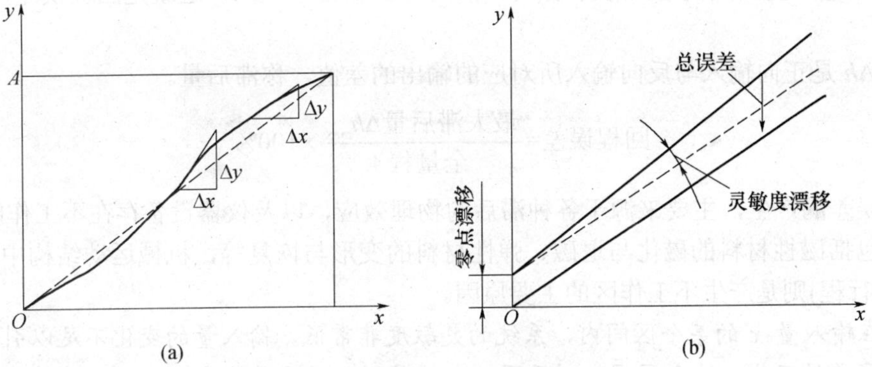

图 2-6　零点漂移、灵敏度及其漂移

(a) 灵敏度；(b) 漂移。

零点漂移不会造成严重的测量误差，只是数据曲线不通过原点，不大符合人们的认知习惯。零点漂移的消除也不困难。一些试验数据曲线，仔细观察会发现，其原点并不是(0,0)点。也就是说，通过坐标平移抵消了零点漂移。

2．曲线的斜率——灵敏度

灵敏度 S 是系统的输出增量 Δy 与输入增量 Δx 之比，也就是输出—输入关系曲线上各点的斜率。灵敏度是很重要的静态特性参数，反映系统将输入转换成输出时的“放大能力”。

注意，灵敏度不一定是无量纲的比率，因为输出和输入的物理量可能不同。

显然灵敏度就是输出对输入的一阶导数，其数值取决于公式(2-1)中的 a_0、a_1、a_2、…、a_n 等数值。一般来说，测试装置的灵敏度以高些为好，这就意味着很小的输入量(就是被测量)

变动就能引起显著的输出量变化，这就是“灵敏”。但测试装置的灵敏度过高，往往会引起测量范围变窄、装置的稳定性下降。

灵敏度不仅要足够高，还要足够稳定。而事实上，对于给定的测试系统，即使被测量 x 不变，由于系统自身特性的改变或者环境条件改变等因素的影响，造成公式(2-1)中的 a_0、a_1、a_2、…、a_n 等数值的变化，从而引起系统输出 y 的改变，就表现为灵敏度的改变，或者叫“灵敏度漂移”。灵敏度漂移常以在输入不变的情况下每小时输出的变化量来衡量，越小越好。

图 2-6 中的“总误差”是相对于绝对理想的 $y = a_1 x$ 关系而言，由零点漂移和灵敏度漂移两个因素构成。

3．曲线与直线的偏差——非线性度

非线性度是指测试系统的实际输出—输入关系与理想线性关系的偏差，如图 2-4 所示。图 2-4 中实线为定度曲线，也就是通过试验手段测取的系统输出—输入关系实际特性；虚线是根据实际特性进行拟合得到的理论直线。B 是实际曲线与理论直线的最大差值，A 是仪器的标称输出范围(满量程)。

定量评价：非线性度 $= \dfrac{\boldsymbol{B}}{\boldsymbol{A}} \times 100\%$ 。

4．曲线上行和下行的差异——回程误差

理想的测试系统应该具有单值、确定的输出—输入关系，但是实际测试系统可能在同一输入下对应不同的输出。具体表现是，同一输入量下，正向输入(输入量由小到大，即加载)和反向输入(输入量由大到小，即卸载)时，所对应的输出量不同，这就是回程误差，如图 2-7 所示。

图中 Δh 是正向输入与反向输入所对应的输出的差值，称滞后量。

$$\text{回程误差} = \frac{\text{最大滞后量}\Delta h_{\max}}{\text{全量程}A} \times 100\%$$

回程误差的产生，主要来源于各种滞后的物理效应，以及仪器设备存在不工作区(死区)。滞后效应包括磁性材料的磁化与退磁、弹性材料的变形与恢复等，机械运动结构中的摩擦和间隙(自由行程)则是产生不工作区的主要原因。

如果在输入量 x 的某个区间内，系统的灵敏度非常低，输入量的变化不足以引起输出量有任何可察觉的变化，这个区间就叫死区。也就是说，死区是输出—输入关系特性曲线上斜率非常低的部分，如图 2-8 所示。

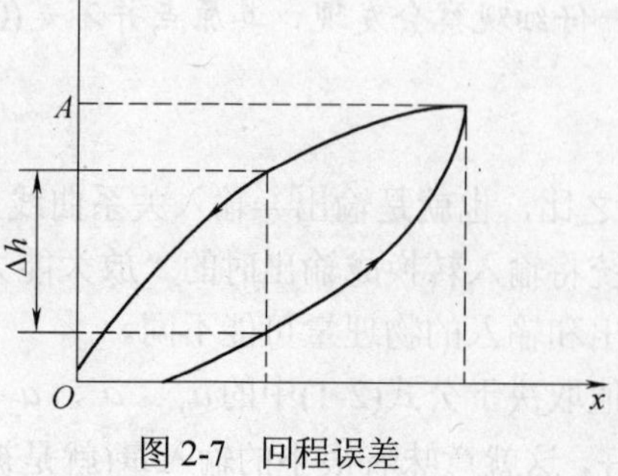

图 2-7 回程误差

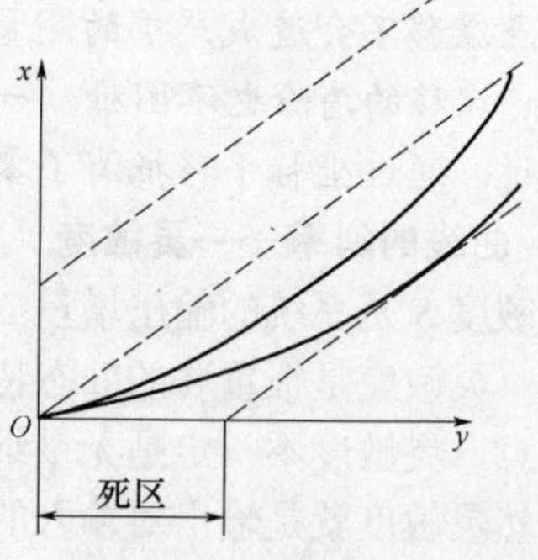

图 2-8 死区

综上所述，从静态特性的角度看，良好的测试系统应该具有足够高和足够稳定的灵敏度，非线性度和回程误差则要尽可能地小。

五、测试系统的动态特性

与静态的定义相对，动态指的就是系统的输入和(或)输出随时间变化的状态。对于汽车试验来说，因为被测量(输入)大多处于变化中，所以研究测试系统的动态特性更有意义。

同时，与静态特性相比，动态特性也更复杂。

1．测试系统的动态数学模型——微分方程

前文已述，系统特性体现为输出量和输入量之间的关系，所以首先要建立系统的输出—输入关系的数学模型。数学模型，一般是在对实物原型进行适当假设和简化的基础上，根据物理定律，建立起一个或者一组微分方程，将系统的输入量和输出量联系起来。

例如，在汽车理论中，假定悬挂质量分配系数接近 1、车身质量集中于车轴上方，将悬架的所有弹性特性集中于弹簧、所有阻尼特性集中于减振器，忽略轮胎的阻尼，假定激励频率远低于车轮部分的固有频率从而忽略车轮的动变形，就可以建立起联系路面不平度输入 q 和车身垂直位移输出 z 之间的单质量模型，并列出其微分方程。

大多数测试系统都是线性的，而且系统参数为常数，所以其数学模型是常系数线性微分方程(亦称“时不变线性系统”或“线性定常系统”等)。其通式可以写作

$$a_n\frac{\mathrm{d}^n y(t)}{\mathrm{d}t^n}+a_{n-1}\frac{\mathrm{d}^{n-1} y(t)}{\mathrm{d}t^{n-1}}+\cdots+a_1\frac{\mathrm{d}y(t)}{\mathrm{d}t}+a_0y(t)=$$
$$b_m\frac{\mathrm{d}^m x(t)}{\mathrm{d}t^m}+b_{m-1}\frac{\mathrm{d}^{m-1} x(t)}{\mathrm{d}t^{m-1}}+\cdots+b_1\frac{\mathrm{d}x(t)}{\mathrm{d}t}+b_0x(t) \tag{2-2}$$

式中：x 为系统的输入量；y 为输出量；

a_0、a_1、…、a_{n-1}、a_n、b_0、b_1、…、b_{m-1}、b_m 为常数，为系统结构参数。

也就是说，要写出微分方程，必须知道系统的结构参数。

2．线性系统的主要性质

(1) 叠加特性：几个输入同时作用于系统所引起的输出，等于几个输入单独作用于系统所引起的输出之和。

(2) 比例特性：某输入的若干倍作用于系统所引起的输出，等于该输入单独作用于系统所引起的输出的若干倍。

(3) 微分特性：某输入先求微分，然后作用于系统所引起的输出，等于该输入直接作用于系统所引起的输出再求微分。

(4) 积分特性：某输入先求积分，然后作用于系统所引起的输出，等于该输入直接作用于系统所引起的输出再求积分。

(5) 频率保持性：线性系统，若输入为某一频率的正弦信号，则其稳态输出将保持同一频率。

频率保持性的重要意义在于，对于线性测试系统，如果知道输入的频率，那么系统的输出信号中就只有该频率的成分才有可能是这个输入引起的，其余频率的分量都是噪声干扰。

3．传递函数

由数学分析可知，对微分方程进行拉普拉斯变换(拉氏变换)，可以建立传递函数 $H(s)$。

定义：传递函数=$\dfrac{\text{输出量的拉普拉斯变换}}{\text{输入量的拉普拉斯变换}}$。经计算可得

$$H(s)=\frac{b_m s^m + b_{m-1}s^{m-1}+\cdots+b_1 s+b_0}{a_n s^n + a_{n-1}s^{n-1}+\cdots+a_1 s+a_0} \tag{2-3}$$

式中：a_0、a_1、…、a_{n-1}、a_n、b_0、b_1、…、b_{m-1}、b_m 等参数，就是微分方程式(2-2)中的那些常数，即系统参数。

也就是说，传递函数仅取决于系统自身的特性，与输入量无关。传递函数仅在数学的层面上反映系统的动态特性，与系统的具体物理结构无关(许多物理上完全不同的系统，可以具有相同的传递函数，称之为相似系统，这一点在后面的实例中可以看出来)。

传递函数是一种以复参量 s 为自变量的代数方程，它避免了求解微分方程的困难，可以直观、方便地研究线性系统的动态特性。传递函数是一种非常重要的数学工具，它是许多现代学术理论的基础，广泛应用于很多学科和工程技术领域。在不同的应用领域和文献资料中，传递函数可能有不同的定义，但其数学本质是相同的。关于传递函数的详细数学理论，可以参阅振动分析或者积分变换等课程的资料。

4．频率响应函数(频率响应特性)

1) 频率响应函数的数学定义

当系统的输入为简谐输入时，可以取 $s=\mathrm{j}\omega$，则传递函数 $H(s)$ 就变成频率响应函数 $H(\mathrm{j}\omega)$，简称频响函数或频响。

$$H(\mathrm{j}\omega)=\frac{b_m(\mathrm{j}\omega)^m + b_{m-1}(\mathrm{j}\omega)^{m-1}+\cdots+b_1\mathrm{j}\omega+b_0}{a_n(\mathrm{j}\omega)^n + a_{n-1}(\mathrm{j}\omega)^{n-1}+\cdots+a_1\mathrm{j}\omega+a_0} \tag{2-4}$$

式中：$\mathrm{j}=\sqrt{-1}$，为虚单位。

可以看出，当利用频率响应函数分析系统的动态特性,而并不需要研究传递函数本身时，可以由微分方程(2-2)直接导出频响函数(2-4)。

在物理量测试和信号的分析处理中，通常感兴趣的是系统对不同频率的正弦激励的响应，就是测试系统对于不同频率谐波的转换特征，这时候经常使用频率响应函数来表示。频响函数通常用傅里叶变换表示，傅里叶变换是取 $s=\mathrm{j}\omega$ 的双边拉普拉斯变换的一个特例。频响函数实际上是线性系统的稳态响应分量，只有再加上瞬态响应分量，才构成系统的全响应，即系统的传递函数。稳态指的是输出和输入均不变化或均做周期性变化，而周期信号中最有代表性的就是正弦信号，所以也有的资料将频率响应函数称作正弦传递函数。

2) 频率响应特性的基本思想(频率响应函数的工程解释)

对于一个线性系统，令其输入为任意正弦信号 $x(t)=X_0\sin(\omega t+\varphi_1)$，那么根据频率保持性，达到稳态时其输出的频率将保持不变，输出量与输入量的差异在于幅值和相位。于是可以将稳态输出写作：$y(t)=Y_0\sin(\omega t+\varphi_2)$。

可见，系统的特性(转换关系)就表现为将 X_0 转换成 Y_0、将 φ_1 转换成 φ_2。于是定义频率响应函数 $H(\mathrm{j}\omega)$：系统的输出量与输入量之比，$H(\mathrm{j}\omega)=\dfrac{Y}{X}$。

这里的输出量 Y 和输入量 X，指的都是谐量，在频率相等的条件下，包含各自的幅值和相位信息。可以写作复振幅：$X=x_0\mathrm{e}^{\mathrm{j}\varphi_1}$，$Y=y_0\mathrm{e}^{\mathrm{j}\varphi_2}$。

经过详细数学推证，定义如下：

幅频函数(幅频特性) $A(\omega)$：频率响应函数的模，又称幅值比，为输出幅值与输入幅值之比。即 $A(\omega)=|H(\mathrm{j}\omega)|=\frac{Y_0}{X_0}$。

相频函数(相频特性) $\varphi(\omega)$：频率响应函数的相角，为输出向量与输入向量的相位差。即 $\varphi(\omega)=\angle H(\mathrm{j}\omega)=\varphi_2-\varphi_1$。

由上述分析和讨论可知，求解系统动态特性的思路如下：

确定系统的物理模型，进行数学抽象，生成微分方程；

由微分方程可以确定传递函数，进而写出频率响应函数，或者由微分方程直接写出频率响应函数；

求频率响应函数的模，就是幅频特性；求频率响应函数的相角，就是相频特性。线性系统的动态特性就体现为幅频特性 $A(\omega)$ 和相频特性 $\varphi(\omega)$。

下面，研究一阶系统和二阶系统的频率响应特性。

3) 一阶系统

如果系统的微分方程中求导的最高阶数是一阶，就称该系统为一阶系统。其微分方程的一般式可以写作 $a_1 y'(t)+a_0 y(t)=b_0 x(t)$。稍加变形，即可得到

$$\tau\frac{\mathrm{d}y(t)}{\mathrm{d}t}+y(t)=Sx(t) \tag{2-5}$$

式中：$\tau=\frac{a_1}{a_0}$，为时间常数；$S=\frac{b_0}{a_0}$，为灵敏度。

当系统处于静态时，输入和输出都不随时间变化。此时无论对应于几阶系统、微分方程有多复杂，其中所有含有导数的项都为零，微分方程一定化为 $a_0 y(t)=b_0 x(t)$。显然输出与输入之比就是 $\frac{b_0}{a_0}$，这和前面“测试系统的静态特性”部分介绍的灵敏度的概念是一样的。

由微分方程(2-5)可以得出传递函数

$$H(s)=\frac{S}{\tau s+1} \tag{2-6}$$

当系统的静态灵敏度 S=1 时(研究系统的动态特性时，通常令 S=1，称为“灵敏度的归一化”)，传递函数化为

$$H(s)=\frac{1}{\tau s+1} \tag{2-7}$$

将 s 改作 $\mathrm{j}\omega$，就可由传递函数写出频率响应函数，即

$$H(\mathrm{j}\omega)=\frac{1}{\tau \mathrm{j}\omega+1} \tag{2-8}$$

分别计算其模和相角，得到幅频特性 $A(\omega)$ 和相频特性 $\varphi(\omega)$ 分别为

$$A(\omega)=\frac{1}{\sqrt{1+(\omega\tau)^2}} \tag{2-9}$$

$$\varphi(\omega)=-\mathrm{arctg}(\omega\tau) \tag{2-10}$$

一阶系统的幅频特性和相频特性曲线如图 2-9 所示。

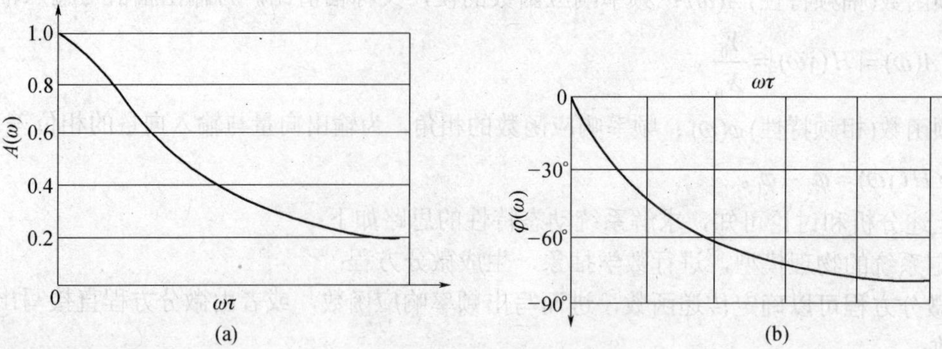

图 2-9 一阶系统的频率响应特性

(a) 幅频特性；(b) 相频特性。

由于一阶系统的幅频特性和相频特性表达式中，频率ω总是和时间常数τ相乘出现，所以在特性曲线中，习惯上将横坐标取为$\omega\tau$。

由公式和曲线可以看出，$\omega\tau$越小，或者说给定信号频率ω的情况下时间常数τ越小，幅频特性越接近 1，且近似为常数，也就是输出相对于输入的幅值衰减度越小。同时，时间常数τ越小，相频特性越接近 0，且近似为线性，即输出相对于输入的相位滞后越小。

一阶系统的实例，有忽略质量的弹簧阻尼系统和忽略电感的简单 RC 电路等，如图 2-10 所示。

读者可尝试分别利用牛顿第二定律和欧姆定律，列出二者的微分方程、频率响应函数$H(\mathrm{j}\omega)$，进而写出幅频特性$A(\omega)$和相频特性$\varphi(\omega)$。

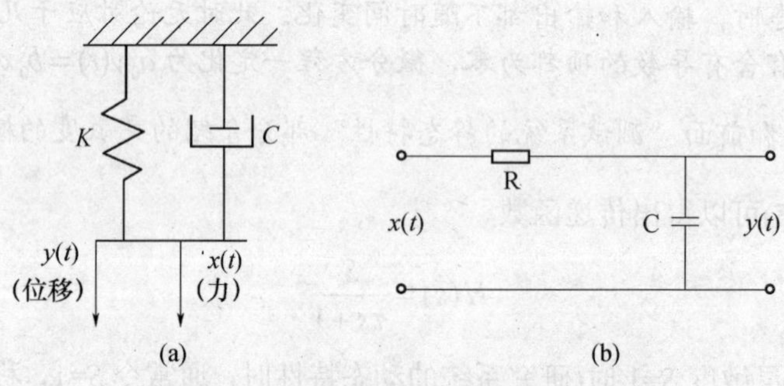

图 2-10 一阶系统的机械实例和电工实例

4) 二阶系统

无论是测试系统还是其他应用的工作系统，以二阶系统最为常见。其微分方程的一般式可以写作$a_2 y''(t)+a_1 y'(t)+a_0 y(t)=b_0 x(t)$。

对二阶系统，做如下特性参数的定义：

$$\begin{cases}\text{灵敏度 } S=\dfrac{b_0}{a_0}\\ \text{固有频率 } \omega_n=\sqrt{\dfrac{a_0}{a_2}}\ ;\\ \text{阻尼比 } \zeta=\dfrac{a_1}{2\sqrt{a_0 a_2}}\end{cases} \tag{2-11}$$

则二阶系统的频率响应函数表达为

$$H(\mathrm{j}\omega)=\frac{S\omega_n^{\ 2}}{(\mathrm{j}\omega)^2+2\zeta\omega_n\mathrm{j}\omega+\omega_n^{\ 2}} \tag{2-12}$$

做灵敏度归一化，令 $S=1$，则幅频特性 $A(\omega)$ 和相频特性 $\varphi(\omega)$ 为

$$A(\omega)=\frac{1}{\sqrt{[1-(\omega/\omega_n)^2]^2+4\zeta^2(\omega/\omega_n)^2}} \tag{2-13}$$

$$\varphi(\omega)=-\mathrm{arctg}\left[\frac{2\zeta(\omega/\omega_n)}{1-(\omega/\omega_n)^2}\right] \tag{2-14}$$

二阶系统的幅频特性和相频特性曲线如图 2-11 所示。

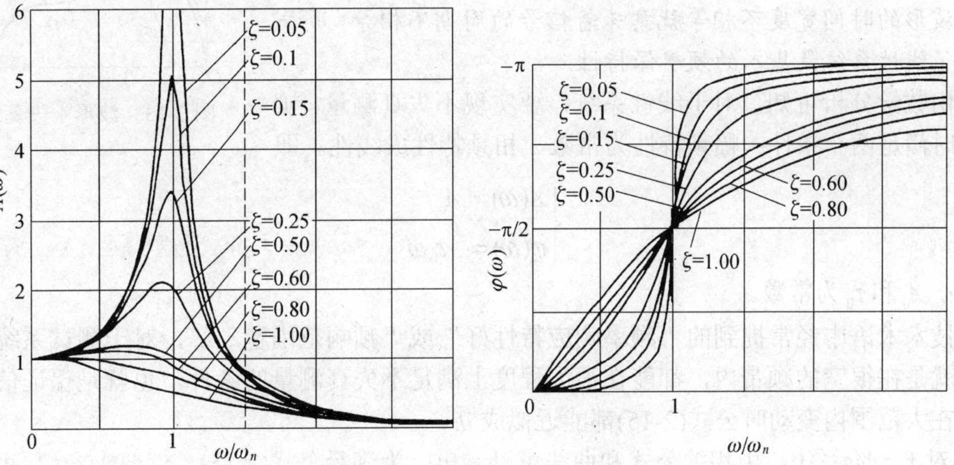

图 2-11　二阶系统的频率响应特性

由于二阶系统的幅频特性和相频特性表达式中，信号频率 ω 总是和固有频率 ω_n 相除出现，所以在特性曲线中，习惯上将横坐标取为 ω/ω_n，称频率比。

信号频率 ω 等于固有频率 ω_n、也就是频率比为 1，就是共振。

对于幅频特性，如果阻尼比 ζ 大于 1，曲线单调下降，没有振荡。如果阻尼比 ζ 小于 1，曲线出现振荡，幅频特性的峰值出现在共振频率(附近)，阻尼比越小，共振峰越高。从相频特性上看，无论阻尼比 ζ 多大，在共振频率下，输出总是滞后于输入 90°。

其中，当阻尼比 ζ 约为 0.7、固有频率远大于信号频率(即频率比 ω/ω_n 远小于 1)时，幅频特性近似为常数、相频特性基本成线性。

二阶系统的实例，有弹簧阻尼质量系统和简单 LRC 电路等，如图 2-12 所示。

5．不失真测量的条件

对任何测试系统，总是希望其频响特性好、灵敏度高、响应速度快和时间滞后小，然而，全面满足这些要求是困难的，有些甚至是矛盾的。那么对于动态测试来说，首先要实现不失真测量。通俗地讲，可以先不考虑输出与输入的放大倍率或者跟踪响应速度等要求，但起码要满足输出和输入相似这个基本要求。

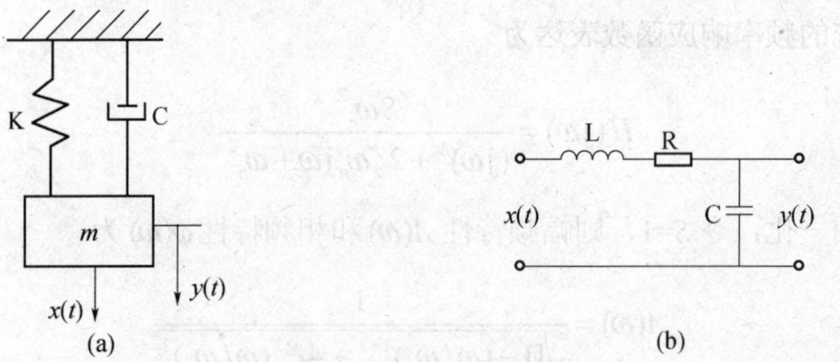

图 2-12　二阶系统的机械实例和电工实例

不失真测量：输出与输入波形精确地相似，幅值和相位允许有差异，如图 2-13 所示。

注意，这里的“相似”指的是纵坐标方向上，也就是信号幅值方面。波形的横坐标宽度必须严格相等，因为横坐标是时间，波形的时间宽度不相等就意味着信号的周期不相等，那就违反了线性系统最基本的频率保持性。

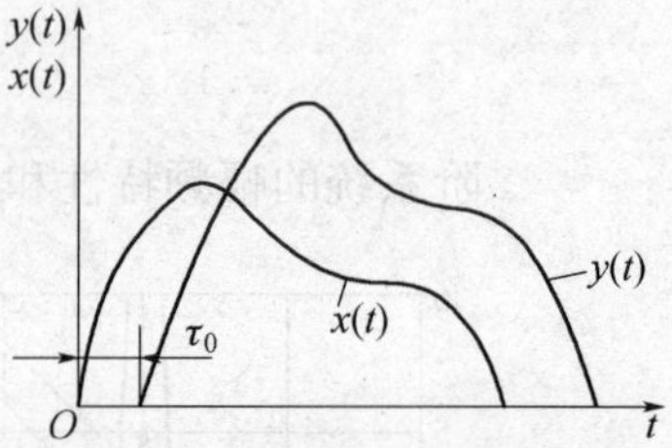

图 2-13　波形不失真地复现

由数学分析可知，对于线性系统，要实现不失真测量，必须同时满足两个条件：幅频特性为常数、相频特性成线性。即

$$\begin{cases} A(\omega)=A_0 \\ \varphi(\omega)=-\tau_0\omega \end{cases} \tag{2-15}$$

式中：A_0和τ_0为常数。

技术术语中经常提到的“频率响应特性好”或“频响范围宽”等，对于测试系统来说，指的就是在很宽的频带内，都能在很大程度上满足不失真测量的条件，也就是保证信号的频率ω在大范围内变动时公式(2-15)都能近似成立。

对于一阶系统，由相关公式和曲线可以看出，为满足公式(2-15)，就要求$\omega\tau$尽可能小。其中ω是输入信号的频率，无法预测和限制；选择和优化的对象应该是系统参数，就是时间常数τ。作为测试系统，应该尽可能做到对任何频率的信号都能不失真测量，所以一阶系统不失真测量的条件就是时间常数τ越小越好。

一阶系统的时间常数$\tau=\dfrac{a_1}{a_0}$，而灵敏度$S=\dfrac{b_0}{a_0}$。如果a_0过大，可能会引起灵敏度下降，所以事实上降低时间常数通常从降低a_1着手。

对于机械系统，a_0相当于弹簧刚度、a_1相当于阻尼系数；对于电工学系统，a_0相当于电容的倒数、a_1相当于电阻。

对于二阶系统，由相关公式和曲线可以看出，为满足公式(2-15)，就要求阻尼比ζ为 0.7 左右，同时频率比ω/ω_n远小于 1。关于频率比的要求，当无法预知和限制输入信号频率ω时，就应力求固有频率ω_n尽量高。但由公式$\omega_n=\sqrt{\dfrac{a_0}{a_2}}$、灵敏度$S=\dfrac{b_0}{a_0}$可以看出，固有频率过高，很可能意味着系统参数$a_0$过大，从而引起灵敏度下降。计算也表明，对于简单正弦信号，频率比ω/ω_n小于 0.58 效果就很好，不必过分提高固有频率。对于复杂工程信号，那么最好能做到频率比ω/ω_n小于 0.1。

从理论上说，提高固有频率ω_n也可以通过降低a_2来实现，但考虑到系统的实际物理构型，降低a_2是不容易的。例如，对于机械系统而言，a_2是质量或转动惯量，一个测试装置的质量或尺寸总是不能无限降低的。

因此，二阶系统不失真测量的要求有如下三点：

(1) 阻尼比$\zeta\approx0.7$(一般认为取 0.6～0.8 之间比较合适)；

(2) 频率比$\omega/\omega_n <<1$或者固有频率ω_n足够高；

(3) 固有频率ω_n也不能太高，否则会导致灵敏度降低。

在本节分析中，认为系统的频率响应特性取决于系统参数，即a_0、a_1、…、a_{n-1}、a_n、b_0、b_1、…、b_{m-1}、b_m等参数，这种思路适用于系统的原理分析、设计和选择等工作。但是，如果该系统是测试研究的对象，工作目的是确定某个给定系统的特性，那么上述参数很可能是不知道的。此时，就需要采用试验的方法，利用输出和输入的关系来求解系统的频率响应函数。可以参看本章第六节利用功率谱密度函数求解系统频响特性的有关内容。

本节内容较多，小结如下：

测试系统的基本组成包括传感器、信号调节器和记录与显示装置 3 个主干环节，以及定度和校准等辅助装置。

理想的测试系统应该具有单值确定的输出—输入关系，并具有单向性。最好是线性的。

从“输入→系统→输出”转换关系的角度看，测量就是求输入量 x，其前提是已知系统特性 h 和输出量 y。输出量由测试系统给出，那么为了进行试验(测量)，必须研究测试系统的特性。

根据输入量和输出量是否随时间变化，系统特性分为静态特性和动态特性。

系统的静态特性包括零点漂移、灵敏度、非线性度和回程误差等。

动态特性指的就是频率响应特性，具体来说由幅频特性和相频特性构成。已知系统参数，就可以写出微分方程、传递函数、频率响应函数、幅频函数和相频函数。

良好的、不失真的测量系统，要求幅频特性为常数、相频特性成线性。对于一阶系统而言，就是要求时间常数尽量小；对于二阶系统而言，就是要求有适中的阻尼比和足够高(但不能过高)的固有频率。

第二节　传感器

传感器是将被测物理量(通常是非电量)转换成电信号的装置，也称为感应器或变送器。在实际工作中，同一物理量可以采用多种传感器来测量；另一方面，同一类型的传感器也可以用来测量多种物理量。

传感器是测试系统的首要环节，很多情况下也是整套系统中最关键、技术含量最高的装置，其性能和可靠性的高低，对试验结果的精确度和可信度有极大的影响。实际工作中必须根据试验项目、试验目的、被测量的性质和特点及试验环境等因素，科学、合理地选择传感器。

不同用途的传感器，工作原理和具体结构千差万别，但是其基本构造可以分为两部分：敏感元件和辅助元件。敏感元件是传感器的核心，直接负责将被测非电量转换为输出的电信号；其他辅助元件则为敏感元件提供必要的机械联接、支承与定位、防护及信号传送等。

传感器种类繁多，根据输出电信号的性质，可以分为两类：发电式和参量式。

发电式传感器输出的是电动势(此处的“电动势”泛指具有电能、能够主动驱动测量仪表运转或显示的电学量，包括电压、电流和电荷等)，例如磁电式测速发电机可以将转速信号转换成输出电压，压电式加速度传感器可以将压力转化成电荷。因为自身输出电动势，所以发电式传感器不需要外电源。

参量式传感器的输出是各种电参量，包括电阻、电容和电感等。电参量本身不具有电场能，需要外加电源才能表达其电学特性。例如电阻应变片，可以将输入的应变转化成输出电阻的变化，需要与电桥电路配合，对其施加一个供桥电压，电阻的变化才能通过电桥输出电压的变化体现出来；差动变压器式传感器，输入是位移、输出是互感系数的变化，需要施加一个激励电压，次级线圈产生感应电压，才能体现互感系数的数值。注意，此处的供桥电压或者激励电压，不是传感器的输入。传感器的输入一定是某个被测非电量，如此处的应变或者位移。

根据对理想测试系统的要求，传感器的输出电信号与输入非电量之间应该有单值确定的函数关系，而且尽可能成线性。性能良好的传感器还应该有较高的精确度(精确度的概念参见本章第四节)、灵敏度、分辨力(可以理解为能够感知到的输入量的最小变化)和信噪比(信噪比：信号幅值与干扰噪声幅值之比，反映元件的抗干扰能力)，频率响应范围宽，工作稳定性和可靠性好。另外，还应力求结构简单、成本合理、经久耐用和环境适应能力强。

本节根据输入量—输出量的物理变换原理，介绍几类典型的汽车试验用传感器。

一、电阻式传感器

凡是能将被测非电量转化为电阻变化的传感器，都可称为电阻式传感器。如前所述，电阻是一种电参量，电阻式传感器产生的电阻变化需要经转换电路转换为电动势，才能进行进一步的传输、处理和记录。

电阻式传感器可以测量力、力矩(包括弯矩和扭矩)、压强、线应变(不能直接测量剪应变)、加速度、位移、温度等非电量，应用范围很广。

电阻式传感器根据产生电阻变化的机理不同，又可分为电阻应变片式传感器和滑变电阻式传感器。

1. 电阻应变片式传感器

电阻应变片，简称应变片，是一种将材料或零件的线应变转化为电阻变化率的传感装置。事实上，任何物理量，只要能设法转换成应变，都可以由应变片来测量。而且应变片还具有尺寸小、重量轻、使用方便、响应速度快、对被测系统影响小及环境适应性较强等优点，因此广泛应用于力、力矩、压强、温度及加速度等的测量。

1) 应变片的基本构造和工作原理

电阻应变片的基本构造如图 2-14 所示。细长的金属丝构成线栅，是应变片的敏感元件，基底和盖片起到保护、防潮和密封的作用。应变片是通过在基底的下表面涂胶粘贴在被测零件上的，引线则通过焊接等方式与下级变换电路(通常是应变仪)连接。

其工作原理是基于金属导线的电阻应变效应——金属导体在外力作用下，不仅发生机械变形，其电阻也会发生改变。

由电阻定律可知，一根金属导线的电阻 R 与其长度 L、截面积 A 和电阻率 ρ 有关，即

$$R = \rho \frac{L}{A} \tag{2-16}$$

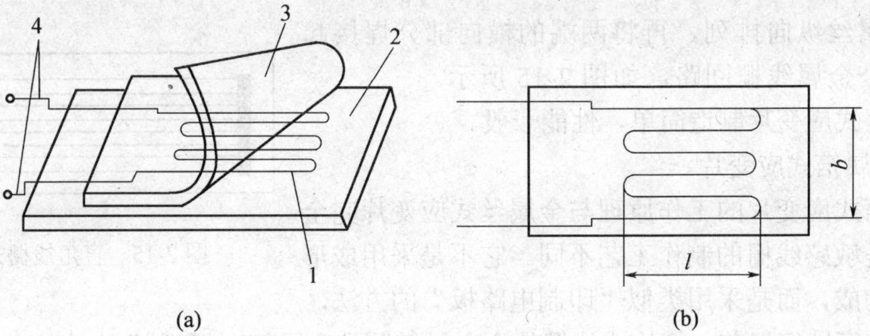

图 2-14　电阻应变片的基本构造

1—敏感线栅；2—基底；3—盖片；4—引线。

两侧取自然对数、再微分，易得

$$\frac{\mathrm{d}R}{R}=\frac{\mathrm{d}\rho}{\rho}+\frac{\mathrm{d}L}{L}-\frac{\mathrm{d}A}{A} \tag{2-17}$$

式中：$\frac{\mathrm{d}R}{R}$为单位电阻的电阻变化量，称为电阻变化率，就是应变片的输出；$\frac{\mathrm{d}\rho}{\rho}$为电阻率的变化率；$\frac{\mathrm{d}L}{L}$为金属导线长度的变化率，也就是线应变，按材料力学通常记作ε，应变片的直接输入就是应变 ε(这个应变可能是由力、力矩、压强、位移、温度及加速度等物理量作用在试件上产生的)；$\frac{\mathrm{d}A}{A}$为金属导线面积的变化率；面积$A=\pi r^2$，r为半径，$\frac{\mathrm{d}A}{A}=\frac{2\pi r\mathrm{d}r}{\pi r^2}=\frac{2\mathrm{d}r}{r}$，$\frac{\mathrm{d}r}{r}$为导线半径方向的变化率，也就是横向应变。由材料力学可知，$\frac{\mathrm{d}r}{r}=-\mu\varepsilon$，$\mu$为泊松比。得$\frac{\mathrm{d}A}{A}=-2\mu\varepsilon$，代入式(2-17)，得

$$\frac{\mathrm{d}R}{R}=\frac{\mathrm{d}\rho}{\rho}+(1+2\mu)\varepsilon \tag{2-18}$$

这就是金属材料的电阻变化率$\frac{\mathrm{d}R}{R}$与应变ε之间的关系。

将电阻变化率与应变之比称作导线材料的灵敏系数，记作K_0，即

$$K_0=\frac{\mathrm{d}R/R}{\varepsilon}=\frac{\mathrm{d}\rho/\rho}{\varepsilon}+(1+2\mu) \tag{2-19}$$

金属材料在单纯机械变形作用下，当温度变化不大时，电阻率变化极小，上式中的$\mathrm{d}\rho/\rho$可以忽略不计，灵敏系数K_0基本上等于 1+2μ。应变片敏感线栅的材料主要有铜镍合金、镍铬合金、铁铬铝合金和康铜等，其泊松比μ大致在 0.3～0.6 范围。所以导线材料的灵敏系数K_0大致在 2 左右。注意，K_0是一根金属直导线的灵敏系数，不是应变片的灵敏系数。

2) 应变片的种类

(1) 金属丝式应变片。

应变片的敏感线栅是贴在塑料薄膜基底上的金属丝。有的敏感线栅就是由一根金属丝构成，如图 2-14 示意的那样，这种敏感线栅的转弯处一般是圆角式的；有的则是若干

根较短金属丝纵向排列，再将两端的横向部分焊接起来形成一个金属线栅回路，如图 2-15 所示。

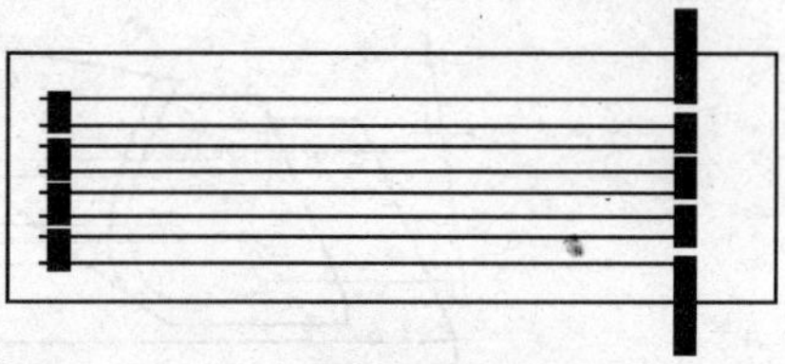

图 2-15 直角线栅式应变片

金属丝式应变片制造简单，性能一般。

(2) 金属箔式应变片。

金属箔式应变片的工作原理与金属丝式应变片完全相同，只是敏感线栅的制作工艺不同。它不是采用成形的金属丝构成，而是采用类似“印制电路板”的方法，通过光刻、腐蚀等工艺，把构成线栅的合金材料制成金属箔，“印制”在应变片的基底上。

金属箔式应变片可以非常精确地控制敏感线栅的尺寸，能根据需要制成各种复杂的形状。例如，当需要降低横向效应时，可以将线栅的横向部分做得非常粗；当需要测量圆轴表面的扭转应变时，可以将线栅的敏感部分制成与应变片轴线成 45°；当进行平面应变状态分析时，可以制成应变花(参见材料力学)；还能做出各种定向标志或其他符号，便于应变片在试件上的定位、粘贴固定和辨认。金属箔式应变片还有金属箔层与基片接触好、应变传递失真小、疲劳寿命长、散热好、允许通过较大电流等优点，使用非常广泛，基本上取代了金属丝式应变片。

(3) 半导体应变片。

从严格意义上来说，半导体应变片不属于“电阻应变片”，因为它并不基于金属导线的电阻应变效应。

半导体应变片的工作原理是半导体材料的压阻效应——当半导体受到应力作用时，由于载流子迁移率的变化，其电阻率 ρ 发生变化的现象，如式(2-20)所示。

$$\frac{\Delta\rho}{\rho}=\Pi E\varepsilon \tag{2-20}$$

式中：Π 为半导体应变片的压阻系数；E 为半导体材料的弹性模量。

半导体应变片最大的优点在于灵敏系数高，可以达到电阻应变片的几十倍，其电阻变化经电桥电路处理后，可以直接与记录器连接而不需要放大器。其缺点是价格较高，而且半导体材料对温度的变化非常敏感，测量大应变时非线性度也较大。所以与金属电阻应变片，尤其是与金属箔式应变片相比，半导体应变片的应用并不是很广泛。

需要注意的是，金属电阻应变片在受到压力时，电阻变化率 $\frac{dR}{R}$ 都是负值，因为所有金属丝在受压时都是变短、变粗，电阻都是下降。而半导体元件的电阻率则取决于材料中电子和空穴的数量和比例，而不是机械变形。同样受压力时，N 型(电子型)半导体的阻值变小，P 型(空穴型)的阻值则变大。

3) 应变片的主要特性

(1) 灵敏系数 K。

当试件在一维应力作用下，应变片主轴线与主应力方向一致时，应变片的电阻变化率与试件主应变的比值，称为应变片的灵敏系数。灵敏系数 K 是无量纲的，即

$$K=\frac{dR/R}{\varepsilon} \tag{2-21}$$

从形式上看，式(2-21)和式(2-19)的定义是一样的，都是电阻变化率与应变之比。但是应

变片的灵敏系数 K 和导线材料的灵敏系数 K_0 的准确含义是不同的。由于存在横向效应和胶层传递应变失真，应变片的灵敏系数略小于导线材料的灵敏系数。其具体数值需要做标定试验来确定。

在研究 K_0 的模型中，全部的应变都直接作用在一根直导线上，而且受拉时导线所有部分都在变长、变细，电阻都在增大。而对于 K 来说，输入应变是作用试件上的，而输出电阻变化率是应变片的。应变要通过胶层传给应变片的基底、再由基底传给敏感线栅，所以线栅材料感受到的应变比试件的应变小；而且，应变片的敏感元件成栅状，存在横向部分，受拉时横向部分的电阻下降，所以与直线导线相比，敏感栅的总电阻变化较小。可以这样说，在相同的分母(就是应变 ε)下，K 的分子比 K_0 的分子小，所以，$K < K_0$。

(2) 横向效应。

应变片对于垂直于其主轴线方向应变的响应，称为应变片的横向效应。粘贴在试件上的应变片，受到拉应变时，线栅的主体部分(即纵向部分)电阻变大，而横向部分的变形是变短、变粗，电阻变小。所以横向效应会降低应变片的灵敏系数。而金属箔式应变片通过将横向部分做得很粗，其初始电阻就很小，横向效应就几乎没有了。

(3) 温度特性。

温度特性指的是在应变不变的条件下，随着温度的变化，应变片的输出——电阻变化率发生变化。显然，这对于测量工作来说是一种干扰。

温度特性来源于两方面。当温度变化时，应变片敏感线栅的电阻率发生变化，导致应变片的输出发生变化。另外，试件、应变片基底和敏感线栅等材质不同，热膨胀系数就不同，当温度改变时会产生附加应变(热应变)，也会导致应变片的输出电阻值改变。

在测量工作中一定要采取补偿措施，消除温度特性带来的影响。具体方法可参见本章第三节电桥部分。

(4) 应变片的阻值。

应变片的阻值指的是应变片未粘贴、不受力、处于室温(20°C)环境下的电阻值。有 60Ω、120Ω、200Ω、…、1000Ω 等多种规格，其中以 120Ω 最常用。

4) 应变片的粘贴工艺

应变片的粘贴工艺大致包括如下步骤：贴片之前先要清理试件的待粘贴表面，必要时在粘贴部位划线。选用黏合剂将应变片粘贴在指定部位，低温和中温环境应选用无机黏合剂，有机黏合剂适用于高温环境。粘贴后要根据黏合剂的不同给予足够的固化时间。然后焊接引线、检查粘贴质量和导线的绝缘性。最后采用蜡封等方法将应变片与外界环境隔绝开。

关于应变片在试件上的粘贴部位和方向，参见本章第三节电桥部分。

5) 应变片式传感器

应变片具有简单轻便、使用灵活、连接方式多种多样的优点，但是也存在着自身强度低、防护能力差的缺点。而且如果每次试验都要操作者自行清理试件和贴片，势必影响试验效率，试验人员的人工操作差异也会使得贴片质量的均一性和试验数据的可比性降低。

因此，开发了各种以电阻应变片为核心元件的专用传感器，称之为应变片式传感器。应变片已经贴在传感器里面，不需要操作者做试验时自行安装。

应变片式传感器由应变片、弹性元件和其他附件组成。弹性元件是精确设计和制造的一个金属弹性体，在力、力矩、加速度和温度等被测量的作用下会发生应变，应变片粘贴在弹性体上，将应变转换成电阻变化率。而且应变片式传感器通常采用多个应变片，接成电桥电路，以适应不同测量目的。附件主要包括一些防护和连接固定件、接线器及简单补偿电路等。应变片式传感器在使用前一般要进行标定，确定被测物理量与传感器的输出电阻变化率(或者电桥的输出电压)之间的转换关系。

图 2-16 是一种圆柱式测力传感器，通常称为拉压传感器。为了在不增加质量的前提下增大表面半径(弹性元件表面曲率越小应变片的粘贴质量越高)，以及提高热处理时的淬透性，圆柱体大都是空心的。共采用 8 个应变片，每两个串联接入一个桥臂，组成全桥电路。关于其电路原理，参见本章第三节电桥部分。

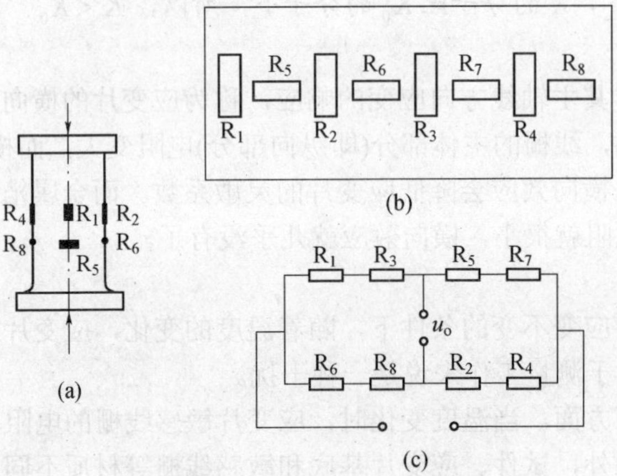

图 2-16　圆柱式测力传感器

(a) 圆柱传感器；(b) 圆柱面展开；(c) 电桥电路。

当被测力较小时，为提高弹性元件的应变，可以采用图 2-17 所示的梁式测力传感器。弹性元件是一根经特殊设计的等强度梁，截面抗弯模量较小，能在外力 F 不大的情况下产生较大的表面正应变，提高传感器的输出。

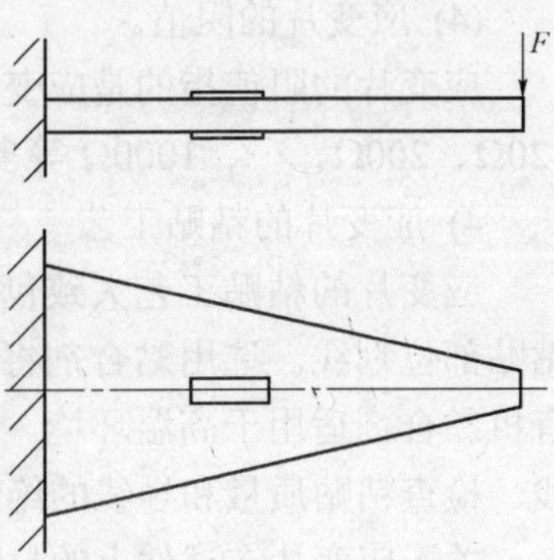

图 2-17　梁式测力传感器

应变片式传感器还可以进行加速度或者流体压强的测量。采用膜片式弹性元件，通过膜片的凹凸变形，可以测量膜片两侧的压力差，如图 2-18 所示。

图 2-19 所示为悬臂梁式应变加速度传感器。被测物体的加速度在质量块 m 上产生惯性力，使得悬臂梁发生弯曲，表面出现正应变，被一对相对粘贴的应变片拾取。这种加速度传感器体积较大，高频响应不佳，一般不用于平顺性分析的振动测量，可以用于汽车制动减速度的测量。

2．滑变电阻式传感器

滑变电阻式传感器，又称电位计式传感器，主要用于被测物体的(角)位置或(角)位移的测量。其传感核心就是一个滑线变阻器，也就是电位计，当被测物体带动滑动触点移动时，电阻器的有效电阻丝长度发生改变，从而改变电阻值，如图 2-20 所示。通常，加在整个电阻器(电位计)上的电压 U_{AB} 是不变的，那么，触点变化所引起的有效电阻的变化，也就可以转化成有效电阻分压的变化。所以，滑变电阻式传感器的输出往往是电压，即 U_{AC} 或 U_{BC}。

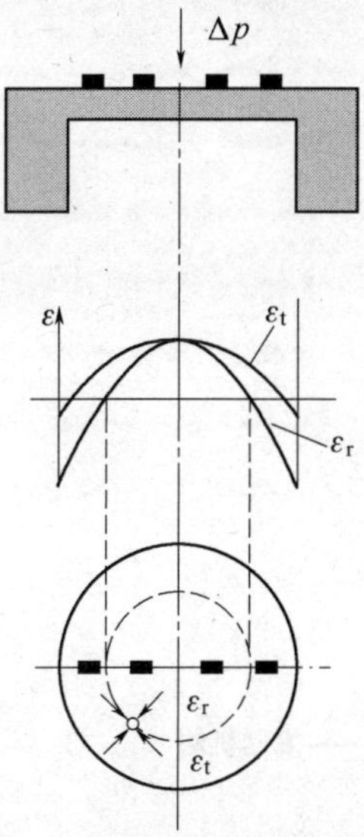

图 2-18　膜片式压力传感器

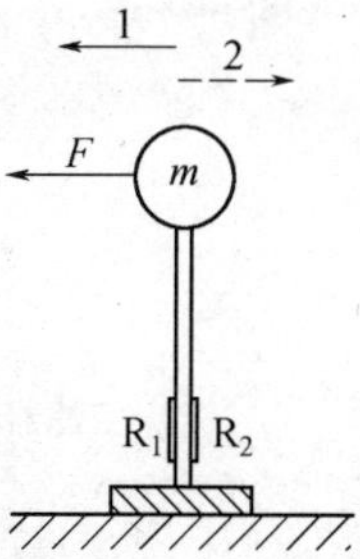

图 2-19　悬臂梁式应变加速度传感器

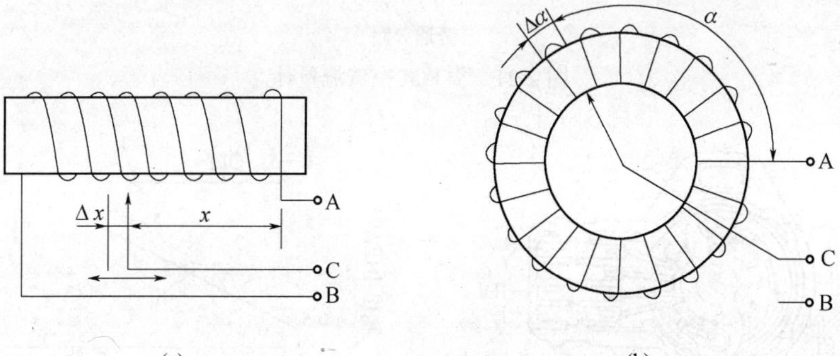

(a)　(b)

图 2-20　滑变电阻式传感器

(a) 线位移型；(b) 角位移型。

滑变电阻式传感器原理简单、制造容易、输入—输出的线性度较好。主要问题在于，为确保良好接触，触点和电阻器之间需要一定的预接触压力，当触点运动时产生一定的摩擦力，其趋势是阻碍被测物体运动，有可能影响被测物体原来的运动状况，特别是对于低输入能量的运动量(“低输入能量”，指的是被测系统的运转能力较弱，较小的阻力就能影响乃至阻碍其正常运转)，这就是一种“单向性”差的表现。

另外，如果按图 2-20 所示制成绕线式电阻器，会有一定的电感，其感抗值对后续电路会有一定影响，所以现在的滑变电阻器通常采用碳膜电阻或导电塑料。

汽车发动机电控系统中的翼片式空气流量计(图 2-21)和线性输出型节气门位置传感器(图 2-22)，采用的就是电位计式原理。

在图 2-21 中，翼片转轴上安装有扭转弹簧，作用在测量板上的进气流量的大小会改变翼片的扭转角，从而改变内部电位计的滑臂触点位置，引起输出电压 U_S 的变化。在图 2-22(a)所示的线性输出型节气门位置传感器中，两个电刷触头 2 和 3 都与节气门联动。其中触头 2 在滑片式电阻器 1 上滑动，利用电阻值(也就是分压值 V_{TA})的变化，反映节气门开度，供 ECU 进行喷

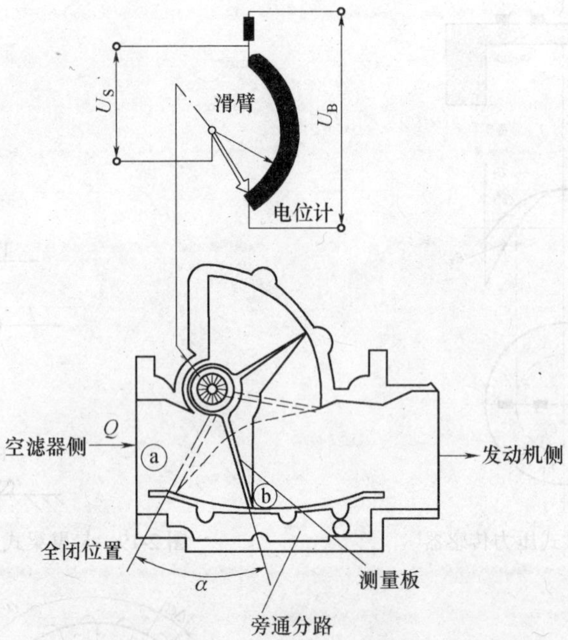

图 2-21　翼片式空气流量计

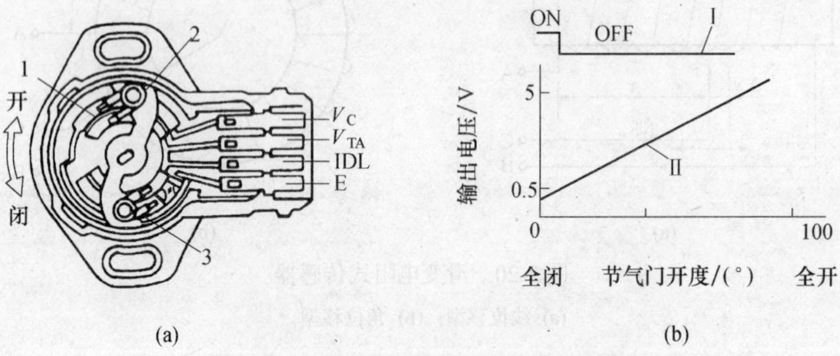

图 2-22　线性输出型节气门位置传感器

(a) 电位计部分；(b) 传感器输出特性。

1—滑片式电阻器；2、3—触头。

油量控制。当节气门关闭时，触头 3 与怠速触点 IDL 接触，向 ECU 提供怠速信号，用于断油控制和点火提前角的修正。V_C 是+5V 电源，E 是接地。图 2-22(b)是这种传感器的输出信号。折线 I 是怠速信号，当触头 3 与触点 IDL 接触时输出高电平 ON，表明此时节气门关闭，发动机处于怠速；OFF 则表示发动机不处于怠速工况。直线 II 是节气门开度信号，也就是触点 2 输出的电压值 V_{TA} 与节气门开度的线性关系。

上述应变片式和滑变电阻式传感器，主要都是靠机械运动或变形来改变电阻值。还有一类电阻式传感器，不依赖运动和变形，而是单纯靠温度变化来改变电阻材料的电阻率，从而改变输出。例如，用于测量发动机冷却水温和进气温度的绕线电阻式温度传感器，其传感核心是高纯度的镍线电阻，其电阻值随水温或气温的改变而变化。这种传感器响应速度较慢，不能用于追踪迅速变化的温度。

二、电容式传感器

电容式传感器是将被测物理量的变化转换为电容值变化的一种传感装置，属于参量式传感器。其基本构造就是一个具有可变参数的电容器。

1．工作原理

在一对相距很近、平行相对的电极板两侧施加电压，将会在不是紧靠极板边缘的区域内产生匀强电场，两极板会带上等量异号电荷，这就是电容效应，这对极板就是典型的平行板电容器，如图 2-23 所示。

平行板电容器的电容数值 C 为

$$C=\frac{\varepsilon_r\varepsilon_0 S}{\delta} \tag{2-22}$$

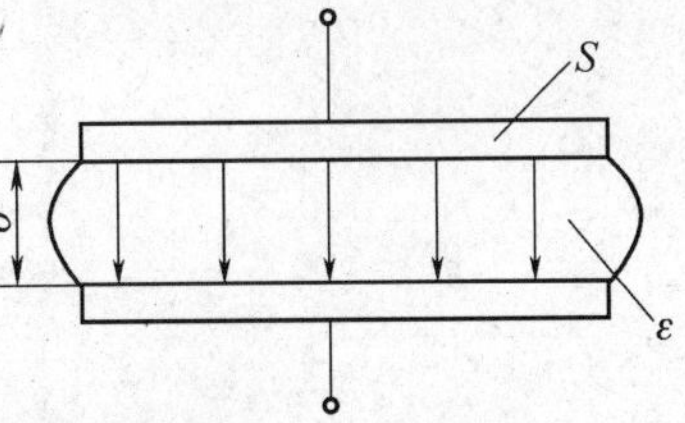

图 2-23　平行板电容器

式中：S 为两极板的正对面积；δ 为两极板的间距；ε_0 为真空中的介电常数，为 8.85×10^{-12}(C/V)；ε_r 为极板间实际介质的相对介电常数，极板间填充不同物质，其相对介电常数不同，对于空气，取 $\varepsilon_r=1$。

如果被测量能使电容器结构参数中的 S、δ 或 ε_r 中的任一项变化，那么电容值 C 就会发生变化。通过有关处理电路确定电容的变化量，就可求得被测量的大小。

2．主要类型和应用

根据被测量对电容器结构参数的不同影响，电容式传感器可以分为三类：如果被测量改变的是极板间距 δ，称为变极距型电容式传感器；如果改变的是极板的正对面积，称为变面积型电容式传感器；如果改变的是极板间的介质，则称为变介电常数型电容式传感器。

1) 变极距型

这是最常见的电容式传感器。电容器的一个极板固定，另一个极板在被测物理量的带动下发生位移，改变极板间距 δ，从而引起传感器输出电容的改变。

显然，变极距型电容传感器最擅长的是测量位移，特别是微小的位移。如果被测量能够通过某种物理效应转化为一个(或两个)极板的位移，那么也可以通过电容式传感器测量。

在汽车噪声的测量中，广泛使用声级计，精密声级计的核心就是一个电容式传感器，称电容式微音器，如图 2-24 所示。

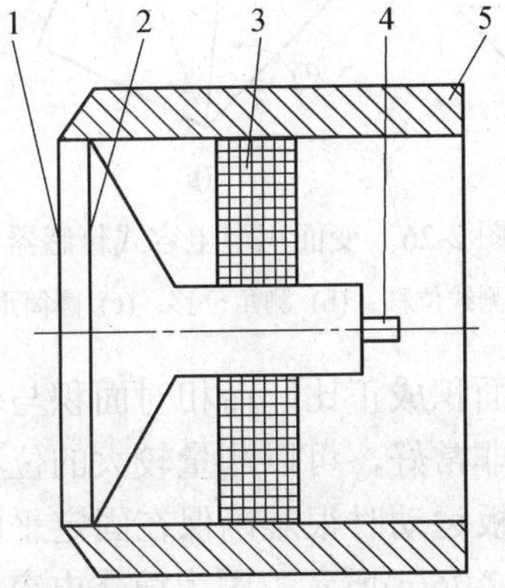

图 2-24　电容式微音器

1—振动膜片；2—背板；3—绝缘体；4—中心电极；5—外壳。

振动膜片 1 作为电容器的活动极板，在被测噪声的声压下发生位移；背板 2 是固定极板。外壳 5 和中心电极 4 分别为两者提供连接线。绝缘体 3 兼起支承定位作用。

电容式传感器也可以测量流体压强的变化。例如，D 型电控发动机喷射系统中，发动机进气量由进气歧管压力和发动机转速推算。而进气压力的测量就可以利用电容式传感器，如图 2-25 所示。

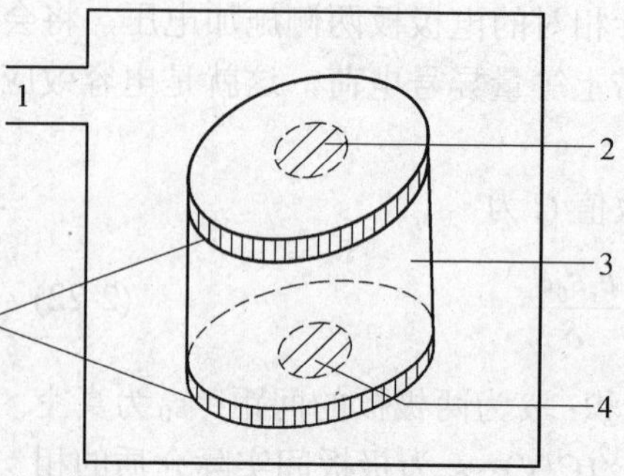

图 2-25　电容式进气压力传感器

1—接进气歧管；2、4—厚膜电极；3—绝缘介质；5—氧化铝膜片。

图 2-25 中，1 是接进气歧管，整个传感器外表面处于该气体压力环境中。两个氧化铝膜片 5 都可以在气压变化下运动。2 和 4 是厚膜电极，构成电容器的两个极板。3 是内部填充的绝缘介质。进气压力的波动转变成电容值的变化，该电容参与构成一个振荡器谐振电路，其输出信号的频率与进气歧管压力成正比。

在汽车排放污染物的分析检测中，广泛使用不分光红外气体分析仪。其核心传感部分也是一个电容式传感器。详见第三章第四节“排气污染物的检测原理”部分。

2) 变面积型

电容器的两个极板中，一个固定，另一个在其平面内做平动或转动，两者的正对面积 S 就发生变化，根据式(2-22)，电容 C 就发生改变。

显然，如果活动极板做平动，那么可以测线位移；如果活动极板做转动，则可以测量角位移，如图 2-26 所示。

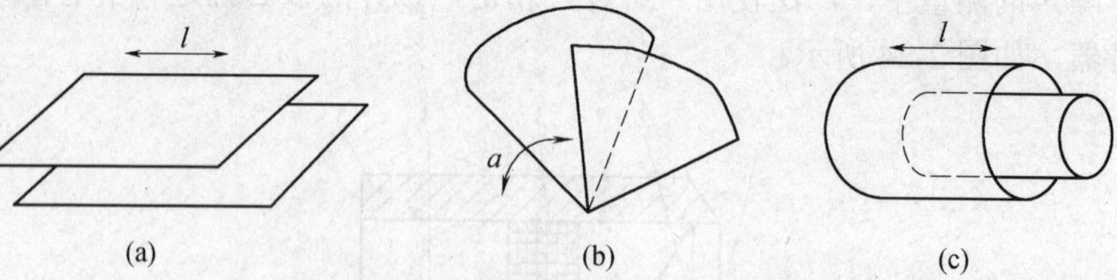

图 2-26　变面积型电容式传感器

(a) 测线位移；(b) 测角位移；(c) 圆筒形。

由于电容器的电容值与相对面积成正比，而相对面积与位移或角位移又成线性关系，所以变面积型电容式传感器的线性非常好，可以测量较大的位移。但是由于平板式电容器的电容值对间距非常敏感，而活动极板运动时很难确保在固定平面内，所以变面积型电容传感器很多做成同轴圆筒形结构，如图 2-26(c)所示。因为筒式电容器的径向变化对电容值影响相对较小。

3) 变介电常数型

两个极板均不动，改变极板间的填充物质或者物质的尺寸、位置，不同物质的相对介电常数不同，电容值随之发生改变。图 2-27 所示的就是变介电常数型电容式传感器的几种应用。

变介电常数型电容式传感器通常用于测量电介质的厚度、电介质插入极板的位置、电介质液体的高度或者成分变化等。例如，检测汽车润滑油的品质，就可以利用不同技术状况的机油介电常数不同的特性，通过传感器的电容值变化来反映润滑油中杂质的含量。也可以根据电介质的介电常数随温度、湿度改变的特性来测量介质材料所处的环境温度和湿度。

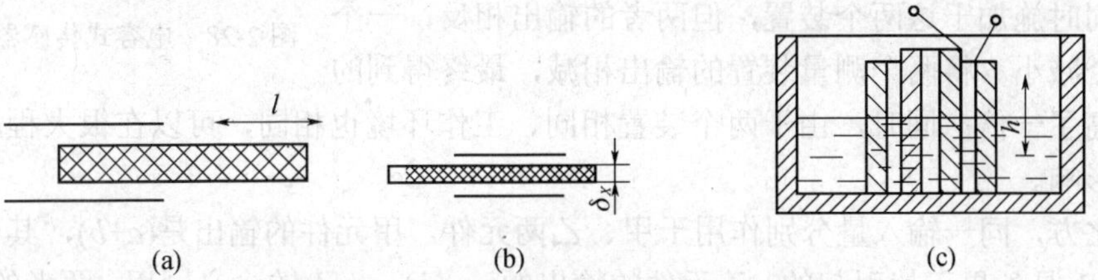

图 2-27　变介电常数型电容式传感器

(a) 测物体位置；(b) 测物体厚度；(c) 测液面高度。

3．性能特点

电容器的电容值一般与电极材料无关，所以电容式传感器的温度稳定性好。结构简单，环境适应能力强。电容式传感器的运动部分(主要就是活动极板)质量极小，因此固有频率非常高，特别适合高频动态测量，例如声音信号。电容器极板间的静电作用力很小，适宜进行低输入能量的测量，可以测量极低的压力、极小的加速度和极其微小的位移，灵敏度和分辨力非常高，甚至能够感受到纳米级的位移。

但是，电容式传感器也存在一些问题。

(1) 输出阻抗高。受到结构尺寸和材料的限制，电容式传感器的电容值一般很小，只有几十到几百皮法，当采用交流电路处理和变换时，容抗很大(容抗 $X_C = 1/\mathrm{j}\omega C$，$\omega$ 为交流电路的圆频率)，要求绝缘电阻极大、放大器输入阻抗也很大。提高供电频率可以降低容抗，但高频信号的放大和传输复杂，寄生电容的影响也会增大。

(2) 受寄生电容的影响。相对于电容式传感器自身的电容(就是电容器两平行板间的电容)，传感器的引线电缆电容、测量电路的杂散电容及传感器极板与周围导体形成的电容等，共同构成寄生电容。寄生电容会降低传感器的灵敏度，而且寄生电容常常随机波动，影响测量结果的精度。这就对电缆的选择、安置、连接方法和周围环境提出了比较严格的要求。

(3) 极板间距和厚度的问题。平行板电容器靠近边缘的部分电场强度降低，这会降低传感器的灵敏度，而且增大非线性度。为了降低这种边缘效应，同时进一步减小寄生电容，需要降低极板原始间距、增大极板面积、降低极板厚度(如采用镀金或镀银工艺)。这对极板的制造和装配技术提出了一定的要求。

对于变面积型和很多变介电常数型电容式传感器来说，输出与输入的线性关系良好。但是对于最常见的变极距型电容式传感器，由于其基本原理缺陷，输出电容与输入位移之间不是线性关系，这是需要重视的一个问题。对于变极距型电容式传感器来说，输入位移改变的是极板间距 δ，由式(2-22)可以看出，由于输入 δ 在分母，其与电容值 C 之间的关系是非线性的。简单的数学推证可以得出：只有在被测位移 Δd 极小的范围内，如图 2-28 所示，电容传感器的输出电容变化 ΔC 与输入 Δd 之间才有较好的线性关系。

也就是说，为了提高传感器的灵敏度(和线性度)，电容式传感器的极板原始间距 d_0 要做得很小；而为了进一步提高线性度，测量位移 Δd 还要远小于原始间距 d_0。所以，电容式传感器只能测量微小的位移。

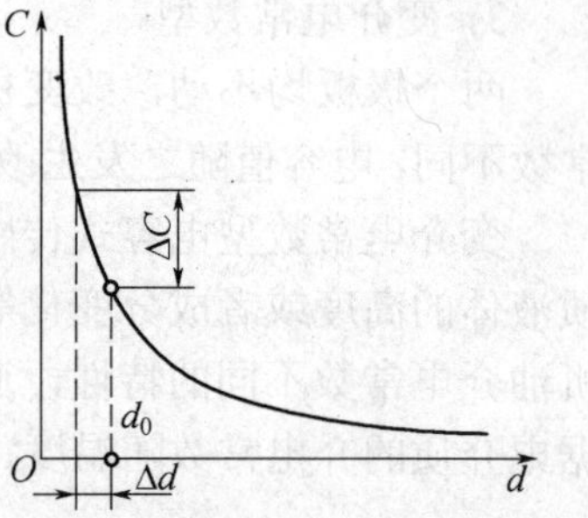

图 2-28　电容式传感器的转换特性

为了进一步提高测量的灵敏度和线性度，同时降低外界干扰的影响，可以采用差动测量。差动测量是一种应用广泛的测试方法，其基本思想是设计两套相同的测量装置，同一个被测量同时施加于这两个装置，但两者的输出相反，一个增大、一个减小。将两个测量装置的输出相减，最终得到的输出就提高了一倍；同时，由于两个装置相同、工作环境也相同，可以在很大程度上抵消外界干扰的影响。

打个比方，同一输入量分别作用于甲、乙两元件。甲元件的输出是$(a+b)$，其中 a 是被测量引起的、b 是外界干扰引起的；乙元件的输出的$(-a+b)$，a、b 的含义同甲。两者的输出相减，$(a+b)-(-a+b)=2a$。可见，差动测量可以将灵敏度提高一倍，同时将外界环境影响对两个测量元件的干扰抵消掉。

在图 2-29 中，两侧极板固定不动，中间极板向一侧运动时，就会引起两侧电容器的间距反向变化，进而造成两侧电容值的“差动”变化。其输出—输入特性的灵敏度高、且线性度良好。

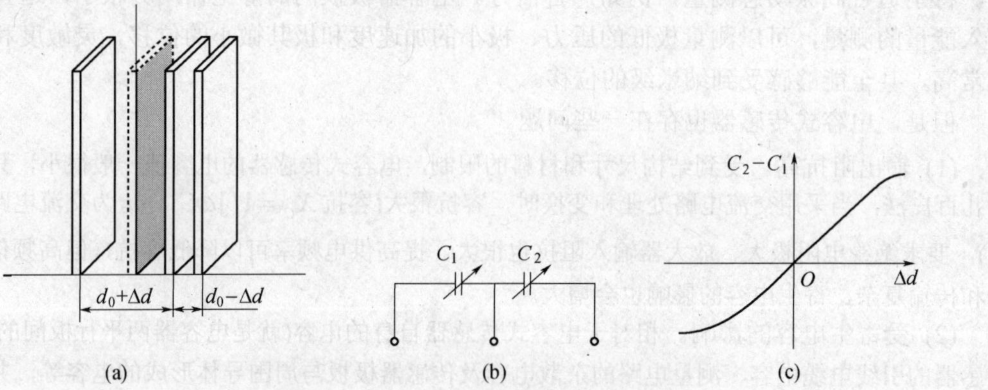

图 2-29　差动测量的原理和输出特性

(a) 固定极板和滑动极板；(b) 等效电路；(c) 特性曲线。

三、电感式传感器

顾名思义，电感式传感器，就是将被测非电量转换为电感的传感器，属于参量式传感器。这类传感器的结构特征是具有参数可变的电感绕组(即线圈)。

在某些资料中，认为电感式传感器是利用电磁感应工作的。严格来讲，这是不准确的。电感式传感器只是在被测量的带动下改变了线圈的自感系数或互感系数，线圈中的输出电压是激励电压引起的，传感器并没有“主动”产生感应电动势(即使对于互感式电感传感器，次级线圈中产生的感应电压也是源于初级线圈的激励电压，而不是线圈在做某种“切割磁感线”的运动)。因此，电感式传感器并不会产生电势能，也不需要很大的输入能量。

电感量包括自感和互感，所以电感式传感器也可以分为自感式和互感式两类。

1．自感式电感传感器

电感绕组的自感系数(电感量)与磁路的几何尺寸、线圈的匝数和介质的磁导率有关。一般来说，线圈的匝数和介质的磁导率不易改变，所以，被测量通常是位移，改变的是磁路的几何尺寸，如图 2-30 所示。

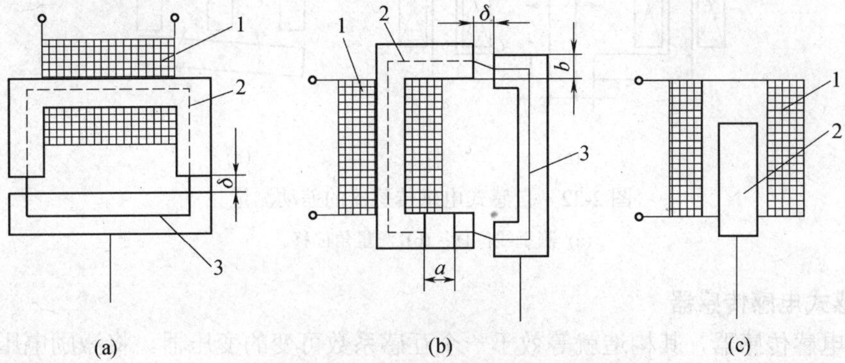

图 2-30　自感式传感器的类型和原理

(a) 变气隙型；(b) 变截面型；(c) 螺管型。

1—线圈；2—铁芯；3—衔铁。

令铁芯和衔铁间的空气隙厚度为 δ、空气隙的截面积为 S(如图 2-30(b)所示，$S=a\times b$)、线圈的匝数为 N、μ_0 为真空或空气的磁导率，($\mu_0 = 4\pi\times10^{-7}\,\mathrm{H/m}$)，同时良好的铁磁性材料可以确保铁芯的磁导率远大于空气的，则线圈的电感量 L 为

$$L=\frac{N^2\mu_0 S}{2\delta} \tag{2-23}$$

可见，如果衔铁在被测物体的带动下相对于铁芯做正向运动，改变的是气隙厚度 δ，就是图 2-30(a)的变气隙型；如果衔铁相对铁芯保持距离不变而做切向运动，改变的是空气隙的截面积 S，就是图 2-30(b)的变截面型。

如果铁芯可以在线圈内往复运动，那么改变的就是铁芯所穿入的线圈匝数，线圈的自感也会发生变化，就是图 2-30(c)所示的螺管型。例如，检测汽车传动系角间隙所采用的倾角传感器，其传感核心就是一组弧形铁芯和线圈，如图 2-31 所示(被测角位移 α_0 转换成弧形线圈的电感值，该电感值进而控制后续振荡电路的振荡频率，由振荡频率的变化反应所测角度的变化)。

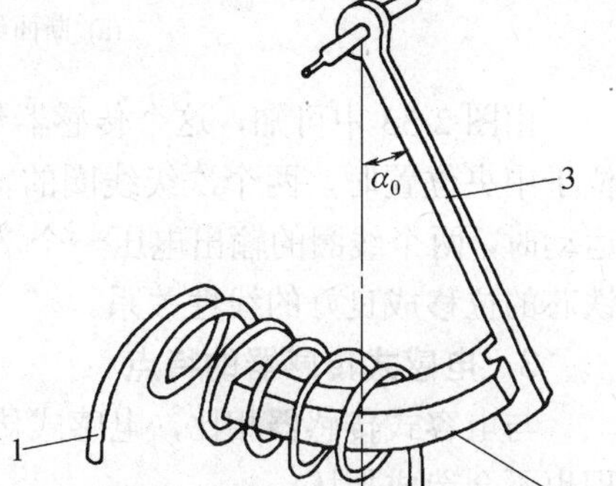

图 2-31　倾角传感器

1—弧形线圈；2—弧形铁芯；3—摆动杆。

也可以将变气隙型和变截面型称作可动衔铁型电感式传感器，将螺管型称作可动铁芯型电感式传感器。

对于常见的可动衔铁型，由公式(2-23)可见，传感器的输出电感 L 和被测位移 δ 之间是非线性关系。为了提高线性度，同时提高灵敏度和抗干扰能力，同电容式传感器一样，电感式传感器也经常采用差动测量方式。如图 2-32 所示，两个铁芯共用一个衔

铁，衔铁的运动引起两个线圈的电感反向变化，将这两个电感量差接进测量电路以实现差动测量。

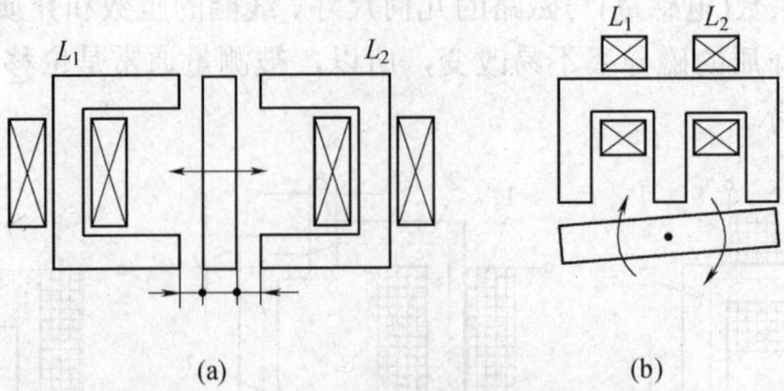

图 2-32　自感式电感传感器的差动测量

(a) 测量线位移；(b) 测量角位移。

2. 互感式电感传感器

互感式电感传感器，其构造就等效于一个互感系数可变的变压器。将激励电压(注意，传感器的输入是位移等机械量，不是这个激励电压)加在变压器的初级绕组上，次级绕组将输出一个感应电压。当被测位移引起变压器的互感结构发生变化时，感应电压发生相应变化。这种传感器一般都做成差动式的，采用两个次级绕组，铁芯的运动对两个绕组的影响趋势相反，常称作差动变压器，如图 2-33 所示。

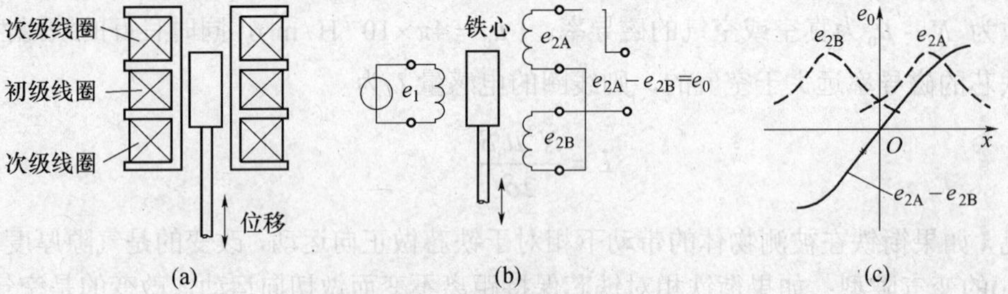

图 2-33　差动变压器

(a) 断面结构图；(b) 连线图；(c) 输出特性。

由图 2-33 中可知，这个传感器结构对称，两个次级线圈反向连接，做差动输出。当铁芯位于中央位置时，两个次级线圈的输出电压相等，输出的差动电压信号为零；当铁芯向一侧运动时，两个线圈的输出电压一个增加、一个降低，差动电压(绝对值)增加，在很大范围内与铁芯的位移成良好的线性关系。

3. 电感式传感器的特点

与电容式传感器相比，电感式传感器可以测量较大的位移(即使衔铁或铁芯的运动超出量程也不会造成损坏)。

无论是可动铁芯型还是可动衔铁型，电感式传感器的运动部件与固定部件之间都没有摩擦，而且电感效应本身不同于电磁感应，不需要很大的输入能量。因此，电感式传感器的动作阻力小、对被测系统的影响小、本身无机械磨损。电感线圈允许输入较大的激励电压。

电感式传感器比较突出的一个问题是动作部分的惯量非常大。惯量大导致固有频率低，为了满足不失真测量的条件，只能测量更低频的信号。所以，电感式传感器不能用作高频动态测量。而且，电感式传感器的分辨力受测量范围的影响，测量范围越大，分辨力越低。

四、压电式传感器

1. 基本原理和性能特点

压电式传感器的工作原理是压电效应：某些材料当沿着一定的方向对其施加压力(或拉力)时，材料不仅发生机械变形，而且内部发生极化，在两侧表面出现等量的异号电荷，电荷量与压力大小成正比。当外力去掉后，该材料又重新回到不带电的状态，如图 2-34 所示。

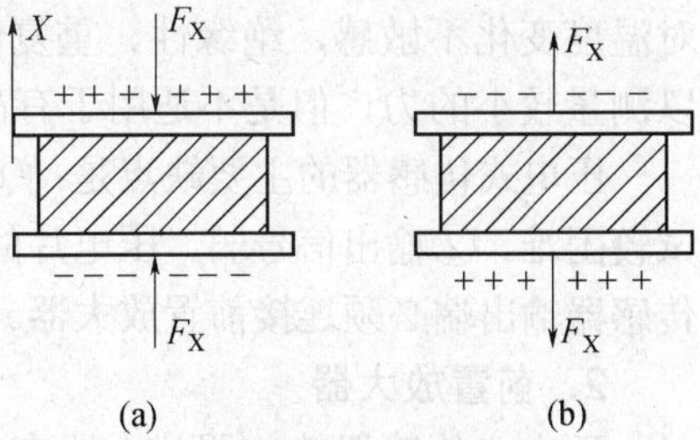

图 2-34　压电效应

(a) 受压力；(b) 受拉力。

这种压电材料就相当于一个对压力敏感的电荷源，压力越大，产生的电荷越多。可见，压电式传感器是一种发电式传感器。常见的压电材料有石英(SiO_2)、压电陶瓷(钛酸钡 $BaTiO_3$ 和锆钛酸铅 PZT 等)和高分子薄膜等。传感器内的压电材料常被称作压电元件、压电晶体或压电片。

广义的压电效应包括正压电效应和逆压电效应。上述“压力→电荷”的模式为正压电效应。压电材料通常都有逆压电效应，就是在压电材料的两个极面上施加交流电压，压电材料能产生机械振动，在电极方向上有伸缩变形，所以逆压电效应也叫电致伸缩效应。本节介绍的压电式传感器利用的是正压电效应，在某些控制系统中的压电执行器利用的则是逆压电效应。由于压电效应具有可逆性，所以压电式传感器属于一种“双向传感器”。

另外，压电效应本身对压力和拉力都是敏感的(图 2-34(a)、(b))，且同一个压电元件在拉力和压力下产生的电荷极性是相反的，只不过在实际测试中通常只用压电元件承受压力，测量压力。

压电效应原理中的电荷量 Q 和压力 F 的关系式为

$$Q = KF \tag{2-24}$$

式中：K 为压电系数(C/N)。

压电式传感器的直接输入是力，所以各种能够转化为力的机械量如位移、变形、压强或加速度等，都可以由压电式传感器来测量。在汽车试验中最多的应用就是用来测量振动加速度，如图 2-35 所示。另外，在发动机电控系统中，需要感知爆燃率信号，发动机的爆燃程度通常由机体振动反映，也可以采用压电式加速度传感器来测量。

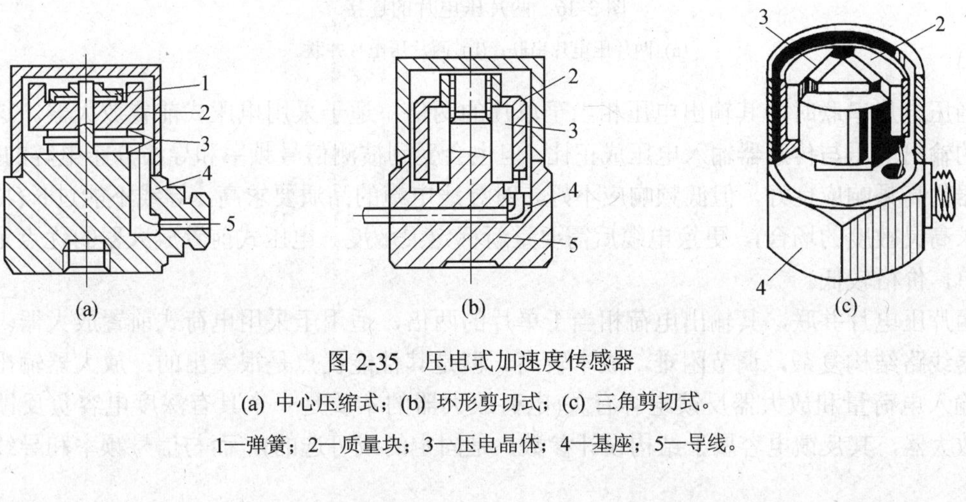

图 2-35　压电式加速度传感器

(a) 中心压缩式；(b) 环形剪切式；(c) 三角剪切式。

1—弹簧；2—质量块；3—压电晶体；4—基座；5—导线。

压电式加速度传感器的种类较多，其基本原理都是在压电晶体上布置一质量块，当传感器受到振动加速度时，质量块的惯性力作用在压电晶体上。质量块的质量是设计确定的，传感器的加速度越大，其惯性力就越大，作用在压电晶体上的压力就越大，从而输出更大的电荷量。剪切式加速度传感器比压缩式的低频特性更好，环境适应能力更强，已成为目前的主要结构类型。

压电式传感器的主要优点是体积小、重量轻、结构简单、工作可靠、固有频率高、灵敏度和线性度都较高。不同的压电材料中，石英晶体的强度、刚度大，动态特性好，输出特性对温度变化不敏感，绝缘性、重复性好；缺点是压电系数较低。压电陶瓷的压电系数高，可以测量较小的力，但是不适用于有高稳定性要求的测量。

压电式传感器的主要缺点是：①通常作为振动加速度传感器，当被测运动频率较低时，测试较困难。②输出信号弱、压电片的阻抗高。所以，一个传感器里通常包含两个压电片，而且传感器输出端必须连接前置放大器。根据两片压电片连接方式的不同，配套不同的放大器。

2. 前置放大器

压电式传感器的前置放大器有两个作用：一是将传感器输出的微弱信号放大；二是阻抗匹配，将传感器的高阻抗输入转变成低阻抗输出，才能传给常规放大器继续放大、处理(所谓“前置”，就是指该放大器置于常规放大器的前面。即，压电式传感器→前置放大器→常规放大器……当然，很多测试系统所采用的前置放大器，内部包含了常规放大的功能，所以我们看到的放大器只有一个)。

压电片是有极性的，就是说受到压力时，出现正、负电荷的表面是固定的。当一个传感器里面的两片压电片的异极性表面相连时，就是串联；当同极性表面相连时，就是并联，如图 2-36 所示。

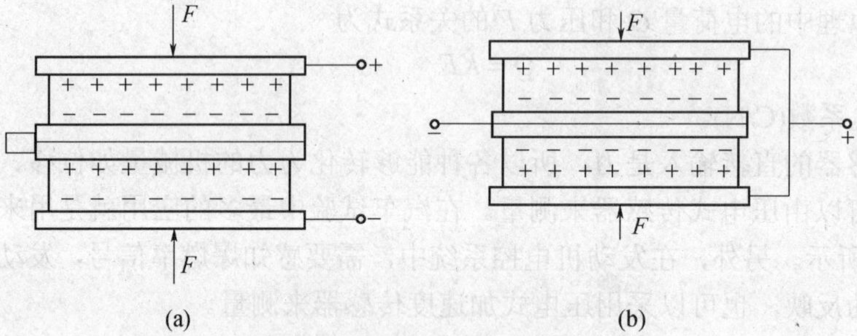

图 2-36　两片压电片的连接

(a) 两片压电片串联；(b) 两片压电片并联。

当压电片串联时，其输出电压相当于单片的两倍，适于采用电压式前置放大器。这种放大器的输出电压与传感器输入电压成正比，但也会受到被测信号频率和导线分布电容的影响。放大器的高频响应良好，但低频响应不好。对导线电缆的品质要求高，导线不能过长(特别是在要求高灵敏度的场合)，更换电缆后需要重新标定灵敏度。电压式前置放大器的优点是结构较简单，价格较低。

两片压电片并联，其输出电荷相当于单片的两倍，适用于采用电荷式前置放大器。这种放大器线路结构复杂，调节困难，成本较高。但是其性能优点是很突出的：放大器输出电压仅与输入电荷量和放大器反馈电容有关(电荷放大器的本质是一个具有深度电容负反馈的高增益放大器，其反馈电容属于结构设计参数，是固定的或可选的)，而与信号频率和导线分布电容无关。高频和低频响应都很好，传输距离可长达数百米，对导线品质要求低，更换导线后不需要重新标定。在线性度和信噪比等方面也优于电压放大式。所以目前多采用电荷放大式前置放大器。

还有一种半导体压电效应：在单晶半导体上，人为添加一些不同物质，就会形成一定的电阻值，对此电阻施加一定的应力(应变)，其阻值就会发生变化。

例如，D型电控喷射发动机的进气压力传感器，有的就采用了这种原理，如图2-37所示。

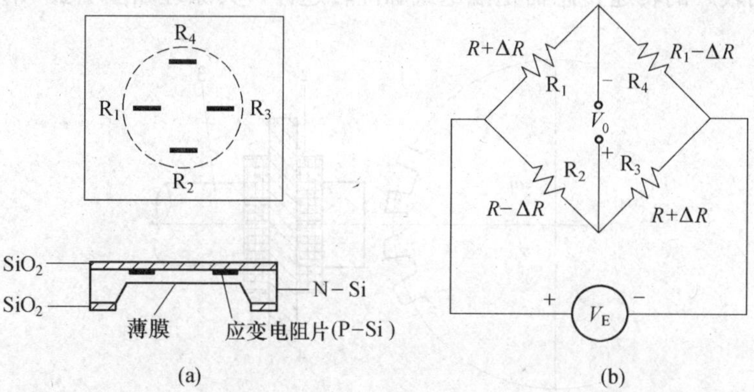

图2-37 半导体的压电阻效应

(a) 原理；(b) 检测电路。

N型硅片的中央部位减薄，形成膜片，用光刻腐蚀工艺在膜片上形成4个P型应变电阻，各电阻的初始阻值都是R。当膜片两侧有压力差时，就会向一侧膨胀，导致R_1和R_3、R_2和R_4的阻值变化相反，由电桥电路转化成输出电压V_E。这种传感器体积小、精度高、成本低、抗震性和可靠性高，是目前最先进的进气压力传感器，应用十分广泛。

五、磁电式传感器

磁电式传感器，也叫感应式传感器，是一种发电式传感器，其工作原理是电磁感应(亦称电磁效应)。由法拉第电磁感应定律可知：通过闭合回路面积内的磁通量发生变化时，回路内会产生感应电动势，其大小正比于磁通量的变化率。公式为

$$e = -N\frac{\mathrm{d}\varPhi}{\mathrm{d}t} \tag{2-25}$$

式中：e 为感应电动势(V)；N 为闭合回路线圈的匝数；$\frac{\mathrm{d}\varPhi}{\mathrm{d}t}$为磁通量的变化率(Wb/s)；负号为感应电流的磁场方向与上述磁通量的增长方向相反。

请注意，磁电式传感器与电感式传感器不同。电感式传感器属于参量式传感器，线圈上的感应(自感或互感)电压是外界施加交流激励电压引起的，传感器本身并不产生电能。而根据楞次电磁感应定律，“感应电流的磁场总是阻碍引起感应电流的磁通量的变化”，也就是说，要想获得感应电流，必须克服感应电流产生的安培力做功，将其他形式的能转化为电能。磁电式传感器对外输出的电能，完全是其他能源克服阻力做功转换得到的，也就是发电机的原理。

由于磁电式传感器是基于这种“发电机”的原理工作，它可以“主动”输出电压，而且

较强；但是其重量和体积也比电感式传感器要大。

在汽车试验中，磁电式传感器通常用于转速的测量。其中的一种是测速发电机，其本质就是一台小型直流发电机。被测转速带动线圈在磁场内旋转，产生正弦交流电，再经过整流和滤波，得到直流电输出，其电压与被测转速成正比。这种测速发电机的输出电压较高、能量较强，可以直接带动负载(记录器)而省去中间变换电路；缺点是低转速时的线性度较差，而且电压输出易受无关因素的干扰。

另一种应用较广的转速传感器是磁电式脉冲转速计，其原理如图 2-38 所示。

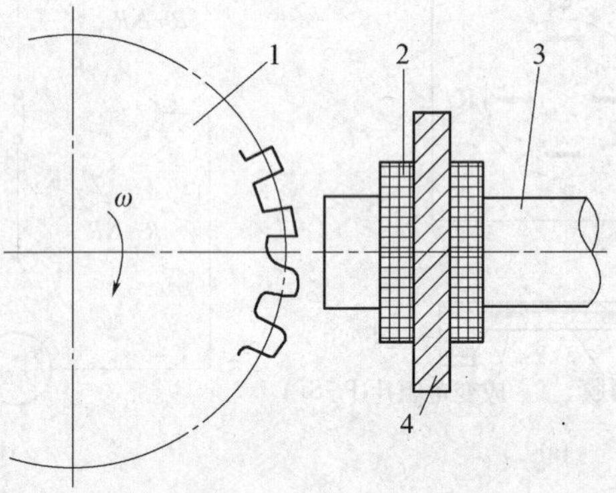

图 2-38　磁电式脉冲转速计

1—转盘；2—线圈；3—磁极；4—支架。

转盘 1 与被测轴同步旋转，外圈有一圈凸齿。在固定支架 4 上安装有线圈 2、内部插有磁极 3，磁极前端与转盘凸齿之间的距离很近。当转盘转动时，其边缘的齿顶和齿槽依次经过磁极正面，空气间隙发生周期性变化，使得闭合磁路的磁阻发生变化，导致线圈的磁通量发生变化，在线圈中感应出电脉冲。脉冲个数对应转过的齿数。脉冲电压经整形后送入计数电路，根据单位时间通过的脉冲数及转盘一圈的齿数，算出平均转速(平均时间很短，刷新频率很快，只要被测转速变化不是非常剧烈，这种平均转速完全可以代替瞬时转速)。这种脉冲式转速计低频响应更好，抗干扰能力更强，广泛应用于五轮仪、测功机等试验设备的转速测量及汽车电控系统的曲轴转速(或位置)和车轮转速的测量。

磁电式传感器直接测取的是转速或角速度，如果再接入微分或积分电路，也可以测量角加速度或角位移。

从测量学的角度对比磁电式测速发电机和脉冲式转速计，可以发现，测速发电机的基本思想是用输出电压的幅值来反映被测量；而脉冲式转速计的基本思想则是用输出脉冲的频率来反映被测量。信号的幅值在传输、处理中比较容易受到干扰，例如，传感器元件老化导致性能参数改变，或者周围电磁环境的变化使得原标定特性失准。例如，一个测速发电机的标称输出特性是“$600\,r \cdot min^{-1}/V$”，就是说得到 3V 的输出电压时会认为被测转速是 1800r/min，但实际上可能是 1900r/min 或者 1700r/min。而频率信号在传输和处理过程中，抗干扰能力相对更强，因为线性系统的基本特性之一就是频率保持性。脉冲式转速计就是利用频率来计数，信号幅值的偏差不会影响测量结果。

推而广之，很多测试设备，都要把传感器直接输出的物理量转换成某种频率信号，用以反映被测量，利用的就是这种“测频率比测幅值更可靠”的思想。

在发动机电动系统的传感器中，有一种磁致伸缩式爆燃传感器，也是利用电磁感应原理工作的。传感器安装在发动机的机体上，由磁芯、永久磁铁和感应线圈等组成。当发动机振动时，磁芯受振偏移，致使感应线圈内的磁通量发生变化，感应线圈产生感应电动势，就是该爆燃传感器的输出信号。

六、霍耳式传感器

1. 工作原理

霍耳式传感器的工作原理是霍耳效应，如图 2-39 所示。

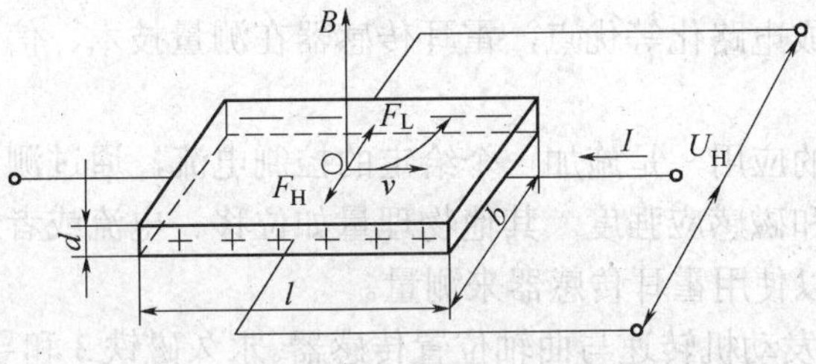

图 2-39 霍耳效应原理

长度 l、宽度 b、厚度 d 的 N 型(N 型：电子型)半导体薄片，处在磁感应强度为 B 的磁场中，磁场方向垂直于薄片，在薄片长度方向上施加控制电流 I。在垂直于磁场和电流所形成的平面的方向(即图 2-39 中宽度方向)上，将产生电动势 U_H。U_H 称为霍耳电动势或霍耳电压，该半导体薄片就是霍耳元件。在霍耳元件给定的条件下，霍耳电压 U_H 与控制电流和磁感应强度之积 IB 成正比。

N 型半导体做载流材料，其载流子主要是电子。控制电流方向向左(如图 2-39 所示)，就意味着电子向右运动。运动的电荷在磁场中会受到洛伦兹力 F_L，由左手定则可判断其受力方向向薄片的后侧。因此该半导体薄片的后侧因电子聚集而带负电，前侧则带正电，形成电场，这个电场给电子的作用力 F_H 又使得电子有向前侧运动的趋势。当 F_L 和 F_H 达到动态平衡时，就在前后侧面之间建立起霍耳电场 E_H，两侧面之间的电动势就是霍耳电动势 U_H。

由分析计算可得霍耳电压公式为

$$U_H = R_H \frac{IB}{d} \tag{2-26}$$

式中：R_H 为霍耳系数，与载流材料的电阻率和载流子迁移率成正比。金属材料的电阻率太低，P 型半导体的载流子是空穴、其迁移率小于电子，都不适合，所以霍耳元件常用 N 型半导体材料。另外，由式(2-26)可以看出，载流材料厚度 d 越小，霍耳电压越大，所以霍耳元件都比较薄，薄膜型霍耳元件可薄至 1 μm。

2. 传感器特性及应用

霍耳传感器通常由霍耳元件(常称为霍耳片)、引线和外壳组成，如图 2-40 所示。霍耳片是长方形的薄片，长度方向上焊有两根控制电流引线 c、d，宽度方向上焊有两根霍耳电压输出引线 a、b。

霍耳传感器的转换效率较低，对温度变化较敏感，对转换精度要求较高时需要采取温度补偿措施。但由于结构简单、体积小、耐久性好、频率响应范围宽(从直流到微波频段)、可靠

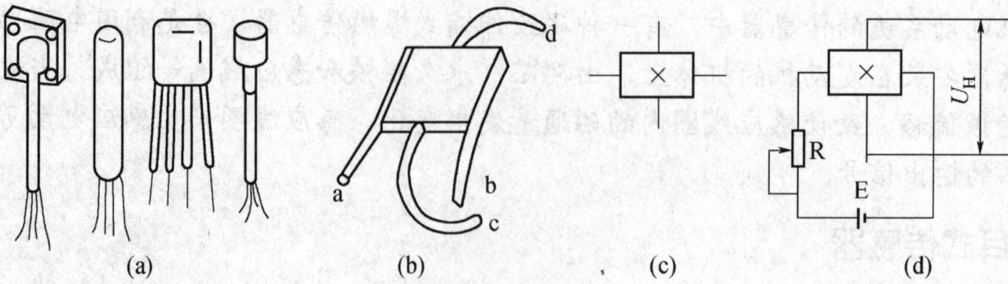

图 2-40　霍耳传感器

(a) 外形；(b) 结构；(c) 符号；(d) 基本电路。

性高、易于微型化和集成电路化等优点，霍耳传感器在测量技术、信息处理和自动控制等方面仍然有广泛的应用。

霍耳传感器最直接的应用，是施加一个给定的控制电流，通过测量输出霍耳电压，来测量所在位置的磁场方向和磁感应强度。其他物理量如位移、电流或者速度，如果能引起这个磁场的变化，那么也可以使用霍耳传感器来测量。

图 2-41 所示为一种发动机转速与曲轴位置传感器。永久磁铁 3 和导磁板 5 构成闭合磁路，两者之间布置有霍耳元件 2，4 是基座。触发叶轮 1 有内外两个，外圈叶轮有 18 个等间距齿、内圈叶轮有 3 个不等间距齿，叶轮和曲轴同步旋转。触发叶轮进入空气隙时，霍耳元件的磁场大部分被叶片旁路，因此输出霍耳电压呈低电平信号；当触发叶轮离开空气隙时，则输出高电平。根据 18×信号，可以计算出曲轴转角和发动机转速；根据 3×信号，可以判断出点火缸号(3×脉冲信号上边沿分别对应 1、4 缸，3、6 缸和 2、5 缸压缩行程上止点前 75°)。两者结合，可以精确测量(和控制)各缸点火时刻。

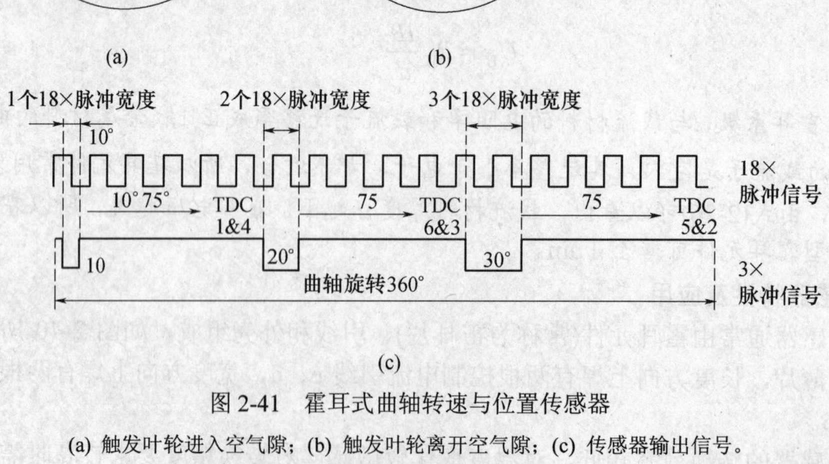

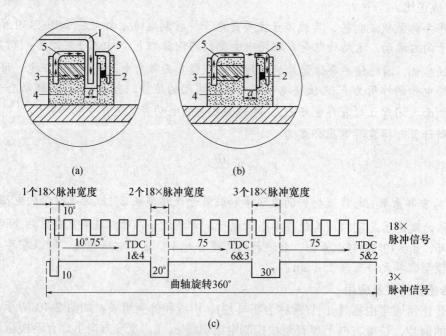

图 2-41　霍耳式曲轴转速与位置传感器

(a) 触发叶轮进入空气隙；(b) 触发叶轮离开空气隙；(c) 传感器输出信号。

1—叶轮；2—霍耳元件；3—永久磁铁；4—基座；5—导磁板。

这种霍耳传感器的输出量是电压，但是并不直接利用电压的幅值来反映被测量，而是利用信号的频率来反映曲轴转速或者位置，由于频率信号的抗干扰能力强于幅值，所以测量精度更高，试验结构更可靠。这一点和磁电式脉冲转速计类似。

有的资料将电感式传感器、磁电式传感器和霍耳式传感器等与磁场有关的传感器，统称为磁敏式传感器。

七、光电式传感器

1. 工作原理

光电式传感器的工作原理是光电效应。光电效应是一个统称，具体包括：

(1) 外光电效应，又称光电子发射效应。金属或半导体光电材料在光照下表面逸出光电子，这是最经典、最狭义的光电效应。典型器件是光电管。

(2) 光伏特效应。半导体 PN 结在光照下产生电动势。典型器件是光电池和光敏二极管、三极管。

(3) 光导效应，又称内光电效应。高电阻率的半导体在光照下导电载流子增加，电阻率下降。典型器件是光敏电阻。

(4) 热电效应。某些陶瓷材料在光照下受热，表面产生移动电荷(但不逸出)。锆钛酸铅(PZT)等压电陶瓷具有压电效应，同时也具有这种热电效应。

可见，光电式传感器的输出电信号可能是电流、电压、电荷或者电阻变化，这些电信号要送入各自对应的信号调节电路进行处理和变换。

2. 性能特点和主要应用

光电式传感器通常是发光器件和接收器件(光电元件)配套使用。

光电式传感器体积小、精度和集成度高，在工业制造和控制领域常用于测量物体的形状和位置、位移和距离、感光光学特性，以及非接触测量高温物体的温度等。

在汽车试验测试中，光电式传感器主要用于转速的测量，或者判断物体的位置。图 2-42 是一种典型的光电式转速传感器的原理示意图，广泛应用于五轮仪、底盘测功机等试验装置。被测轴 1 带动转盘 2 旋转，转盘上开有一圈孔(或光栅)。光源 3 发出的光由透光器 4 汇聚，投向转盘上孔所在的半径处。如果转盘转到孔对准光源的方位，光线就穿过孔、被受光器 5 里面的光电元件 6 接收，产生一个电信号脉冲。很显然，电脉冲的频率等于单位时间内转过的孔数，也就是和转速成正比。这种测试思想与磁电式脉冲转速计类似。但是光电式传感器对光学环境和仪器元件的清洁度要求较高，这一点不及磁电式测试。

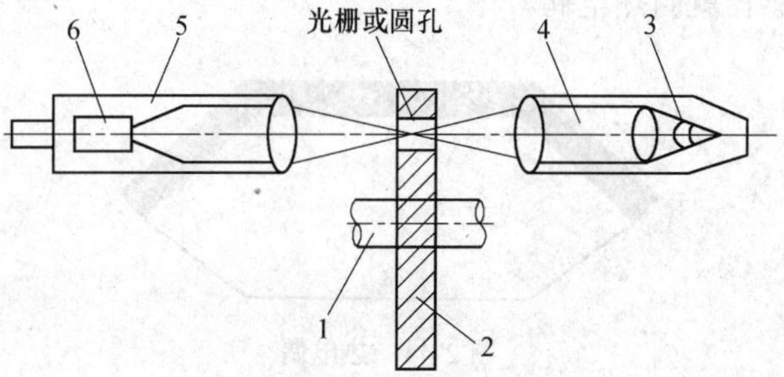

图 2-42　光电式转速传感器

1—被测轴；2—转盘；3—光源；4—透光器；5—受光器；6—光电元件。

在进行给定路段的车速试验时，经常采用一种光电管遮蔽的原理测量汽车到达起点或终点的时刻：在起点或终点位置的道路一侧设置一个光源，道路对面布置一个光电元件，光电元件在光照下输出电信号。当汽车(车头)到达此线时，光路被切断，光电元件的输出信号消失或急剧减小，产生一个下降沿的脉冲，以此推断出汽车到达此位置的时刻。

另外，在机油品质的检测或柴油机烟度的测试等需要判定被测物质清洁度的试验中，也常采用光电式传感器。光源发出的光，经由被测物质反射或透射(滤纸式烟度试验是反射,消光式烟度试验和机油品质检测是透射，详见第三章第四节)后由光电元件接受，物质脏污程度越严重，光电元件的受光量越小、输出的电信号越弱。

一些四轮定位仪，也采用光电式测量原理，由车轮与车轮之间或车轴与车轴之间相互发光—受光，通过受光器上光敏元件感受到的光点位置来判定车轮或车轴之间的相对位置是否正常。这种光电测试系统的发光器发出的通常是不可见的红外线，如图 2-43 所示。

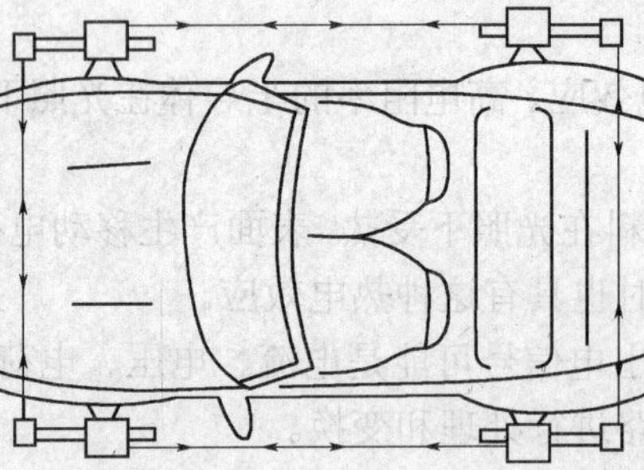

图 2-43　左右轮或前后轴是否平行的检测

八、热电式传感器

1. 原理和性能

某些材料在温度变化时，其电学参数发生相应的变化，利用这种特性，可以制成各种类型的热电式传感器，主要包括：

1) 热电偶

如图 2-44 所示，两种不同性质的导体 A 和 B 连接成一个回路，两个结合点的温度不同，则在导体之间存在电势差，称热电动势。导体 A 和导体 B 是两个热电极，T_0 端称参比端或冷端、T 端称工作端或热端。由这两种对偶导体材料组成，并将温度(实际上是 T 与 T_0 的温差)转换成热电动势的传感器就叫热电偶。

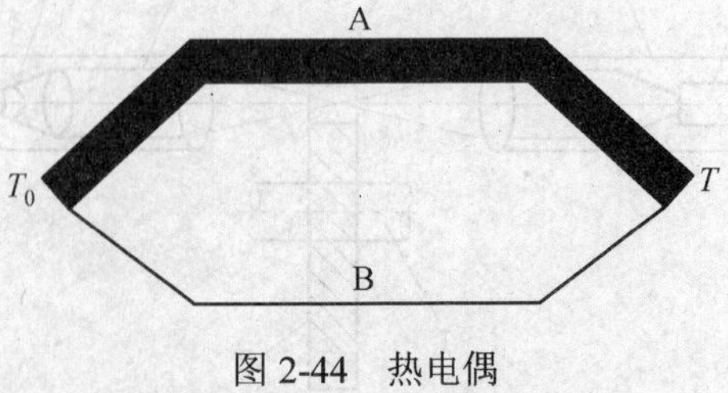

图 2-44　热电偶

热电偶的两个热电极 A 和 B 必须由不同材料制成；热电偶的两个端 T_0 和 T 的温度必须不同；热电偶的输出热电动势只取决于两端的温度差 T_0-T，和 A、B 两个电极材料中间部位的温度无关。因此，热电偶在工作时应确保T_0温度不变或可控，使热电动势是待测温度T的单值函数，同时允许在两极之间中接入其他仪表构成测量回路。

热电偶最突出的优点是温度测量范围广，高温热电偶的工作温度可以超过2000℃，低温热电偶则可低至-200℃以下。而且热电偶体积小，热惯性小，动态响应快，可以测量复杂结构狭小处的温度或零件表面的温度，例如离合器和制动器摩擦副表面的发热温度，是一种比较完善的热电式传感器，应用极广。

2) 热电阻

热电阻的热敏元件是金属导体电阻，对于给定的导体，其电阻率随着温度的升高而增大。(大多数导体电阻在温度升高1℃时电阻率增加0.4%～0.6%)。常用的热电阻材料是铂、铜、镍、铁等纯金属。

热电阻传感器一般用于测量-200℃～500℃ 的温度。材料的电阻—温度特性稳定，试验结果的精度和重复性好。与热电偶相比，不存在参比端温度T_0的控制问题。

3) 热敏电阻

热敏电阻也是利用材料的电阻率随温度变化而变化的特性工作的。

与热电阻不同的是，热敏电阻采用的不是纯金属导体，而是半导体材料，所以热敏电阻的电阻温度系数(单位温差引起的电阻率变化$\Delta\rho/\Delta T$)比热电阻高很多，可达10～100倍。另外，热电阻的电阻率都是随着温度升高而升高,即正温度系数，而热敏电阻的电阻率随温度的升高可能升高,也可能降低，所以热敏电阻分为正温度系数热敏电阻(ATC)和负温度系数热敏电阻(PTC)，其中应用较多的是PTC型。

热敏电阻的优点主要在于温度系数高，而且热惯性很小，适于动态测量。缺点是温度系数随温度变化而变化，也就是输出电阻率与输入温度不成线性，尤其是高温时线性度更差，所以使用上限温度约为 300℃。半导体材料的稳定性和互换性也较差，测试系统中更换元件需要重新标定。

2．应用

热电偶的主要特点是高温性能好，所以可以用于测量发动机气缸内的温度和排气门温度。通过埋入的方法，可以测量活塞表面及浅表层、离合器和制动器摩擦片的表面温度。热电阻和热敏电阻通常测量较低的温度，或者表面的平均温度。例如用热敏电阻制成的点温计，可以在万向节磨损试验中测量十字叉轴端的温度，以判定其磨损程度。

汽车试验使用的传感器种类繁多、原理各异。有些试验使用的专用传感器，没有包含在本节的传感器分类定义中，在第三章和第四章汽车试验部分会有所介绍。

第三节　信号的中间变换、传输与记录

如图 2-1 所示，传感器将被测非电量转换为电信号后，一般还不能直接读取或记录，要通过信号调节器进行中间变换。针对不同的传感器和不同的试验目的，需要进行的中间变换方法很多，所使用的变换装置(信号调节器)可能是通用的,也可能是针对某种测量专用的。这里按大类介绍几种典型的信号调节器。本节还要介绍信号的记录和传输问题。

一、电桥

电桥是将电阻、电容或电感等电参量的变化转变为电压输出的一种中间变换电路，一般

与应变片式传感器配合使用。其输出可以直接送给负载进行记录与显示，也可以送给放大器等装置进一步处理。

由于电阻电桥的电路较简单，调节容易，灵敏度和线性度较理想，而且与之配套的电阻应变片式传感器技术十分成熟，因此在测试信号的处理变换中得到广泛应用。

电桥按照供桥电压(激励电压)的不同，可分为直流电桥和交流电桥。按照输出量的测量方式的不同，可分为平衡式电桥与非平衡式电桥。目前应用较多的是非平衡式交流电桥。直流电桥和交流电桥的基本原理完全相同，只是交流电桥的调节和测量方式更复杂一些，下面主要以直流电桥为例介绍电桥的基本理论。

1．电桥电路与平衡条件

如图 2-45 所示为一个直流纯电阻电桥，包括四个桥臂，a、c 间施加供桥电压(激励电压)U_0，b、d 间是输出电压U_{bd}，可视作开路。四个桥臂的电阻值分别为R_1、R_2、R_3和R_4。(注意，这些指的是某桥臂的电阻值，而构成该桥臂电阻值的不一定是一个电阻器件，例如，R_1可能是两个实物电阻器串联或者并联得到的。)

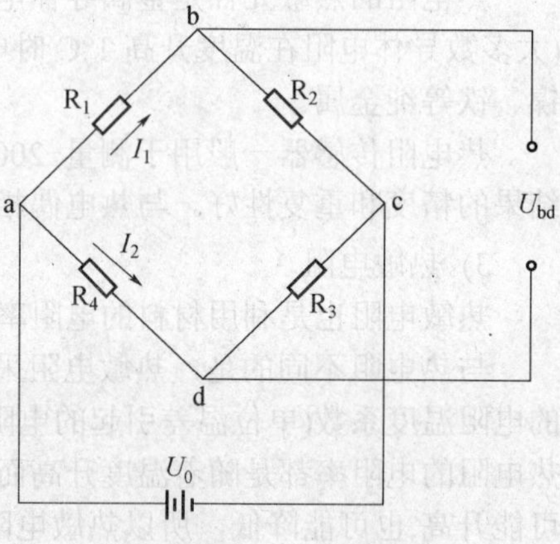

图 2-45　直流电阻电桥

电桥平衡，就是指如果在 b、d 之间连接一块电流计，其指示为零，也就是 b、d 两点等势。所以，电桥平衡条件就是输出电压U_{bd}为零。

输出电压$U_{bd}=U_{ab}-U_{ad}=\dfrac{R_1}{R_1+R_2}U_0-\dfrac{R_4}{R_3+R_4}U_0$，得

$$U_{bd}=\frac{R_1R_3-R_2R_4}{(R_1+R_2)(R_3+R_4)}U_0 \tag{2-27}$$

可见，电桥平衡条件就是：

$$R_1R_3=R_2R_4 \tag{2-28}$$

式(2-27)是电桥输出电压的统一式，没有任何限制条件，可用于推导电桥的各种特性。如果只是想确定平衡条件，可以按以下思路：电桥平衡$\Rightarrow$b、d 等势$\Rightarrow$b 点在 a$\Rightarrow$b$\Rightarrow$c 电压降中的位置，相当于 d 点在 a→d→c 电压降中的位置$\Rightarrow\dfrac{R_1}{R_2}=\dfrac{R_4}{R_3}\Rightarrow R_1R_3=R_2R_4$。

一般的电桥在初始状态下，4 个桥臂阻值都相等，即$R_1=R_2=R_3=R_4=R_0$，平衡条件自然满足。

2．电桥输出电压与加减特性

当初始状态$R_1=R_2=R_3=R_4=R_0$时，电桥平衡，输出电压为零。现在令每个桥臂的电阻值都发生变化：$R_1=R_0+\Delta R_1$，$R_2=R_0+\Delta R_2, R_3=R_0+\Delta R_3, R_4=R_0+\Delta R_4$。把这些变化后的电阻值代入式(2-27)，来计算输出电压U_{bd}为

$$U_{bd}=\frac{(R_0+\Delta R_1)(R_0+\Delta R_3)-(R_0+\Delta R_2)(R_0+\Delta R_4)}{(R_0+\Delta R_1+R_0+\Delta R_2)(R_0+\Delta R_3+R_0+\Delta R_4)}U_0$$

当各桥臂的电阻变化量ΔR均远小于初始电阻R_0时，将上式展开为

$$
\begin{aligned}
\text{分子} &= R_0(\Delta R_1 - \Delta R_2 + \Delta R_3 - \Delta R_4) + \Delta R_1 \Delta R_3 - \Delta R_2 \Delta R_4 \\
&\approx R_0(\Delta R_1 - \Delta R_2 + \Delta R_3 - \Delta R_4)
\end{aligned}
$$

$$
\text{分母} = 4R_0^2 + 2R_0(\Delta R_1 + \Delta R_2 + \Delta R_3 + \Delta R_4) \approx 4R_0^2
$$

对于电桥来说，各桥臂的电阻变化量ΔR通常来自应变片，由式(2-21)可以看出，应变片的电阻变化率$\Delta R/R = K\varepsilon$。其中，应变片的灵敏系数$K$大约为2；试件通常是金属材料，其应变$\varepsilon$是非常小的(工程上常用微应变，即$10^{-6}$这一数量级)。所以$\Delta R/R << 1$，上述对于分子和分母的近似，相对误差是非常小的。

则电桥输出电压为

$$
U_{\mathrm{bd}} = \frac{U_0}{4}\left(\frac{\Delta R_1}{R_0} - \frac{\Delta R_2}{R_0} + \frac{\Delta R_3}{R_0} - \frac{\Delta R_4}{R_0}\right) \tag{2-29}
$$

各桥臂初始电阻相等，都是R_0，但是其变化量ΔR_1、ΔR_2、ΔR_3和ΔR_4可能各不相等。各桥臂的电阻变化率$\Delta R/R = K\varepsilon$，且各应变片的灵敏系数$K$都相同，所以输出电压又可以写作为

$$
U_{\mathrm{bd}} = \frac{K}{4}U_0(\varepsilon_1 - \varepsilon_2 + \varepsilon_3 - \varepsilon_4) \tag{2-30}
$$

上述两个公式的特点在于，电桥的输出电压可以分解为4个分量的简单加减，而且每个分量只取决于某个桥臂的电阻变化，不同桥臂之间没有互相影响。例如，在供桥电压U_0给定的条件下，公式中的第一项电压分量$\frac{U_0}{4}\frac{\Delta R_1}{R_0}$只取决第一个桥臂的电阻变化率$\frac{\Delta R_1}{R_0}$。因此可以将电桥输出电压公式总结为电桥加减特性：电桥可以把各桥臂电阻变化所引起的输出电压自动加减而后输出。

桥臂1和3、2和4是相对的，而桥臂1和2、2和3、3和4及4和1是相邻的，观察公式里各项分量的正负号关系，可以将电桥加减特性概括为：对臂相加、邻臂相减。(同号就是相加、异号就是相减)。

再次强调，公式中的电阻指的是某个桥臂的电阻，而不一定是某个电阻元件的电阻值。因为有的电桥电路中，一个桥臂上有若干个电阻器件。

3. 电桥的不同接法与灵敏度

电桥是与应变片配套工作的，但是并非所有电桥的每个桥臂都是电阻应变片，电阻应变片也不一定都是工作片(工作片：贴在试件上直接感知被测量的)。如果电桥只有一个桥臂上有工作片，也就是只有一个工作臂，称为单臂电桥，如果两个或四个桥臂上有工作片，就称为双臂电桥或全桥(注意，完整的电桥一共有四个桥臂，这里的“单臂”“双臂”指的是拥有工作片的桥臂数目)，如图2-46所示。

另外，有些资料上习惯将“双臂电桥”称作“半桥双臂”。但事实上双臂电桥的工作片未必都处于邻臂，不一定能体现出“半桥”。例如，图2-46(b)中是R_1和R_2两个邻臂接成“上半桥”，但有的测试场合中也可以是R_1和R_3为工作臂，两者相对，这时就没有必要采用“半桥”的提法。

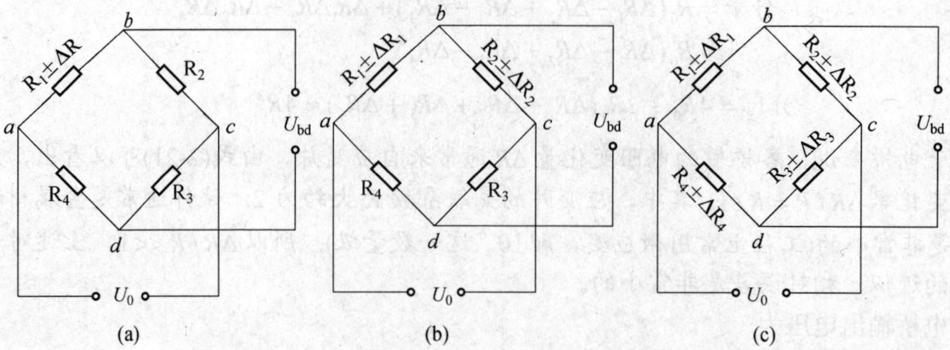

图 2-46　电桥的接法

(a) 单臂电桥；(b) 双臂电桥；(c) 全桥。

电桥的输入是电阻变化率 $\Delta R/R_0$(也就是应变片的输出 $\mathrm{d}R/R$)，电桥的输出是电压 U_{bd}。因此，电桥灵敏度就是输出电压与电阻变化率之比，即

$$S=\frac{U_{\mathrm{bd}}}{\Delta R/R_0} \tag{2-31}$$

注意，电桥的输出电压当然只有一个数值，就是上式的分子；而其分母 $\Delta R/R_0$ 则是仅指某一个桥臂的(习惯上通常取第 1 臂)。

1) 单臂电桥

对于单臂电桥，只有一个桥臂参与电阻变化，假定为第 1 臂，电桥的输入就是电阻变化率 $\Delta R_1/R_0$。电桥的输出电压 U_{bd}，由式(2-29)可以看出，也只有第一项 $\frac{U_0}{4}\frac{\Delta R_1}{R_0}$。所以单臂电桥的灵敏度 $S=\frac{U_0}{4}$。

2) 双臂电桥

对于双臂电桥，令第一个工作臂为 1，那么另一个工作臂可能是对臂 3、也可能是邻臂 2(或 4)。接两个工作臂的目的是放大输出、提高灵敏度，所以如果两个应变片的应变是同号的(例如，都是拉应变)，应该接为对臂，例如 1 和 3；如果两个应变片的应变是异号的(例如，一个是拉应变、另一个是压应变)，应该接为邻臂，例如 1 和 2。那么，当两个应变片输出的电阻变化率绝对值相等时，由式(2-29)可以看出，电桥的输出电压是单片的 2 倍，那么双臂电桥的灵敏度就是单臂电桥的 2 倍，灵敏度 $S=\frac{U_0}{2}$。

有时双臂电桥的两个工作臂的应变并不相同，那么其灵敏度就不能简单按“双臂电桥是单臂电桥的 2 倍”来算。例如，测量轴上的拉力，可以采取如图 2-47 所示的贴片方法。两个应变片一个受拉、一个受压，所以在电桥中接为邻臂，类似图 2-46(b)所示。

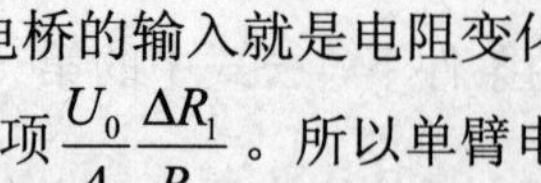

图 2-47　测拉力的贴片方法

由材料力学可知，试件受纵向拉应变 ε 时，R_2 受到的横向应变为 $-\mu\varepsilon$(μ 为试件材料的泊松比，“−”表示压应变)。所以，取 R_1 为基准，其输出电压为 $\frac{U_0}{4}\frac{\Delta R_1}{R_0}$，

则 R_2 的输出电压为 $-\mu\dfrac{U_0}{4}\dfrac{\Delta R_1}{R_0}$。由加减特性易知，电桥的输出电压 $U_{\mathrm{bd}}=\dfrac{U_0}{4}\dfrac{\Delta R_1}{R_0}(1+\mu)$，灵敏度则为 $S=\dfrac{U_{\mathrm{bd}}}{\Delta R_1/R_0}=\dfrac{U_0}{4}(1+\mu)$。材料的泊松比小于 1，所以灵敏度达不到 $S=\dfrac{U_0}{2}$。

3) 全桥

对于全桥，也就是 4 个桥臂都是工作臂，为了将输出电压尽可能提高，1、2、3、4 4 个桥臂的应变符号一定是“正、负、正、负”。显然，当各桥臂应变的绝对值相等时，全桥的输出电压相当于单臂电桥的 4 倍，所以全桥的灵敏度相当于单臂电桥的 4 倍，$S=U_0$。

4．电桥加减特性的应用

电桥加减特性，通常用于以下 3 个目的：

1) 消除温度变化的影响

应变片具有温度特性：在应变不变的条件下，随着温度的变化，应变片的输出电阻变化率发生变化。这种温度变化引起的电阻变化率的变化，传送给电桥，引起输出电压的变化，最终对被测量造成一种歪曲，试验结果的指示应变中包含了温度变化引起的干扰成分，可以称之为“温度应变”。

为了消除温度变化的影响，可以将温度相同的应变片接为邻臂。利用“邻臂相减”的规律，抵消两个应变片的温度应变。具体办法有两个：

补偿片法：一个桥臂上接工作应变片，贴在试件上测量被测载荷。再选取一块和被试件同样材质的零件，称为补偿件，放在被试件附近(保证两者温度相同)。将另一个同样型号的应变片贴在补偿件上，称为温度补偿片。补偿片感受到的温度应变和工作片相同，两者接为邻臂，“邻臂相减”，就可以把温度变化引起的干扰消除掉。这种接法粘贴了两片应变片，但是工作片只有一片，其本质属于一种单臂电桥，不能提高灵敏度，$S=\dfrac{U_0}{4}$。

工作片自行消除：两个应变片都是工作片，粘贴在同一个试件上，在电桥中接为邻臂。(注意，两个工作片感受到的有用信号的应变必须是异号的，例如图 2-47 所示的情形，否则有用信号也互相抵消掉了。)显然，利用“邻臂相减”，这种方法既能提高电桥的灵敏度，也能抵消两个工作片的温度效应。

对于温度，很难找到两个一高一低、刚好能互相抵消的温度环境，所以消除温度变化的影响只能利用“邻臂相减”的方法、而不能利用“对臂相加”。

2) 尽量放大输出，提高灵敏度

利用“对臂相加”：将两个感受同号应变的应变片，接在电桥的对臂；

利用“邻臂相减”：将两个感受异号应变的应变片，接在电桥的邻臂。

3) 除无关载荷的影响

利用“对臂相加”：将感受异号干扰的应变片，接在电桥的对臂；

利用“邻臂相减”：将感受同号应变的应变片，接在电桥的邻臂。

对于单臂电桥或者双臂电桥，四个桥臂不都是工作臂(粘贴了工作片)。工作臂以外的其他桥臂，要么是温度补偿片，要么是仪器内部的固定电阻，由应变仪自动接入电桥。显然，接入仪器内部固定电阻比温度补偿片简单，不需要手动处理试件表面、贴片和接桥，但固定电阻必须成对使用、接为邻臂，以保证其温度始终相等，自行抵消(例如，在图 2-46 中，如果只有 R_1 是工作片，那么 R_2 必须是温度补偿片；R_3 和 R_4 既可以都是温度补偿片，也可以都是仪器内部固定电阻。如果 R_1 和 R_2 是工作片，那么 R_3 和 R_4 既可以都是温度补偿片，也可以都是仪器内部固定电阻)。

对待具体测量问题要具体分析，灵活运用电桥加减特性，实现各种目的。

现举一例：一根转动的圆轴，同时受到弯矩和扭矩，要求测量扭矩、也就是要消除弯矩的影响，同时还要尽量放大输出。应如何贴片和接桥？

受扭的零件，其表面存在着剪应力和剪应变。但是应变片只能测量正应变、不能测量剪应变。

由二向应力状态理论可知，受扭的圆轴，其表面与轴线成 45°方向和 135°方向存在着最大拉应力和最大压应力，而且拉应力和压应力的绝对值 σ 都等于扭转剪应力 τ。所以应该沿着与试件轴线成 45°和 135°的方向粘贴应变片，如图 2-48 所示。

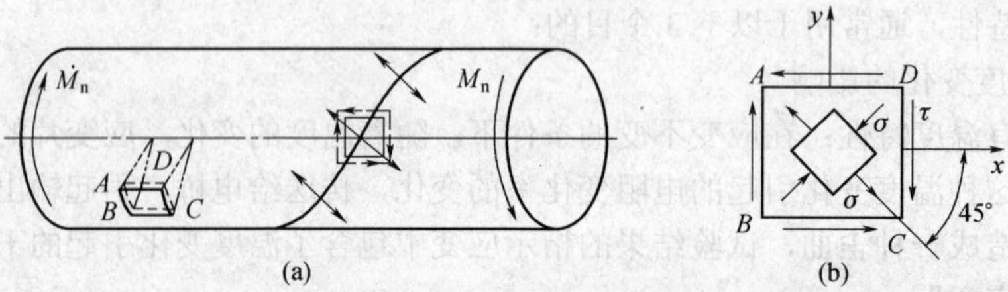

图 2-48 受扭的试件及其表面单元体应力分析

贴片和接桥方法如图 2-49 所示。

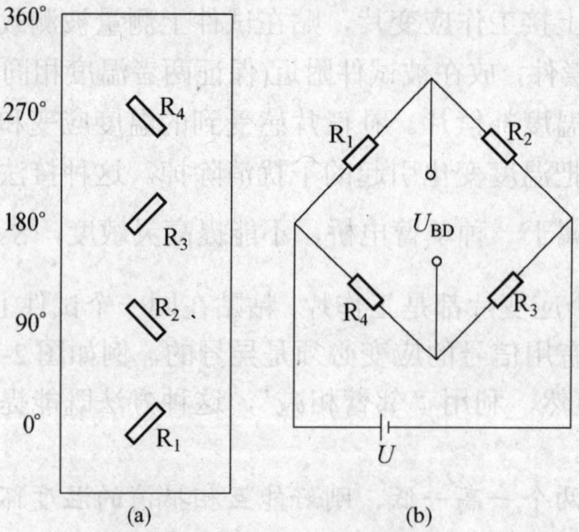

图 2-49 圆轴展开和电桥接法

(a) 贴片图；(b) 接桥图。

对于被测扭矩：4 个应变片按 45°、135°、45°、135°的方向粘贴，感受到的正应变符号一定是“正、负、正、负”；在接桥图中，按电桥加减特性的次序，形成(正-负+正-负)的电压输出，最终相当于单片应变片的 4 倍。(由于轴在连续转动，应变片和固定设备之间不可能用导线连接，必须采用集流环。可参见本节“六、信号的传输”。)

对于干扰弯矩：R_1 和 R_3 相隔 180°贴片，感受到的弯曲正应变绝对值相等、符号相反；在接桥图中，接为对臂，相加，互相抵消。R_2 和 R_4 也如此。所以电桥的最终输出中没有弯矩信号。

对于温度变化：4 个应变片都是工作片，位于同一试件上，温度始终相同；全部接入电桥，显然，温度应变经“+−+−”的加减运算，全部抵消掉。

上述电桥电路，每个桥臂上都有一个应变片或电阻器，4 个桥臂的初始阻值均相等。而有的电桥电路，在左右对称的两个桥臂上(如图 2-45 中的 R_1 和 R_2、或 R_4 和 R_3)串联若干片应变片。由电桥输出电压公式可知，某桥臂对于总输出电压 U_{bd} 的贡献，取决于该桥臂的电阻变化率。桥臂串联应变片后的电阻变化量 ΔR 和初始电阻 R 都是两片之和，电阻变化率 $\Delta R/R$ 并不提高。所以，桥臂上串联应变片并不能提高电桥的输出电压，或者说不能提高电桥的灵敏度。但是，当两片应变片的测试信号不同时，可以利用串联法测量其均值。而且一个桥臂的阻值增加，通过的电流减小，能够减轻应变片的发热。

例如在图 2-50 中，试件同时受到拉力和弯矩，R_1 和 R_2 贴在试件表面的对称位置，串接在一个桥臂上；两个 R 均为温度补偿片，串接在另一个桥臂上。这两个桥臂相邻。(这是一种简化的画法，两个桥臂共一个节点，所以是邻臂。另外两个未画出的桥臂阻值都是 R，为仪器内部固定电阻。)

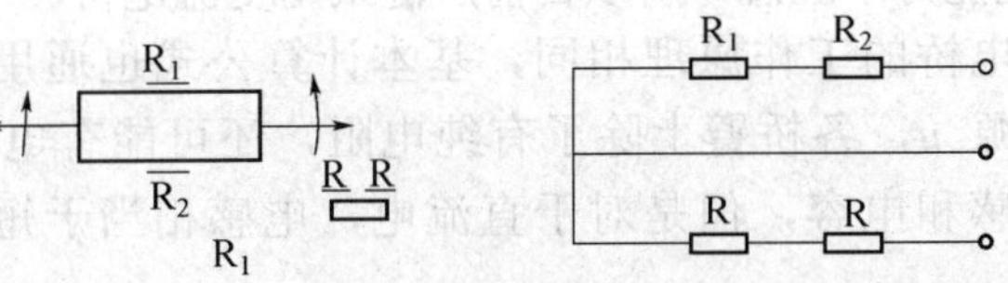

图 2-50　利用串联的不等臂电桥测量拉力、消除弯矩

R_1 和 R_2 感受到的由弯矩导致的正应变是绝对值相等、符号相反的，串接在一个桥臂上，求平均，结果互相抵消掉。R_1 和 R_2 感受到的由拉力导致的正应变完全相同，求平均后就相当于一个应变片的输出。两个温度补偿片串接在另一个桥臂上，其输出当然也就相当于一个温度补偿片产生的温度应变。(注意，温度补偿片也必须采用两片，否则两个桥臂电阻不相等，电桥初始不平衡。)

理论上也可以采取两片应变片并联在一个桥臂上，但这样做没有任何好处，所以不采用。

5. 平衡式与非平衡式电桥

测量就是利用测试系统，观察输出，以确定输入的过程。如果输入信号改变，输出仪表的显示值也直接改变，把这种测量方法称作非平衡法，或者叫偏位法。例如，用弹簧秤测量物体的重量，重量越大，弹簧变形越大，指针示数越大。如果输入信号改变，通过试验人员调节测试装置，确保输出仪表示值不变，通过调节量来反映被测输入量，这种方法就是平衡法，或者叫零位法。例如，用天平测量物体的重量，重量越大，天平失衡的趋势越严重，通过在另一侧施加砝码，使天平保持平衡，被测重量就用砝码重量来体现。

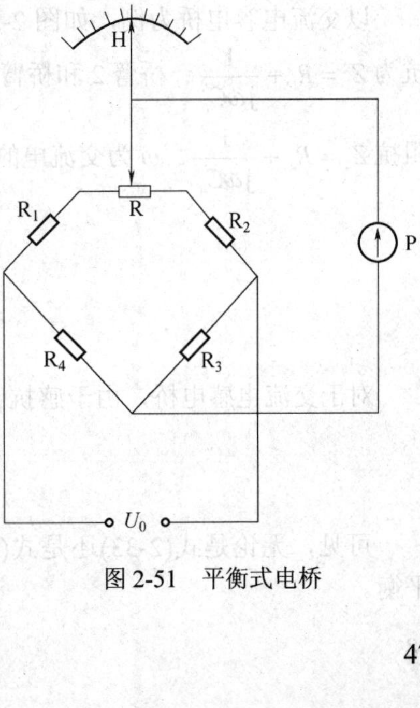

图 2-51　平衡式电桥

上述电桥，是通过输出电压 U_{bd} 来反映输入应变 $\Delta R/R$ 的，输入量越大，输出信号越强，属于非平衡式电桥。非平衡式电桥的线路相对简单，调节容易；但是由式(2-29)或式(2-31)可以看出，当电源电压波动时，会引起电桥输出电压或灵敏度的改变，造成误差，或者需要频繁标定。为此，可以采取平衡式电桥，如图 2-51 所示。

当被测量为零时，调节可调电阻 R，使指针 P 归零。当某桥臂的电阻随被测载荷发生变化时，调节可调电阻 R，使指针再次归零。事前将可调电阻的调节量与桥臂电阻的变化做好标定，就可以用调节量来反映被测桥臂的电阻变化率。可见，这种零位测量法，输出—输入关系及系统的测试误差仅取决于可调电阻标度的精确度，与电源电压无关。

由于零位法测量需要随着输入量的变化由操作者主动调节可调电阻，不适于跟踪快速变化的信号，所以零位法一般用于测量静态信号。

6．交流电桥

供桥电压 U_0 为直流电源的电桥，就是直流电桥。直流电桥的优点很多：高稳定度的直流电源容易获得；直流电桥平衡条件较简单；输出的直流电压容易测量和显示；直流电对容抗和感抗不敏感，所以对应变片、电桥和应变仪之间导线的要求较低。直流电桥的缺点是直流放大器较复杂，抗干扰能力不理想，所以目前广泛采用交流电桥。

交流电桥和直流电桥的工作原理相同，基本计算公式也通用；区别在于：交流电桥的供桥电压是交流电源 u，各桥臂上除了有纯电阻，还可能有电感和电容(事实上直流电桥的各桥臂上也有电感和电容，但是对于直流电，电感相当于短路、电容相当于断路，不需考虑)。

直流电桥的平衡条件是 $R_1R_3 = R_2R_4$。对于交流电桥，只需将各桥臂阻值用复阻抗 Z_1、Z_2、Z_3 和 Z_4 表达，平衡条件仍然为

$$Z_1Z_3 = Z_2Z_4 \tag{2-32}$$

从表面上看，式(2-32)与式(2-28)的 $R_1R_3 = R_2R_4$ 只是标记符号的改变，都是一个条件。但事实上，直流电桥平衡条件的数学本质是两个实数相等，式(2-28)是一个条件；而交流电桥平衡条件的数学本质是两个复数相等，是两个独立的条件。具体来说，如果对复数做三角分解，平衡条件就是两个复数的模和相角分别相等；如果对复数做实虚分解(正交分解)，平衡条件就表达成两个实数的实部和虚部分别相等。采取哪种分解方法来计算，视具体情况而定。

以交流电容电桥为例，如图 2-52(a)所示。桥臂 1 是一个纯阻抗和一个容抗串联，其复阻抗为 $Z_1 = R_1 + \dfrac{1}{\mathrm{j}\omega C_1}$；桥臂 2 和桥臂 3 都只有纯阻抗，$Z_2 = R_2$，$Z_3 = R_3$，桥臂 4 与 1 类似，复阻抗 $Z_4 = R_4 + \dfrac{1}{\mathrm{j}\omega C_4}$。$\omega$ 为交流电的圆频率。代入式(2-32)，易得交流电容电桥的平衡条件为

$$\begin{cases} R_1R_3 = R_2R_4 \\ \dfrac{R_3}{C_1} = \dfrac{R_2}{C_4} \end{cases} \tag{2-33}$$

对于交流电感电桥，由于感抗 $X_L = \mathrm{j}\omega L$，可求得平衡条件为

$$\begin{cases} R_1R_3 = R_2R_4 \\ L_1R_3 = L_4R_2 \end{cases} \tag{2-34}$$

可见，无论是式(2-33)还是式(2-34)，都是两个独立的条件，有一个不满足，电桥就不平衡。

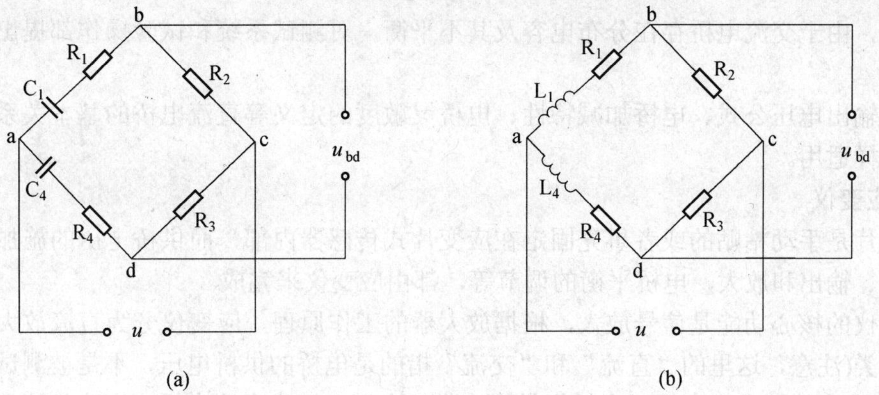

图 2-52　交流电桥

(a) 电容电桥；(b) 电感电桥。

上述电容电桥的两个臂都带电容(容性的)、电感电桥的两个臂都带电感(感性的)，这是有其必要性的。如果随便混接一个电桥，例如将图 2-52 的两个电桥“杂交”一下，第 1 臂带电容、第 4 臂带电感，那么按 $Z_1Z_3 = Z_2Z_4$，简单地计算就会发现，这两个复数的虚部肯定是一正一负，不可能相等，这个电桥永远不会平衡。所以，如果交流电桥的两个邻臂是纯电阻，那么另两个臂必须具有相同性质的电抗，都是容性的、或者都是感性的。

交流电桥，除了平衡条件较复杂外，与直流电桥相比，还容易受到分布电容的影响。传感元件、测试仪器和导线等都带有杂散分布的电容和电感，其中电感的影响较小。由于分布电容的存在，即使是纯电阻电桥(例如，四个桥臂都是由电阻应变片、温度补偿片或者仪器内部固定电阻构成)，也相当于在各桥臂上并联了一个小电容，如图 2-53 所示。

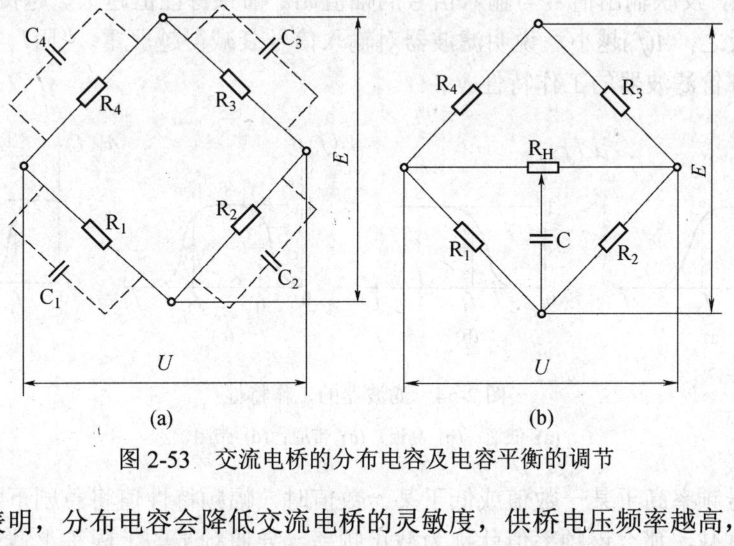

图 2-53　交流电桥的分布电容及电容平衡的调节

研究分析表明，分布电容会降低交流电桥的灵敏度，供桥电压频率越高，影响越严重。所以要使用高品质的元件和导线，并力求缩短传输距离，以减小分布电容。

如果分布电容不平衡(例如，图 2-53 中 $C_1 \neq C_2$)，在后续放大处理过程中信号会产生非线性畸变和波形失真，供桥电压频率越高，影响越严重。所以在应变仪使用操作中，必须调节电容平衡，如图 2-53(b)所示。调节平衡后，还要减小环境温度变化，固定导线。因为温度变化及导线移动都会引起分布电容的改变。

可见，由于交流电桥存在分布电容及其不平衡，对测试系统和试验操作都提出了更高的要求。

电桥输出电压公式、电桥加减特性、电桥灵敏度的定义等直流电桥的基本关系，对于交流电桥同样适用。

7．应变仪

应变片是手动粘贴的或者事先固定在应变片式传感器内部，而供桥电压的施加，输出电压的拾取、输出和放大，电桥平衡的调节等，都由应变仪来完成。

应变仪的核心功能是信号放大，根据放大器的工作原理，应变仪分为直流放大和交流载波放大两类(注意，这里的“直流”和“交流”指的是电桥的供桥电压，不是被测试信号的变化规律)。直流放大式应变仪对电桥提供直流供桥电压，构成直流电桥，交流载波放大式应变仪构成的则是交流电桥。直流电桥操作简单，工作频率(即被测应变的变化频率)可达 10kHz，但零漂问题较难解决；交流载波放大器稳定性好，零漂小，目前使用较多。

按被测信号的变化规律，应变仪分为静态应变仪和动态应变仪。静态应变仪用于测量静止的或变化缓慢的应变，通常采用零位法(平衡式)测量。动态应变仪的工作频率在 0～2kHz，高频被测信号的输出一般不能直读，也不能采取零位测量法，而是与各种记录器配合使用，记录电桥输出电压。

应变仪的详细操作，请参阅具体仪器的说明指导文件。

二、滤波器

滤波器，是一种频率选择装置，根据信号的频率高低对信号进行取舍，将不需要的频率成分极大地衰减。其频率选择特性可以分为高通、低通、带通和带阻四类，如图 2-54 所示。$A(f)$为幅频特性，反映输出信号与输入信号的幅值比。幅频特性值越大、越接近 1，说明信号通过越容易；反之，$A(f)$越小，说明滤波器对输入信号衰减得越严重、“阻”得越厉害。所以用幅频特性来评价滤波器的工作特性。

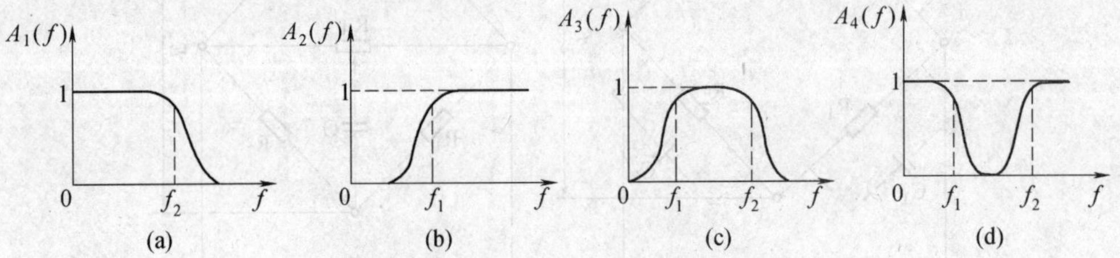

图 2-54　滤波器的工作特性

(a) 低通；(b) 高通；(c) 带通；(d) 带阻。

当输入信号频率高于某一数值或低于某一数值时，幅频特性值将急剧下降，也就是说输入信号被急剧衰减，那么该频率值就称为截止频率。导通频带的上限称上截止频率，即图中 f_2；下限称下截止频率，即 f_1。(带阻滤波器图 2-54(d)中的 f_1 和 f_2 则可称作“导通频率”。)

滤波器的基本功用是进行频率选择，常用于消除测量干扰、平滑信号或者选择、分离信号中的不同频率成分。

例如，在进行悬架装置的固有频率和阻尼比测试时，得到的振动原始信号通常包含了很宽的频带。而由汽车理论可知，车身或车轮部分做自由衰减振动时，有其固有频率。对于车身部分而言，固有频率大致在 1～2Hz，车轮部分则是在 10～15Hz。那么就可以将加速度传感器得到的原始信号先进行低通滤波，对于车身部分以 5Hz 为上截止频率(上截止频率：对于低通滤波器来说，上截止频率以上的频率成分被极大地衰减，如图 2-54 (a)中的 f_2)、车轮部分则可取 20Hz 为上截止频率。

经过滤波后，得到的信号非常平滑，易于判定峰值，从而计算周期。图 2-55 是信号平滑的示意图。

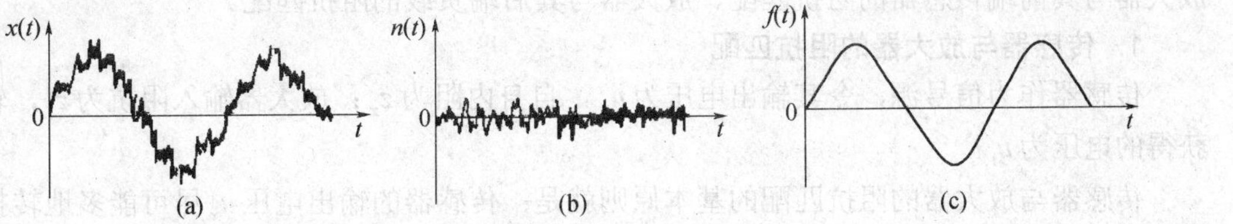

图 2-55　低通滤波与信号的平滑处理

在图 2-55 中，(a)为原始信号，包含了高频与低频分量，(b)是高频分量，(c)是低频分量。也就是说，(b)与(c)的叠加就是(a)。当确知高频分量是干扰时，就可以将原始信号送入具有某一截止频率(按上述例子，就是 5Hz 或者 20Hz)的低通滤波器，去掉高频成分(b)，滤波器的输出信号就是平滑规整的低频分量(c)。如果想单独分析上述信号中的干扰噪声，则可以将原始信号送入一个高通滤波器，从(a)中消除掉(c)，仅留下高频干扰(b)。

除了截止频率外，滤波器的性能参数还包括：

带宽：带宽反映频率分辨能力，即滤波器分离信号中相邻频率成分的能力，通常用 B 表示。对于带通滤波器，$B = f_2 - f_1$。带宽越窄，频率分辨能力越强，越容易从复杂信号中将特定频率成分鉴别出来，或者在总频带有限的情况下容纳更多的频带数目。但是带宽太窄，当目标频率发生变动和偏差时，有可能检测不到。

倍频程选择性：倍频程选择性反映滤波器的频率选择能力，它是指从上截止频率 f_2 处再向上移动一个频程至 $2f_2$ 处，或从下截止频率 f_1 处再向下移动一个频程至 $0.5f_1$ 处，幅频特性的衰减率，通常用 dB(分贝)表示。这个衰减率越大，就是倍频程选择性越强，说明滤波器对于超出导通频带以外的信号衰减得越厉害。

分贝 $\mathrm{dB} = 20\lg\dfrac{x}{x_0}$，指的是某信号 x 与其基准 x_0 之间的比率。分贝值大于 0，说明被研究信号 x 比基准 x_0 大；分贝值小于 0，则说明被研究信号 x 比基准 x_0 小。例如，衡量声强所用的声压级 L_p，就是这种“分贝”值：$L_p = 20\lg\dfrac{p}{p_0}$，$p$ 是被测点的实际声压，p_0 是基准声压(又称听阈声压，为 $2\times10^{-5}\,\mathrm{Pa}$)。

关于滤波器的详细物理原理和操作方法，请参考有关电工电子方面的书籍以及相关试验标准文件。

三、放大器

传感器通常是和被测试件直接连接的，和试件一起运转，为了提高工作可靠性和环境适应能力，并减小对被测系统的影响，传感器的设计力求结构简单，做得非常紧凑，没有复杂处理电路，其输出电信号的电量偏低、功率偏小，不足以直接带动负载(通常是记录器)。所以，对于来自传感器的电信号，通常要采用放大器进行放大，提高其输出功率。

放大器的种类繁多，工作原理和结构设计都非常复杂，有兴趣的读者可以参考有关方面的书籍和文献。在此，仅介绍对于汽车试验操作者和仪器选用者来说非常重要的一个问题，阻抗匹配。

放大器介于传感器和负载之间，即：传感器→放大器→负载。其阻抗匹配包括两方面：放大器与其前端传感器的阻抗匹配、放大器与其后端负载的阻抗匹配。

1．传感器与放大器的阻抗匹配

传感器作为信号源，令其输出电压为u_x，自身内阻为z_x；放大器输入阻抗为z_1，输入端获得的电压为u_1。

传感器与放大器的阻抗匹配的基本原则就是：传感器的输出电压u_x尽可能多地转换为放大器的输入电压u_1。匹配原理如图2-56所示。

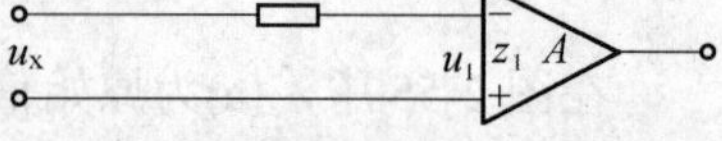

图2-56　传感器与放大器输入端

这个模型就相当于一个经典的电工学问题：电源的电动势为u_x、内阻为z_x，为了使该电动势尽可能多地转化为路端电压u_1，应满足什么关系？很显然，答案是用电器阻抗z_1远高于电源内阻z_x。

因此，传感器与放大器合理的阻抗匹配要求：放大器的输入阻抗尽可能高于传感器的内阻抗，即$z_1 >> z_x$。

所以，放大器的输入阻抗一般都很高。如果信号源内阻z_x非常高，致使普通放大器不能满足$z_1 >> z_x$的要求，这时就要求采取特殊的放大器。例如，压电式传感器的内阻很高，就需要采用输入阻抗极高的前置放大器来做阻抗匹配。

2．放大器与负载的阻抗匹配

放大器的输出用于推动负载(记录器)工作，负载工作需要的是功率。

所以，放大器与负载的阻抗匹配的基本原则就是：负载获得的功率尽可能大。注意，这里要求的是功率数值，而不是功率转换比率。

考虑到放大器与负载的阻抗都可能有电抗部分(感抗或容抗，即不是纯电阻)，令放大器的输出电压的均方根为u_y，输出阻抗为$z_2 = R_2 + \mathrm{j}X_2$；负载阻抗$z_l = R_l + \mathrm{j}X_l$。按交流电的复阻抗理论，可得负载的有功功率(不是视在功率)为$P = \dfrac{u_y{}^2 R_l}{(R_l + R_2)^2 + (X_l + X_2)^2}$

为使功率P取极大值，显然需要$X_l + X_2 = 0$，也就是两个纯电抗部分刚好抵消掉。此时问题转化为两个纯电阻的串联，负载功率$P = \dfrac{u_y{}^2 R_l}{(R_l + R_2)^2}$。

这个模型类似另一个经典的电工学问题：电源内阻与用电器电阻如何匹配，能够使得用电器获得的功率尽可能大？答案是：用电器电阻等于电源内阻，对应此处的阻抗匹配问题就是$R_l = R_2$。

因此，负载功率最大，需要同时满足两个条件：负载阻抗与放大器输出阻抗的实部(纯电阻部分)相等、虚部(电抗部分)互为相反数。即：$R_l = R_2$，$X_l = -X_2$。两个实部相等、虚部相反的复数，在数学上称为共轭复数，即，放大器与负载的阻抗匹配的要求就是：负载阻抗与放大器输出阻抗互为共轭复数。

电阻部分的匹配较容易实现，因为纯电阻 $R_l = R_2$ 达成后，基本上不会改变。而电抗部分的匹配，要求 $X_l = -X_2$，显然，X_l与X_2 必然一个是感性、一个是容性，才有可能符号相反(容抗 $X_C = \frac{1}{\mathrm{j}\omega C}$，感抗 $X_L = \mathrm{j}\omega L$)。即使在某种测试条件下实现了 $X_l = -X_2$，随着测试信号频率的变化，两者的绝对值一定是一个增加、一个减小，匹配势必被打破，而且信号频率变化幅度越大，电抗部分不匹配就越严重。这一点要引起注意。

四、调制与解调

一般来说，高频交变信号的放大比较简单，而直流或者缓变信号的放大比较复杂，存在一些较难克服的困难。

单就信号的放大处理来说，直流放大存在零漂和级间耦合等难题；阻容耦合交流放大器能够抑制零漂，但低频响应差，失真严重，不能放大静态或低频信号。

那么，当被测信号就属于某种静态或者低频缓变的信号时，为了放大该信号，往往采取一种“迂回”的处理方法：先将低频信号转变为高频信号，然后对信号进行高频放大，最后再将信号还原为低频信号，就得到了与原频率一样，且放大了的信号，如图 2-57 所示。

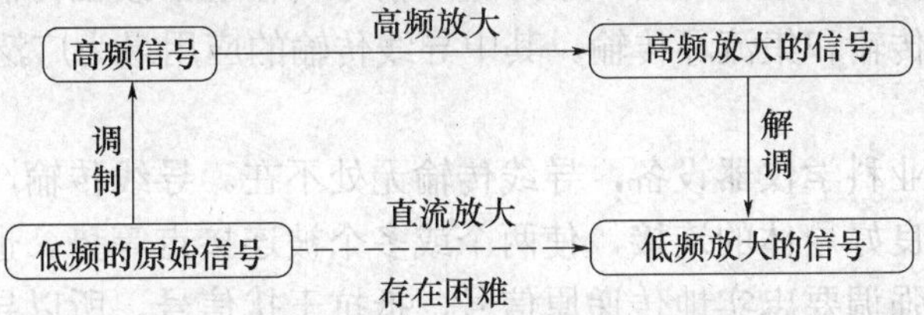

图 2-57　低频信号的放大途径

其中，将低频信号转变为高频的过程，叫做调制；而将高频信号转变为低频的过程，就是解调。下面简单介绍调制的种类和基本特点。

调制过程不仅要改变信号的频率，还要确保信号的原始信息不能丢失。一般称原始低频信号为调制信号，载送低频信号的高频振荡为载波，经调制后得到的高频信号为已调波。调制的过程，就是用载波来搭载调制信号的原始信息，或者说利用调制信号控制载波，将载波转变成已调波的过程。已调波具有载波的频率，同时包含调制信号的信息。

如果调制信号控制的是载波的幅值，这个调制过程就称为调幅，即 AM。如果控制的是频率和相位，则分别称为调频和调相，即 FM 和 PM。(其中调相技术的实现比较复杂，在一般的民用测试领域采用的不多。)

调幅和调频的基本原理，如图 2-58 所示。

由图 2-58 中可知，载波就是一个纯净的高频等幅振荡。调幅的过程，就是用调制信号的幅值去控制载波的幅值，调制信号强的地方，对应的已调波幅值就大；调频的过程，就是用调制信号的幅值去控制载波的频率，调制信号强的地方，对应的已调波频率就高(示意图中用已调波的“疏与密”来表达其频率的低与高。)

在前面的讲述中，已经提出了“频率信号的抗干扰能力强于幅值信息”的思想(可以参看本章第二节“磁电式传感器”或“霍耳式传感器”的内容)。在此，依然存在这种对比：与调幅波相比，调频波是用频率体现原始信号的信息，频率信号在进一步的传输和处理过

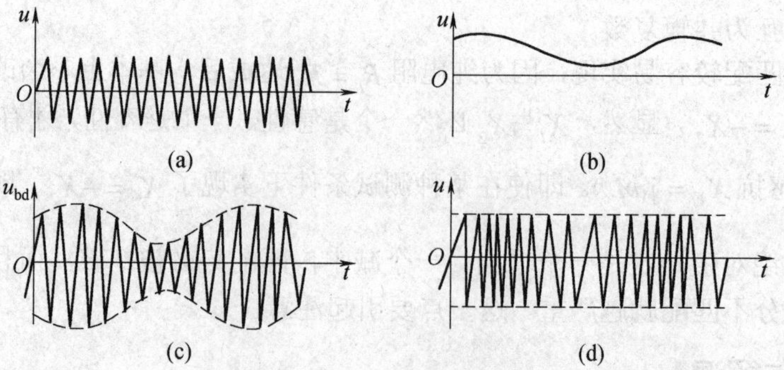

图 2-58　调幅和调频的基本原理

(a) 载波；(b) 调制信号；(c) 调幅度；(d) 调频波。

程中，不易跌落、错乱和失真，便于远距离传输和采用数字处理技术。调频波的幅值在传输和处理过程中可能受到干扰，发生变化，但对信息的传递基本没有影响。

五、信号的传输

一个完整的测试系统，由若干个装置(子系统)组成。各装置之间、或者复杂子系统的内部，需要进行信号输入、输出的交流，即信号的传输。信号传输包括接触传输和非接触(无线)传输。接触传输又包括导线传输和集流环传输。其中导线传输的应用最为广泛。

1．导线传输

从家用电器到专业科学仪器设备，导线传输无处不在。导线传输，从基本电学意义上来说，其目的就是通过良好导体的连接，使两个或多个被连接点等势。也就是说，导线传输对信号不做变换，而是强调要忠实地传递原信号，抵抗干扰信号。所以导线传输的主要研究内容就是抗干扰能力。

导线不可能是绝对的等势体，其物理元件必然存在电阻、电容和电感。这些电参量都会对被测信号及其传输造成影响，当然希望这些影响越小越好。例如，较长的导线，其电阻较大，与应变片联用时，会对电桥电路的特性造成影响；而导线的分布电容则会对电容式传感器和压电式传感器等传感元件及电压式放大器等中间变换装置造成影响。另外，如果信号频率不是非常高、导线也不是非常长时，导线的电感通常极小，可以忽略。

所以在测量工作中，为了消除导线自身电参量的影响，应尽量缩短导线传输距离、采用高品质的电缆线(单位长度的电阻和电容值越小越好)，做好导线的安置和固定，更换导线后最好重新标定测试系统。

除了这些导线自身的电学参数外，外界环境干扰对导线传输的影响也很大。主要的干扰源包括电力线路、电器设备和电磁波等。电力线路：交流电力线路、包括大功率的变电设备，是最常见的干扰源，它产生的工频干扰会以电感和电容耦合的形式叠加到传输信号中。电器设备：大功率的电器设备，不可避免地存在磁场泄漏，会引起测试现场磁场强度的改变或者磁场方向的改变(通常是施加了某种旋转磁场)，对测试设备和导线传输会造成电磁感应，相当于在信号电路中串联了一个干扰电压源。电磁波：试验场所周围的电磁辐射，包括各种无线电发射和接收设备，以及汽车或汽车试验设备的电磁辐射，也会对导线传输造成电磁干扰。

针对这些导线传输的外界干扰，通常采取如下措施加以抑制。

1) 屏蔽

屏蔽是最常见的抑制静电耦合的方法。由物理学可知，将被保护对象用良导体形成的“绝缘罩”与外界环境隔绝开，可以断绝外界电磁环境对其内部的影响。对于一个电路设备，可以采取金属网罩，将其密封起来，并将该网罩可靠接地。更常见的对于传输导线的屏蔽，是采用屏蔽线。屏蔽线，就是在普通传输导线外面再加一层柔软的薄金属网，可以在很大程度上断绝外界电磁环境对导线的影响。

2) 合理接地

很多处理电路都有接地。设置接地点的目的，是希望这些点等势。但是“地”(对于试验室环境来说，最常见的“地”就是试验台架的铁地板基础或者其他可靠的大型接地物体；随车试验时，“地”往往取车身搭铁)并不一定是绝对等势的，尤其是测试系统采取多点接地后，“地”的各点之间存在电位差。所以，要采取合理的接地连线方式。图 2-59 是几种常见的接地线连接方式。

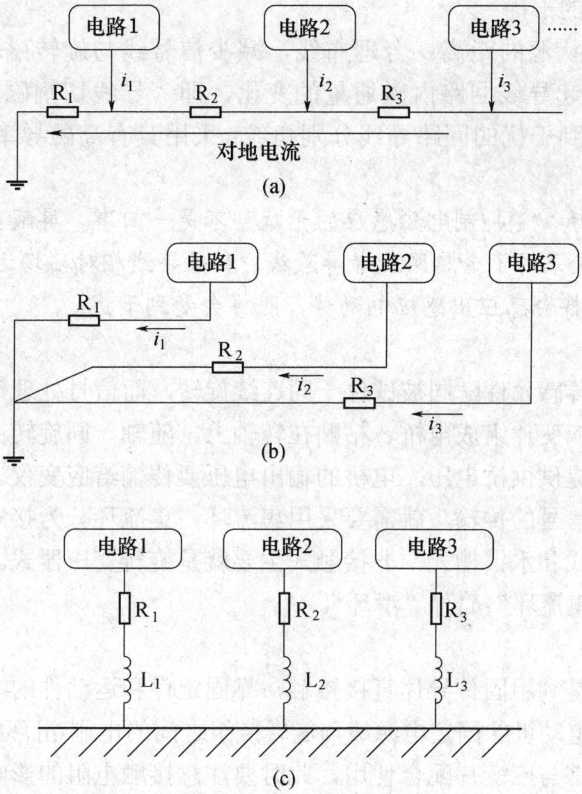

图 2-59　几种常见的地线连接方式

(a) 串联接地；(b) 并联接地；(c) 高频多点接地。

由图 2-59(a)中可以看出，串联接地就是复杂电路系统的各个需要接地的点，都接到一根地线上，这根地线与接地点相连接。

这种接地方法的优点是布线简单。缺点是：由于地线的各段电阻 R_1、R_2 和 R_3 串联在一根“总地线”上，各接地点之间的接地电流和对地电压互相影响。例如，流过 R_1 的电流是 $i_1+i_2+i_3$，受电路 2 和电路 3 的影响；电路 3 的对地电压则是 $i_3R_3+(i_2+i_3)R_2+(i_1+i_2+i_3)R_1$，受电路 1 和电路 2 的影响。所以，这种接地方法在确保各接地电路等势方面不理想，而且要求低电平的电路布置在距接地点最近处(如图 2-59(a)中，电路 1)。

并联接地则是将各电路需要接地的点，各用一条单独的地线接到接地点，各线(电阻)之间是并联关系，如图 2-59(b)所示。很显然，由于各线之间并联，接地电流和对地电压互不影响，各点是否与接地点等势仅取决于自身地线的电阻。这种并联接地的缺点是布线较复杂；而且当地线较长、信号频率较高时，导线的电感不能再忽略不计，同时导线之间距离较近，可能有互感效应。

为了解决并联接地法的互感问题，对于复杂电路、高频信号的场合，可以采取高频多点接地的方法，如图 2-59(c)所示。各电路需要接地的点，直接接到“地”(台架铁地板等金属基础)，各接地线尽可能短、尽可能远离，就近接地。

对接地点的连接工艺要求：不能利用滚轮、铰链等活动物，避免使用螺纹联接件，尽量使用焊接方式。

3) 抑制电磁感应的干扰

增大信号线与干扰源的距离；合理布线，减少信号线与旋转磁场的交链(交链：导线与磁场的相对运动引起导线回路内磁通量的变化，即“导线切割磁感线”)；将产生干扰的回路导线和可能受到干扰的回路导线分别扭绞；采用具有高磁导率屏蔽材料的双芯屏蔽线和同轴电缆。

注意，“1)屏蔽”和“3)抑制电磁感应的干扰”不是一回事。屏蔽主要是针对静电场，而不针对电磁感应；即使采用了金属网或者屏蔽线，如果导线相对磁场运动(又没有采取导磁的屏蔽措施)，导线中照样会感应出感应电动势，照样会受到干扰。

2．集流环传输

在很多试验中，传感元件随同被试件一同连续旋转，而信号处理设备固定布置。例如，测量转轴上的载荷，应变片组成电桥、粘贴在转轴上，随轴一同旋转；而应变仪是固定放置的，应变仪要给电桥提供供桥电压，电桥的输出电压要传输给应变仪。在此情况下，旋转试件和固定设备之间电信号的传输，就需要采用集流环。集流环分为接触式和非接触式两类，接触式主要包括滑环式和水银槽式，非接触式主要就是旋转变压器式。其中滑环式应用较为广泛，有些场合将“集流环”简称“滑环”。

1) 滑环式

滑环式集流环就是利用固体导体直接接触，靠固定件和运动件的端部之间的滑动接触传递信号，类似于各种电动机的固定电源线与旋转绕组之间的电刷-滑环配合。

滑环式集流环经常与应变片配合使用，此时要注意接触电阻的影响。接触电阻广泛存在于固体导体的交界面处，其数值 r 很小，对于一般的电能传输或电量传递影响不大。但是电阻应变片的输出就是电阻变化，由 $\Delta R = K\varepsilon R_0$ 可知，其数值本身就很小，因此，接触电阻及其变化，有可能与应变片的电阻变化相当，会影响应变片的输出，造成试验误差。为了减小接触电阻的影响，可以采取如下措施：①采用高阻值的应变片。应变片的初始电阻 R_0 提高，电阻变化量 ΔR 就变大，接触电阻 r 的影响就相对减轻。②改进滑环结构，减小接触电阻及其变化。在常规应变片测试下，一般要求接触电阻的变化幅度小于 0.00024 Ω。③采用全桥接法。如图 2-60 所示，采用全桥接法，集流环各滑动触点的接触电阻 r_A、r_B、r_C 和 r_D 都被移出电桥，对电桥工作特性的影响大大减轻。

由电路分析可以看出，对于供桥端 A、C 来说，接触电阻 r_A 和 r_C 的存在相当于串联了两个小电阻。以 A、C 为电源，电桥本身相当于两个 R 串联、再与另两个 R 并联，电路的总电阻为 R，常见的 R 值为 120Ω；接触电阻的数量级则远小于此。也就是说，在 R 的基础上串联两个 r，分去的电压极小，真正施加到电桥上的供桥电压基本上不变。

对于 B、D 端，由于通常令电桥的输出端为开路(事实上，电桥的输出端也就是放大器的输入端，阻抗的确非常大)，在此基础上串联两个阻值极小的接触电阻 r_B 和 r_D，更是显得无足轻重。

如果不是全桥，而是单臂或者半桥电路，那么接触电阻就会进入某个桥臂，对电桥输出特性的影响就不能忽略了。有兴趣的读者可以验证一下。

2) 水银槽式

水银(汞)是唯一在常温下成液态的金属，利用水银的导电性，水银槽式集流环在内外圈之间传递电信号。其结构类似滚动轴承，外圈壳体固定，内圈和试件同步旋转，内外圈之间有若干条轴向排列、相互独立绝缘的水银槽，水银将试件上的电信号传递到外圈，由引线传出。图 2-61 显示的是其横截面的示意图。

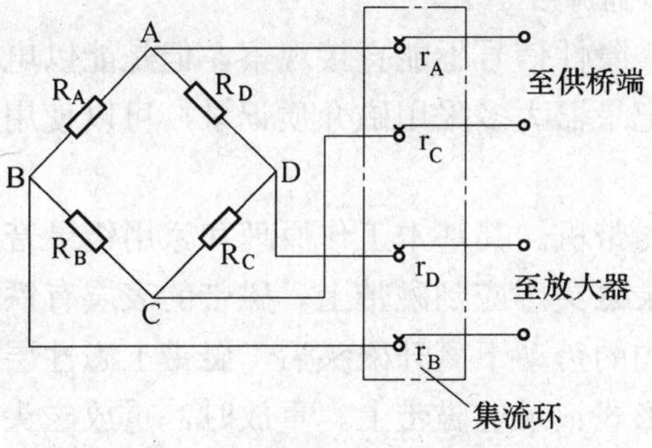

图 2-60　全桥电路的接触电阻

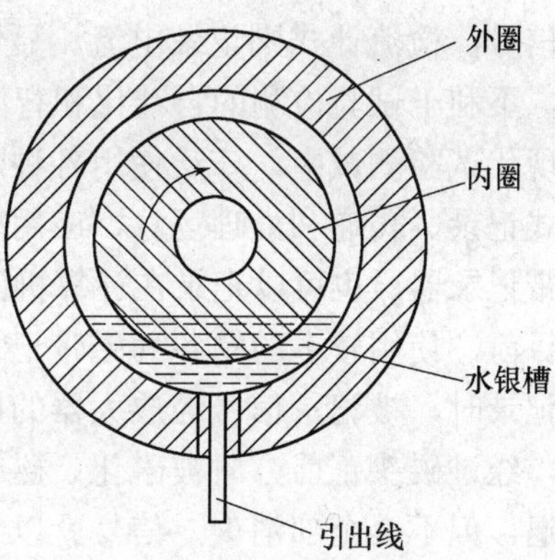

图 2-61　水银槽式集流环

水银槽式集流环的接触电阻较小，且不存在固体材料之间的磨损；但汞蒸气有毒性，需要注意安全。

3) 旋转变压器式

旋转变压器式集流环利用电磁感应(互感)工作。集流环有两套变压器，分别将供桥电压从应变仪感应到电桥、将输出电压从电桥感应到应变仪。这种非接触式传输不存在接触电阻；但是内外圈之间存在磁路损失，对应变仪的电桥平衡调节功能有影响。为了减小这种损失，需要将内外圈之间的间隙做得尽量小，试件上的应变片接成等臂电桥(各应变片阻值一致)，引线的布置也要尽量对称。

3. 无线传输

无线传输常称为“无线电遥测”。当运动件与固定件之间的相对运动速度很高，或者被试件与固定设备之间的相对位置发生急剧变化(如室外道路试验)时，可以采取无线传输。信号的无线传输就是利用电磁波来传输信号，传感器与被试件固定在一起，装有信号发射器(天线)，在固定设备上则设置信号接收装置。

对于传统上使用集流环的场合，由于现代大规模集成电路和微电子技术的飞速发展，也可以将传感器、放大器和发射机集成在一起，重量轻、耗电少，安装布置在试件上，利用无线电遥测的方式代替集流环传输。

整车道路试验时，虽然可以采用“自车法”，将所有仪器设备装载在被试车上，与传感器做导线连接，但有时受到被试车的承载能力和空间的限制，需要采用“跟踪法”，即将各种信号接收和处理设备装在另一辆车上，跟随被试车做无线电遥测。

六、记录器

典型的测试系统，记录器是最后一个环节，也被称作“负载”，用以记录测试数据，供后续分析计算或显示、打印。

根据记录信号的性质，可以将记录分为模拟记录和数字记录两大类。模拟记录就是用连续的模拟量(波形变化)来记录信号。数字记录的结果是数字，用一系列间断的数码反映被测信号，其记录精度高，信息量大，可以直接使用计算机处理。

模拟记录又包括可以直接看见信号波形的显性记录，和不能直接看到波形的隐性记录。

显性记录可以将信号显示在屏幕上，如各种射线示波器，也可以将信号波形输出到纸带上，如光线示波器等。具体来说，显性记录又包括电位计式和检流计式。电位计式记录的是电压信号，检流计式则记录电流。显性记录直观、方便，但是信号的存储、传输和复制比较困难，不利于试验检测的自动化和智能化，使用日益减少。

现代试验测试中，广泛使用各种隐性记录器。隐性信号不能直接观察，但是能以电信号的形式记录、传递和处理运算，应用广泛。隐性记录器大多采用磁介质记录，可以使用专业的磁带记录器，也可以记录在计算机的磁盘上。

目前，使用较多的是各种磁带记录器，简称磁带机。其基本工作原理和家用级录音机一样，记录时，被记录信号经放大器的放大，由记录磁头感应到磁带上。磁带的表层有铁磁性物质，经过磁头正前方时被磁化；磁带在传动机构的带动下离开磁头后，磁带上磁性层的磁场减退，但不会全部消失，信号就以剩余磁化的形式记录在磁带上。重放时，重放磁头检测到磁带上的剩余磁化，将磁信号还原为电信号。

按具体工作原理的不同，磁带记录器可以分为 3 类：直接记录式、调频记录式和数字记录式。直接记录就是将被测信号转换成剩余磁场的幅值，用幅值来记录信号。调频记录就是将被测信号转换成剩余磁场的频率，用频率来记录。已经讨论过，频率信号的失真小、抗干扰能力强，所以调频记录的效果优于直接记录；但是调频记录方式对于磁带传动速度的稳定性要求很高。数字记录，就是将信号以 0 或 1 的离散代码形式，记录在磁带上(磁头控制或检测磁化或剩余磁场的方向，实现两种物理状态的记录或读取)。数字记录准确可靠，对带速的波动不敏感，信号的重放线路简单。

家用录音带有所谓的“A、B 两个面”，可以看作两个记录通道，但是只能同时使用一个。专业的磁带记录器则可以实现多通道同时记录。其中，可以选择一个通道做语音通道，将试验现场的情况用话筒记录下来，便于重放时提醒试验者当前信号所对应的试验工况。还可以选择一个通道做补偿通道，该通道在记录时对地短接，也就是不输入任何有用信号，和其他通道一同“空走”一趟，实际上是将各通道都感受到的各种干扰误差都记录下来。在重放时将其信号反向施加到其他通道上，刚好可以将各种干扰和误差抵消掉。其基本思想类似电桥电路的温度补偿片。

磁带机的具体选用和操作，请参考具体仪器的使用说明书和相关试验标准文件。

第四节　测量误差分析

一、基本概念

1. 测量和测量误差

1) 测量及其分类

所谓“测量”，就是以确定被测参数的数值为目的进行的一系列试验操作。从“测试系统”的角度讲，就是通过输出 y 和系统特性 h，来求解输入 x 的过程。测量包括两种：直接测量和间接测量。

直接测量：通过测试装置，将被测量参数与同一物理量的标准量直接比较，或者用事先经过标准量校正的测量仪器进行测量，直接求得被测量参数的数值。例如，用尺测量距离就属于“将被测量参数与同一物理量的标准量直接比较”，用温度计测量温度就属于“用事先经过标准量校正的测量仪器进行测量”。简言之，直接测量就是从测量仪器上直接读出被测量参数的数值。

间接测量：被测量参数与某些独立的参数存在确定的函数关系，对这些独立的参数进行直接测量，然后利用该函数关系计算得出被测量参数。例如，对矩形的长度和宽度进行直接测量，然后计算得出面积，就是间接测量。包括汽车试验在内的机械测试，为求得功率，往往是直接测量转轴的转速和扭矩，再算出功率，这也是间接测量。注意，在这个例子中，“测出扭矩和转速求功率”是一次测量，得到的功率数值是测定值，转速和扭矩不是。

有的资料认为，间接测量一定是直接测量了两个或两个以上的独立参数，然后再进行计算，也就是说，一定是利用了某个多元函数。其实，间接测量就是要求在直接测量的基础上进行计算，即使只测了一个参数，只要进行了计算，也属于间接测量，因为这种操作中已经包含了测量误差的传递，这是间接测量的本质。例如，用卡尺测量圆形截面的直径，然后算出面积，这里的面积就是间接测量的结果。

无论直接测量还是间接测量，测量结果都不等于被测量的真实值，因为存在误差。

2) 测量误差及其分类

测量误差，简称误差，是被测量参数的测定值 l 与真实值 X 之间的差值，即

$$\Delta = l - X \tag{2-35}$$

注意，测定值指的是对被测量参数进行一次测量得到的数值，这次测量可能是直接测量，也可能是间接测量。但“测定值”通常不是“测量结果”。

真实值，有时简称“真值”，是被测量参数客观存在的本质属性，但是无法精确求得。实际工作中一般将如下几种情况视作真实值。

理论真实值：例如两条平行线间的夹角为0°。

规定真实值：一般是国际标准对于标准量的约定，例如 1 秒的概念是“铯原子基态的两个超精细能级之间辐射周期的 9192631770 倍的持续时间”。

相对真实值：当高等级测试装置的误差是低等级装置的 $\frac{1}{20} \sim \frac{1}{3}$ 时，可将前者看作后者的相对真实值。例如，和家用弹簧秤相比，物理天平的示值可以看作相对真实值，可以用于弹簧秤的校准。

根据产生因素和变化规律的不同，可以将误差分为 3 类：

系统误差：保持恒定或者按一定规律变化的误差。产生系统误差的因素是可以确定的，例如仪器标尺刻划不准确，或者操作者读数习惯斜视等。系统误差是可以发现并加以消除的，应该追求没有系统误差的测量结果。

过失误差：也叫“粗大误差”，是由于操作者在测量工作中犯错误或疏忽大意而产生的明显偏离真实值的误差。过失误差的出现毫无规律可循，而其对测量结果的歪曲又非常严重。含有过失误差的测定值一般认为是要剔除的。

随机误差：无论如何提高测试装置的精度，规范试验操作和试验条件，当我们对同一被测参数进行多次重复测量时，每次得到的测定值都不相同。当我们确定排除了系统误差和过失误差后，测定值之间依然存在差异，这种误差就是随机误差，也叫“偶然误差”。每个测定值的随机误差可大可小，符号有正有负，产生因素多种多样且无法确定。随机误差就其个体而言是没有规律的，但其总体符合统计学规律。理论分析和实践都表明，随机误差的统计特性基本上都服从正态分布。由于随机误差的产生因素不确定，所以只能对其水平进行估计，而不能消除随机误差。

从表象上来说，随机误差的出现在事先无法预测、在事后不能确定重复，毫无规律可言。但就其本质来说，所谓的“随机”，是由于人类对客观世界的认知能力有限，对现实现象的理论解释能力有限造成的。随着科学技术水平的进步，很多曾被视作“随机”的现象，已经有了科学的解释，而且可以对这些“随机”的结果加以选择或控制。

图 2-62 表示了系统误差和随机误差的性质及其对测量结果的影响。X 是被测参数的真实值。由于系统误差 θ 的存在，测定值的中心趋势 L 偏离了 X。由于随机误差的存在，各测定值不重合，围绕 L 以一定幅度波动。$\delta_{\lim}$ 是随机误差的最大值，称极限误差。(过失误差的出现和数值毫无规律，图中未演示。)

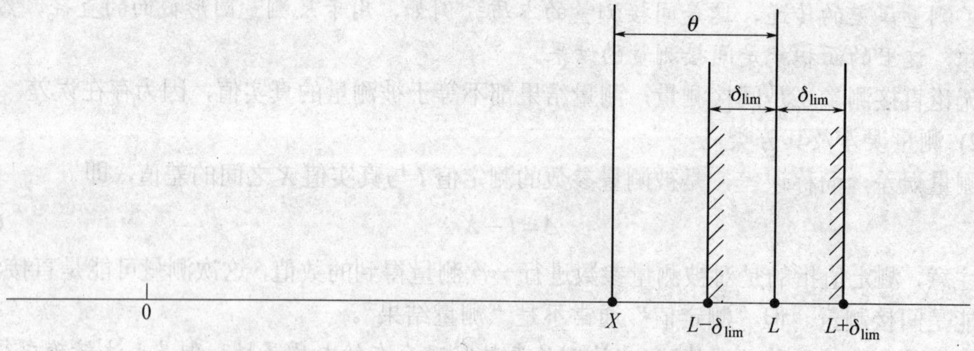

图 2-62　系统误差和随机误差对于测定值的影响

系统误差、过失误差和随机误差的内在性质不同，不应混淆。但在具体测量工作中，有时难以区分。较大的随机误差有时会被认作过失误差，规律尚未被发现和掌握的系统误差也会被随机误差所掩盖。提高仪器的测量精度，完善试验方法，深入研究各种误差的规律，就有可能将不同种类的误差区分开来。

本节重点讨论关于随机误差的问题。

3) 测量误差的表达方式

绝对误差：被测量参数的测定值与真实值之差，即 $\varDelta = l - X$ 。我们通常说的“误差”，指的就是绝对误差。显然其单位就是被测物理量的单位。

相对误差：绝对误差与真实值之比，通常用百分比表示。由于真实值无法精确求得，所以通常用测定值代替真实值，来计算相对误差，即

$$相对误差=\frac{绝对误差}{真实值}\approx\frac{绝对误差}{测定值}$$

当然，上式也未必具有可操作性，因为真实值无法精确求得，那么绝对误差的精确值也是不知道的。绝对误差通常也是统计估计值。

相对误差比绝对误差更能确切、合理地反映测量的准确度和可靠度。

绝对误差和相对误差都是可正可负。

允许误差，也称应用误差，是指被测量参数的最大绝对误差与仪器量程之比。允许误差是一种简化和实用方便的相对误差，常用于划分仪器仪表的精度等级。允许误差用百分比表示，其百分比数值，就是仪器精度等级，例如，“1 级精度”，就是指允许误差为 1%。

4) 测量误差的来源

在测量工作中，测量误差主要来源于：

① 仪器误差：仪器结构缺陷或调整校正不当等引起的误差。

② 环境误差：实际测试环境与标准规定不一致引起的误差。

③ 方法误差：测试或计算方法不完善或不合理造成的误差。

④ 人员误差：由于试验操作者技术不熟练或其他主观原因造成的误差。

2．精确度的概念及其影响因素

在日常生活中，对于“精度”“精密度”“准确度”“精确度”等，界定得不是非常严格，或者说运用比较随意；但是在专业误差分析领域，这几个概念是不一样的。

精度就是精确度的简称，由精密度和准确度组成。

(1) 精密度：对同一被测参数进行多次重复测量，各测定值之间的接近程度。在图 2-62 中，$\pm\delta_{\lim}$ 之间的误差带越大，精密度就越差。随机误差波动范围越大，测定值之间就越离散，精密度就低。所以，测量的精密度受随机误差控制。

(2) 准确度：对同一被测参数进行多次重复测量，测量结果(通常就是测定值的算术平均值)与被测参数的真实值之间的接近程度。在图 2-62 中，L 偏离 X 越远，准确度就越低。如果存在较明显的系统性误差，测量结果就会明显偏离真实值。所以，测量的准确度受系统误差控制。

(3) 精确度：顾名思义，精确度就是精密度与准确度的综合。只有精密度和准确度都高的测量，才是精确度高。换言之，高精确度要求随机误差和系统误差都很小。测量工作就是希望得到精确度高的结果。

以射击打靶为例，图 2-63 形象地解释了精密、准确和精确的含义。

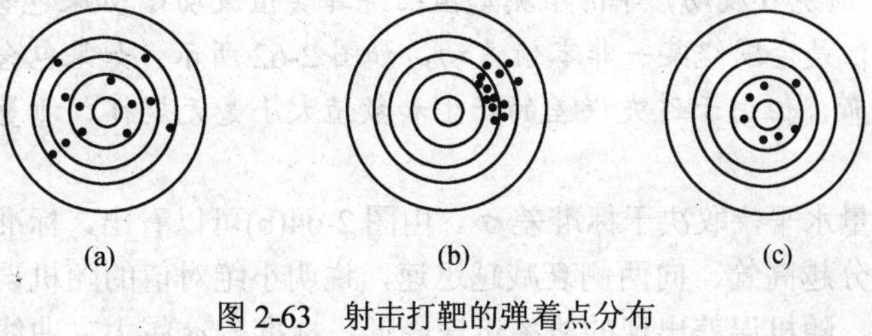

图 2-63　射击打靶的弹着点分布

图 2-63(a)中，各弹着点之间相隔较远，相当于测定值之间差异较大，这就是精密度差，这一定是射击时存在随机性干扰引起的；图 2-63(b)中，弹着点较集中、离散度小，说明精密度高，但普遍偏于靶心一侧，说明存在系统性误差，也就是准确度差；图 2-63(c)的射击结果相对来说最理想，弹着点之间非常接近，而且都围绕靶心，也就是说精密度和准确度都高，即精确度高。

还有一个较为抽象的概念：不确定度。不确定度是由于测量误差的存在而对被测参数不能肯定的程度。这种“不能肯定”，有可能源于系统误差，也可能是随机误差引起的。这里只讨论随机误差引起的，即随机不确定度。其定量评价一般用置信区间[$-K\sigma$，$K\sigma$]来表示，σ 是所讨论参数的标准差，K 是置信系数(标准差和置信系数的概念在下面的讲述中将加以讨论)。

不确定度越大，置信区间就越大，真实值出现在其中的可能性就越大。

二、随机误差的统计学规律

随机误差服从正态分布，其数学模型用概率密度函数描述为

$$f(\varDelta)=\frac{1}{\sqrt{2\pi}\sigma}\mathrm{e}^{-\frac{\varDelta^2}{2\sigma^2}} \tag{2-36}$$

式中：$\varDelta$ 为随机误差；σ 为随机误差的标准差(均方根误差)，$\sigma=\sqrt{\frac{1}{n}\sum_{i=1}^{n}\varDelta_i^2}$ ($n\to\infty$)；n 为重复测量次数。

由图 2-64(a)可见，随机误差的分布规律是：绝对值越小的随机误差，出现的概率越大；绝对值相等的随机误差，正、负值出现的概率相等。

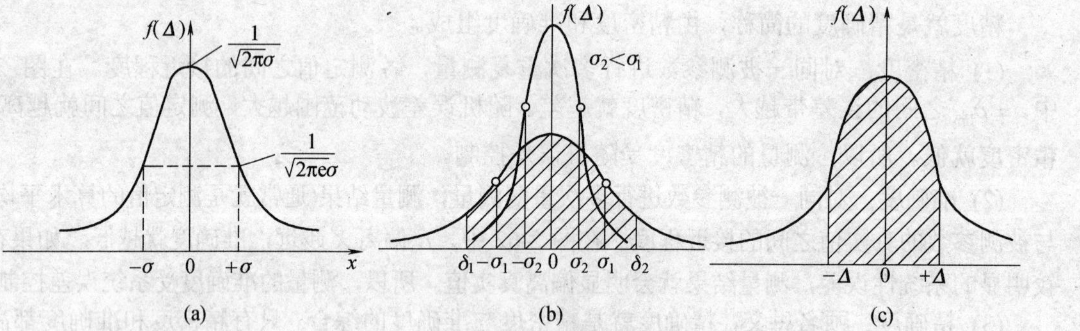

图 2-64　随机误差的概率密度函数

(a) 概率密度函数；(b) 标准差的意义；(c) 正态积分概率。

如果测定值中没有系统误差和过失误差，测量误差就是随机误差，那么测量误差也是围绕 0 对称波动(误差围绕 0 波动，等价于测定值围绕真实值波动)。如果包含系统误差，测量误差仍成正态分布，但是会围绕某一非零值波动，如图 2-62 所示。如果包含过失误差，随机误差本身仍成正态分布，但由于过失误差的产生和数值大小毫无规律，测量误差将不再成正态分布。

随机误差的定量水平，取决于标准差σ。由图 2-64(b)可以看出，标准差σ越小，概率密度函数曲线中间部分越高耸、向两侧衰减越迅速，说明小绝对值的随机误差占的比例很大，随着绝对值的增大，随机误差出现的概率迅速降低；标准差σ越大，曲线越平坦、由中间向

两侧衰减越慢，说明绝对值大小不同的随机误差占的比例差异不大，随着绝对值的增大，随机误差出现的概率降低得较缓慢。由于随机误差控制测量的精密度，所以标准差σ是一个精密度参数，标准差越小，精密度越高。

注意，标准差是评价随机误差，也就是精密度的一个重要参数，但标准差本身不是随机变量。在给定测量条件的情况下，标准差是一个确定的、客观存在的数值。

除了标准差σ外，还有几个精密度参数：极限误差$\varDelta_{\text{lim}}=3\sigma$，概然误差$\gamma\approx\frac{2}{3}\sigma$，平均算术误差$\delta\approx\frac{4}{5}\sigma$。就数学本质而言，标准差、极限误差、概然误差和平均算术误差是相同的，但是在实际工作中标准差σ应用得更多。

在实际应用中，由于随机误差是连续型随机变量，取某一固定值的概率为零，没有意义，值得讨论的是随机误差出现在某一区间内的概率。由于随机误差的概率分布密度具有对称性，所以掌握随机误差出现在任意对称区间内的概率即可。

由图 2-64(c)可见，在给定标准差σ，也就是概率密度函数曲线确定的前提下，随机误差出现在某一对称区间内的概率，取决于区间的宽度$\varDelta$。将区间宽度看作标准差的若干倍，即$\varDelta=K\sigma$，显然，区间宽度就取决于置信系数K。也就是说，随机误差出现在某一对称区间内的概率，是该区间的置信系数K的一元函数(前提是标准差σ给定，也就是等精密度测量)。

随机误差出现在$\pm K$倍标准差内的概率，记为$\Phi(K)$，有时称作正态积分概率，即：$\Phi(K)=P(-K\sigma<\varDelta\leqslant K\sigma)$。根据概率密度函数的定义，其定量数值为$\Phi(K)=\int_{-K\sigma}^{K\sigma}f(\varDelta)\mathrm{d}\varDelta$

经计算，得$\Phi(1)=0.683$，$\Phi(2)=0.95$，$\Phi(3)=0.9973$。

例如，$\Phi(1)=0.683$的意思就是"随机误差的绝对值不超过1倍标准差的概率是68.3%"。而$\Phi(3)=0.9973$则意味着"绝对值超过3倍标准差的随机误差出现的可能性只有0.27%、也就是大约1/370。"

显然，$\Phi(K)$是增函数，$\Phi(\infty)=1$。

三、等精密度直接测量参数测定值的处理与计算——随机误差分析

在相同的测量条件下(即精密度不变)，对某一被测参数进行n次重复测量，得到的测定值数列，就是测量列，通常写作l_1，l_2，l_3，…，l_n。这里的任务就是根据这些原始测量数据，求得最终的测量结果。

1. 算术平均值和残差

由于测量误差，尤其是随机误差的存在，使得各测定值不相等。一般来说，对其求算术平均值，可以作为测量结果的粗略估计。算术平均值L为

$$L=\frac{1}{n}\sum_{i=1}^{n}l_i \tag{2-37}$$

假定测量列中不包含过失误差和系统误差，那么可以证明：重复测量次数n越多，算术平均值L越接近真实值X；有限次测量条件下，L是X的最可信赖值。

根据误差的定义，有$l_i=X+\varDelta_i$ (i=1,2，3，…，n)。

两侧累加，得 $\sum_{i=1}^{n} l_i = nX + \sum_{i=1}^{n} \Delta_i$，再除以 n 求平均，并注意到 $L = \frac{1}{n}\sum_{i=1}^{n} l_i$，则有 $L = X + \frac{1}{n}\sum_{i=1}^{n} \Delta_i$。其中，$\frac{1}{n}\sum_{i=1}^{n} \Delta_i$ 可称之为随机误差的算术平均值。由于随机误差具有“绝对值相等的随机误差，正、负值出现的概率相等”的性质，当重复测量次数很多时，大量的随机误差正负相抵，其算术平均值 $\frac{1}{n}\sum_{i=1}^{n} \Delta_i$ 极小，也就是说，算术平均值 L 与真实值 X 非常接近。当 $n \to \infty$ 时，$\frac{1}{n}\sum_{i=1}^{n} \Delta_i \to 0$。

而对于有限次测量来说，真实值不能用简单求平均的方法确定，这里讨论其最可信赖值。

假定采用某估计值 E 来代替真实值，定义：各测定值与该估计值之差为残余误差，简称残差，记作 v_i。即：$v_i = l_i - E$ 。

所谓“最可信赖值”，就是能使残差的平方和最小的估计值 E(使某种偏差的平方和最小，就是“最小二乘法”的数学思想。可参阅本章第五节的有关内容)。设残差平方和为 S，则

$$S = \sum_{i=1}^{n} v_i^2 = \sum_{i=1}^{n} (l_i - E)^2 = (l_1 - E)^2 + (l_2 - E)^2 + \cdots + (l_n - E)^2$$

求其最小值问题，显然，需要在其二阶导数大于零的基础上，求解其一阶导数等于零的条件，简单计算可得：$E = \frac{1}{n}\sum_{i=1}^{n} l_i$。可见，最可信赖值就是算术平均值 L。注意，这个结论不需要重复测量次数 $n \to \infty$。

于是，定义残差：测定值与算术平均值之差。即

$$v_i = l_i - L \tag{2-38}$$

2．测量列的标准差估计

公式(2-36)中指出，标准差的定义为 $\sigma = \sqrt{\frac{1}{n}\sum_{i=1}^{n} \Delta_i^2}$ $(n \to \infty)$。但是在实际测量工作中，重复测量次数 n 不可能达到无穷大；在有限次测量条件下，真实值 X 无法确定，误差 $\Delta_i = l_i - X$ 也无法确定。所以，标准差是一个客观存在的、表征测量的精密度水平的统计参数，但是其精确解无法求得。

在有限次测量情况下，标准差可以采用贝塞尔方法进行估计。贝塞尔方法的核心就是用残差代替误差。于是，测量列的标准差估计为

$$\hat{\sigma} = \sqrt{\frac{1}{n-1}\sum_{i=1}^{n} v_i^2} = \sqrt{\frac{1}{n-1}\sum_{i=1}^{n} (l_i - L)^2} \tag{2-39}$$

注意，在这种估计处理中，不仅用残差代替了误差，而且计算中分母也减 1。贝塞尔方法的统计思想是：估计处理中引入了几个不确定、不精确的量，均方根计算的分母就要减几。

在这里，引入了1个不精确的量：用算术平均值L代替了真实值X。

由于贝塞尔方法的核心思想是用残差v_i代替误差Δ_i、也就是用算术平均值L代替真实值X，所以其成立的前提是重复测量次数n不能太少，否则难以保证用L代替X的可靠性。

3．异常数据的取舍

在具体计算步骤中，得到上述测量列的标准差估计$\hat{\sigma}$后，就可以进行异常数据的取舍判定。

所谓“异常数据”，就是指该数据与其他数据相比，显得非常大或者非常小，也就是说，该测定值的残差的绝对值很大。

系统误差是不会造成测定值的残差过大的，因为系统误差会使得测量列的算术平均值整体偏移(图 2-62)，各测定值的残差不会改变。所以，异常数据的取舍判定，就是要判定该误差属于随机误差还是过失误差。

过失误差的数值一般较大，有可能造成数据异常，而数值很大的随机误差也有类似的效果。如果是过失误差，应该将该数据舍弃，因为过失误差的出现及其数值的大小毫无规律，测定值中的过失误差会严重歪曲测量结果，甚至造成试验失败。而随机误差，即使其绝对值很大，但是有规律可循，尤其当重复测量次数达到一定水平时，随机误差的正态分布特性比较显著，不会影响测量结果的准确度。所以，异常数据取舍判定的任务，就是发现含有过失误差的测定值，将其舍弃。

然而，仅根据试验测试得到的测量数据，想绝对准确可靠地界定过失误差和随机误差是很困难的，甚至是不可能的。只能从统计学的角度，在一定概率上断定某个数据有多大可能包含了过失误差，如果这种可能性大到一定程度，就认为它是过失误差造成的，将其舍弃。

用统计学的方法进行异常数据的取舍判定，可以采取来伊达准则或者格拉布斯准则。

1) 来伊达准则

由正态积分概率可知，$\Phi(3)=0.9973$。也就是说，某个服从正态分布的随机变量，其绝对值不超过3倍标准差的概率是99.73%；反之，随机变量的绝对值超过3倍标准差的可能性只有大约1/370，是比较罕见的。随机误差就是服从正态分布的。如果在容量不大的测量列中，出现了某个测定值的残差v_i超过了3倍标准差估计，即$v_i>3\hat{\sigma}$，就有理由认为这个误差不服从正态分布，不完全是由随机误差造成的，也就是包含过失误差，应将该测定值舍弃。来伊达准则因此又称为3σ准则。

来伊达准则的基础之一是贝塞尔方法，也就是用测量列的算术平均值L来代替被测量的真实值X，从而用$\hat{\sigma}$来代替σ。所以重复测量次数不能太少，否则用L代替X不可靠。

另一方面，如果重复测量次数非常多，那么就有可能出现绝对值很大的随机误差(具体计算中用残差表示)。注意，这种出现完全是遵循正态分布规律的，之所以绝对值很大是因为重复测量次数很多。如果该残差的绝对值超过了$3\hat{\sigma}$，按照来伊达准则就会舍弃该测定值，显然这是错误的。所以，运用来伊达准则的另一个要求是，重复测量次数不能太多。

“随机误差的绝对值超过3倍标准差的概率是1/370”，以此计算，10个测定值中，每个的随机误差都不超过3倍标准差的概率是0.973。也就是说，完全遵循正态分布规律，只有2.7%的可能性出现至少一个误差超过3倍标准差。按来伊达准则将该测定值舍弃，判定错误的可能性是2.7%。来伊达准则是比较可靠的。如果重复测量次数较多，如n=50，那么50个测定值中，每一个的随机误差都不超过3倍标准差的概率是0.873。在此情况下运用来伊达准则，有 12.7%的可能性将“好数”——完全遵循随机误差的正态分布规律出现的测定值—舍弃掉。如果 n 增大到 100，舍弃错误的概率将增大到 23.7%，来伊达准则已经很不可靠了。

2) 格拉布斯准则

由于来伊达准则的取舍阈值固定在 $3\hat{\sigma}$，所以当重复测量次数 n 较少时，显得过于保守，会把一些较小的过失误差保留下来；而当 n 较大时，又显得过于冒险，会把一些绝对值较大的随机误差舍弃。

格拉布斯准则就是对来伊达准则的一种改进，将取舍阈值 $G_0\hat{\sigma}$ 和重复测量次数 n 及危险率 α 联系起来。格拉布斯准则的判据是：测定值的残差为 v_i，如果某测定值存在 $|v_i| \geqslant G_0\hat{\sigma}$，则认为该测定值中包含过失误差，应将其舍弃。

其中，G_0 称为临界值，取决于重复测量次数 n 和危险率 α。α 又称为信度或显著性水平(检出水平)，其含义是：按某种准则判定某数据含有过失误差将其舍弃，而实际上该数据不含有过失误差的概率，也就是“误删除”的概率。如果危险率太大，则较容易将“好数”删除；如果危险率定得过低，又容易使得“坏数”保留下来。危险率 α 常见的数值是 5%、2.5%或 1%。

临界值 G_0 与 n 和 α 的关系如表 2-1 所列。

表 2-1　格拉布斯准则的临界值 G_0 (部分)

n	α		n	α	
	0.05	0.01		0.05	0.01
3	1.15	1.16	10	2.18	2.41
4	1.46	1.49	11	2.23	2.48
5	1.67	1.75	12	2.28	2.55
6	1.82	1.94	20	2.56	2.88
7	1.94	2.10	30	2.74	3.10
8	2.03	2.22	50	2.96	3.34
9	2.11	2.32	100	3.17	3.59

例如，危险率 α 取 0.05，重复测量次数为 10，则临界值 G_0 则为 2.18。

临界值 G_0 与 n 和 α 的关系：在危险率 α 不变的前提下，重复测量次数 n 越多，出现大随机误差的可能性越大，为了不将过多的“好数”去掉，舍弃的阈值就要增大，所以 n 越大 G_0 越大。另一方面，在重复测量次数 n 不变的前提下，危险率 α 越小，就意味着更加不允许做“误删除”，舍弃阈值就要增大，所以 α 越小 G_0 越大。

无论是来伊达准则还是格拉布斯准则，都可以反复应用。即：利用该准则判定测量列中的某测定值包含有过失误差，将其舍弃。在去掉了一个测定值的新测量列中，重新计算算术平均值 L、各测定值的残差 v_i、测量列的标准差估计 $\hat{\sigma}$，然后再次运用该准则进行取舍判断，直到保留下来的测定值中不再含有过失误差。

4．测量结果的标准差及其估计

通过贝塞尔方法，可以计算得到测量列的标准差估计 $\hat{\sigma}$。这只是测定值之间的相互接近程度，反映的是测量列的精密度；而最终要求的是测量结果的精密度。

这里的“测量结果”，指的就是测量列的算术平均值 L。算术平均值 L 也是一个随机变量，要对其进行区间估计，也就是要求其标准差。

表面上看，一个试验得到一个测量列，有 n 个测定值，只生成了一个算术平均值。但是从本质上说，每一个测定值都是随机变量，也就是说 n 个测定值在试验之前是无法预测的。那么，做为 n 个随机变量的平均值，测量结果 L 也必将是一个随机变量。只不过每次试验只得到一个。如果把思路延伸一下：n 次重复测量得到一个 L；如果再做 n 次重复，势必又得到一个 L；……这些个 L 不会相等，其数值是随机的。

统计分析表明，测量结果的标准差(也就是算术平均值的标准差) σ_L 与测量列的标准差 σ 和重复测量次数 n 有关。公式为

$$\sigma_L = \frac{\sigma}{\sqrt{n}} \tag{2-40}$$

由于测量列的标准差的精确值 σ 无法求得，所以测量结果的标准差的精确值 σ_L 也无法确定。当对测量列的标准差采用估计值 $\hat{\sigma}$ 时，也可以得到测量结果的标准差估计 $\hat{\sigma}_L$ 为

$$\hat{\sigma}_L = \frac{\hat{\sigma}}{\sqrt{n}} \tag{2-41}$$

由式(2-40)或式(2-41)可以看出，测量列的精密度越高，测量结果的精密度就越高。另一方面，随着重复测量次数的提高，测量结果的精密度也能提高。但 n 的增加与 $\hat{\sigma}_L$ 的降低是非线性的，尤其是当重复测量次数已经较多时，再单纯增加重复测量次数 n，测量结果的标准差降低幅度非常小，此时如欲进一步提高测量结果的精密度，应考虑提高测量的精密度(即降低 $\hat{\sigma}$)。也就是说，片面提高重复测量次数是不经济的，同时考虑到来伊达准则关于"重复测量次数不能太多"的要求，一般认为重复测量次数取 $n = 10 \sim 15$ 较合适。

5．测量结果的表达

一个完整的测量结果，应该包括被测量参数真实值的最可信赖值，及其给定概率下的区间估计。例如，X=25.4±0.2(p=0.95)，意味着被测参数的真实值 X 有 95%的可能出现在以 25.4 为中心、以 0.2 为"半径"的区间内，也就是[25.2,25.6]。最可信赖值就是算术平均值 L。下面讨论其区间估计的方法。$\hat{\sigma}_L$ 是 L 的标准差、即精密度参数，那么根据正态积分概率的含义，有：$\Phi(K) = P(-K\hat{\sigma}_L < L - X \leqslant K\hat{\sigma}_L)$，也就是说，被测量的真实值有 $\Phi(K)$ 的概率出现在以 L 为中心、以 $K\hat{\sigma}_L$ 为半径的区间内。所以，测量结果可以写为

$$X = L \pm K\hat{\sigma}_L (p = \Phi(K)) \tag{2-42}$$

式中：p 是置信概率，即真实值出现在以 L 为中心、以 $K\hat{\sigma}_L$ 为半径的区间内的概率。换言之，有 p 的把握相信，以算术平均值 L 代替被测参数的真实值 X，误差不会超过 $K\hat{\sigma}_L$ 。显然，进行具体计算时，除了要已知试验测试所产生的测量列之外，还要事先给定(或由操作者自行决定)置信系数 K 或置信概率 p 。给定 p 与 K 其中之一，另外一个可由正态概率积分表获知，常用数据如前所述：$\Phi(1) = 0.683$，$\Phi(2) = 0.95$，$\Phi(3) = 0.9973$。(这个关系类似于汽车理论中汽车的平顺性中关于"概率分布与标准差的关系"部分的讨论，可以参看。)

这种方法可以称之为"正态积分概率法"，就是置信系数和置信概率之间具有正态分布的数学关系，适用于测量次数较多的场合，如本节前面建议的"$n = 10 \sim 15$"左右。

还有一种测量结果的表达方法：t 分布法，就是置信系数和置信概率之间具有 t 分布的数学关系。$X = L \pm t_p(f)\hat{\sigma}_L$。其中，$f = n-1$ ，$t_p(f)$ 是一个自由度为 f、置信概率为 p 的 t 分

布随机变量，在此计算中就相当于一个置信系数。为进行此种表达，也需事先确定置信概率 p 或置信系数 $t_p(f)$。给定 p 与 $t_p(f)$ 两者之一，另一个可由 t 分布表查得。

总之，等精密度直接测量参数测定值的处理与计算——随机误差分析的基本步骤如下：

对同一被测参数进行 n 次等精密度重复测量，得到的原始数据是若干个测定值，即一个测量列：l_1，l_2，l_3，…，l_n。同时给定置信概率 p 或置信系数 K（或 $t_p(f)$）。（假定测定值之中不包含系统误差。）

(1) 计算算术平均值：$L=\frac{1}{n}\sum_{i=1}^{n} l_i$。

(2) 计算各测定值的残差：$v_i=l_i-L$。

(3) 计算测量列的标准差估计：$\hat{\sigma}=\sqrt{\frac{1}{n-1}\sum_{i=1}^{n} v_i^{2}}$。

(4) 运用来伊达准则或格拉布斯准则，进行异常数据的取舍判断。如果有数据被认定包含过失误差，将该测定值舍弃，测量列容量减 1，即 n-1→n，返回步骤 1.重新计算；如果判定没有过失误差，则进入下一步。

(5) 计算测量结果的标准差：$\hat{\sigma}_L=\frac{\hat{\sigma}}{\sqrt{n}}$。

(6) 测量结果的表达：$X=L\pm K\hat{\sigma}_L(p=\Phi(K))$。

例如，给定一测量列，$n=11$，事先确定置信概率 $p=0.9973$，即要求最可信赖值的区间估计的可靠性要达到 99.73%，要求表达测量结果。

假定经上述步骤(1)～(5)的计算和取舍操作，去掉了一个测定值、即 n 变成了 10,得到算术平均值 $L=35.62$，测量结果的标准差估计 $\hat{\sigma}_L=0.45$（具体数据及计算从略）。由于指定了置信概率 p 为 0.9973，按照正态积分概率，可得置信系数 $K=3$。那么，测量结果的表达为：$X=35.62\pm1.35(p=0.9973)$。这里是给定了 p，按正态积分概率确定 K。

如果题目要求中给定的是置信系数，如取 $K=2$（也就是说事先指定：最可信赖值的区间估计为测量结果标准差的 2 倍），那么还是按照正态积分概率，可以求得置信概率 $p=0.95$。测量结果的表达：$X=35.62\pm0.9(p=0.95)$。

如果按照 t 分布法，应将测量结果表达为 $X=L\pm t_p(f)\hat{\sigma}_L$。依题意，取置信概率 $p=0.9973$，按自由度 $f=n-1=9$，查 t 分布表，可得 $t_p(f)=t_{0.9973}(9)=4.09$。于是，$X=35.62\pm1.84(p=0.9973)$。

第五节 静态测量数据的处理

一、概述

所谓"静态测量数据"，就是指不随时间变化，或者在测试过程中可以视作不随时间变化的测量数据(该数据可能已经计算过误差分析，包含了对误差的估计)。例如，用尺度量仪测量汽车的长度，或者用称重设备测量汽车的重量(质量)。

单纯一个测量数据或者一个被测量的若干数据，只能表达其本身，很难用于揭示变量之间的内在关联。例如测得 A 车的长度是 4.56m，或者测得 A、B 两车的整备质量分别为 1.32t

和 1.67t。更多情况下，寻求的是两个(或者更多)变量之间的关联，例如，想知道“某类汽车的长度和整备质量之间的关系”。可以选取 A、B、C、D 四款有代表性的车型，分别测量其长度和整备质量，分析长度变动对整备质量增减的影响。所以，探求两个(或多个)变量之间的定量关系，就是静态数据处理的主要目的和任务。

为此，可以采取三种处理和表达方法。

1．列表法

列表法是根据试验目的、具体项目、测量数据，设计合理的表格，以准确、清晰、全面的数表形式展示试验数据，揭示变量之间的关系。例如，对于上面提到的“某类汽车的长度和整备质量之间的关系”问题，可以将实测数据填入这样设计的表格。

列表法的优点是数据真实，完全源于实测数据(可能经过误差分析与处理)，表格形式清晰、明了、紧凑，数据显示直接，易于参考比较。缺点是揭示数据的变化趋势不够直观，未能较本质地分析变量之间的数学关系，而且当所需研究的数据不在表中时，需要进行数值分析(插值或者拟合计算)。例如，从表 2-2 中很难直观、方便地推测出长度为 4.45m 的汽车，其整备质量的可能数值。

表 2-2 轿车长度与整备质量的关系

车辆序号	A	B	C	D
长度/m	4.04	4.31	4.56	5.00
整备质量/t	1.03	1.19	1.32	1.67

2．图形法

可以这样说，图形法就是把列表法所罗列的客观数据绘制在选定的坐标上，并将数据点按某种规则连接起来。常见的坐标体系有直角坐标和极坐标等。

在工程技术领域的直角坐标表达中，也常见到对数坐标，就是坐标刻度是按变量的对数均匀分度的(如，取常用对数，则 1 到 10 是一格，10 到 100 或者 0.01 到 0.1 也是一格；也可以取自然对数等)，对数坐标适用于变量之间存在指数函数关系的场合，这样表达更直观，且可以压缩图幅，例如有关机械振动和噪声分析的场合(可以参见汽车理论有关平顺性的内容)。

将数据点连线的规则，较常见的是直接通过数据点连接折线，也可以按操作者的技能、习惯乃至个人好恶绘制曲线。

图形法的优点是能够直观、形象地表达数据的变化趋势和不同变量之间的互相影响，使读者在第一时间就察觉到数据增减的规律或分布密度信息等。缺点是当变量达到 3 个或更多时，用平面坐标表达较复杂或较困难。例如，发动机的万有特性或负荷特性揭示的是发动机的功率、转速和燃油消耗率三者之间的关系。在万有特性图中，两个坐标轴分别被转速和转矩占据，燃油消耗率信息就以“等燃油消耗率曲线族”的形式体现；在负荷特性中，占据坐标轴的是功率和燃油消耗率，转速就表达为“等转速曲线族”。图形法的另一个缺点是相同的测量数据，由不同的工作者绘制曲线，结果不唯一。即使遵循相同的描线原则，如“曲线应光滑匀整，曲线尽量靠近所有数据点但不必通过所有数据点，在曲线变化急剧的地方选点应更密集”等，也不能完全杜绝操作者主观因素对图形绘制结果的影响。

读者可尝试将列表法所例举的四款车型的长度和整备质量的数据对比，绘制成曲线或折线图形。

3. 经验公式法

"经验公式"，顾名思义，就是经过实践验证的公式，意指其纯理论背景不是很强，主要是源于对实测数据的归纳，其适用范围和可靠程度有一定限制。

测量数据的经验公式表达，就是通过对测量数据的归纳和计算，根据某种数学原则，寻求一个最能体现数据变量之间定量关系的数学关系式，来代表实测变量之间的关系。这个数学关系式通常称作"回归方程"，用于揭示变量之间的关系，指导变量的预测或控制。

经验公式表达的优点是结果经过较严密的数学推证，可信度较高，而且具有严格的唯一性，不受操作者主观因素的影响。公式表达紧凑，又能全面揭示整个定义域内的变量关系，可以很方便的计算出实测数据(点)以外的数据量。尤其当采用计算机进行数字计算处理时，经验公式法比列表法和图形法方便得多。经验公式表达不够直观；另一个缺点是过于依赖数学分析，不大考虑数据变化的物理背景，当试图用一个统一的公示代表变量间的全域关系时，可能不是十分可靠，有时候要结合试验测试的物理背景，考虑研究对象工作特性的局域性，进行分段表达。

列表、图形和经验公式，三者的侧重点、操作过程和最终表达相差很大。列表强调的是数据展示的准确性，图形强调的是变化规律的直观性，经验公式则强调理论指导意义和统一性。而这三者又是有本质的共性和联系的，它们其实是同一项试验、同一组数据的不同表达方法。如发动机的万有特性或负荷特性，台架试验得到的原始数据，一般就是表格形式，每一张表格展示在一个固定的转速下，转矩和燃油消耗率(可能还有发动机的其他工作参数)的关系；图形表达就是以台架试验数据为基础，绘制等燃油消耗率曲线族或等转速曲线族；经验公式则是得到功率(或转矩)与燃油消耗率的多项式函数，由于发动机实际工作特性具有局域性，针对不同的转速，公式中的系数不同。

对实际应用来说，经验公式往往是最方便、最有价值的。建立起可靠的经验公式，也就是建立起了供研究的数学模型，就为进一步研究变量之间的关系、进行更深入的数学分析创造了有利条件。经验公式法需要工作量较大，有时很繁琐的数值计算，而计算技术在软、硬件方面的快速发展，则为经验公式法的使用和推广提供了坚实的技术支持。

本节主要讨论依据实测数据建立经验公式的方法，也就是回归分析。

二、回归分析

在静态数据处理中，经验公式法能够客观地反映数据的内在规律，而且形式紧凑，便于做进一步的数学分析，是广泛应用的一种方法。根据实测数据，同时结合给定或判定的经验公式构型，按照最小二乘法原理寻求两个或多个变量之间的经验函数关系，就是回归分析。回归分析的几何解释一般称作拟合。

以图 2-65 为例，这是两个变量之间的关系，一个做自变量，一个做因变量，也就是一元回归问题。已知的实测数据表现为若干对数据点(x_1,y_1)，(x_2,y_2)，…，(x_n,y_n)(此例中共 7 对数据点，即 n=7)。

如果根据试验的物理背景或其他原则，判定出两个量之间存在线性函数关系，那么就可以构建一条理论直线(及其回归方程) $\hat{y}=f(x)=a_0+a_1x$，来代替实测数据，体现其变化规律。但是实测数据本身并不在一条直线上，所以回归解与实测值之间必然存在差异。定义实测值与其对应的回归理论值的差值为残差，即：$v_i=y_i-\hat{y}_i$。那么，随着回归方程 $\hat{y}=f(x)$ 的不同(对此例来说，就是系数 a_0 和 a_1 的不同)，每个实测点与其对应回归值的残差就不同。这些残

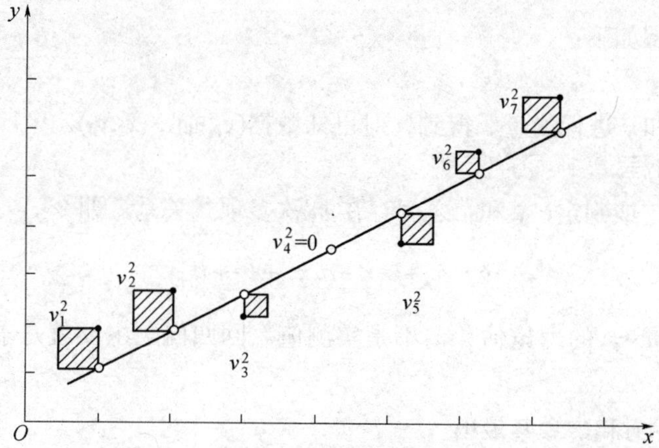

图 2-65　最小二乘原理

差“总体上”越小，理论直线距离实测点就越近，回归解的效果就越好。这种残差的“总体水平”，用残差平方和表示，记作 Q_y。因此，能够使残差的平方和 Q_y 最小的回归方程(也就是系数 a_0 和 a_1 的某种组合)，就是最小二乘解，也就是回归问题的最优解。图中演示的是某一条理论直线(未必是最优解)，及各点的残差的平方。这种寻求两个变量之间的线性数学关系的处理计算，就是一元线性回归分析。

在数值方法的分析计算中，插值和拟合(回归)是比较类似的操作。插值是要求得到的理论曲线完全通过所有给定实测点；拟合是要求根据事先给定或判定的方程构型(如，多项式的次数)，通过最小二乘原理得到回归方程，理论曲线与实测点的总体差异—即残差平方和 Q_y 最小、但未必通过所有已知实测点。当非常看重实际点的价值时，可以选用插值处理，例如很多工程计算中要查表，而所需要的数据并不在表格中，往往进行差值处理，因为表格中的数据是经过严密的数学推证或者标准化测试得到的，同时选取两个距所需数据最近的已知点进行线性插值也很方便。但是在很多试验测试数据的处理中，回归(拟合)更有效、更可靠。因为实测点来自于试验数据，必然含有误差，完全通过这些实测点意义并不是很大；另一方面，插值法解的构型取决于给定的实测数据数目，一般来说给定 n 对数据可以得到 n-1 次方程，这往往与试验的物理背景不相符，而回归是要考虑实际装置的物理背景，选定一个方程构型的，这也是比较合理的。

如图 2-66 所示，同样通过 4 个已知数据点，如果做插值处理，必然得到一条曲线。但是变量 x、y 之间很可能自有其内在变化规律，例如，这里表达的是某型号轮胎在垂直载荷不变条件下的充气压力与静力半径之间的关系，理论分析和大量试验已表明，二者应该是线性关系。实测数据之所以不在一条直线上，是因为存在测量误差。所以，对此问题，进行线性回归分析，也就是事先“强行”令 x、y 之间服从线性函数关系，寻求一个线性的理论方程，显然更合理。

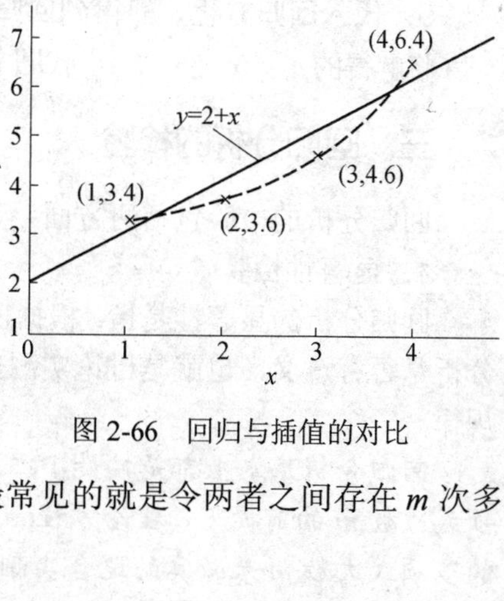

图 2-66　回归与插值的对比

回归分析需要事先假定两个变量之间的关系，其中最常见的就是令两者之间存在 m 次多项式关系，称多项式回归(当 m=1 时就是线性回归)。

回归计算的步骤如下：

1．已知信息

对两个变量 x 和 y 进行测量，得到 n 对已知数据(x_1,y_1)，(x_2,y_2)，…，(x_n,y_n)。

2．列出回归方程

根据事先的给定或判定，y 和 x 之间存在 m 次多项式关系，即令

$$\hat{y}=a_0+a_1x+a_2x^2+\cdots+a_mx^m$$

其中 $\hat{y}$ 表示是对变量 y 的理论估计，不是实测值。回归问题主要就是求解各待定系数 a_0、a_1、…、a_m。

3．写出残差平方和，令其最小

对每一个实测点，残差为 $v_i=y_i-\hat{y}_i$，将 $\hat{y}$ 的展开式代入，即

$$v_i=y_i-(a_0+a_1x_i+a_2x_i^{\ 2}+\cdots+a_mx_i^{\ m})$$

则残差平方和为

$$Q_y=\sum_{i=1}^{n}v_i=\sum_{i=1}^{n}[y_i-(a_0+a_1x_i+a_2x_i^{\ 2}+\cdots+a_mx_i^{\ m})]^2 \tag{2-43}$$

请注意，式中的 x_i 和 y_i，即(x_1,y_1)，(x_2,y_2)，…，(x_n,y_n)都是已知的，残差平方和 Q_y 取决于各待定系数 a_0、a_1、…、a_m。Q_y 是一个 m+1 元二次函数。

对函数 Q_y 求其极小值，显然需要将式(2-43)对各自变量求一阶偏导数，令各偏导数等于零，于是得到一个 m+1 元线性方程组(事先约定的回归问题的次数 m 会影响这个方程组的元数，但不会影响方程组的次数)，即：$\dfrac{\partial Q_y}{\partial a_0}=0$，$\dfrac{\partial Q_y}{\partial a_1}=0$，…，$\dfrac{\partial Q_y}{\partial a_m}=0$。

4．解线性方程组，求出各待定系数

解线性方程组的数学方法很多，例如手算可以采用简单的代入法、高斯消去法或者矩阵的初等行变换法，编程计算可以采用克莱姆法则，也可以利用各种现有的软件或程序设计语言直接求矩阵的逆阵得到解。

5．代入回归方程，即得到回归问题的最小二乘解

将解得的 a_0、a_1、…、a_m 代回 $\hat{y}=a_0+a_1x+a_2x^2+\cdots+a_mx^m$，得到回归问题的最小二乘解。

三、回归分析的检验

回归分析的检验包括两方面：显著性和精度。

1．显著性检验

回归分析的显著性是指：根据已知数据(坐标上的 n 个数据点)，按给定方程构型进行回归分析是否有意义，也就是讨论实测数据是否真的如事先判定的那样，服从一个 m 次多项式的规律。

回归分析基本上都是按最小二乘原理进行计算的，可以保证在给定方程构型，也就是多项式次数 m 的前提下，理论方程(曲线)与实测值(点)的总体偏差最小。但是，事先给定或判定的多项式次数 m 未必真的适合实测数据的变化规律。显著性检验就是要验证实测数据在多大

程度上符合给定的 m 次多项式函数。也就是说，显著性检验是在讨论“对给定的 n 对实测数据做 m 次回归，这个问题提得有没有道理？”。如图 2-67 所示，假定现要求依据已知数据做线性回归(也就是 m=1)，那么，如图 2-67(a)所示，实测数据几乎就在一条直线上，可见，对这些点“要求做线性回归”这个问题很有意义，也就是显著性很高；如图 2-67(b)那样，实测点基本上还是呈线性分布，但是也能明显看出来不完全在一条直线上，那就说明根据这些点“要求做线性回归”有一定显著性，但不是非常高；而图 2-67(c)所示的实测点，可以说完全不在一条直线上，其分布规律和要求的“做线性回归”大相径庭，那么对这些点做线性回归，毫无道理，显著性极低。同时可以看出，图 2-67(c)中的实测点，非常近似某种抛物线，对其做二次回归，即 m=2—(或其他次数大于 1 的多项式回归)的显著性应该较高。

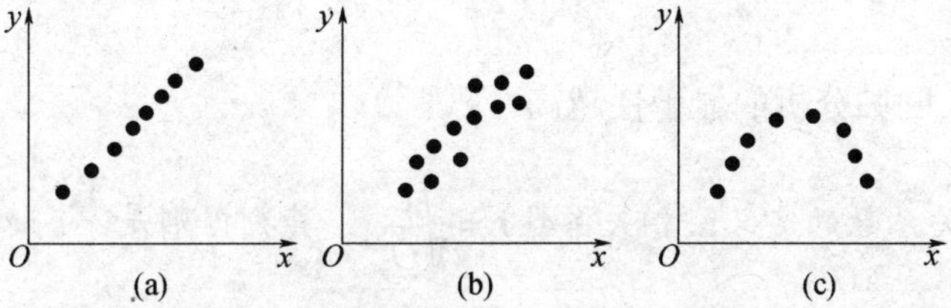

图 2-67　回归分析的显著性

显著性是讨论“回归问题提得有没有道理”，从理论上说应该在求解回归方程之前进行，如果显著性过低就认为问题无意义，终止回归计算。但是显著性的定量检验需要利用最小二乘解，所以其步骤放在回归方程的求解之后。

显著性检验的方法可以采取 F 分布法(方差分析法)和相关分析法。其中相关分析法计算简便，不需要查表，现介绍如下。

在一组给定的试验数据 x_i，y_i(i=1，2，3，…，n)中，变量 y 的总体变动量用各实测值对其平均值的偏差的平方和表示，称总离差平方和，记作 Q_z 即

$$Q_z = \sum_{i=1}^{n}(y_i - \overline{y})^2$$

其中平均值为

$$\overline{y} = \frac{1}{n}\sum_{i=1}^{n} y_i$$

将 $y_i - \overline{y}$ 写作 $(y_i - \hat{y}_i) + (\hat{y}_i - \overline{y})$，得

$$Q_z = \sum_{i=1}^{n}(y_i - \hat{y}_i)^2 + \sum_{i=1}^{n}(\hat{y}_i - \overline{y})^2 + 2\sum_{i=1}^{n}(y_i - \hat{y}_i)\,(\hat{y}_i - \overline{y})$$

实测值 y_i 随机地分布在理论回归值 $\hat{y}_i$ 两侧，可以证明，当实测点 n 较多、且回归方程按最小二乘原理求得时，上式中第三项 $2\sum_{i=1}^{n}(y_i - \hat{y}_i)\,(\hat{y}_i - \overline{y})$ 等于零。

于是，总离差平方和 $Q_z = Q_y + U$。其中，$Q_y = \sum_{i=1}^{n}(y_i - \hat{y}_i)^2$，也就是前面讨论回归方程的求解时的残差平方和，反映实测数据与回归方程的偏差程度。

回归平方和$U=\sum_{i=1}^{n}(\hat{y}_i-\overline{y})^2$，反映回归曲线上各理论点对实测值的平均值的总体变动水平。当U一定时，Q_y越小，就说明在数据规律的变动水平一定的条件下，回归方程与实测值越接近，也就是说回归曲线的规律与实测数据的变动规律越接近，即显著性越高。所以，U越大，Q_y越小，回归的显著性越高。

定义相关系数为

$$R=1-\frac{Q_y}{U}=1-\frac{\sum_{i=1}^{n}(y_i-\hat{y}_i)^2}{\sum_{i=1}^{n}(\hat{y}_i-\overline{y})^2} \tag{2-44}$$

相关系数越接近 1，回归分析的显著性越高。

另有一种对相关系数的定义：相关系数$r=\sqrt{\frac{U}{Q_z}}$。其判据则是：r越接近 1，回归分析的显著性越高。

由于$Q_z=Q_y+U$，可见$r=\sqrt{\frac{U}{U+Q_y}}$，“U越大，Q_y越小，回归的显著性越高”的结论依然成立。

考虑到一般回归问题的显著性都是较高的(也就是问题问得都是有道理的)，r接近于 1，也就是$U>>Q_y$，易知$\frac{U}{U+Q_y}\approx\frac{U-Q_y}{U}$。而$R=1-\frac{Q_y}{U}=\frac{U-Q_y}{U}$，可见$r\approx\sqrt{R}$。也就是说，同为相关系数，利用$R$或$r$对显著性进行定量判断，原理和判据是类似的。

2．精度检验

回归方程的精度是：根据回归计算得到的一个理论方程，利用变量x预报或者控制变量y的精确程度。

所谓“预报”，是指给出一个自变量x，求其对应的函数值y；“控制”则是要求函数值达到y，问自变量x应该多大。

如图 2-68 所示，对若干给定数据点(“○”所示)，假定要求进行线性回归分析，根据某种算法(从理论上说，该算法不一定是依据最小二乘法)得到一个理论方程$\hat{y}=a+bx$。理论直线上有一个点$(x_i,\hat{y}_i)$(用“·”表示)，预报问题，就是讨论“给定$x=x_i$时，认为$y=\hat{y}_i$”是否可靠；而控制问题就是说需要将函数值约束在$y=\hat{y}_i$时，是否真的需要$x=x_i$。从图 2-68 可知，精度问题就是研究理论点“·”是否符合实测数据的变化规律。

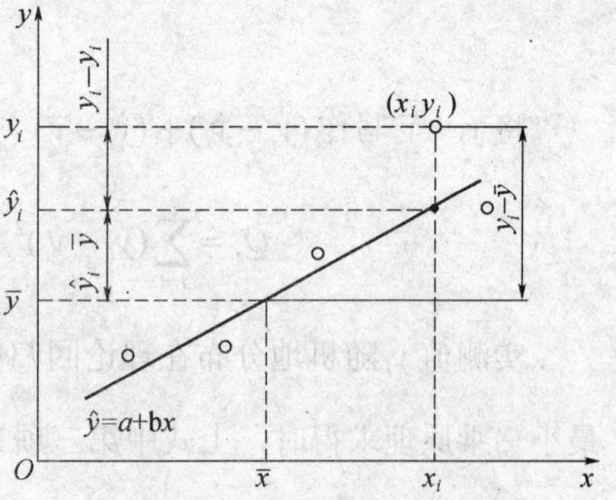

图 2-68　回归方程的精度

回归方程的精度采用残差标准差进行检验，残差标准差$\hat{\sigma}$是残差平方和Q_y的均方根，即

$$\hat{\sigma}=\sqrt{\frac{Q_y}{n-q}}=\sqrt{\frac{\sum_{i=1}^{n}(y_i-\hat{y}_i)^2}{n-q}} \tag{2-45}$$

式中：q 为回归方程中待定系数的个数。当进行 m 次多项式回归时，$\hat{y}_i=a_0+a_1x_i+a_2x_i^2+\cdots+a_mx_i^m$，显然 $q=m+1$。

残差标准差 $\hat{\sigma}$ 越小，回归方程的精度越高。

显著性检验，是回答“对给定的 n 对实测数据做 m 次回归，这个问题提得有没有道理？”的问题。从理论上说，显著性的高低与回归方程的求解无关。对同一个回归问题，显著性水平只有一个。而精度是研究某个回归方程与实测数据的变化规律有多大的偏差，同一个回归问题，不同的回归方程，其精度是不同的。

简言之，显著性检验是针对整个回归问题的，而精度检验是针对某个具体回归解(回归方程)的。

从精度检验的定量指标残差标准差的定义——“残差标准差 $\hat{\sigma}$ 是残差平方和 Q_y 的均方根”可以看出，对同一个回归问题，最小二乘解的精度最高，因为最小二乘解就是在追求残差平方和 Q_y 最小。所以，如果一个回归问题的显著性足够高，也就是问题提得有道理，那么只要按最小二乘法求解，精度检验也可以不进行，因为最小二乘解一定是所有可能的解中精度最高的。

除了假设多项式回归、按最小二乘原理求解，回归问题也有其他解法，例如“化曲线为直线的回归”等，这些解法相比多项式回归的最小二乘求解，具有一定的便捷性，但是效果不能保证最优。而随着线性代数理论和计算技术的进步，即使对于复杂问题(已知数据对数 n 很多、给定方程次数 m 很高)，求最小二乘解也不是很困难，所以当前求理论方程的做法以多项式的最小二乘回归为主。“化曲线为直线的回归”等方法，有兴趣的读者可以参考有关资料、阅读研究。

第六节　动态测量数据的处理与分析

一、数据的分类

“动态测量数据”，指的就是随时间变化的测量数据。其原始数据通常表现为时间历程 $x(t)$，也就是被测物理量 x 随时间 t 的变化规律。测量数据，尤其是各项汽车试验所得到的测量数据，以动态数据为主。

测量数据总体上分为两大类：确定性数据和随机性数据。

1．确定性数据

确定性数据，就是时间历程函数 $x(t)$ 可以被明确写出(可能包含测量误差)的数据。根据其变化特点，又进一步分为

1) 周期性数据

周期性数据就是间隔固定时间又重复出现的数据，即 $x(t+T)=x(t), T\neq\infty$。周期性数据又包括简单的正弦数据和非正弦的复杂周期性数据。

(1) 正弦数据。正弦数据是最简单的周期数据类型。许多物理效应，例如交流发电机的输出电压波形，以及各种简谐振动的位移、速度或加速度曲线，都是随时间作正弦变化的。

任一个正弦函数可以写作 $x(t)=X_0\sin(\omega t+\varphi)$。式中：$X_0$ 为幅值，ω 为圆频率，φ 为初始相位。图 2-69 为其曲线表达。

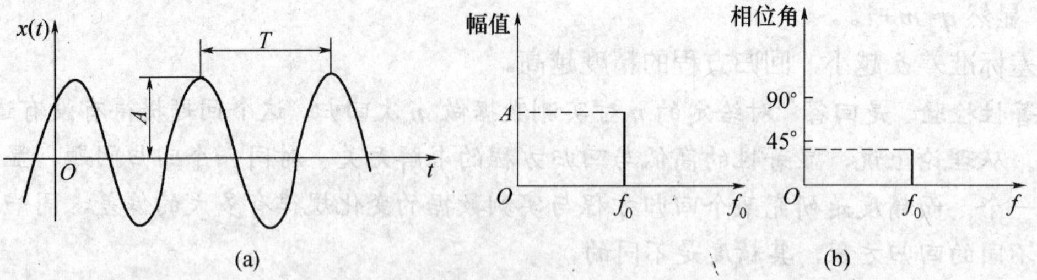

图 2-69　正弦数据的时间历程和频谱

(a) 波形图；(b) 频谱图。

对其进行频谱分析，可以得知，正弦数据只有一个频率分量，其谱线只有一条，即单一线谱(频谱分析的基本思想和含义可参看本节后面“五、频域分析”的内容)。

(2) 复杂周期性数据。复杂周期数据不再成正弦规律变化，但仍然存在一个确定的周期。图 2-70 所示为某一复杂周期数据的时间历程及其频谱。根据傅里叶级数理论，任何一个满足狄利克雷条件的周期函数，都可以展开成若干频率间隔相等的简谐函数的叠加(傅里叶级数理论和狄利克雷条件等可参看本节后面“五、频域分析”的内容)。也就是说，复杂周期数据的频谱图表现为等间隔的离散谱线，任意两个谐波的频率之比为有理数。

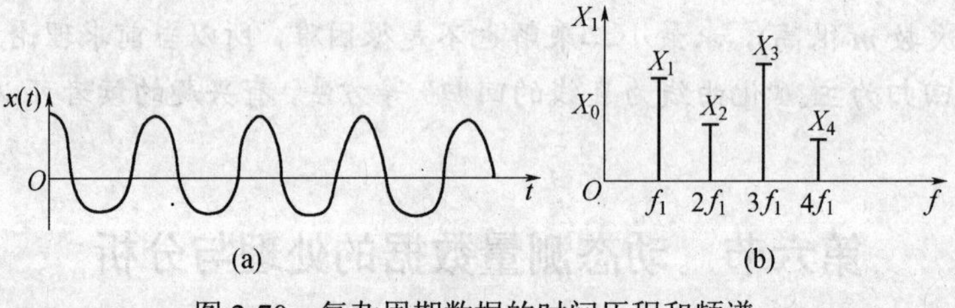

图 2-70　复杂周期数据的时间历程和频谱

由物理学中关于“简谐振动”的原理可以证明，“简谐”就是“正弦”，二者是等价的。复杂周期数据由若干简谐函数叠加得到，这些参与叠加的简谐函数，即正弦函数——通常称作“谐波”。

实际工程应用中的复杂周期数据要多于简单正弦数据。事实上，很多认为是正弦数据的测试信号，是忽略了次要谐波分量后，得到的近似。例如，交流发电机的输出电压，经过精密测试可以发现包含有高频分量。多缸发动机的输出机械量(如转矩、功率或有效压力等)，实际上也不是简单正弦的，而是包含了各种频率成分的谐波分量。

2) 非周期性数据

(1) 准周期数据。所谓“准周期数据”，指的是这种数据的频谱仍然是离散线谱，但是谱线之间不再是等间距，任意两阶相邻的谐波的频率之比为无理数，其时间历程当然也没有周期(也可以说是“周期无穷大”)，如图 2-71 所示。

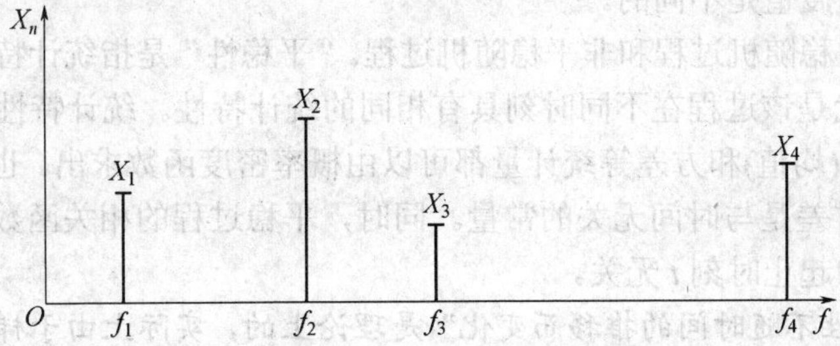

图 2-71　准周期数据的频谱

可见，频率间隔相等的若干正弦波叠加，会得到一个(复杂)周期数据。如果任意频率的正弦波叠加，频率之比为无理数，那么得到的就是准周期数据。也就是说，几个无关联的周期现象混合作用时，得到的测量数据将具有“准周期”的特性。

(2) 瞬变数据。

与其他确定性数据不同，瞬变数据的谱线是连续的。由频谱分析的基本思想可知，谱线越离散、越单一，说明数据越简单；反之，谱线越连续、涉及的频带越宽泛，说明组成该信号的谐波分量的频率成分越丰富，数据就越复杂。可见，瞬变数据是最复杂的确定性数据。电容放点过程、有阻尼系统经初始扰动后的自由衰减振荡，或者承载绳索在断裂前后的端点应力变化等，都是瞬变数据，如图 2-72 所示。

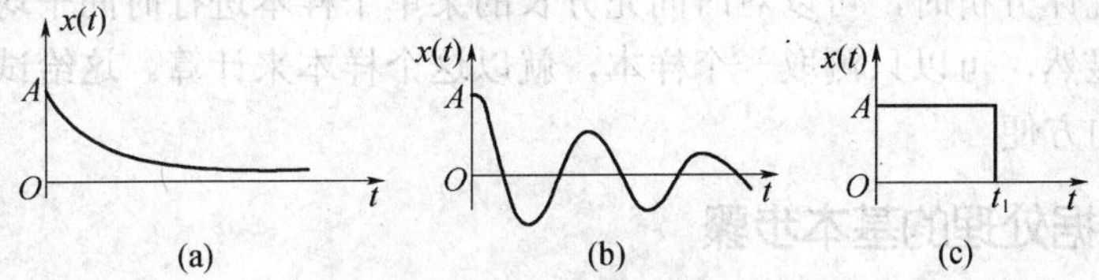

图 2-72　瞬变数据实例

(a) 电容变化；(b) 阻尼自由振动；(c) 端点应力。

2. 随机性数据

随机性数据就是时间历程函数 $x(t)$不能明确写出的数据。随机性数据源于随机物理现象，这种现象的每一次观测记录—时间历程 $x(t)$都是随机的，事先无法预测、事后不能重复。

显然，随机性数据比确定性数据复杂，所以随机数据的谱线都是连续的。可见，对随机性数据不能按频谱图的特性分类，而是要对随机过程的特性进行分析。

“随机过程”理论在科学研究和工程分析中应用极广，不同领域对其解释和定义可能有所不同，请读者注意。

通俗地讲，“随机过程”就是一个可以重复进行的物理过程，每进行一次，就得到一个观测结果，各次之间互不相同。例如，“给定车辆在给定道路上以给定速度行驶”，这就是一个随机过程。在车身某点安装一个振动加速度传感器，每行驶一次，就会得到一条加速度时间历程曲线 $x(t)$。重复若干次，就会得到 $x_1(t)$，$x_2(t)$，…，$x_n(t)$，每条曲线都不同。其中任意一次时间历程 $x_i(t)$就是一个样本(理论上样本的记录时间应该是无穷大；事实上只能是有限时长的)。所有可能的样本的集合 $x_1(t)$，$x_2(t)$，…，$x_n(t)(n\to\infty)$称为样本空间，也就是随机过程。另外，某给定时刻 t_0 的加速度值 $x_i(t_0)$是一个随机变量，其随机性取决于样本的次数 i，每次样本

记录到 t_0 时刻的加速度值是不同的。

随机过程包括平稳随机过程和非平稳随机过程。“平稳性”是指统计特性不随时间的推移而变化。简言之，就是该过程在不同时刻具有相同的统计特性。统计特性中最本质的是概率密度函数，数学期望(均值)和方差等统计量都可以由概率密度函数求出。也就是说，平稳过程的均值、均方值和方差是与时间无关的常量。同时，平稳过程的相关函数和协方差是时移 τ 的函数，而与过程的起止时刻 t 无关。

注意，“统计特性不随时间的推移而变化”是理论上的，实际上由于样本数据的变化具有随机性，同一次时间历程如果采取不同的样本记录长度，统计特性会有所不同。为了尽可能抵消这种随机差异，记录时间应尽可能长些。或者说，当时间足够长时，再增减记录时间，统计特性基本上不变。

平稳过程又包括各态历经过程和非各态历经过程。各态历经性指的是随机过程的总体平均参数可用任意时间历程按时间平均所求得的统计参数代替。

事实上，对于随时间作连续变化的数据进行统计计算时，通常就是按“时间平均”操作的。例如，要统计一个交通信号灯出现红灯的概率，可以对其观测记录 1000s(这 1000s 可以连续、也可以间断，确保随机即可)，如果统计显示出现红灯的时间一共占 540s，就认为这个信号灯出现红灯的概率是 0.54，或者说一辆汽车随机行驶到这个信号灯前面遇到红灯的概率是 54%。

实践证明，很多随机现象都可以在不同程度上看作各态历经过程。那么，由各态历经性，对这种过程进行统计分析时，可以对时间充分长的某单个样本进行时间平均，以代替过程的总体平均参数。显然，可以只测取一个样本，就以这个样本来计算。这给试验操作和数据处理都带来了极大的方便。

二、动态数据处理的基本步骤

测试系统所提供的原始数据，通常是某种电量(如电压)的时间历程，它包含了与被测量有关的一切信息，必须经过一系列的处理和分析，才能从中提取出有用的信息，并以简洁、直观、合理的形式展示出来。

针对不同的试验目的和数据类型，数据处理的具体手段和步骤各不相同。总体而言，大致包括数据准备、数据检验和数据分析 3 个基本过程。

1. 数据准备

为了使数据适用于分析处理，首先要进行数据的预处理，其目的是检测和剔除在测量过程中由于严重的外界干扰、操作失误和数据丢失等造成的异常数据。这项工作可通过人工直观检查进行，也可由专门仪器完成，或者使用通用电子计算机编制剔除异常数据的专用程序进行。

后续的具体数据处理计算可以采用模拟处理法或数字处理法。如果采用模拟法，那么在数据预处理后还要进行数据标定，即将原始电压信号换算成被测量的工程单位。而采用数字分析时，在预处理后要进行波形的采样、数据标定、零均值化和消除趋势项等操作。

如果确知信号中存在高频干扰，还要进行滤波处理，一方面平滑信号，一方面消除干扰噪声，如图 2-55 所示。

其中，数字化处理的采样是一个很重要的环节。

数字化处理的精度高、抗干扰能力强、便于采用计算机处理，应用日益广泛。数字信号必然是间断的、离散的，而测试系统提供的原始数据是电压等电信号的时间连续量，所以对连续信号进行数字化处理首先要将连续的模拟量转换为离散的数字量。这种将连续时间信号离散化的过程，就是采样。最常见的采样方式是等间隔采样，也就是对连续的信号，每间隔一段固定的采样间隔 Δt 获取一个离散点，用所采集的离散点的逐点变动代替原始信号随时间变化的规律。从数学角度解释，可以认为采用就是用等间隔的单位脉冲序列去乘连续信号，如图 2-73 所示。

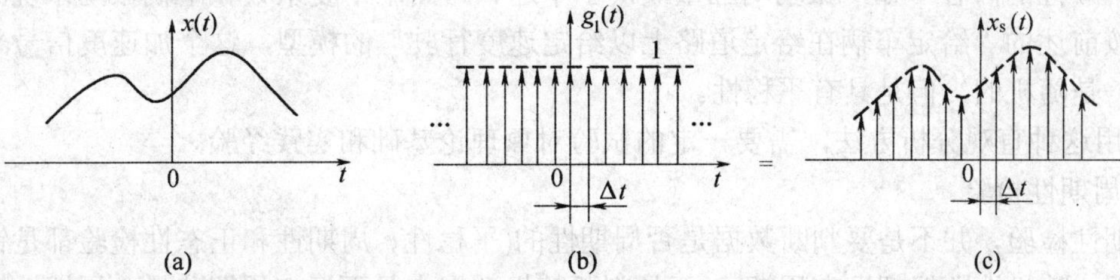

图 2-73　等间隔采样

很显然，采样间隔越小，离散的数据点就越密集，对原始模拟信号的表达就越精确，后续计算处理就越可靠。反之，如果采样间隔太大，就有可能“看不清”原信号的变化规律，特别是对于变动剧烈的高频信息，丢失有用成分，造成“混淆”，如图 2-74 所示。

但是，采样间隔更小，就意味着记录时长相等的信号需要更多的离散数字量来表达，这会增大数字计算的工作量。随着数值方法和计算技术的进步，这个缺陷显得相对次要，而采样间隔过大造成有用信号的丢失更加不能容忍，所以，有必要对采样间隔的上限——也就是采样频率的下限做出限定，这就是采样定理。

采样间隔 Δt 的倒数就是采样频率 f_s，采样定理要求(证明从略)：采样频率 f_s 不能低于信号中最高频率 f_c 的 2 倍，即 $f_s \geqslant 2f_c$。

如果 $f_s < 2f_c$，就会发生原始信号中的高频成分折叠到低频成分上去的现象，就是混叠。

在实际工作中，可以将采样频率取为信号中最高频率的 3～4 倍。

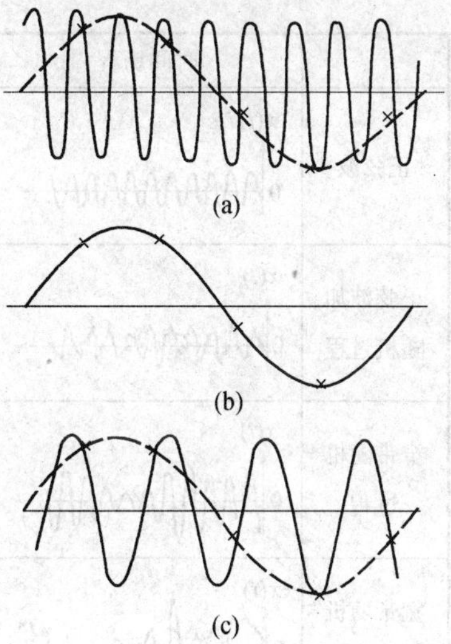

图 2-74　采样间隔过大造成混淆

如果确知测试信号中的高频分量是噪声干扰引起的，那么可以将信号先送入低通滤波器，去掉高频干扰，再以较低的采样频率进行采样，这样既可以满足采样定理、不会造成混叠，又可以减少数字计算量。

2．数据检验

数据检验首先要进行确定性检验，就是要判定数据是确定性的还是随机性的。确定性检验最有效的方法就是频谱分析：如果信号的谱线是离散的，那么一定是确定性信号。如果其谱线是连续的，那就需要进行重复测试。如果多次重复的结果相同或基本相同，那么就是确定性的瞬变数据；如果各次之间的结果明显不同，那么是随机性数据。

对于随机性数据，还有进行如下的平稳性、周期性和正态性检验，随机数据是否具有这

3 个特性对于分析结果的解释有很大影响。

1) 平稳性检验

平稳性检验，就是判断产生随机数据的过程是否为平稳随机过程。平稳性检验最简便的方法，就是根据产生此数据的物理背景，结合时间历程的图形作出分析，重点是考察测试过程的物理背景。如果产生此数据的基本物理因素不随时间变化，基本上就可以认为数据具有平稳性；反之则是非平稳的。例如，对汽车车身上某点的振动加速度信号进行分析，按汽车理论中平顺性的内容可知，振动响应量取决于车速、路面不平度系数和车辆振动系统的结构参数。按前述的"给定车辆在给定道路上以给定速度行驶"的模型，这个加速度信号来自随机行驶，是随机的，但是具有平稳性。

采用这种直观分析方法，需要一定的试验对象理论基础和实践经验。

2) 周期性检验

周期性检验，并不是要判断数据是否周期性的(平稳性、周期性和正态性检验都是针对随机性数据，随机性数据都没有周期)，而是判断随机数据中是否混有周期分量。周期性检验最有效的方法是通过数据分析，再根据样本的概率密度函数、自相关函数或自功率谱密度函数的图形来判断，如表 2-3 所列。

表 2-3　周期性检验的方法

	时间历程	概率密度	自相关函数	功率谱密度函数
正弦波	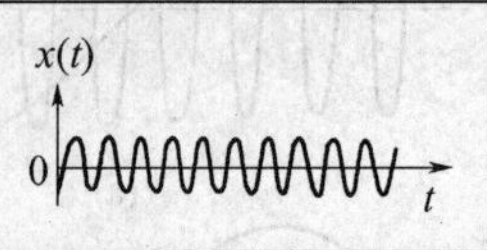 $x(t)$	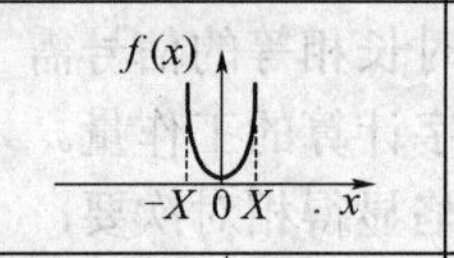 $f(x)$ $-X\ 0\ X$ x	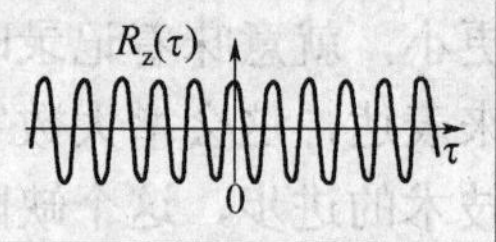 $R_z(\tau)$	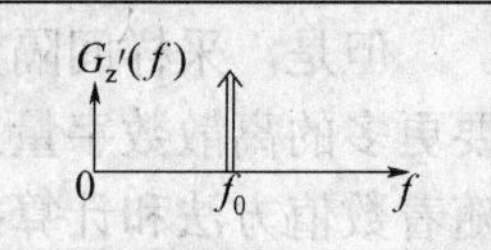 $G_z'(f)$ f_0
正弦波加随机过程	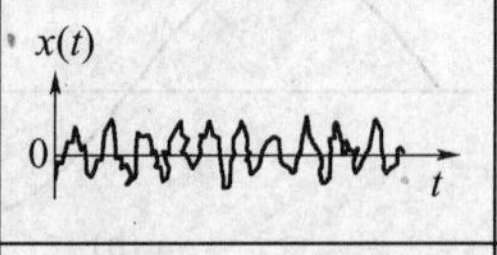 $x(t)$	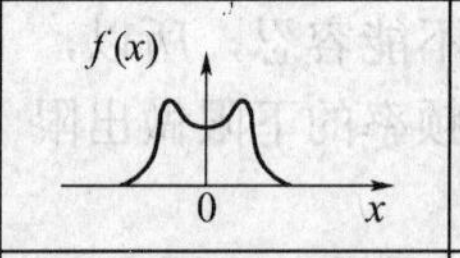 $f(x)$	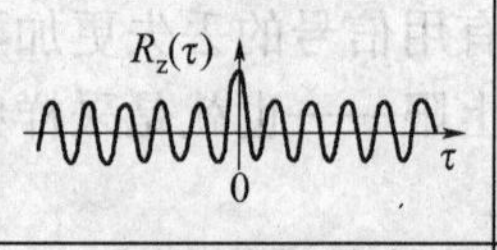 $R_z(\tau)$	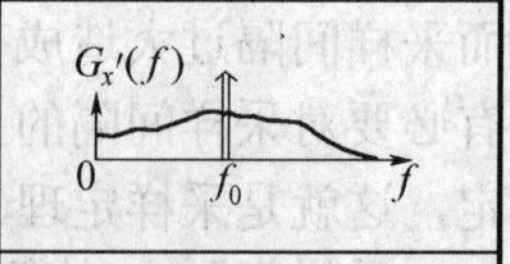 $G_x'(f)$ f_0
窄带随机过程	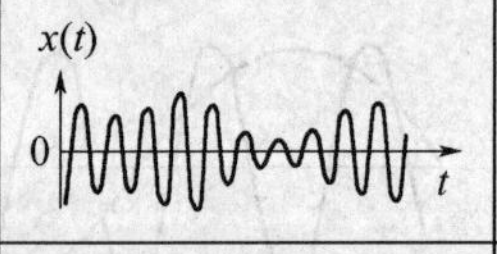 $x(t)$	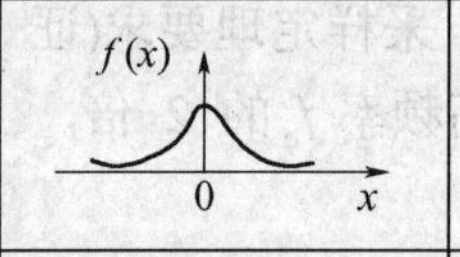 $f(x)$	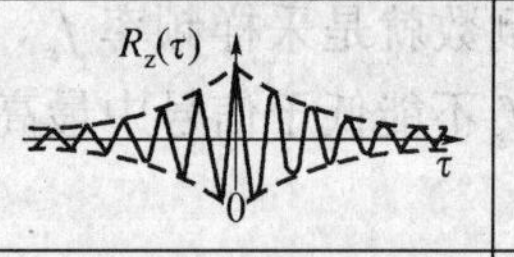 $R_z(\tau)$	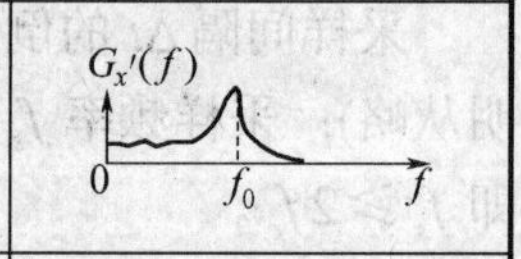 $G_x'(f)$ f_0
宽带随机过程	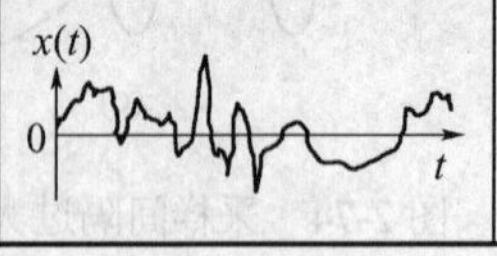 $x(t)$	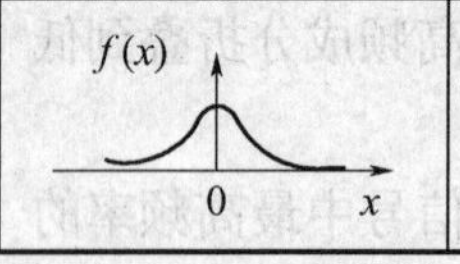 $f(x)$	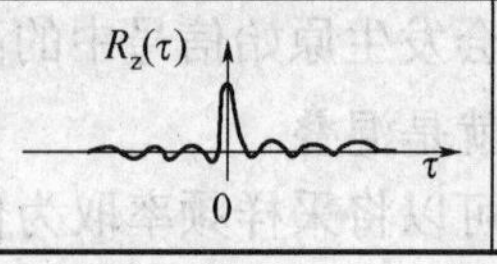 $R_z(\tau)$	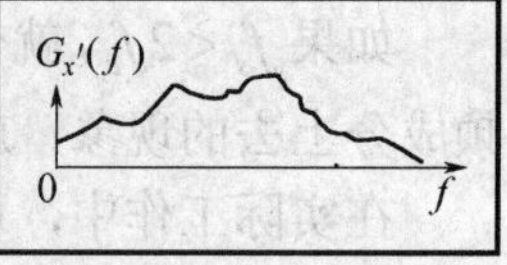 $G_x'(f)$

周期数据的概率密度呈碗形，"单纯"随机信号(即不包含周期分量)的概率密度呈钟形，混有周期分量的随机信号则是两者的结合，其概率密度呈驼峰形。对自相关函数来说，周期信号的自相关仍然是周期函数，单纯随机信号的自相关呈收敛的衰减振荡，混有周期分量的随机信号则是衰减振荡，但随着时移绝对值的增大并不收敛而是呈连续振荡。对功率谱密度函数来说，周期数据只有一个频率分量，功率谱图形表现为单一脉冲线谱，单纯随机数据具有连续谱线(某频率处功率谱密度值较大，反映该频率分量的强度较大)，两者结合，则可以看到混有周期分量的随机信号的谱密度图形有一个尖峰。

3) 正态性检验

正态性检验就是判定随机数据的数值分布是否具有正态分布的特性。常见的办法是利用计算机进行概率密度函数的计算，然后将其图形与正态分布作比较，作出判断。

3．数据分析

试验数据的类型不同，分析方法也有所不同。对于确定性数据，可以通过列表、图形或经验公式等来表达，如本章第五节的回归分析。对于随机性数据，可以从以下 3 个层面进行描述：

(1) 时间域描述，即时域分析：以时间为自变量的数学工具，主要是自相关函数和互相关函数，所以时域分析也通常称作相关分析。

(2) 幅值域描述，即值域分析：以幅值为自变量的数学工具，主要是均值、均方值、方差和概率密度函数等统计量。

(3) 频率域描述，即频域分析：以频率为自变量的数学工具，涉及内容较多，根据数据类型和分析目的的不同，主要包括傅里叶级数展开、傅里叶积分变换、功率谱密度分析、相干分析和频率响应特性的求解等。

三、时域分析

1．相关系数

所谓“相关”，在这里指的就是两个变量 x 和 y 之间的线性关系。对于随机变量来说，由于无法写出确定的函数关系式，变量之间的线性相关程度采用统计的方法，以相关系数 ρ_{xy} 表示，$|\rho_{xy}|$越接近 1，相关性越强。(ρ_{xy} 接近+1，称 x 和 y 之间成“正相关”，也就是 x 越大、y 越大；ρ_{xy} 接近-1，则是成“负相关”。)

这种相关性，可以参看图 2-67。图 2-67(a)中，x 与 y 的分布几乎就在一条直线上，相关性极强，相关系数 ρ_{xy} 接近于 1；图 2-67(b)中，x 和 y 没有完全确定的对应关系，但是总体上看还是存在比较明显的线性关系，ρ_{xy} 也是较大的；而在图 2-67(c)中，散点分布明显呈现某种抛物线性状，x、y 之间可以说完全没有线性关系，ρ_{xy} 接近于 0。

变量 x 和 y 之间的相关系数 ρ_{xy} 计算如下，即

$$\rho_{xy}=\frac{E[(x-\mu_x)(y-\mu_y)]}{\sigma_x\sigma_y} \tag{2-46}$$

式中：x、y 是两个随机变量；μ_x 为变量 x 的数学期望(即均值)，$\mu_x=E(x)$；μ_y 为变量 y 的数学期望(即均值)，$\mu_y=E(y)$；E 为求数学期望；σ_x 和 σ_y 分别为 x 和 y 标准差(即方差的正平方根)。

数据的时域分析通常称作“相关分析”，但指的不是相关系数，而是在此基础上得出的相关函数。

2．自相关函数

1) 定义

设 $x(t)$是来自某各态历经随机过程的一个样本，则，任意时刻的 $x(t)$是一个随机变量、相隔给定时间段 τ 后的 $x(t+\tau)$也是一个随机变量，这个给定的时间段 τ 称作时移。按定义，变量 $x(t)$和变量 $x(t+\tau)$之间的相关系数为

$$\rho_{x(t)x(t+\tau)}=\frac{E[(x(t)-\mu_{x(t)})(x(t+\tau)-\mu_{x(t+\tau)})]}{\sigma_{x(t)}\sigma_{x(t+\tau)}}$$

由各态历经性，求数学期望的操作 E 可以按时间平均来计算；同时，各态历经过程必然属于平稳过程，由平稳性可知，均值 μ 和标准差 σ 等统计特性都不随时间的推移而变化，即 $\mu_{x(t)}$ 和 $\mu_{x(t+\tau)}$ 都可以记作 μ_x，$\sigma_{x(t)}$ 和 $\sigma_{x(t+\tau)}$ 都可以记作 σ_x，则

$$\rho_{x(t)x(t+\tau)}=\frac{\lim\limits_{T\to\infty}\dfrac{1}{2T}\int_{-T}^{T}[x(t)-\mu_x][x(t+\tau)-\mu_x]\mathrm{d}t}{\sigma_x^{\ 2}}$$

经计算，并注意到 μ_x 为常数、$\lim\limits_{T\to\infty}\dfrac{1}{2T}\int_{-T}^{T}x(t+\tau)\mathrm{d}t=\lim\limits_{T\to\infty}\dfrac{1}{2T}\int_{-T}^{T}x(t)\mathrm{d}t=\mu_x$，得到

$$\rho_{x(t)x(t+\tau)}=\frac{\lim\limits_{T\to\infty}\dfrac{1}{2T}\int_{-T}^{T}x(t)x(t+\tau)\mathrm{d}t-\mu_x^{\ 2}}{\sigma_x^{\ 2}}$$

将上式分子的第一项称作自相关函数，记作 $R_x(\tau)$，即

$$R_x(\tau)=\lim_{T\to\infty}\frac{1}{2T}\int_{-T}^{T}x(t)x(t+\tau)\mathrm{d}t \tag{2-47}$$

注意，自相关函数 $R_x(\tau)$ 是时域分析的重要工具，但是其自变量不是时间 t，而是时移 τ。

其含义可以理解为：各态历经随机过程存在任一样本 $x(t)$，任意时刻的函数值 $x(t)$ 与时移 τ 后的函数值 $x(t+\tau)$ 两者的“总体”相关性，就是自相关。所谓“总体”，就是指时刻 t 从负无穷变动到正无穷，$x(t)$ 与 $x(t+\tau)$ 的相关性的综合表现。如图 2-75 所示。在此图中，时移 τ 是不变的，时刻 t 则从负无穷变动到正无穷。如果改变时移 τ，前后两点——t 和 $t+\tau$ 的相对位置就发生改变，自相关函数值 $R_x(\tau)$ 也就改变了。

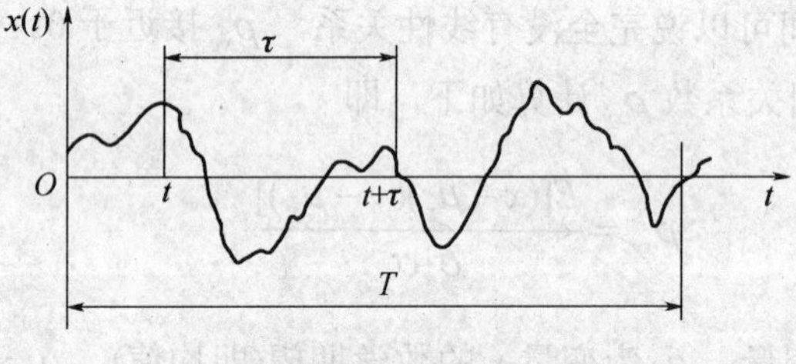

图 2-75　自相关函数的含义

另外，可以看出，相关系数实际上也仅取决于时移 τ，而与 t 无关，所以可以将相关系数 $\rho_{x(t)x(t+\tau)}$ 写作 $\rho_x(\tau)$。

于是有：$\rho_x(\tau)=\dfrac{R_x(\tau)-\mu_x^{\ 2}}{\sigma_x^{\ 2}}$ 或 $R_x(\tau)=\rho_x(\tau)\sigma_x^{\ 2}+\mu_x^{\ 2}$。

显然，对于各态历经过程的样本 $x(t)$ 来说，均值 μ_x 和标准差 σ_x 都是常数，相关系数 $\rho_x(\tau)$ 和自相关函数 $R_x(\tau)$ 存在线性关系，如果是零均值样本，二者则成正比。

2) 主要性质

当时移 $\tau=0$ 时，显然相关系数 $\rho_x(\tau)=1$(因为此时讨论的就是 $x(t)$ 和 $x(t)$ 之间的线性关系，两者相等，完全成正相关，相关系数为 1)。

由 $R_x(\tau)=\rho_x(\tau)\sigma_x^{\ 2}+\mu_x^{\ 2}$，易得 $R_x(0)=\sigma_x^{\ 2}+\mu_x^{\ 2}$，这是自相关函数的最大值。

如果将-τ代入自相关的定义式，可得

$R_x(-\tau)=\lim\limits_{T\to\infty}\frac{1}{2T}\int_{-T}^{T}x(t)x(t-\tau)\mathrm{d}t$，采用高等数学常用的手法，令 $t'=t-\tau$，则

$$\begin{aligned}R_x(-\tau)&=\lim_{T\to\infty}\frac{1}{2T}\int_{-T-\tau}^{T-\tau}x(t'+\tau)x(t')\mathrm{d}t'\\&=\lim_{T\to\infty}\frac{1}{2T}\int_{-T}^{T}x(t')x(t'+\tau)\mathrm{d}t'\\&=R_x(\tau)\end{aligned}$$

可见，自相关 $R_x(\tau)$ 是偶函数。

当时移 $\tau\to\infty$ 时，对于随机信号来说显然 $x(t)$ 和 $x(t+\tau)$ 毫无关联，相关系数 $\rho_x(\tau\to\infty)=0$。由 $R_x(\tau)=\rho_x(\tau)\sigma_x^{\ 2}+\mu_x^{\ 2}$，易得 $R_x(\tau\to\infty)=\mu_x^{\ 2}$。也就是说，自相关函数的无穷极限是均值的平方 $\mu_x^{\ 2}$。(对于零均值信号，则收敛到 0，也就是函数图形的水平渐近线就是横轴。)

自相关函数的上述性质如图 2-76 所示。

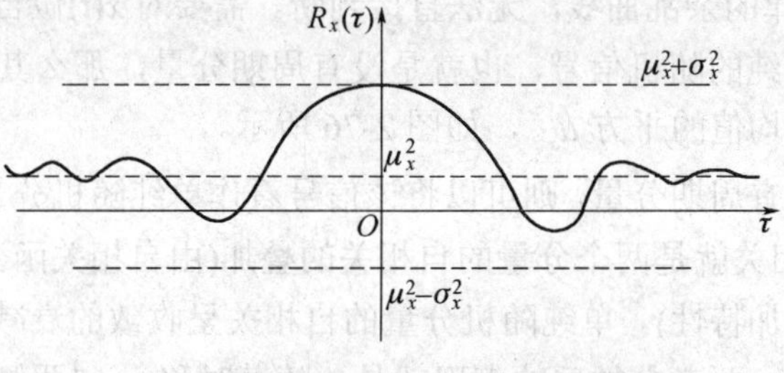

图 2-76　随机信号的自相关函数

自相关函数最重要的性质是：周期函数的自相关函数仍然是周期函数，且频率相同，但不包含原函数的相位信息。

例 2-1　求任意正弦函数 $x(t)=X_0\sin(\omega t+\varphi)$ 的自相关函数。

解：按自相关的定义式(2-47)，有

$$R_x(\tau)=\lim_{T\to\infty}\frac{1}{2T}\int_{-T}^{T}X_0\sin(\omega t+\varphi)X_0\sin(\omega t+\omega\tau+\varphi)\mathrm{d}t$$

上式中的被积函数 $X_0\sin(\omega t+\varphi)X_0\sin(\omega t+\omega\tau+\varphi)$ 具有周期 $T_0=\frac{2\pi}{\omega}$，显然其无穷区间上的平均值等于一个周期内的平均值，所以

$$R_x(\tau)=\frac{1}{T_0}\int_0^{T_0}X_0\sin(\omega t+\varphi)X_0\sin(\omega t+\omega\tau+\varphi)\mathrm{d}t$$

运用三角函数的积化和差公式之一，即

$$\sin\alpha\sin\beta=\frac{1}{2}[\cos(\alpha-\beta)-\cos(\alpha+\beta)]$$

得

$$R_x(\tau)=\frac{1}{T_0}\int_0^{T_0}\frac{X_0^{\ 2}}{2}[\cos\omega\tau-\cos(2\omega t+\omega\tau+2\varphi)]\mathrm{d}t$$

$$=\frac{X_0^{\ 2}}{2}\cos\omega\tau$$

可见，正弦函数的自相关函数是一个同频率的标准余弦函数(自变量 τ=0 时有最大值)，而不再出现原函数的初始相位 φ。

因此，对周期函数做自相关分析，可以保留原函数的幅值和频率信息，但是会丢失初始相位信息。

3) 主要应用

在测试信号的分析处理中，通常利用“周期函数的自相关函数仍然是周期函数，且频率相同”这一性质，对信号进行周期性检验，也就是鉴定杂乱无章的随机信号中是否混有周期分量。

无论信号中是否有周期性分量，只要有随机成分，该信号总体而言就是随机性质的，其时间历程 $x(t)$是没有规律的杂乱曲线，无法直接判断。需要对 $x(t)$做自相关分析。

如果测试信号是单纯的随机信号，也就是没有周期分量，那么其自相关将呈现收敛的衰减振荡，其无穷极限是均值的平方 $\mu_x^{\ 2}$，如图 2-76 所示。

如果随机信号中混有周期分量，则可以将该信号看作单纯随机分量和周期分量叠加得到，那么，“总信号”的自相关就是两个分量的自相关的叠加(由自相关函数的定义式很容易看出，自相关分析具有这种叠加特性)。单纯随机分量的自相关呈收敛的衰减振荡，而周期分量的自相关仍是一个周期函数，两者叠加后的表现就是：随着时移 τ 向两侧扩展，自相关的幅值衰减，但不会收敛。因为当$|\tau|$足够大时，单纯随机分量的自相关已经非常接近其无穷极限(均值的平方 $\mu_x^{\ 2}$)、基本上不做振荡，但是周期分量的自相关则会一直做周期振荡，如表 2-3 所列。

例如，某汽车在特定试验路面上行驶，记录其车身上某点的振动加速度时间历程，为杂乱的随机信号，而对该信号进行自相关分析，得到的曲线则表现出比较明显的周期性振荡，如图 2-77 所示。

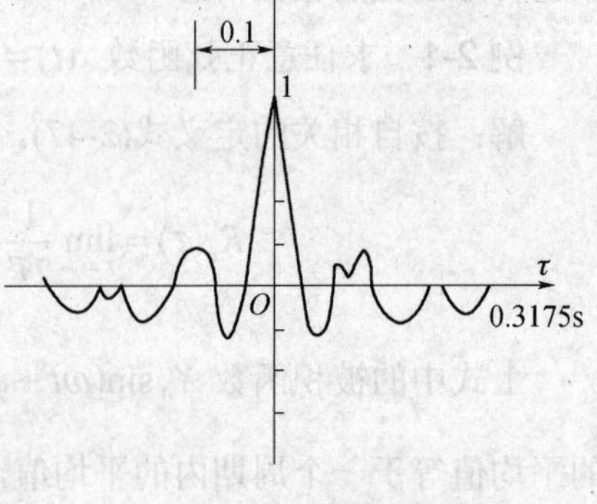

图 2-77 车身振动加速度的自相关分析

选取最高峰值和第二峰值之间进行测量，时间差约为 0.1s(或者根据连续三个波动之间的总时间差为 0.3175s，合算每个波动的周期约为 0.1s)，就是说自相关函数中包含有周期为 0.1s，也就是频率为 10Hz 的周期成分，这表明信号中有频率为 10Hz 的周期分量。对试验工况进行研究发现：试验车速为 20km/h(也就是 5.55m/s),现场给定路面大约相隔 0.55m 就有一个不平度起伏冲击，显然路面不平度输入的时间频率就是 10Hz，刚好和加速度信号的自相关分析相吻合。说明该车的这个周期振动分量来自路面不平度输入，而不是车辆自身的激振。

3. 互相关函数

1) 定义

互相关函数 $R_{xy}(\tau)$ 的定义和自相关函数 $R_x(\tau)$ 类似，有

$$R_{xy}(\tau)=\lim_{T\to\infty}\frac{1}{2T}\int_{-T}^{T}x(t)y(t+\tau)\mathrm{d}t \tag{2-48}$$

或 $R_{yx}(\tau)=\lim_{T\to\infty}\frac{1}{2T}\int_{-T}^{T}y(t)x(t+\tau)\mathrm{d}t$，两者含义完全相同。

自相关函数的含义是"某一函数在任意时刻的函数值 $x(t)$ 与时移 τ 后该函数的值 $x(t+\tau)$ 两者的总体相关性"；那么，互相关指的则是"某一函数 x 在任意时刻的函数值 $x(t)$ 与时移 τ 后另一函数 y 的值 $y(t+\tau)$ 两者的总体相关性"，如图 2-78 所示。

互相关函数不是偶函数，即 $R_{xy}(-\tau)\neq R_{xy}(\tau)$；但是有 $R_{xy}(-\tau)=R_{yx}(\tau)$。

由图 2-78 可以看出，$R_{xy}(-\tau)$ 指的是任意时刻的 x 和时移 τ 之前的 y 的相关性，由于考察区间是 $(-\infty,\infty)$，该相关性等于任意时刻的 y 和时移 τ 之后的 x 的相关性，也就是 $R_{yx}(\tau)$。于是 $R_{xy}(-\tau)=R_{yx}(\tau)$。

2) 主要性质及应用

在图 2-79 中，在特定时移 τ_0，互相关函数值 $R_{xy}(\tau)$ 达到最大，则该时移 τ_0 反应 $x(t)$ 和 $y(t)$ 之间基本物理因素的滞后时间。

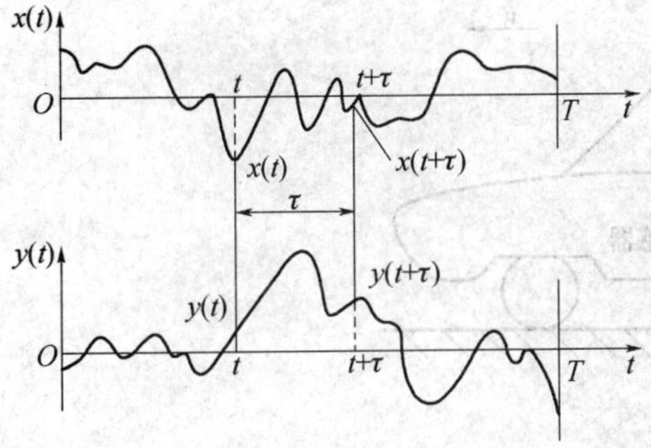

图 2-78　t 时刻的 x 与 $t+\tau$ 时刻的 y 的相关性

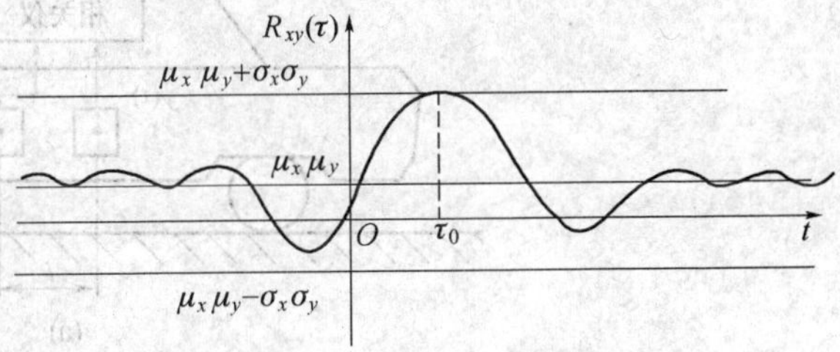

图 2-79　互相关函数的性质

对此可以理解为：同样的基本物理作用，先引起信号 x，间隔一段时间 τ_0 后引起另一信号 y，所以，"函数 x 在任意时刻的函数值 $x(t)$ 与时移 τ_0 后另一函数 y 的值 $y(t+\tau)$ 两者的总体相关性"最强，也就是滞后特定的时移 τ_0 后 $R_{xy}(\tau)$ 达到最大。

利用互相关函数的这一性质，可以进行：

(1) 测量滞后时间。

例如，在汽车的操纵稳定性评价中，反应时间是一个重要的指标。如果进行直接测量，需要在汽车等速直线行驶过程中施加一个转向盘角阶跃输入，然后测量汽车的横摆角速度达到第一峰值的时间相对于施加转向盘角阶跃输入时滞后了多少(可参阅汽车理论操纵稳定性的有关内容)。这种测试占用场地面积大、有一定危险性，而且计时起点不易掌握，会造成误差。改用互相关分析法，则可以在汽车直线行驶过程中，做转向盘间隔性地脉冲输入，使汽

车产生周期性地往复横摆(类似绕桩运动)。以转向盘转角为输入 x，以汽车的横摆角速度为输出 y，对二者进行互相关分析，$R_{yx}(\tau)$ 的最大值所对应的时移 τ_0，就是该车操纵系统的滞后时间。在图 2-80 中，$R_{yx}(\tau)$ 在时移为-0.18～-0.15s 时达到最大，表明 y 比 x 滞后约 0.15～0.18s。

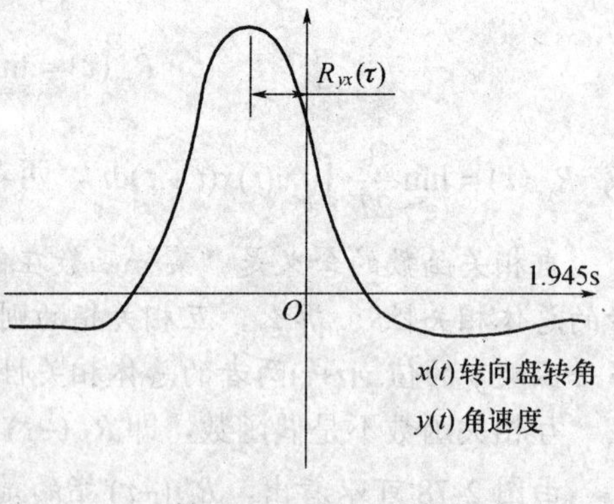

图 2-80　利用互相关测定操纵稳定性的滞后时间

注意，$R_{yx}(\tau)$ 的最大值所对应的时移 τ_0 的准确含义是汽车横摆角速度 y 比转向盘输入转角 x 的导前时间，由于 τ_0 是负值，也就是汽车横摆角速度比转向盘输入导前-0.18～-0.15s，按习惯称汽车横摆角速度比转向盘输入滞后约 0.15～0.18s。

(2) 测量速度或距离。

除了直接测定滞后时间 τ_0 外，还可以利用 τ_0、结合已知的距离或者速度，求解待测速度或距离。

例如，在汽车前、后相距 l 的两处各安装一个振动加速度传感器，分别产生信号 $x(t)$ 和 $y(t)$，两者的互相关函数在时移 τ_0 处有最大值。显然，同样的地面不平度输入经过时移 τ_0 后，由前点移动到后点、运动了 l，引起的两个信号的相关性最强。则车速为 $v=\dfrac{l}{\tau_0}$，如图 2-81 所示。

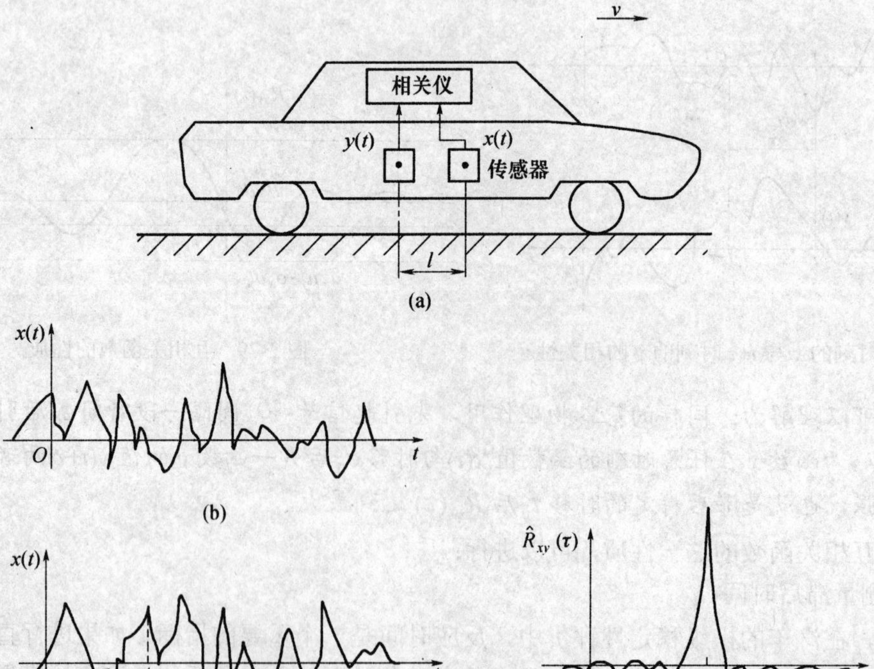

图 2-81　利用互相关分析测量车速

再如，地下管路发生漏损，需要确定位置，但不能将路面全部掘开，就可以在漏损点两侧选定位置各布置一个声音传感器，两者的信号做互相关处理。互相关函数的最大值所对应的时移，就是声音沿管道传递到两个传感器的时间差。结合声音在管道材料中传递的速度，就能确定漏损位置。

互相关函数的另一个性质是：如果两个随机数据中都含有相同频率的周期性分量，那么两者的互相关函数也含有该频率的周期性成分(即使时移 $\tau\to\infty$)。

自相关函数和互相关函数的处理与估计，主要有模拟法和数字法，数字法又包括直接法和间接法。目前采用较多的是间接的数字计算，即：先由测试数据的原始时间历程计算出功率谱密度函数，再对功率谱密度函数进行傅里叶逆变换得到相关函数(相关原理和公式参见本节“五、频域分析”部分)。因为傅里叶变换及快速傅里叶变换等谱密度分析的技术已经很成熟。

无论是时域、值域还是频域分析，本节重点介绍的是各种函数与参量的含义、主要数学性质及其在工程测试领域的应用，对于该数学工具本身的计算(估计)，由各种专用数据处理设备或计算机软件负责进行，不作为本书的重点介绍内容。有兴趣的读者可以自行查阅有关资料，学习和掌握。

四、值域分析

值域分析主要是进行各种统计学计算，主要有以下参数。

1．均值 μ_x

均值，也就是统计学中的数学期望。注意，这和误差分析中介绍的“算术平均值”不是一回事。

均值表示信号的常值分量，也就是直流分量，是信号变化的中心趋势。

对各态历经过程的样本 $x(t)$来说，均值 μ_x 就是对信号进行简单时间平均，即

$$\mu_x=\lim_{T\to\infty}\frac{1}{T}\int_0^T x(t)\mathrm{d}t \tag{2-49}$$

例如，对于交流市电来说，其均值代表直流分量，就是 0。

2．均方值 ψ_x^2

均方值 ψ_x^2 就是样本信号平方的均值，代表信号的强度，即

$$\psi_x^2=\lim_{T\to\infty}\frac{1}{T}\int_0^T x^2(t)\mathrm{d}t \tag{2-50}$$

均方值的正平方根就是均方根值，可以记作 ψ_x 或 x_{rms}。

均方值代表信号的强度，有时也被形象地称作“能量”或“功率”。与均方值相比，均方根值也代表信号的强度，而且其单位与所描述的物理量相同，使用起来更加直观。例如，对于交流市电来说，常说的“有效电压”为 220V，指的就是正弦电压信号 $x(t)$的均方根值。

3．方差 σ_x^2

方差 σ_x^2 描述信号的波动分量，也就是信号 $x(t)$相对其中心趋势—均值 μ_x 的总体偏离程度。

$$\sigma_x^2=\lim_{T\to\infty}\frac{1}{T}\int_0^T [x(t)-\mu_x]^2\mathrm{d}t \tag{2-51}$$

在很多概率与统计学的教材和资料中，方差常常被定义为 $D(X)=E\{[X-E(X)]^2\}$，$E(X)$表示求随机变量 X 的数学期望(即均值)。可以看出，这个定义和上述 ${\sigma_x}^2$ 的定义是一样的。

方差的正平方根就是标准差,"标准差"的这个定义和"测量误差分析"部分介绍的标准差 σ 也是吻合的,例如公式(2-36)中有 $\sigma=\sqrt{\frac{1}{n}\sum_{i=1}^{n}\Delta_i^2}$ $(n\to\infty)$。

另外,当信号 $x(t)$的均值 μ_x 为 0 时,方差 $\sigma_x{}^2=\lim_{T\to\infty}\frac{1}{T}\int_0^T x^2(t)\mathrm{d}t$,也就是均方值。所以,对于零均值信号,均方值就是方差,均方根值也就是标准差。例如,在汽车理论的平顺性部分,振动响应量 x——车身加速度、悬架动挠度或车轮与地面之间的动载的强度的定量表达常采用均方根值,而符号则习惯采用标准差 σ_x,因为汽车的平顺性分析使用的就是典型的"零均值"信号,即振动模型的平衡位置取在悬架弹簧的静平衡位置。

4. 概率密度函数 $p(x)$

要定义概率密度函数 $p(x)$,首先要研究随时间连续变化的随机函数$x(t)$在某幅值区间内的概率。

如图 2-82 所示,各态历经过程的任一样本 $x(t)$,在某区间$(x,\ x+\Delta x]$内取值的总时间为 $T_x=\sum_{i=1}^{n}\Delta t_i$。各态历经性允许用任一样本的时间平均代替总体平均,故当记录时间 $T\to\infty$ 时,$x(t)$在区间$(x,\ x+\Delta x]$内取值的概率就是 T_x/T,即 $\lim_{T\to\infty}\frac{T_x}{T}=P[x<x(t)\leqslant x+\Delta x]$。注意,其中 x 是随机函数 $x(t)$取得的某一给定值。

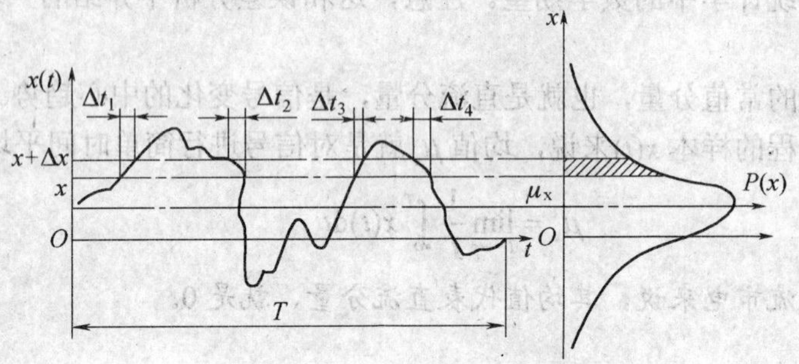

图 2-82 概率密度的定义及计算

则由数理统计的定义,概率密度函数 $p(x)$ 为

$$p(x)=\lim_{\Delta x\to 0}\frac{P[x<x(t)\leqslant x+\Delta x]}{\Delta x}=\lim_{\Delta x\to 0}\frac{1}{\Delta x}\left[\lim_{T\to\infty}\frac{T_x}{T}\right] \tag{2-52}$$

概率密度函数从本质上提供了测量数据(信号)在幅值域的分布信息。不同类型的数据,其时间历程(样本)具有不同形状的概率密度函数图形表 2-3,可以据此识别试验数据的基本类型,进行各种数据检验。

概率密度函数从本质上提供了测量数据(信号)在幅值域的分布信息,就这个意义上来说,其理论价值高于均值、均方值和方差等简单统计量。因为已知分布信息,必然可以求得上述各统计量,而由各统计量却无法确定数据在不同幅值区域的分布信息。但是,概率密度是函数,其应用的直观性和求解的便捷性又不如均值、均方值和方差等简单统计量。

注意,在值域分析的各公式计算中,都出现了时间 t,因为原始数据是物理量(通常体现为测试系统提供的连续电压量)的时间历程 $x(t)$，对其进行统计分析一定要在时间域上进行积分、累加或求平均等计算。但得到的各统计参数取决于信号的幅值水平和分布特性，与时间本身无关，所以上述数学工具属于“值域分析”。

在对实际信号求解时，上述各公式中的极限当然无法实现，只能令记录时间 T 充分长、幅值区间 Δx 足够小。

五、频域分析

测量数据的频域分析，就是各种以频率为自变量的数学工具，有时又称作频谱分析。

频域分析的基本思想：把待研究的动态数据看作若干简谐信号(即正弦波)的叠加，研究该数据就等价于研究这些参与叠加的正弦波。一个正弦波有频率、幅值和相位三个独立的信息，如果能做到“任意给定一个正弦波的频率，就能指出该频率分量的幅值和相位”，那么就能得到所有参与叠加的正弦波的信息，也就是获取了待研究数据的信息。这种以频率信息为“索引”，研究各频率分量信息的方法，就是频域分析(频谱分析)。

以图 2-83 所示的“周期方波的频谱分析——傅里叶级数展开”为例：认为待研究的原始方波信号由频率分别为 f_1、$3f_1$、$5f_1$、…、$(2n-1)f_1$…的谐波叠加得到，问题就转换为求这些频率分量的幅值和相位，于是得到幅值谱和相位谱(具体数学原理见下述“谐波分析”)。图 2-83(b)演示的就是：1 阶谐波(就是频率为 f_1)分量，是频率与原周期方波相同、具有一定的幅值、初始相位为零(即曲线过原点)的一个正弦信号；在此基础上，加上 3 阶谐波，就是同样过原点、频率加快到 3 倍，而幅值适度变小的正弦波；再加上 5 阶谐波……点划线表示 1、3、5 阶谐波的波形，实线则是叠加之后的效果。随着叠加阶数的增加，叠加曲线之和在对应方波的“竖线”的位置越来越趋向于铅垂线、而在“横线”位置则抖动越来越剧烈但起伏越来越小。即，随着阶数的增加，各阶谐波的叠加越来越趋向于周期方波。

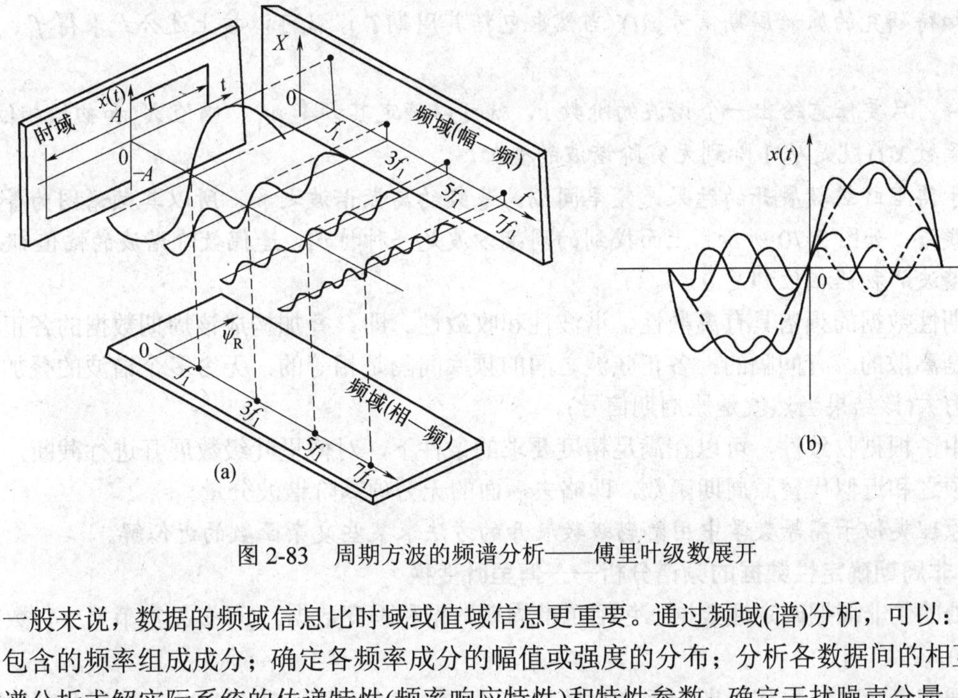

图 2-83　周期方波的频谱分析——傅里叶级数展开

一般来说，数据的频域信息比时域或值域信息更重要。通过频域(谱)分析，可以：确定数据中包含的频率组成成分；确定各频率成分的幅值或强度的分布；分析各数据间的相互关系；通过谱分析求解实际系统的传递特性(频率响应特性)和特性参数；确定干扰噪声分量、寻求其来源。

根据数据类型的不同，频域分析的方法不同，频谱表达的形式也不同。

1. 周期性数据的频谱分析——谐波分析

在本节的“一、数据的分类”部分已讲述过，周期性数据的谱分析结果是等间隔的离散谱线。其数学理论就是傅里叶级数展开。

任何一个满足狄利克雷条件(狄利克雷条件要求同时满足以下两点：该函数在一个周期内连续或者只有有限个第一类间断点，即所谓“分段连续”；且在一个周期内只有有限个极值点，即所谓“分段光滑”)的周期函数，都可以展开成若干简谐函数(即正弦函数)之和。可以写为

$$x(t) = X_0 + \sum_{n=1}^{\infty} X_n \sin(2\pi n f_1 t + \varphi_n) \tag{2-53}$$

式中：X_0 为信号的均值，也就是直流分量，$X_0 = \frac{1}{T}\int_{-\frac{T}{2}}^{\frac{T}{2}} x(t)\mathrm{d}t$。考虑到是周期信号，该定义与式(2-49)是相同的。

f_1 为所有参与叠加的正弦函数中的最低频率，称基频。基频就是该周期函数的频率，也就是周期 T 的倒数，即 $f_1 = \frac{1}{T}$。式中的 nf_1 也可以写作 f_n，就是第 n 阶谐波的频率。

X_n 为第 n 阶谐波的幅值，$X_n = \sqrt{a_n{}^2 + b_n{}^2}$ n=1，2，3，…，其中 $a_n = \frac{2}{T}\int_{-\frac{T}{2}}^{\frac{T}{2}} x(t)\cos 2\pi n f_1 t\mathrm{d}t$，$b_n = \frac{2}{T}\int_{-\frac{T}{2}}^{\frac{T}{2}} x(t)\sin 2\pi n f_1 t\mathrm{d}t$。

φ_n 为第 n 阶谐波的初始相位，$\varphi_n = \arctan\frac{a_n}{b_n}$。

已知待研究的原始周期信号 $x(t)$(当然也包括其周期 T)，就可以按上述公式求得 f_1、a_n 和 b_n。

这样，只要任意给出一个谐波的阶数 n，就可以确定其频率 nf_1、幅值 X_n 和初始相位 φ_n。原周期函数 $x(t)$ 就是从 1 阶到无穷阶谐波的叠加。

由于傅里叶级数展开的结果是频率间隔为基频的离散谐波之和，所以其频谱图为等间隔的离散线谱，如图 2-70 所示。上面提到的周期方波是一种特例，逢偶数阶谐波的幅值都是 0，任何阶谐波的初始相位都是 0。

周期性数据的频谱具有离散性、谐波性和收敛性。即：叠加构成该周期数据的各正弦波的频率是离散的、有间隔的；各正弦波之间的频率间隔是相等的；无穷多个谐波的叠加结果不是无穷大(该结果当然就是原周期信号)。

其中，根据收敛性，可以在满足精度要求的条件下，对傅里叶级数展开进行截断，以前面若干项之和近似代替原周期函数，即略去后面的无穷项高阶谐波分量。

该原理类似于高等数学中用泰勒级数展开的方法求某些复杂函数的近似解。

2. 非周期确定性数据的频谱分析——傅里叶变换

此处的“非周期确定性数据”包括了准周期数据和瞬变数据。(可参见本节“一、数据的分类”。)

非周期函数可以看作周期为无穷大的周期函数。那么利用上述傅里叶级数展开理论，周

期 $T \to \infty$ 就意味着频率间隔 $f_1 \to 0$，间隔为零的累加就是积分。所以对于非周期确定性数据要进行傅里叶积分变换。注意，时间历程 $x(t)$ 存在傅里叶积分，一方面仍需要满足狄利克雷条件，另外还需要满足“无穷区间上的绝对可积性”，即 $\int_{-\infty}^{\infty} |x(t)|\,dt < \infty$。

式(2-54)是傅里叶变换，将时间历程 $x(t)$ 转换为频谱 $X(f)$；式(2-55)则是傅里叶逆变换，将频谱 $X(f)$ 转换为时间历程 $x(t)$。两者构成一个傅里叶变换对。

$$X(f) = \int_{-\infty}^{\infty} x(t)\mathrm{e}^{-\mathrm{j}2\pi ft}\,\mathrm{d}t \tag{2-54}$$

$$x(t) = \int_{-\infty}^{\infty} X(f)\mathrm{e}^{\mathrm{j}2\pi ft}\,\mathrm{d}f \tag{2-55}$$

例 2-2 求矩形窗函数 $w(t)$ 的频谱。

解：矩形窗函数的定义为

$$w(t)=\begin{cases}1, & |t|\leqslant T\\ 0, & |t|>T\end{cases}$$

$w(t)$ 满足狄利克雷条件和无穷区间上的绝对可积性，存在傅里叶变换，其频谱即傅里叶变换，为：$W(f) = \int_{-\infty}^{\infty} w(t)\mathrm{e}^{-\mathrm{j}2\pi ft}\,\mathrm{d}t$。

代入 $w(t)$ 的表达式，经计算、并结合正弦形式的欧拉公式 $\frac{1}{2}(\mathrm{e}^{\mathrm{j}\varphi} - \mathrm{e}^{-\mathrm{j}\varphi}) = \mathrm{j}\sin\varphi$，可得 $W(f) = 2T\frac{\sin 2\pi fT}{2\pi fT}$。可见，当频率 $f = 0$ 时，频谱达到峰值 $W(f=0) = 2T$，即时间窗宽度 T 越大，频谱的峰值越大。

有时将窗函数的时间历程 $w(t)$ 的图像称作时间窗，其频谱 $W(f)$ 的图像则为谱窗，如图 2-84 所示。

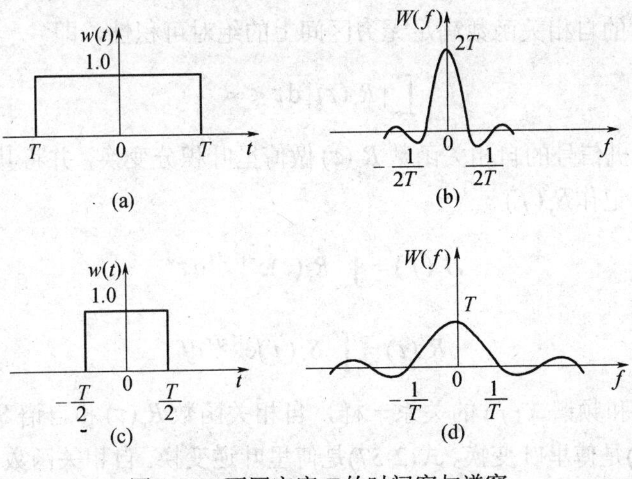

图 2-84　不同宽度 T 的时间窗与谱窗

谱窗曲线与横坐标的两个交点之间的部分，也就是谱窗中间最高大的部分，称作“主瓣”，显然，令 $W(f) = 2T\frac{\sin 2\pi fT}{2\pi fT} = 0$，可得两个交点分别是 $\left(-\frac{1}{2T},0\right)$ 和 $\left(\frac{1}{2T},0\right)$。也就是说矩形

谱窗的主瓣宽度(单边)为 $\frac{1}{2T}$。

由主瓣的概念及图 2-84 的对比可见，时间窗和谱窗的变动趋势截然相反：时间窗宽度 T 越宽、越平坦，谱窗的主瓣就越窄、越高，高频分量衰减越迅速；反之，时间窗越窄，谱窗的主瓣就越宽、越低，变动越平缓。

由频谱分析的基本思想可知，谱窗反映的是原始信号——即时间历程 $w(t)$ 由哪些频率分量组成、各频率分量的相对关系如何。矩形窗函数可以看作是在无穷长的零信号基础上，添加了一个“上跳—拉平—下跳”的突变分量。时间窗越宽，说明稳定“拉平”的时间越长，信号的突变相对不明显，也就是信号相对简单，那么参与叠加的谐波频率成分就不是非常多，高频分量显得较少，所以谱窗尖耸、高频成分衰减迅速；如果时间窗很短，则可以看作“跳上跳下的突变”很剧烈，一定是有非常复杂的物理背景造成这种巨变，那么信号的频率成分一定很丰富，高频成分相对低频成分不会衰减得很快，所以谱窗较平缓。

由此，可以大胆推想，如果能采取其他形式的窗函数，使得这种“跳上、跳下”的突变不是矩形窗函数般的直上直下的，而是具有某种坡度甚至弧度，那就会使信号的“抖动”变得更平缓，一定可以使得信号的谱分析结果更趋于集中在低频带(更趋于图 2-84(b)所示)。这种思想就可以用于后文所述的泄漏误差的抑制。

3．随机性数据的频谱分析——功率谱分析

前文已述，傅里叶积分变换的存在，需要满足无穷区间上的绝对可积性，即 $\int_{-\infty}^{\infty}|x(t)|\,\mathrm{d}t<\infty$。而随机性数据，其时间历程一般表现为无穷区间上的“没头没尾”的杂乱振荡，不满足该要求，所以不能直接对该随机数据本身进行傅里叶变换，而是采用功率谱分析法。

令 $x(t)$ 为某各态历经过程的任意样本，其均值 $\mu_x=0$，且其中没有周期性分量。那么其自相关函数的无穷极限收敛于 0，即 $R_x(\tau\to\infty)=0$。(可参见本节“三、时域分析”的有关内容。)

因此，这个样本的自相关函数满足无穷区间上的绝对可积性，即

$$\int_{-\infty}^{\infty}|R_x(\tau)|\,\mathrm{d}\tau<\infty$$

于是，可以对随机信号的自相关函数 $R_x(\tau)$ 做傅里叶积分变换，并将其定义为自功率谱密度函数，简称自谱，记作 $S_x(f)$。

$$S_x(f)=\int_{-\infty}^{\infty}R_x(\tau)\mathrm{e}^{-\mathrm{j}2\pi f\tau}\mathrm{d}\tau \tag{2-56}$$

$$R_x(\tau)=\int_{-\infty}^{\infty}S_x(f)\mathrm{e}^{\mathrm{j}2\pi f\tau}\mathrm{d}f \tag{2-57}$$

同时间历程 $x(t)$ 和频谱 $X(f)$ 的关系一样，自相关函数 $R_x(\tau)$ 和自谱 $S_x(f)$ 也构成一个傅里叶变换对，式(2-56)是傅里叶变换、式(2-57)是傅里叶逆变换。自相关函数 $R_x(\tau)$ 和自谱 $S_x(f)$ 互相包含对方的全部信息：自相关是偶函数，自谱也是偶函数；自相关分析会丢失原始信号中的初始相位信息，自谱亦然。

自谱 $S_x(f)$ 的数学定义域是 $(-\infty,\infty)$，有时称为双边谱。但在工程实际中只能在非负区间定义频率，因此将双边谱 $S_x(f)$ 在“负频率”区间的数值折叠到正频率区间，定义为

$$G_x(f)=\begin{cases}2S_x(f) & (f\geqslant 0)\\ 0 & (\text{其他})\end{cases}$$

频谱 $X(f)$ 和自谱 $S_x(f)$ 都是频率分析的工具，都是时间函数的傅里叶变换。但频谱反映的是信号的幅值在频域的分布信息，而功率谱反映的是信号的强度(也就是信号的均方值，形象地称作“功率”或者“能量”)在频域的分布信息，其频率结构特征更为明显。频谱 $X(f)$ 是复数，其模反映幅频信息、其相角反映相频信息；自谱 $S_x(f)$ 是非负实数，不包含相位信息。

与自谱的定义类似，互相关函数 $R_{xy}(\tau)$ 做傅里叶积分变换就得到互功率谱密度函数，简称互谱，记作 $S_{xy}(f)$。显然，互谱的傅里叶逆变换就是互相关。

$$S_{xy}(f)=\int_{-\infty}^{\infty}R_{xy}(\tau)\mathrm{e}^{-\mathrm{j}2\pi f\tau}\mathrm{d}\tau \tag{2-58}$$

$$R_{xy}(\tau)=\int_{-\infty}^{\infty}S_{xy}(f)\mathrm{e}^{\mathrm{j}2\pi f\tau}\mathrm{d}f \tag{2-59}$$

将角标 x 和 y 互换，当然还有

$$S_{yx}(f)=\int_{-\infty}^{\infty}R_{yx}(\tau)\mathrm{e}^{-\mathrm{j}2\pi f\tau}\mathrm{d}\tau \text{ 和 } R_{yx}(\tau)=\int_{-\infty}^{\infty}S_{yx}(f)\mathrm{e}^{\mathrm{j}2\pi f\tau}\mathrm{d}f\text{ 。}$$

互相关不是偶函数，所以互谱不是实数。

4．谱密度分析的应用

功率谱密度函数是随机信号的频域分析的有力工具，应用很广泛，例如在汽车理论的平顺性分析中，路面不平度输入和汽车系统的振动响应量的定量评价，都采用功率谱密度函数。

在试验测试中，谱密度除了可以直接表征信号的能量(即均方值)在频率域上的分布特征、模拟随机环境、设备故障诊断及探测振动源(噪声源)等外，还有其他应用，下面举两个例子。

1) 确定系统的频响特性

在本章第一节“五、测试系统的动态特性”部分，已经详细地介绍了频率响应特性的含义及其求解方法，同时也指出，该方法体系的基础在于认为系统的频率响应特性取决于系统参数。这种思路适用于系统的原理分析、设计和选择等工作，例如，在悬架设计时可以根据“固有频率低些，振动加速度会降低”的结论来设计弹簧刚度(及其与簧上质量的匹配)。但是在实测环节，如果试验研究的目的就是确定某个给定系统的特性，那么上述系统参数很可能是不知道的，例如很难确定一辆汽车某车轴的簧上/下质量、悬架弹簧刚度和减振器阻尼系数等精确值，因而无法写出运动微分方程(无论采用单质量还是双质量模型)。

此时，就需要采用试验的方法，给系统施加一个已知的、特定的输入，测量并分析其输出，利用输出和输入的关系来求解系统的频率响应函数，或者其他系统特性参数，例如偏频和阻尼比，其测试及计算方法可参考汽车理论汽车的平顺性中的试验部分。

此处介绍的谱密度分析法就是基于这种思想。

一个线性系统，如果其输入为 $x(t)$、输出为 $y(t)$，那么通过对输入和输出信号的分析和处理(过程方法略)，可以得到输入的自谱 $S_x(f)$、输出的自谱 $S_y(f)$ 和输入与输出的互谱 $S_{xy}(f)$。

于是，系统的频率响应函数可以表达为：$H(f)=\dfrac{S_{xy}(f)}{S_x(f)}$。

有的时候，只需要得到频响特性中的幅频特性$|H(f)|$，而不需要相频特性(例如，做汽车的平顺性分析)，则有$|H(f)|^2=\dfrac{S_y(f)}{S_x(f)}$。

再次看到，自相关分析会丢失相位信息，而自谱来自自相关，所以，分子和分母都是自谱的计算，势必不包含相频特性。

2) 相干分析

试验信号在传输和处理过程中，不可避免地会受到其他无关干扰信号的影响，也就是说，通过测试系统$H(f)$得到的输出$y(t)$，不完全来自输入$x(t)$，还有一部分来自干扰$z(t)$。相干分析就是判断$y(t)$中有多少成分来自$x(t)$、多少来自$z(t)$，如图 2-85 所示。注意，在这个模型中，认为干扰噪声来自系统的输出端。

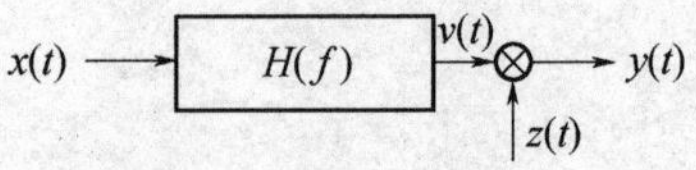

图 2-85　相干分析模型

相干分析利用的数学工具是相干函数$K_{xy}{}^2(f)$，又称凝聚函数，定义为

$$K_{xy}{}^2(f)=\frac{|S_{xy}(f)|^2}{S_x(f)S_y(f)} \tag{2-60}$$

其判定方法如下：

相干函数$K_{xy}{}^2(f)=1$，说明测试系统中没有干扰，输出$y(t)$完全来自输入$x(t)$。

另一个极端，则是相干函数$K_{xy}{}^2(f)=0$，这说明测试系统中没有输入(或输入端对地短路)，输出$y(t)$完全来自干扰$z(t)$。

相干函数$K_{xy}{}^2(f)$介于 0 和 1 之间，则又有 3 种可能：

(1) 测试系统是非线性的；

(2) 同时存在正常输入$x(t)$和噪声干扰$z(t)$；

(3) 在输入端存在$x(t)$以外的其他信号，也就是输入端有干扰。

在线性系统中，相干函数用来说明输出与输入之间在频域上的相关程度。一般，当相干函数$K_{xy}{}^2(f)\geqslant 0.8$时，可以认为输出与输入是相关的、或称“凝聚”的。

5．泄漏简介

随机性数据的时间历程，就其数学本质而言是无限时长的，而测试系统只能记录和处理有限长度的信号，也就是必然要对该时间历程进行截断。

截断可以看作是用无限长的时间信号乘以有限宽的窗函数，最简单的就是矩形窗。由例 2-2 及其推论可知，无论时间窗宽度T多长，其谱窗必然扩展到无限宽频带上。

根据积分变换理论，即使时间历程$x(t)$和自相关函数$R_x(\tau)$是有限频带的函数，进行截断后，其傅里叶变换——是频谱$X(f)$和自谱$S_x(f)$也将成为无限带宽函数，其最高频率趋于∞，也就是信号的能量将扩展到“全频带”。

前文已述，数字化处理首先要进行采样，采样定理要求采样频率不能低于信号中最高频率的 2 倍。截断导致信号的最高频率趋于∞，当然任何采样方法也不可能使采样频率达到无穷大的 2 倍。可见，只要进行了信号截断，在进行数字处理时就不可能满足采样定理，必然造成混叠。

因此定义：在数据处理中，由于信号截断导致能量分散，必然会产生一些误差，这一现象叫做泄漏。

为了抑制泄漏，最容易想到的办法就是增大截断长度。由例 2-2 的推论可以看出，时间窗 T(就是截断长度)越长，谱窗就越狭窄、越尖耸，谱分析的能量越集中于低频带，泄漏误差就越小。

但是单纯增大截断长度意味着记录时间的延长，这会导致试验难度加大、工作量和成本上升。因此，追求在不改变截断长度的条件下，抑制泄漏。比较有效的措施就是采用其他形式的窗函数。例 2-2 的推论表明，矩形窗这种“直上直下”的窗函数属于变动比较剧烈的，导致高频分量较多，不利于抑制泄漏。可以采取三角窗或者汉宁窗，如图 2-86 所示(时间历程的公式略)。

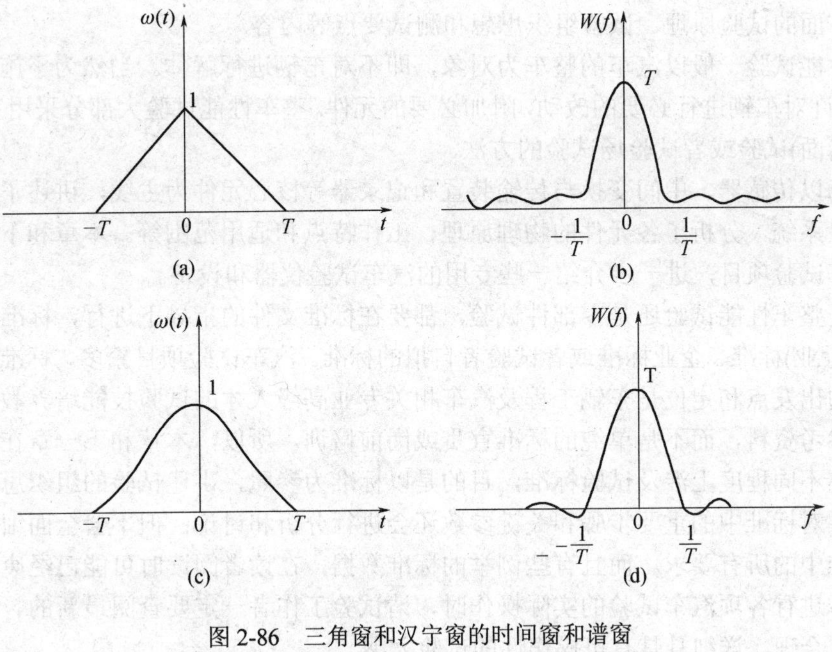

图 2-86　三角窗和汉宁窗的时间窗和谱窗

可见，相比于“直上直下”的矩形窗，三角窗采用了“斜坡变化”的形式，突变较为平缓，因而谱窗的能量较为集中；而汉宁窗进一步又采取了“圆弧过渡”，谱窗的高频部分衰减得更快。因此三角窗，尤其是汉宁窗，抑制泄漏的效果优于矩形窗。

但是在某些需要分辨系统特征频率的场合，例如测定汽车悬架系统的固有频率时，矩形窗的效果优于三角窗和汉宁窗。对比图 2-84 和图 2-86 可以看出，同样的截断长度——即时间窗宽度 T 下，矩形窗的峰值(即主瓣高度)为 $2T$，三角窗和汉宁窗的峰值则为 T，另一方面矩形窗的主瓣宽度为 $\dfrac{1}{2T}$，三角窗和汉宁窗的主瓣宽度为 $\dfrac{1}{T}$，矩形窗的主瓣“又细又高”，显然更容易分辨其峰值频率。

本节先后介绍了动态测量数据的分类、数据处理的基本步骤、测试信号的时域、值域和频域分析的原理和应用等内容。需要注意的是，很多术语和概念，尤其是涉及频域分析部分的，并不是绝度固定、普遍适用的。在其他领域和文献中，出于讲述目的和应用场合等的不同，可能有另外的解释。请注意区分。

第三章　汽车整车性能试验

汽车的整车性能，也就是汽车的使用性能，是指汽车在一定的使用条件下，以最高效率工作，从而满足驾乘人员的意图及相关社会需求的能力。对汽车性能的要求是多方面的，例如，在汽车理论中，学习了汽车的动力性、燃油经济性、制动性、操纵稳定性、平顺性和通过性；另外还有关于安全性、环保性、舒适性和可靠性等方面的要求。本章讲述的就是这些汽车性能方面的试验原理、试验组织思想和测试要点等内容。

整车性能试验一般以汽车的整车为对象，即不对车辆进行解体。当然为了施加载荷或提取信号，允许对车辆进行必要的改动，附加必要的元件。整车性能试验大部分采用室外道路(包括非铺装路面)试验或者试验场试验的方法。

上一章以传感器、中间变换与传输装置和记录器等核心元件为主线，讲述了典型的机械量的电测量系统，分析了各元件的物理原理、工作特点和适用范围等。本章和下一章将结合具体的汽车试验项目，进一步介绍一些专用的汽车试验仪器和设备。

无论是整车性能试验还是零部件试验，都要在标准文件的指导下进行，标准包括国家标准、部门(行业)标准、企业标准或者试验者自拟的标准。汽车试验项目繁多，标准文件更新频繁，本书的出发点和定位是车辆工程及汽车相关专业高级人才的试验技能培养教材和汽车试验方法的参考资料，而不是单纯的标准宣贯或岗前培训。所以，本章和下一章在介绍试验项目时，会在不同程度上涉及试验标准，目的是以标准为参照，讲述试验的组织思想和信号的测量方法，对标准中的重要步骤和关键参数还会进行分析和讨论；但不会全面细致地讲述各项试验标准中的所有要求。而且有些例举的标准数据，在读者阅读时可能已经废止或更新，所以在具体进行各项汽车试验的实际操作时，请试验工作者一定要查阅最新的、有效的标准文件，制定合理、详细且具有可操作性的试验大纲。

汽车的整车性能包括动力性、燃油经济性……等诸多方面，每个性能下面更是规定了众多的试验项目。本章仅选取有代表性的性能和项目进行讲述。

第一节　通用试验条件

在讲述各项性能试验之前，首先要了解通用试验条件。

汽车的整车性能试验种类很多，各项试验所要求的具体条件也不尽相同，但大多数的试验条件是通用的。这些具有共性的试验条件总结起来就是通用试验条件。

1．装载质量

除有特殊规定之外，试验车辆在试验时均应处在厂定最大装载质量状态或最大总质量状态，装载质量应均匀分布在车厢内。对于货车，较好的装载物为大小适中的铁块或混凝土块(沙袋等在货厢内可能会因冲击振动而移动、或受雨雪影响而改变质量，并不适用于货车)；对于客车、轿车，则以沙袋、卵石为宜。对于乘员质量，一般的客车、轿车按60kg/人来模拟，其他车辆按 65kg/人模拟。

2．车辆装备及试验仪器

试验车的各总成、零部件必须齐全有效，包括备胎和随车工具等附属装置，也必须放在规定的位置上。试验仪器、设备必须经合法计量检定，处在有效期内。测试系统在正式测量之前要经过标定，确定输出信号和输入物理量之间的定量关系。对于随车使用的设备，应选择好合适的位置并妥善固定，如果质量较大，要考虑其对试验车总质量(及质心位置)的影响，合理估算。

3．轮胎气压

轮胎充气压力对很多整车行驶试验都有显著影响。试验前的冷态气压要符合试验车技术条件的规定，误差不超过 ±10kPa 。

4．燃料、润滑油(脂)和其他液媒

试验车应使用符合技术条件规定的燃料和润滑油(脂)，以及制动液、转向助力液、液压离合器助力液及空调制冷剂等。除可靠性行驶试验、耐久性道路试验(包括整车和零部件的耐久性试验)及使用试验无法控制外，同一次试验的各项性能测定必须使用同一批次的油液媒。

5．试验车调整、保养和修理工作的要求

不能随意进行作业。必须按照汽车技术条件、使用说明书或者试验标准进行，并做详细记录。

6．预热行驶

在进行性能试验之前必须进行预热行驶，使车辆达到技术条件规定的热状态，并保持稳定。其目的是使燃料雾化良好、燃烧完全，发动机和底盘的润滑剂达到理想温度，降低摩擦阻力和磨损，同时轮胎也达到热状态。

一般要求发动机出水温度达到 80～90℃，发动机润滑油温度 50～95℃，变速器和主减速器润滑油温度不低于 50℃。环境温度较低，难以达到规定的热状态时，要采取必要的保温措施，例如在发动机罩和后桥壳等部位蒙上防寒被。

另外还有一种“检查行驶”，和“预热行驶”是不同的。

检查行驶是在车辆磨合行驶之后、整车性能试验之前进行。要求在平坦的平原公路上进行，交通流量较小，单程不少于 50km，最好有里程标志，车速为设计最高时速的 55%～65%，尽量保持匀速、不用空挡滑行。行驶中检查各总成的工况、噪声及温度，密切注意转向器和制动器等部件的效能。检查行驶的目的是检查车辆的技术状况是否符合要求，如果存在异常和故障则要进行调整或修理，否则试验结果无效。

通过检查行驶的试验车，在进行某项具体性能试验之前还要进行预热行驶。

7．气象条件

除了对气象有特殊要求的试验项目(如极端温度下的可靠性试验或者防雨密封性试验等)外，整车性能试验都要求在无雨、无雾的环境下进行，风速不超过 3m/s，气温为 0～40°C，相对湿度小于 95%。

8．道路条件

除强化可靠性试验或支承通过性试验等项目之外，各项整车性能试验都应在干燥、平坦、坚硬及附着良好的路面上进行。道路的宽度和长度要满足安全行驶的要求，纵向坡度要满足试验工况的要求。有条件的话，最好在专用试车场或飞机场跑道上进行。

第二节 动力性试验

通过汽车理论可以知道，汽车的动力性指标包括最高车速、最大爬坡度和加速时间。所以汽车的动力性试验一定包含这三个项目，同时还有其他一些汽车理论中未涉及，但本质上也属于汽车动力性范畴的试验项目。

一、底盘测功试验

底盘测功，就是测定汽车在特定工况下的驱动轮输出功率或驱动力。

从严格理论意义上来说，驱动轮输出功率不属于汽车的使用性能，而是与动力性有关的结构参数(这个道理类似“制动轮缸直径或管路压力是与制动性能有关的结构参数，但不是汽车的使用性能”)。但是该试验也是在整车不解体条件下进行的，其结果与汽车的动力性评价密切相关，故本书将其放在本节介绍。在其他一些资料中，可能将该项试验划入汽车底盘或传动系的试验(检测)。

底盘测功试验在底盘测功机上进行，这也是为数不多的可以在室内台架上进行的整车性能试验之一。

1. 底盘测功机

底盘测功机，又称转鼓试验台，因为该设备最显著的标志就是顶部露出地面的转鼓(亦称滚筒)，如图 3-1 所示，图中仅画出了滚筒装置。

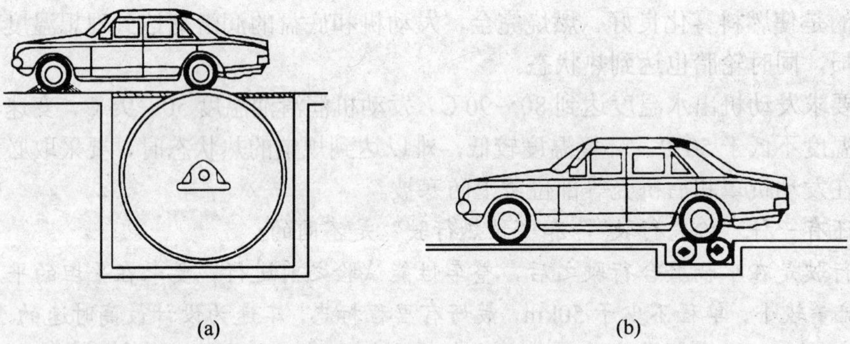

(a) (b)

图 3-1 单滚筒式和双滚筒式底盘测功机

底盘测功机为汽车提供了一个可以在室内条件下模拟室外道路行驶的平台，除了可以进行汽车的动力性试验外，如果结合其他测量仪器和试验室环境，还可以进行燃料经济性、排放性、噪声和振动性能及电磁兼容性等方面的试验。

底盘测功机主要由滚筒装置、测功装置、飞轮机构、测量装置和控制与指示装置等部分组成。

1) 滚筒装置

滚筒相当于连续移动的路面，供汽车的驱动轮在其上模拟道路行驶。驾驶员像正常开车一样踩加速踏板，汽车的驱动轮转动，带动测功机的滚筒转动，再带动测功机的后续机构，如图 3-2 所示。按滚筒数量，底盘测功机可分为单滚筒底盘测功机和双滚筒底盘测功机，如图 3-1 所示。

单滚筒底盘测功机，滚筒直径大，表面曲率小，最突出的优点就是轮胎—滚筒的接触状况与实际道路行驶较为接近，行驶工况模拟得更真实，测试精度高。缺点是试验台占地面积大、建造成本高，轮胎在滚筒外表面顶点的对中、安置和定位较困难，使用不便。单滚筒底盘测功机多用于大型制造企业、科研单位和高校试验室等。

双滚筒底盘测功机，滚筒直径小，前后两排滚筒便于轮胎的定位和安放，台架成本低，操作简便，作业快捷。但是轮胎—滚筒的接触状况与实际路面行驶差别很大，轮胎—地面间的受力和变形模拟得很不真实(最大的问题就是滚动阻力比实际道路行驶大很多)，测试精度较差。多用于检测机构和销售、维修企业。

需要注意的是，图 3-1 是左视平面图，实际上右侧驱动轮也需要安置在滚筒上，而测功机的左右滚筒一般是分开的。所以，“单滚筒底盘测功机”实际上有两个滚筒，“双滚筒底盘测功机”则是有 4 个滚筒。

上述的“单/双滚筒”，指的是汽车的一根车轴下面有几排滚筒。例如在图 3-1 中，示意的是后轴驱动的汽车，后轮置于滚筒上，前从动轮则置于地上，并加以锁定。而对于多轴驱动的车辆，为了精确测定其多轴驱动的动力性能，可以采用多轴测定底盘测功机，例如在试验/检测行业常见的“四轮转鼓”，指的就是可以同时测定 4×4 车辆的所有车轮的驱动能力的底盘测功机。

2) 测功装置

测功装置亦称功率吸收装置，就是测功器。(注意，此处的“测功器”是整套“底盘测功机”的一部分。)其目的就是为试验台提供一个阻力，将汽车驱动轮输出的、经由滚筒和测功机台架的机械传动装置传过来的功率吸收并耗散掉。

对于单滚筒底盘测功机，滚筒当然与测功器相连。对于双滚筒底盘测功机，只有一排滚筒连接测功器，称主动滚筒；另一排只是随同车轮空转，并无动力输出，称从动滚筒。而同一车轴两侧驱动轮下的主动滚筒，一般都通过联轴器等装置连接在一起，也就是说，无论是单滚筒式还是双滚筒式底盘测功机，汽车的一根驱动轴(两个驱动轮)，只需要一个测功器，如图 3-2 所示。当然，高端的“四轮转鼓”，会分别测量 4 个驱动轮的动力输出，那么同一车轴的两侧滚筒是分开的，每个车轮都需要一个测功器。

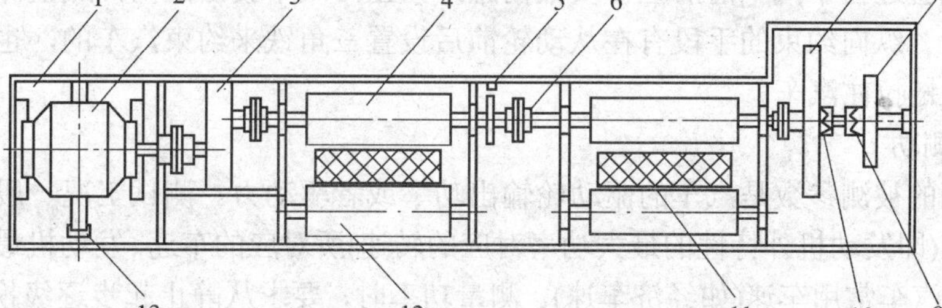

图 3-2　底盘测功试验台机械部分构示意图

1—框架；2—电涡流测功器；3—变速器；4—主动滚筒；5—速度传感器；6—联轴器；7、8—飞轮；9、10—电磁离合器；11—举升器；12—从动滚筒；13—压力传感器。

底盘测功机常用的测功器有三种：水力测功器，原理简单，调控精度差，已趋淘汰；电力测功器结构紧凑、功能强大，作为发电机时充当负载，提供阻力，且能实现能量回收，作为电动机时则能提供动力、拖动被测汽车运转，但结构复杂，成本很高；国内生产和使用较多的是电涡流式测功器，电涡流测功器只能作为负载、提供阻力，其测试精度高、结构较简单、易于调控、测量的转速和功率范围都较大。电涡流测功器不能将能量回收，最终要以热能的形式耗散掉，所以一般需采用较高效的水冷式冷却方式，实验室要有配套的基础设施。

3) 测量装置

作为测功设备，必须要有测量扭矩和转速的功能。扭矩的测量体现的就是驱动轮输出的驱动力，一般整合在测功器中，多采用测力杠杆式，如图 3-2 中的压力传感器 13。其具体原理可参考第四章第二节“平衡法”测变速器效率试验部分。

转速的测量体现的就是车速，测速装置一般安装在滚筒的一端，如图 3-2 中速度传感器 5 所示。测速原理有磁电式、光电式或者霍耳式等。滚筒转速结合滚筒半径，就能算出车轮的线速度。(前提是假定车轮在滚筒上做纯滚动。)

4)飞轮机构

如果只是测量驱动轮的稳态输出功率或扭矩，那么车辆的惯量不起作用，也就是加速过程不影响试验结果。但是很多变工况试验，例如加速、滑行试验，或者多工况燃油消耗量试验，需要模拟汽车在一定工况下的变速运动，这就要求模拟汽车在道路上行驶时的惯量(或者说动能)。对于采用电力测功器的底盘测功机，由于电力测功器的调控精度高、时间响应迅速，可以利用测功器体现汽车的加速阻力。而对于非电力测功器，例如常见的电涡流测功器，就需要利用飞轮机构来模拟整车惯量。由于试验台需要适应不同质量的试验车,同一辆车在不同挡位下的旋转质量换算系数也不同(参见汽车理论)，所以一套飞轮机构一般具有多个飞轮，如图 3-2 中 7 和 8，通过不同转动惯量的飞轮的组合来模拟当前被试汽车的惯量。注意，图 3-2 只是一种示意，实际测功机的飞轮机构往往与滚筒并不是同轴直接相连，而是靠一套升速机构将滚筒转速提升后再联接飞轮，这样可以用较小的飞轮获得更大的当量汽车质量。

5) 控制与指示装置

底盘测功机的控制与指示装置通常制成一体，构成控制柜，放在易于操作和观察的位置。上面的各按键、显示窗、旋钮、显示灯等供使用者操控与观察。

除了上述装置，双滚筒底盘测功机还有举升装置，设置在两排滚筒之间，方便车辆进出试验台。举升装置最常见的是气动式的，另外还有电动式和液压式的。

为防止试验过程中汽车前后位移及滚筒意外锁止时汽车驶出滚筒，底盘测功机必须设置纵向约束装置。纵向约束的手段有在从动轮前后设置三角铁来约束汽车的，也可以在汽车前后设置钢制锁链拉住汽车。

2．底盘测功

底盘测功的被测参数是汽车的驱动轮输出功率或者驱动力。测试工况一般选取三个：发动机额定转速(即发动机外特性的最大功率对应的转速)所对应的车速、发动机最大转矩转速所对应的车速、汽车常用车速(如经济车速)。测量功率时，要求从静止起步逐级换入最高挡，节气门全开，动力输出达到稳定时读数。

功率=力×速度，或者功率=力矩×转速，测功的过程就是寻求功率的最大值。将此问题看作一个数学的寻优问题，这是一个二元函数。无论是按解析的求导法还是近似的数值法，都要对两个变量依次寻优。

这种寻优体现在测功试验上，就是工况的控制方式。控制方式有两种，恒速控制和恒矩控制。恒速控制，就是预选一个试验车速，当达到这个试验车速后，如果驱动轮输出功率继续增大——随着节气门开度的加大使得滚筒转速有升高的趋势，测功器的控制系统能自动加大励磁线圈的电流，从而加大滚筒的阻力矩(这里指的是常见的电涡流式测功器)，使车速保持在原预定的数值上，该速度乘以最大阻力，就是该速度下的最大功率。改变预选车速，再次“搜索”最大阻力……而恒矩控制，指的就是保持励磁线圈中的电流不变，因而施加到滚筒上的阻力矩也固定不变，当加大节气门开度使得发动机输出功率变大时，车速提高，直至最大，该阻力乘以最大车速，就是该阻力下的最大功率。改变预选阻力矩，再次“搜索”最大车速……也就是说，恒速法的思想是在给定速度的前提下通过在“阻力域”上搜索来确定功率的最大值，恒矩法的思想则是在给定阻力矩的前提下通过在“速度域”上搜索来确定功率的最大值。上述“测试工况一般选取三个……”，指的就是采用恒速法。

底盘测功机的具体使用方法和操作步骤，请参阅仪器说明书和试验标准文件。

走合期的新车和刚刚大修完的汽车不宜做底盘测功。

由于汽车是原地运转，缺乏迎面风，应防止发动机、后桥和驱动轮等部位过热，可以在车外相应部位设置风扇强制冷却。

在底盘测功机上测得的汽车驱动轮输出功率，取决于发动机输出功率、汽车传动系统的机械效率、轮胎—滚筒之间的滚动阻力损失和测功机传动效率等，如果采用的是风冷式测功器，还要考虑冷却风扇的功率消耗(该风扇的动力源自汽车发动机，与上述发动机、后桥、轮胎等部位的强制冷却风扇不是一回事)。由于传动环节多、效率差,特别是轮胎—滚筒间的滚动阻力大，使得底盘测功试验得到的测量结果比发动机标称功率小很多，绝不能认为“应该等于发动机额定功率乘以传动系效率”。其标准数据，应结合具体被试汽车的传动系统类型、发动机和传动系的技术状况、试验台的类型和技术状况等因素合理估算。

二、滑行试验

滑行试验就是测定汽车在规定初速度下的滑行距离。滑行也不是汽车的使用性能要求，但是滑行试验很重要。通过滑行距离的测量，可以推算滑行阻力和底盘传动系统的效率。如果滑行距离不合格，说明汽车的底盘技术状况不佳，应该进行调整和修理。所以滑行试验是汽车基本性能试验的首做项目。

滑行试验要求汽车在(50±3)km/h 的速度下，迅速踩下离合器踏板(很多标准中都有“踩离合器”的要求，目的是切断发动机动力输出，对于自动挡等没有离合器踏板的车型，则无此要求，下同)，变速器挂空挡，滑行直至停车。测量汽车在滑行阶段驶过的距离即可。所以，滑行试验的一个要点就是确定车速。

室外道路试验中，五轮仪是一种典型的测速设备。

五轮仪，又称第五轮仪，因其工作时拖在汽车后面像第五个轮子而得名。其核心传感部分多采用磁电式脉冲计数原理(图 2-38)。第五轮是从动轮，行驶中与地面无滑转，能较准确地测定汽车的行驶速度。但是在颠簸路面上，第五轮与地面不能保证时刻接触做纯滚动，有一定误差。而且五轮仪及其配套二次仪表的连接和安装略显费时。

现在更多采用的是非接触式速度仪，其核心是一种基于空间滤波器的光电技术，测量范围大，测速精度高，工作时一般安装在汽车的前后保险杠上，使用方便。

另外还有基于 GPS 原理的测速设备。

所有这些测速设备，也可以测量行驶距离和时间等参数。

滑行试验要求沿相同路段往返各进行一次，取其平均值作为试验结果。如果起始车速与标准值偏差较大，还应换算为标准初速度下的滑行距离。公式为

$$S = \frac{-b + \sqrt{b^2 + ac}}{2a}$$

式中：S 为初速度为 50km/h 时的滑行距离，即标准值(m)；$a = \frac{{v_0}^2 - bS'}{S'^2}$ (1/s^2)，v_0 为实测滑行初速度(m/s)，S' 为实测滑行距离(m)；B 为当汽车总质量≤4000kg、且滑行距离≤600m 时，$b = 0.3$；其他情况，$b = 0.2$；c 为常数，$c = 771.6(\mathrm{m}^2/\mathrm{s}^2)$；

滑行试验也可以在底盘测功机上进行。试验前选取合适的飞轮组惯量，然后起动汽车、加速，带动滚筒转动。当汽车达到预定的初速度——实质上是滚筒达到预定的转速时，摘挡滑行，存储在测功机的滚筒装置和飞轮机构中的动能释放出来，克服轮胎—滚筒的滚动阻力及汽车传动系的内阻，拖动滚筒继续转动。或者说，该滑行过程就是汽车给滚筒制动的过程，制动力来自汽车底盘和轮胎，制动初速度就是滑行初速度，汽车惯性由飞轮机构模拟。由于底盘测功机上的阻力比真实道路上的阻力大得多，所以测功机上的标准滑行距离与道路试验的标准值不同，请注意区别。

三、最低稳定车速试验

最低稳定车速指的是汽车在直接挡(标准中的“直接挡”要求，对于没有直接挡的汽车，可以理解为传动比最接近 1 的挡位，下同)条件下能够达到稳定行驶的最低车速。“稳定行驶”的含义是以某一车速匀速通过一段距离后，急踩加速踏板全力加速，发动机不熄火、传动系不抖动。

此车速越低，汽车就可以尽量用高挡行驶而不必频繁换挡，尤其在交通流量不畅通、汽车启停频繁的路段，既简化了驾驶操作，又能保证汽车维持较高的平均技术速度。当然，对于装备自动变速器的汽车，该指标的价值不大。

最低稳定车速试验的操作很简单：规定的稳速路段一般是 50m。在进入起点前用直接挡行驶，将车速控制在某一预选车速。匀速通过该路段，其间不允许为控制车速而切断离合器或使用制动器。通过稳速路段后全力踩下加速踏板，如果发动机不熄火、传动系不抖动，则说明可以达到此速度。同一车速至少往返各进行两次，取平均速度。通过这个速度后，就可以尝试更低的速度，再次测试。测速方法可以采用五轮仪或者非接触式车速仪，简陋一点的用秒表计时的方法计算平均速度也可以。

对于客车、轿车、货车、专用汽车和重型矿用汽车等，最低稳定车速指的都是直接挡下实现的，如上所述；而对于越野汽车，还要增加传动系最低挡下的最低稳定车速试验，这也就是汽车理论在讨论“传动系的最大传动比”选取原则时，提到的“最低稳定车速”。

四、最高车速试验

最高车速试验应该在室外道路上进行。

有时在底盘测功机上也可以测试汽车的最高车速，但这样做主要是进行不同车辆的横向对比或同一车辆维修前后的质量检查，由于汽车在底盘测功机上的行驶工况与实际道路行驶差别较大，测功机上得到的最高车速定量数值通常不认为是该汽车的真实最高车速。

按标准的规定，汽车的最高车速，是指在水平、良好的直线路段上(沥青或混凝土路面)，汽车所能达到并保持行驶的最高车速。该车速不是瞬时值，而是可以连续行驶一段距离的稳定速度。

因此，进行最高车速试验的理想场地是足够长的直线路段，其中供加速的直线路段至少长1～3km，视车辆动力性不同而定；在测速路段后面还要有足够长的制动路段。也可以在试验场的高速环形跑道上进行，但是测速路段应该是直线。

试验前，要确保汽车技术状况良好，特别是制动和转向等系统，道路应干燥、清洁，无其他车辆和行人。试验时，要关闭门窗和空调等附件设备。车辆起步后逐级换挡，确保在进入测速路段之前节气门全开，车辆达到稳定的最高车速。

测速时，变速器应置于汽车设计最高车速相对应的挡位，该挡位通常是最高挡。但是由汽车理论可知，如果最高挡传动比设计得很小(如某些超速挡)，汽车的最高车速就不一定在最高挡实现，所以对于动力性较强、挡位数较多的车辆，应进行最高挡和次高挡测试，选取最高车速较高者作为试验结果。对于自动挡汽车，在正常驾驶的D挡测试即可。

国家标准要求测速路段为200m、纵向坡度不超过0.1%，在该路段两端设置标志杆，测量通过该路段的时间，算出速度。同一路段往返各进行一次，取平均值作为试验结果。

可以采用秒表计时，但是该方法误差较大。

比较理想的方法是利用光电元件遮蔽的原理，能够非常准确地测量出车辆通过测速路段所用的时间。可以参阅第二章第二节“七、光电式传感器”部分。

另外，也可以采用五轮仪或者非接触式速度仪等测速设备，测量精度较高，操作简便，而且由于设备直接测出速度，省去了在测速路段两端设置标记等工作。

很多标准文件对于具体数据都有严格的定量要求，如此处的200m测速路段。标准数据的选取，一方面当然是要选择圆整的、容易记忆的，例如，同为最高车速试验的测速距离标准，日本工业标准是200m，德国标准是1000m，都是比较圆整的数值。另一方面，则是出于理论价值和可操作性的考虑：如果将测速路段选得非常短，那么不符合“该车速不是瞬时值，而是可以连续行驶一段距离的稳定速度”的要求，也就是说，只能坚持很短距离的“高速”是没有什么实用价值的；反之，如果将测速路段选得很长，其实用价值是很高的、值得肯定，但是对于试验路段和场地的选取和建设、安全保障及警戒措施、车辆和人员的准备等又提出了过高的要求。

如果因实际条件的限制，无法完全按标准操作，在试验报告中一定要注明。

五、加速试验

汽车理论对“加速时间”有两个定义：原地起步加速时间和超车加速时间。与此对应，加速试验也包括两项：起步连续换挡加速性能试验和固定挡加速性能试验。两项试验都是测量汽车从某一低速全力加速至某一高速所需要的时间。操作过程和环境要求，与最高车速试验类似。

起步连续换挡加速性能试验，要求车辆停在试验路段起点，以规定的挡位起步：三挡变速器用1挡起步，四挡及以上变速器用2挡起步。起步后将加速踏板踩到底，当发动机达到最大功率转速时，力求迅速、无声地换入高一挡，然后立刻将加速踏板踩到底。直至车速达到最高挡最高车速的80%以上(对于轿车，应加速至100km/h以上)。测量加速过程所用的时间。相同路段往返各进行一次，取平均值作为试验结果。测速设备可采取五轮仪或非接触式速度仪。

需要注意的是，某些车型存在加速过渡性不良的问题，即在刚刚起步阶段，如果马上把加速踏板踩死，加速过猛，会造成传动系严重抖动和汽车“点头”的现象，反而会造成加速性能下降。所以对于这类汽车，应进行反复预试，找出加速时间最短的加速方式，也就是寻求起步阶段最合理的加速踏板开度。

对于标准中“当发动机达到最大功率转速时换挡”的要求：由汽车理论可知，真正理想的、能保证加速时间最短的换挡点，不是发动机最大功率转速，而是驱动力—行驶阻力平衡图上两挡的加速度曲线相交的工作点。另外，要求驾驶员在全力加速过程中准确判断“发动机最大功率转速”也非易事，所以对于标准中的此要求，参照执行即可，其目的就是使发动机尽可能工作在高功率区。对于自动挡车型，当然不存在“换挡点”问题，如果自动变速器有两挡(指的不是仅有两个传动比，而是有两种换挡模式，如D挡和S挡)，应分别试验和记录。

对于标准中“直至车速达到最高挡最高车速的80%以上”的要求：由于最高车速不一定发生在最高挡，所以有可能次高挡的最高车速更高。因此，实际操作中可以加速至预定的车速即可，不一定非得换入最高挡。

固定挡加速性能试验，反映汽车的超车加速能力，通常进行最高挡和次高档的加速时间测量。试验时，变速器置于预定挡位，以稍高于该挡位下最低稳定车速的速度为初速度(一般选取 20km/h、25km/h 等 5 的整倍数)匀速行驶，至试验路段的起点时立即将加速踏板踩到底，直至该挡位下最高车速的 80%以上(对于轿车，应加速至 100km/h 以上)，记录该过程的时间。相同路段往返各进行一次，取平均值作为试验结果。测速设备可采取五轮仪或非接触式速度仪。

自动挡车型不进行该项目。

无论是起步连续换挡加速性能试验还是固定挡加速性能试验，不仅要求加速时间数据，一般还要求绘制加速性能曲线，如图 3-3 所示。

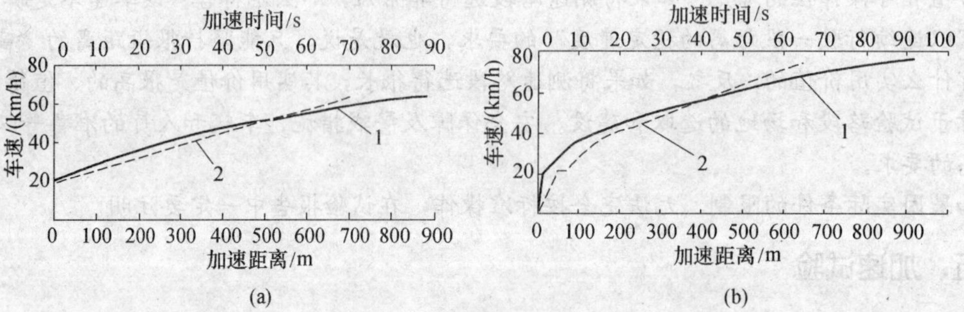

图 3-3 加速性能曲线

(a) 汽车固定挡加速性曲线；(b) 汽车起步连续换挡加速性曲线。

1—车速—加速度距离曲线；2—车速—加速时间曲线。

六、爬坡试验

爬坡试验包括两项，爬陡坡试验和爬长坡试验。

1. 爬陡坡试验

爬陡坡试验测试的就是汽车理论中的最大爬坡度。

爬陡坡试验有两种测试方法：坡路实测法和负荷拖车法。

1) 坡路实测法

顾名思义，坡路实测法就是在实际坡路上测试车辆的极限爬坡能力。试验坡路是专门修建的具有一系列不同坡度的、具有防滑措施的铺装坡道，当坡度大于 30%时，必须采用混凝土铺装，小于 30%时允许使用沥青。每个坡道长度不小于 25m，中部设置 10m 长的测速路段，坡道底部前端设有 8～10m 的平直路段。每条坡道的坡度应均匀一致，坡度超过 40%时必须设置安全防护装置。

试验时，被试车辆达到正常热状态，停在坡道前面的水平路面上。变速器挂最低挡(不允许挂倒挡倒车上坡)，起步，迅速将加速踏板踩到底，保持节气门全开，不换挡爬至坡顶。通过中间的 10m 测速路段时，测定通过时间、发动机转速，监测各仪表的示值。爬到坡顶后，检查汽车各部位有无异常，并做记录。

同一坡道可以爬两次，有一次通过就认为可以达到此爬坡度。

如果被试车辆克服了该坡道，可以到大一级坡度的坡道上再次进行爬坡试验，以此类推，直至搜索到所能克服的最大坡度，作为该车的最大爬坡度试验结果。

坡路实测法依赖于修建很多条坡度各异的高质量坡道，而且要求坡度数值要足够多、足够密集，试验时反复测量，才能适应不同试验车的要求。这无疑提高了试验场地的建设成本和试验难度。

2) 负荷拖车法

有时找不到接近被试车最大爬坡度的实际坡道，就可以在平路上采用负荷拖车法进行爬陡坡试验。负荷拖车是一种具有制动能力(一般采用电动机制动)的拖车，由被试车牵引前进，被试车施加于负荷拖车的牵引力由两车之间的拉力传感器测出。

被试车挂 1 挡、节气门全开，带动负荷拖车行驶，调节负荷拖车的制动力，使得两车匀速行驶，此时两者之间的牵引力就是被试汽车的“剩余驱动力”，很容易换算为最大爬坡角度：$\alpha_{\max}=\arcsin\dfrac{P_{\max}}{W}$。其中 $P_{\max}$ 为被试车施加于负荷拖车的最大牵引力，W 为被试车的满载总重量。

负荷拖车法可以在平路上测试最大爬坡度，大大降低了爬陡坡试验对于试验场地的要求。

负荷拖车法的成立需要一个条件：试验车的 1 挡最大驱动力 $F_{t\max}$ 明显小于该车驱动轮在水平良好路面上的附着力 F_{φ}，具体定量关系与汽车的驱动形式和质心位置等因素有关。因为汽车的驱动力与坡度无关，而驱动轮的附着力随坡度增大而减小(对于前驱车影响更大)，当 $F_{t\max}$ 和 F_{φ} 两者比较接近，甚至前者超过后者时，被试车在水平路面上带动负荷拖车所发挥出来的牵引力(基本上就是最大驱动力 $F_{t\max}$)，在很大的坡度上发挥不出来，也就不能按这个牵引力来换算最大爬坡度。当然，“$F_{t\max}$ 明显小于 F_{φ}”这个条件，对于大多数汽车来说都是比较容易满足的。

2. 爬长坡试验

爬长坡试验的目的是考察汽车长时间在大负荷下运转的动力性、燃料经济性、发动机和传动系的技术状况及变速器的挡位利用率、挡位设置的合理性等。也就是说，所谓“爬长坡”的实质，是给汽车施加一个可以长期、稳定、安全行驶的大负荷工况。

试验路段要求为表面平整、坚实的连续上坡路，长度为 8～10km，其中上坡路段占总长度的 90%以上，最大纵向坡度不小于 8%。

试验过程中，在保证安全和符合交通法规的前提下，尽可能高速、匀速行驶，尽可能使用较高的挡位行驶。

由于该试验是利用长坡作为一种加载手段，考察车辆在大负荷下的各种工作能力，而并不是追求克服该坡路的定量能力，所以无需多次测试求平均，更不能往返。

记录从起点到终点的行驶过程中各挡位使用次数、时间和里程，计算出各挡位时间或里程的利用率，记录燃油消耗量，注意观察发动机及底盘零部件的工作状态，发现严重异常情况(例如发动机水温过高)应立即停止试验。

如果爬长坡试验的目的是专门针对发动机冷却系统的工作能力，也可以用负荷拖车代替真实长坡路进行测试。

第三节　燃料经济性试验

一、概述

汽车理论中的“燃油经济性”，在各种试验标准中一般称作“燃料经济性”，含义是相同的，基本上都是测定燃油汽车的汽/柴油消耗量。

燃料消耗量试验主要考虑以下因素：装载质量、测试距离、行驶工况、操作规程和车速等。表 3-1 是我国的燃料消耗量试验方法中对于多工况试验和等速试验的要求。

表 3-1　燃料消耗量试验方法(多工况循环和等速)

<table>
<tr><th colspan="4">多工况燃料消耗量试验</th><th colspan="2">等速燃料消耗量试验</th><th rowspan="2">装载质量</th><th rowspan="2">适用车型</th></tr>
<tr><th>工况名称</th><th>循环距离/m</th><th>平均车速/(km/h)</th><th>循环总时间/s</th><th>测量距离/m</th><th>车速</th></tr>
<tr><td>15 工况</td><td>1014.3</td><td>27.0</td><td>195</td><td rowspan="4">500</td><td rowspan="4">从高于最低稳定车速的10 的整倍数，至最高车速的 90%</td><td>规定乘员数的一半(取整)</td><td>轿车和总质量小于 3500kg 的货车</td></tr>
<tr><td>10 工况</td><td>663.7</td><td>24.1</td><td>135</td><td>空载加两名乘员</td><td>微型汽车</td></tr>
<tr><td>6 工况①</td><td>1075/1170</td><td>39.6/39.5</td><td>97.7/106.5</td><td>满载</td><td>总质量大于 3500kg 的货车和城市客车以外的客车</td></tr>
<tr><td>4 工况</td><td>700</td><td>19.5</td><td>129.5</td><td>总质量的 65%</td><td>城市客车</td></tr>
<tr><td colspan="8">① 同为 6 工况循环试验，总质量在 3500～14000kg 之间的汽车和总质量大于 14000kg 的汽车，具体的循环过程有所不同，分别列于表中的“/”标记前后</td></tr>
</table>

按照试验时对各种因素的控制程度，燃料经济性试验可以分为四类：

(1) 不控制的道路试验。这种试验对行驶道路、交通状况、驾驶习惯和周围环境不作任何控制，属于一种将被试车辆投放到试验点(使用单位)进行的使用试验。原则上要求试验车辆数量多，试验里程长。这类试验的工况与实际使用情况完全相同，数据结果真实可信，但是试验成本高、耗时长，也没有成形的标准可供参考，实际上很少采用。

(2) 控制的道路试验。这种试验是在维持行驶道路和交通状况等使用因素基本不变的条件下，进行燃料消耗量的测定。其代表就是“限定条件下的平均使用燃料消耗量试验”(见下文)。

(3) 道路上的循环试验。这种试验是指完全按照编制好的车速—时间规范在道路上进行的试验。循环试验包括针对不同车型编制的“多工况燃料消耗量试验”(表 3-1)，另外，“等速燃料消耗量试验”和“直接挡全负荷加速燃料消耗量试验”，也可视作循环试验，只是整个循环分别只有等速行驶和直接挡全负荷加速一个工况。(此三项试验分别见下文。)

(4) 底盘测功机上的循环试验。就是将道路上的循环试验移植到底盘测功机上进行。汽车在底盘测功机上的行驶工况与实际道路上有所不同，所以测功机上的循环试验结果不一定能代表被试汽车的真实油耗水平；但是台架试验能严格控制试验条件，排除外界无关因素的干扰，能完成复杂的工况循环，而且效率很高，因而作为不同车型的横向对比手段或者新技术、新产品的验证工具，是十分有效的。

二、燃料经济性试验项目

国家标准《汽车燃料消耗量试验方法》就将汽车燃料消耗量试验分为上述四项，即，限定条件下的平均使用燃料消耗量试验、等速燃料消耗量试验、直接挡全负荷加速燃料消耗量试验和多工况燃料消耗量试验。现分述如下。

1. 限定条件下的平均使用燃料消耗量试验

该试验就是传统的“百公里油耗测定试验”，要求在3级以上平原干线公里上进行，单程距离不小于50km，往返各测量一次，取平均值作为试验结果。

试验时，交通情况应正常，被试车辆在保证交通安全和遵守交通法规的前提下尽量匀速行驶。车速标准随车型不同而异，轿车为60km/h，铰接式客车为35km/h，其他车辆为50km/h，允许偏差均为±2km/h。

试验过程中要记录制动次数、各挡位使用次数和对应的时间与里程、停车时间等。客车试验时每隔10km停车一次，怠速运转1min后重新起步。

限定条件下的平均使用燃料消耗量试验属于控制的道路试验，对驾驶环境和操作规范的约束并不严格，由于受到道路等级、交通流量、环境及气象条件等随机因素的影响，试验结果的重复性、典型性和可比性不佳。但是受传统习惯的影响，目前尚不能抛开本项试验，很多汽车设计任务书和技术文件中仍采用本项试验结果作为汽车燃料经济性的评价指标之一。

2. 等速燃料消耗量试验

等速燃料消耗量试验是测定汽车燃料经济性最基本的试验，在世界主要汽车生产国家广泛采用。该项试验方法简单、易于操作、数据结果精度高，而且外部因素对驾驶操作的影响很小。

试验的基本方法就是测量汽车以稳定速度通过一定距离(如500m)的平直路段所消耗的燃料，换算得到该车速下的百公里油耗。改变车速，得到不同车速下的等速燃油消耗量。

试验时，变速器挡位置于常用挡位，如直接挡；如果有超速挡，则增加超速挡下的等速燃料消耗量试验。对于自动挡车型，则选用D挡。

试验车速从略高于该挡位最低稳定车速的10km/h的整倍数起(通常取20km/h起；如果该挡位最低稳定车速超过20km/h，则从30km/h起)，至最高车速的90%，至少选定五个车速。

同一车速下往返各进行两次测试，测量每次行驶的燃料消耗量，经重复性检验(见下文)后取平均值作为试验结果。每次行驶的时间间隔尽量短，以保证车辆热状态一致。

试验道路选择坚实、平坦的铺装路面，中间测量路段长500m，两端做标记、并向外各延伸50m作为稳速路段。在测量路段行驶时尽量保持匀速，加速踏板尽量保持在固定位置，以避免反复“泵油”效应带来的油耗量的随机波动。

等速燃料消耗量试验也可以在底盘测功机上进行。事先要对测功机的加载装置进行模拟加载，使得车辆在测功机上的阻力和相同速度下的道路行驶阻力相等。

根据各车速下的燃料消耗量(L/100km)，用最小二乘法拟合得出等速燃油消耗特性曲线。可参阅汽车理论汽车的燃油经济性的有关内容。

对于等速燃料经济性的评价，着重考察3个方面：最低燃料消耗量、经济车速(最低燃料消耗量所对应的车速区间)和高速油耗比低速油耗的相对增量(%)。

3．直接挡全负荷加速燃料消耗量试验

直接挡全负荷加速燃料消耗量试验是检验汽车在大负荷全力加速工况下的动力性和燃油经济性的综合性试验，也是汽车燃料经济性试验的首做项目。本项试验结束后，可以根据本项试验的结果判断其他项目有无进行的必要，以及是否需要对发动机进行调整；再进行其他试验项目时，发动机不得做任何调整。

本项试验操作较简单，只要能保证规定的初速度，就能获得满意的试验结果。

试验的测量路段长500m(轻型汽车可取为400m)，两端各向外延伸50m作为预备段。汽车以直接挡(无直接挡可用最高挡)行驶，在预备段内将车速稳定在(30±1)km/h，达到测量路段的起点时将加速踏板踩到底，全力加速通过测量路段。测量并记录通过测量路段的加速时间、燃料消耗量和汽车通过测量路段终点时的速度。试验往返各进行两次，要求同方向加速时间的相对误差不超过5%，取4次数据的平均值作为试验结果。

直接挡全负荷加速燃料消耗量试验也可以在底盘测功机上进行。测功机应根据试验车的质量和传动比选择正确的飞轮惯量，以模拟汽车的加速阻力。

4．多工况燃料消耗量试验

汽车在实际使用中工作状态的变化非常复杂，单纯采用等速油耗试验或加速油耗试验难以全面反映实际油耗水平。编制多工况循环的目的，就是模拟某种类型汽车的实际运行工况，力图使试验数据能够代表被试车辆的真实燃料经济性。国家标准对于不同车型规定了不同的工况数量，如表3-1所列。

所谓“多工况循环”，就是对车速—时间关系(或者车速—里程关系)做出明确、具体的定量约束，试验时必须按照既定的循环实时控制车辆的起步、加速、换挡、匀速、减速和怠速停车等工况。例如，图3-4就是适用于轿车和总质量小于3500kg的货车的15工况循环。

图中每一点允许有±2km/h的车速误差和±1s的时间误差。

由图中最后一行“工况时间”可以看出一共有15个工况：第1个工况持续11s、第2个4s、第3个8s、…、第14个12s、第15个7s。

多工况循环的要点，就在于试验车的驾驶员必须在标准允许的误差范围内、严格按照给定的循环工况执行操作。因此对驾驶技术要求很高，试验成功率低，尤其是对于较复杂的循环(如15工况)，道路试验非常困难，最好在底盘测功机上进行。

对于15工况这样的复杂循环，在正式试验之前，需要进行预备性试验循环，使操作人员适应并能熟练操作试验车的加速踏板、制动踏板、离合器踏板和变速杆等，适应道路阻力特性或底盘测功机的加载模式，正确控制车辆的速度和加/减速度，以满足规范要求，使得试验结果具有统一性和可比性。在预备性试验循环中，可以采用跟踪记录仪，预先将15工况模式板设定在跟踪记录仪上，驾驶员练习跟踪施加在模式板上的信号，直至能可靠、熟练地完成规定工况操作。

事实上，很多国内的制造企业、科研单位和大专院校在进行多工况燃料消耗量试验时，并不都采取我国国家标准规定的多工况循环，而是针对当前研究课题、试验目的和针对车型，采取一些其他国家、机构或企业制定的循环标准。

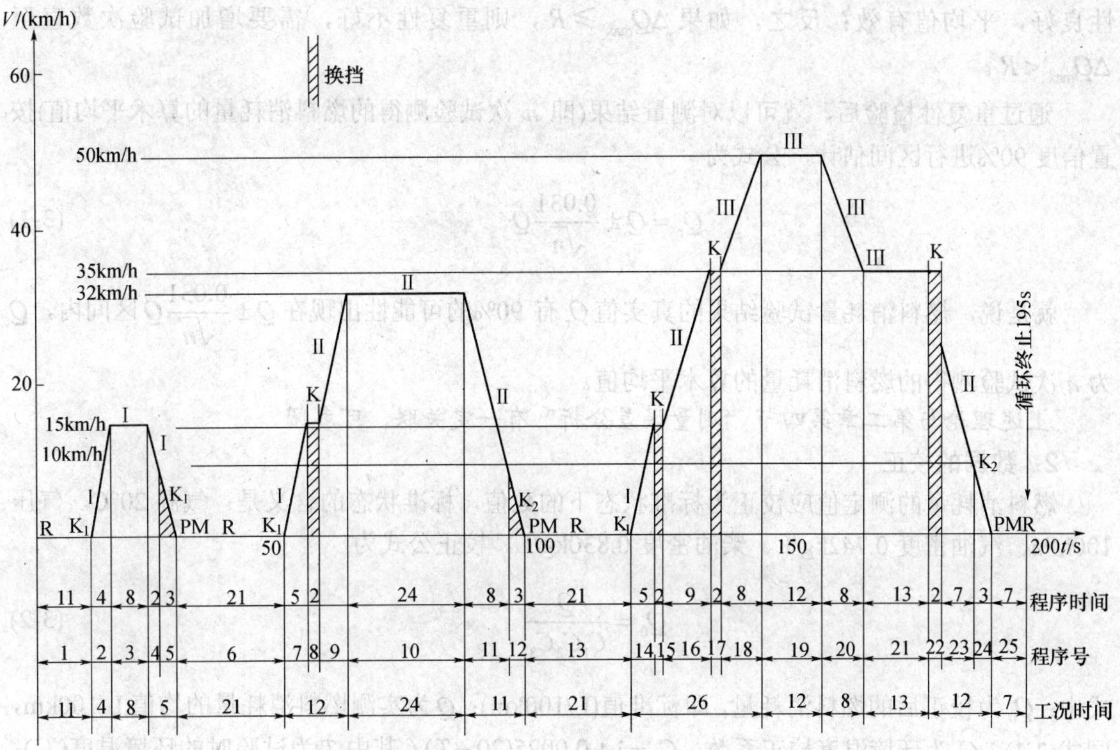

图 3-4　15 工况试验循环

K—离合器分离；K_1、K_2—离合器分离，变速器接合一挡或二挡；

Ⅰ—一挡；Ⅱ—二挡；Ⅲ—三挡；PM—空挡；R—怠速。

三、试验结果的重复性检验和数据的校正

1. 重复性检验及测量结果的区间估计

等速行驶燃料消耗量试验和多工况燃料消耗量试验，试验结果必须经过重复性检验。然后对测量结果做区间估计。

重复性检验按第 95 百分位分布来判断。第 95 百分位分布的标准差 R 与重复试验次数 n 的关系如表 3-2 所列。

表 3-2　第 95 百分位分布的标准差 R 与重复试验次数 n 的关系

重复试验次数 n	标准差 R(L/100km)
2	$0.053Q$
3	$0.063Q$
4	$0.069Q$
5	$0.073Q$
10	$0.085Q$
注：Q 为 n 次试验测得的燃料消耗量的算术平均值	

定义：n 次试验测得的燃料消耗量中最大值与最小值之差为极差，记作 ΔQ_{max}。

则重复性检验判别原则如下：当极差小于标准差，即$\Delta Q_{max} < R$时，试验结果的重复性良好，平均值有效；反之，如果$\Delta Q_{max} \geqslant R$，则重复性不好，需要增加试验次数直至$\Delta Q_{max} < R$。

通过重复性检验后，就可以对测量结果(即 n 次试验测得的燃料消耗量的算术平均值)按置信度 90%进行区间估计，公式为

$$Q_r = Q \pm \frac{0.031}{\sqrt{n}} Q \tag{3-1}$$

就是说，燃料消耗量试验结果的真实值Q_r有 90%的可能性出现在$Q \pm \frac{0.031}{\sqrt{n}} Q$区间内，$Q$为 n 次试验测得的燃料消耗量的算术平均值。

上述理论与第二章第四节“测量误差分析”有一定关联，可参阅。

2．数据的校正

燃料消耗量的测定值应校正为标准状态下的数值，标准状态的含义是：气温 20°C、气压 100kPa、汽油密度 0.742kg/L、柴油密度 0.830kg/L。校正公式为

$$Q_0 = \frac{Q}{C_1 C_2 C_3} \tag{3-2}$$

式中：Q_0为校正后的燃料消耗量，即标准值(L/100km)；Q为实测燃料消耗量的均值,L/100km，同式(3-1)；C_1为环境温度校正系数，$C_1 = 1 + 0.0025(20 - T)$，其中T为试验时的环境温度(℃)；C_2为大气压力校正系数，$C_2 = 1 + 0.0021(P - 100)$，其中 P 为试验时的大气压力(kPa)；C_3为燃料密度校正系数，对于汽油，$C_3 = 1 + 0.8(0.742 - G_s)$，$G_s$为试验用的汽油平均密度(kg/L)，对于柴油$C_3 = 1 + 0.8(0.830 - G_d)$，$G_d$为试验用的柴油平均密度(kg/L)。

四、油耗仪

燃料消耗量试验，必须采用油耗传感器，也称油耗仪。(有的观点认为整套油耗仪的核心是油耗传感器。)按测量方式的不同，油耗仪分为容积式、质量式、流量式和流速式等种类。目前采用较多的是容积式和质量式油耗仪，尤其是容积式中的行星活塞式油耗仪应用最为广泛。

1．容积式油耗仪

容积式油耗仪的代表就是行星活塞式油耗仪。其机械部分是一个四缸油压发动机，如图 3-5 所示。燃油流过时带动各活塞运动，活塞通过各自的连杆进而带动曲轴旋转。4 个活塞及其液压缸各完成一次进、排油，曲轴转动一周，对应固定的燃料容积。

油耗仪的传感部分利用光电原理，把曲轴的转动转变为电脉冲信号，每个脉冲信号对应一定容积量的燃油，再送入计数器，进行计算、累计和显示。

行星活塞式油耗仪的详细构造和具体原理，可参阅汽车理论中有关燃油经济性试验的内容。

这种四活塞式油耗仪，具有结构紧凑、布置对称、工作平稳、计量精度高等优点，特别适用于需要精确测量燃油消耗量的试验和检测。其缺点是结构相对复杂，加工和装配精度要求高，以及对燃油的清洁性要求较高等。

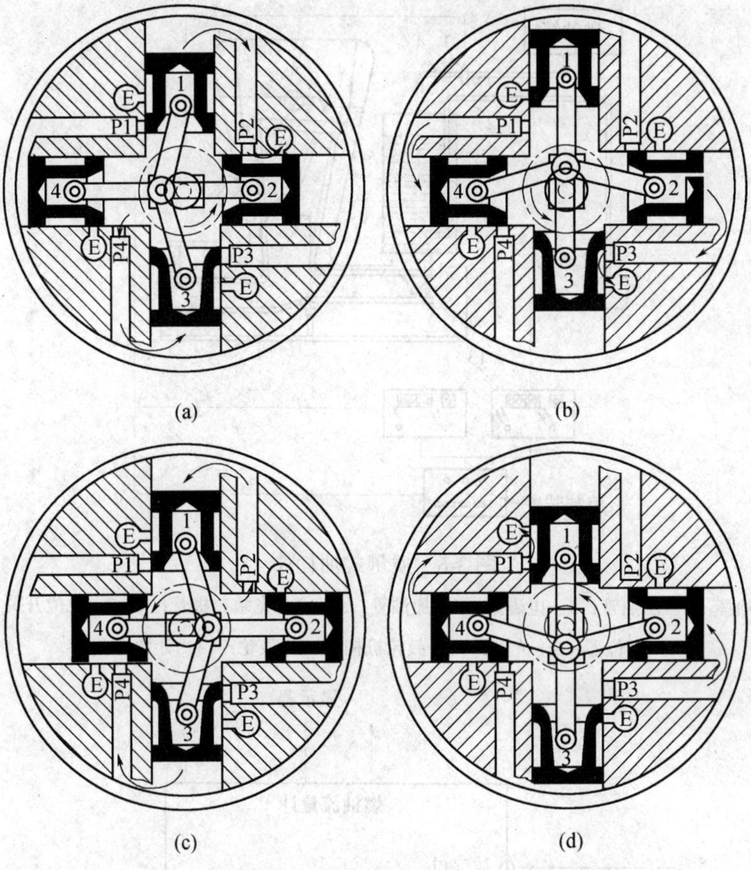

图 3-5　行星活塞式油耗仪的液压发动机工作原理

2．质量式油耗仪

质量式油耗仪的典型结构，如图 3-6 所示。秤盘上有油杯 1，燃油经电磁阀 3 流入油杯，装在平衡块上的行程限位器 8 拨动两个微型限位开关 6 和 7 以控制电磁阀的开闭。光敏二极管 5 和 10、装在棱形指针上的光源 9 构成光电传感器，用于给出油耗始点和终点信号。光敏二极管 5 固定，10 装在活动滑块上，滑块通过齿轮齿条机构带动，齿轮轴与鼓轮 12 相连，计量的燃油量通过转动鼓轮 12 从刻度盘上读出。测量前，首先给油杯 1 充油，秤盘左端下沉，当限位器 8 达到限位开关 7 的位置时，电磁阀 3 关闭，停止充油。计量开始时，光源 9 的光束照射在光敏二极管 5 上，光敏二极管发出信号使计数器 13 开始计数，随着油杯中燃油的消耗，秤盘左侧升高，指针摆动。当油杯中燃油耗尽时，光束照射到光敏二极管 10 上，10 发出信号，使计数器停止计数。

3．燃油管路的连接

使用油耗仪测量燃料消耗量，要注意供油管路的回油问题及空气泡的排除等问题。

现代汽车发动机普遍采用燃油喷射技术，无论是汽油机还是柴油机，燃油泵(喷油泵)所供给的燃油量比喷油器的需要量大得多，在原车的燃料系统中，多余的燃油经回油管流回油箱。因此，安装油耗仪时，应避免将回油量计入燃料消耗量。发动机的电喷技术种类繁多，供(回)油管路连接方式各异，应按试验车的具体情况妥善连接油耗仪。图 3-7 是一种汽油车的油耗仪连接方式，图 3-8 用于柴油车。

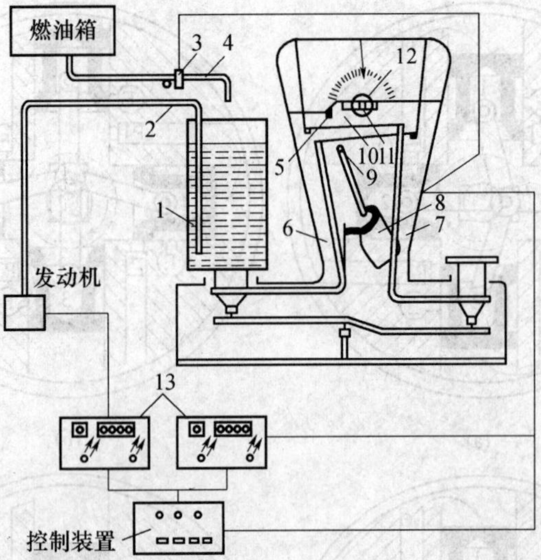

图 3-6　质量式油耗仪

1—油杯；2—出油管；3—电磁阀；4—加油管；5、10—光敏二极管；6、7—限位开关；8—限位器；9—光源；11—鼓轮机构；12—鼓轮；13—计数器。

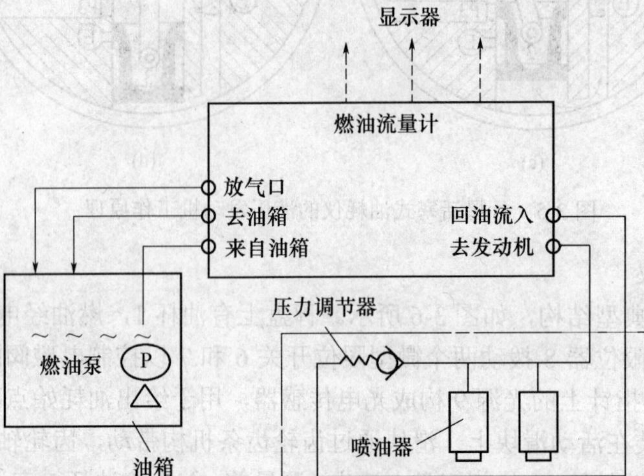

图 3-7　汽油车的油耗仪连接方式

对于容积式油耗仪来说，如果油路中存在空气泡，则会将空气的容积计入燃料消耗量，造成误差。因此，安装油耗仪后，必须将空气泡排除干净。一般采取手动泵油的方式，将输油管路和传感器(需旋松壳体上的放气螺钉)内的空气泡排出，直至泵出的油不含气泡。

关于燃料消耗量测定的排气法(碳平衡法)

利用各种油耗仪能够连续测量燃料消耗量，也能记录累计油耗，测试精度高，试验效果好。但是使用油耗仪的前后需要对被试车原本的燃料供给管路进行断开和复装，安装油耗仪时要注意回油问题，安装油耗仪后还要排除空气泡，所以操作比较复杂，试验效率不高。因此，当采用室内台架(底盘测功机)进行燃料消耗量试验时，为了提高试验效率，减轻拆装作业量，可以采取“排气法”进行油耗的测量。

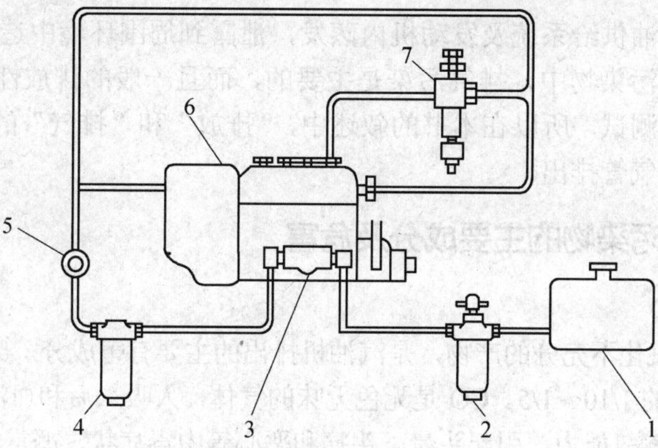

图 3-8　柴油车的油耗仪连接方式

1—油箱；2—粗滤器；3—输油泵；4—细滤器；5—油耗传感器；6—喷油泵；7—喷油器。

排气法，也就是汽车理论中介绍的碳平衡法。其基本原理是：排气中的碳元素完全来自燃油，分析排气成分，根据其中各种含碳化合物的数量，推算燃油消耗量。(这种思想类似于检测发动机的混合气质量时，不直接测量进入发动机气缸的空气和燃油量，而是通过排气中一氧化碳或碳氢化合物的含量来推算空燃比。)

测量时，将排气采集装置安装在被试汽车排气管的开口处，连接部位安装固定好，不能有任何排气泄漏。采集分析所需的排气量(100L 左右)，利用气体成分分析仪(不分光红外线分析仪和氢火焰离子分析仪，具体原理见下一节排放性试验)分别测出排气中 CO、CO_2 和 HC 的成分，按公式换算出燃油消耗量为

$$Q=\frac{0.866\times G}{0.429\times w(\mathrm{CO})+0.866\times w(\mathrm{HC})+0.273\times w(\mathrm{CO_2})} \tag{3-3}$$

式中：Q 为燃料消耗量计算值(km/L)；G 为试验用燃油的密度(g/L)；$w(\mathrm{CO})$、$w(\mathrm{HC})$和 $w(\mathrm{CO_2})$ 分别为一氧化碳、碳氢化合物和二氧化碳的比排放量(g/km)。

比排放量的概念参见下一节

排气法(碳平衡法)的精度主要取决于气体分析仪的测量精度、燃油化学成分和密度的随机波动、实验室环境空气中的碳元素含量(碳平衡法认为排气中的碳元素都来自燃油，但是当室内空气较污浊时，发动机进气中的 CO、CO_2 和 HC 不能再忽略不计，这对于碳平衡法的计算结果是一种干扰)及气体采集装置在排气管上是否固定牢靠、妥善密封。因此，排气法的测量精度和数据可信度是较易受各种因素影响的。但是由于该方法方便快捷，不需对车辆进行解体拆装，目前已广泛应用于室内台架上的燃料消耗量试验，特别是底盘测功机上进行的复杂行驶工况下的油耗测量。在试验设备、油品和实验室环境较理想的条件下，碳平衡法和采用油耗仪的直接测定法相比，具有大体上一样的精度和稳定性。

第四节　排放性试验

排放，指的是汽车由于使用化学燃料而对周围环境造成的化学污染。汽车排放污染有三个途径：排气污染，即汽车燃料燃烧以后由排气管排出造成的污染；曲轴箱污染，燃烧的废气及少量未燃混合气从气缸内向下窜入曲轴箱进而排放到周围环境造成的污染；燃油蒸发污

染，即汽、柴油在燃油供给系统及发动机内蒸发，泄露到周围环境中造成的污染。

显然，汽车排放污染物中，排气污染是主要的，而且一般的排放性试验也只对经由排气管排出的污染物进行测试，所以在本书的叙述中，“排放”和“排气”的含义是相同的，都是指化学污染物经由排气管排出。

一、汽车排气污染物的主要成分及危害

1．一氧化碳 CO

CO 是燃料燃烧氧化不充分的产物，是汽油机排出的主要有害成分。柴油机的 CO 排放量相对较少，约为汽油机的 1/10～1/5。CO 是无色无味的气体，人吸入后和血液内的血红蛋白迅速结合，妨碍血红蛋白的输氧能力，引起头晕、头痛和恶心等中毒症状，严重时会导致死亡。

2．碳氢化合物 HC

HC 不是单一物质，而是许多种由碳元素和氢元素构成的化合物的总称，也就是化学中的“烃”。HC 是燃料燃烧不彻底、剩余燃料分解出来的产物，汽油机的 HC 排放比柴油机高很多。较高浓度的 HC 会引起人头晕和恶心等中毒症状。

3．氮氧化物 NO_x

发动机在大负荷、高温富氧的条件下工作时，少量氮气 N_2 会被氧化成 NO 和 NO_2，在排气管排出时大部分 NO 又被氧化成 NO_2。NO_x 主要指的就是排气中的 NO 和 NO_2。NO_x 既是汽油机也是柴油机的主要污染物。NO_x 随氧化程度的不同而呈白色、黄色或暗褐色。其中，NO_2 有剧烈的毒性和刺激性。而且碳氢化合物 HC 和氮氧化物 NO_x 混合后在强紫外线照射下，会形成极具刺激性的“光化学烟雾”。

4．碳烟

碳烟是燃料不完全燃烧而产生的固体颗粒物，主要是多孔性碳粒，有白色、蓝色和黑色等不同颜色。由于可燃混合气形成方式及燃烧机理的不同，柴油机的碳烟排放量比汽油机大得多，可达 30～80 倍。碳烟及其吸附物对人的呼吸系统有刺激和毒害，同时黑色碳烟还会妨碍驾驶员和行人的视线，破坏环境美观。

排气中还有少量硫氧化物(如，二氧化硫 SO_2，是造成酸雨的主要物质)和醛类化合物，也属于对人体有害的污染物。氯氟烃等物质则会破坏大气臭氧层。另外，排放中含量最多的气体是二氧化碳 CO_2，二氧化碳本身对人体无害，但是“温室效应”理论认为二氧化碳属于温室气体，会导致地球变暖及一系列宏观环境问题，因此汽车排气中的二氧化碳量也日益受到人们的关注。

二、排气污染物的表示方法

污染物的排放量根据不同的场合和使用目的，常用浓度排放量、质量排放量和比排放量来表示。

1．浓度排放量

常用体积分数和质量浓度来表示。体积分数是指排气体积中污染物所占的比例，根据实际污染物浓度数量级的不同，可以选用%、$\times10^{-6}$ 或$\times10^{-9}$ 等单位。质量浓度则是指单位排气体积中污染物的质量，常用 mg/m^3 计量。

2．质量排放量

质量排放量是指实际测试时每小时或每测试循环汽车排放的污染物质量，常用(g/h)或(g/

循环)来计量。在实际环境治理工作中，若对排放污染物进行总量监测，或在车辆排放检测中按规定的工况循环测量排放量，就可以用质量排放量表示。

3．比排放量

比排放量是指测试时汽车单位行驶里程(道路行驶里程或测功机上行驶里程)所排放的污染物质量或发动机单位输出功所排放的污染物质量，反映排放污染量与汽车使用功效之比。比排放量的常用单位是 g/km 或 g/(kW・h)。

三、排气污染物的取样方法

1．直接取样法

直接取样法是将取样探头直接插入发动机排气管内，用取样泵直接采取一定量的气样，供废气分析仪分析。取样导管要设置粗、细滤器滤去气体中的灰尘，用冷凝法除去水分，并采用加热式导管以保证 HC 中的高沸点成分不会溶于水。直接取样法较简单，操作方便，所得到的气样随车辆运行工况时刻变化，适于连续观察变工况所引起的排气成分的改变。

2．全量取样法

全量取样法是将汽车排出的尾气全部采集到一个足够容积的气袋中进行成分分析。这种取样法既能测定排气污染物的平均浓度，也能做排放量的计算。从样本气体进袋到最后测定期间，HC 易被气袋吸附，且 HC 中某些成分之间易发生反应或者与 NO_x 聚合氧化，所以取样完成后应尽快分析，以减小误差。为防止样本气体中的水蒸气在气袋中凝结，应在气袋前安置热交换器，热交换器以 10～15°C 的水冷却，但高沸点的 HC 也容易凝聚而溶于水中随之被放掉，也会造成一定的误差。

3．定容取样法

定容取样法(Constant Volume Sampling，CVS)，也称变稀释度取样法，是一种接近于汽车排气扩散到大气中的实际状态的取样方法。该方法是将排气全部用清洁空气稀释，并使稀释后的总流量保持一定，再将部分稀释后的排气与未被稀释排气的流量成一定比例地搜集在气样袋里，然后导入气体分析仪进行分析，如图 3-9 所示。该方法测定的基本上就是汽车在实

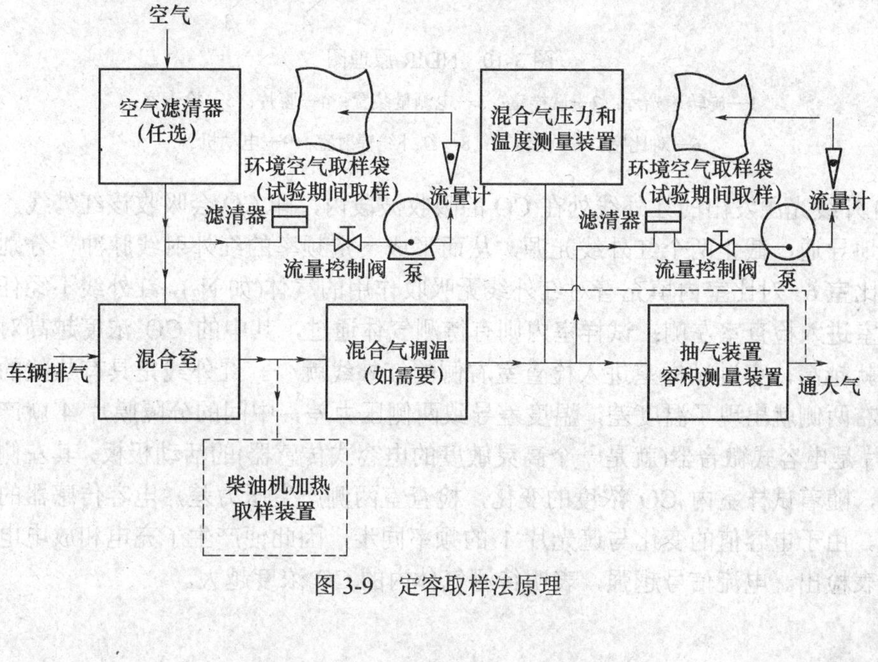

图 3-9　定容取样法原理

际行驶环境中的真实排气浓度，而且易于进行连续测量，能对有害成分的质量排放量自动实时计算。现在世界各国的排放法规均规定采用定容取样法。

四、排气污染物的检测原理

排气污染物的检测原理指的是用何种物理或者化学的原理将排气中某种污染物的含量测定出来。不同的排气成分适用的检测原理也不同。

1．不分光红外分析法

不分光红外分析法(NDIR)是测定 CO 和 CO_2 最好的方法，也能测定 HC 或 NO_x，但测定 NO_x 时精度不高。

不分光红外分析法的原理是：不同气体对不同波长的红外线具有选择性吸收能力(如 CO 的吸收波段为 4.5～5μm，CO_2 为 4～4.5μm)，而且气体浓度越高，吸收红外线的能力越强。根据待测气体对某种波段的红外线的吸收程度，就可以测定出对该波段所敏感的气体的浓度，如图 3-10 所示。

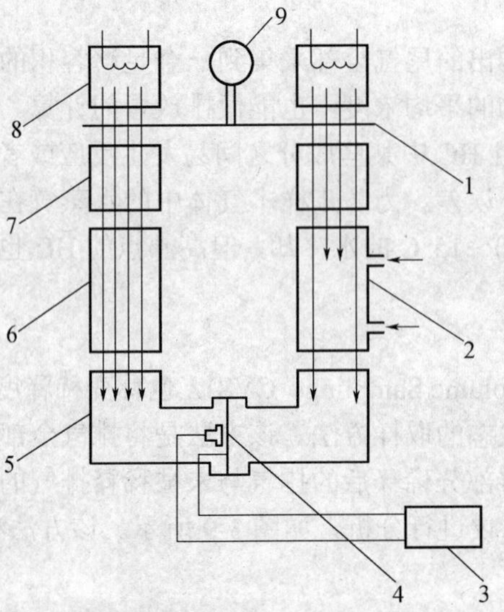

图 3-10　NDIR 原理图

1—旋转遮光片；2—试样室；3—电测量装置；4—膜片；5—检查室；6—对比室；7—滤波室；8—红外线辐射室；9—电动机。

假定红外线光源发出的红外线处在 CO 的吸收波段内，即 CO 会吸收该红外线。旋转遮光片能连续地导通、截止两个红外线光源，从而形成一定频率的红外射线脉冲，分别进入试样室 2 和对比室 6。对比室内填充着对红外线无吸收作用的气体(如 N_2)，红外线不经任何衰减地透过对比室进入检查室左侧；试样室内则有待测气体通过，其中的 CO 浓度越高对红外线的吸收程度就越高，穿过试样室进入检查室右侧的红外线就少。红外线是具有热能的，于是，检查室左右两侧就出现了温度差，温度差导致两侧压力差，中间的分隔膜片 4 就产生凹凸变形。该膜片是电容式微音器(就是一个高灵敏度的电容式传感器)的活动极板，其左侧是固定极板。可见，随着试样室内 CO 浓度的变化，检查室两侧产生压力差，电容传感器的电容值就发生变化。由于电容值的变化与遮光片 1 的频率同步，因此便产生了充电和放电电流，由后续二次仪表检出。电流信号越强，表明待测气体内的 CO 浓度越大。

为了使红外分析仪在测定某一种气体的浓度时不受其他气体浓度变化的影响，在红外光源和对比室与试样室之间设置了滤波室。滤波室内填充干扰气体，如 CO_2、水蒸气等，来滤掉红外线中干扰气体所对应波段的那部分辐射。例如，滤波室内的 CO_2 将其敏感频段的红外线吸收掉，剩余的红外线进入试样室就不会再受到 CO_2 的吸收了。

2．氢火焰离子分析法

氢火焰离子分析法(FID)是检测排气中 HC 成分最有效的办法。它具有很高的灵敏度，对环境温度及大气压力也不敏感。

氢火焰离子分析法的原理是：大多数有机碳氢化合物在氢火焰的高温(2000℃ 左右)下产生热致电离，形成自由离子，离子数与引入火焰中的碳氢化合物分子中的碳原子数基本成正比。

这种方法对不同的碳氢化合物分子没有分辨能力，所以它用于测定总的 HC 排放量，在仪器上通常以正己烷的当量体积百万分数(ppm，即 10^{-6})表示。

3．化学发光分析法

化学发光分析法(CLD)是测定 NO_x 最好的方法，灵敏度非常高。

化学发光分析法的原理是：检测时令待测气体中的 NO 与臭氧 O_3 反应，生成 NO_2^*(NO_2 的激发态)分子，在 NO_2^* 由激发态向基态衰减的过程中，会发出波长为 0.6～3μm 的光量子，这一现象即化学发光。其发光强度与 NO 的体积分数成正比。对于被测气体中的 NO_2，先通过适当的转换将其还原成 NO，即可间接测出 NO_2 量及 NO_x 总量。

四气体与五气体分析仪

由上述原理可以看出，不同排气成分有各自最适用的检测手段，也就对应不同的仪器。当需要同时检测排气中多种气体成分时，可以分别使用不同仪器进行测定，但是这样做费时费力，而且难以保证各种气体的检测结果是同一时刻排气的成分(尤其是当采用直接取样法时)。所以，需要开发一种能同时检测排气中各种气体成分的检测仪器。

能同时检测 CO、CO_2、HC 和 O_2 这四种气体成分的就是四气体分析仪。其中 CO、CO_2 和 HC 用不分光红外分析法就能获得足够的测量精度。O_2 本身对人体和环境没有危害，但是排气中的氧浓度往往可以反映混合气质量(即空燃比或过量空气系数的合理程度)，可以通过在测试通道中设置氧传感器进行测定。(氧传感器主要包括氧化钛式和氧化锆式，具体原理可以参考汽车发动机电控燃油喷射方面的资料)。

如果在上述四气体基础上再增加 NO_x 检测的功能，就成为五气体分析仪。测定 NO_x 最合适的方法是采用化学发光分析法，但是该方法仪器复杂，成本较高。所以，高端的五气体分析仪要同时具有不分光红外气体分析仪、氧传感器和化学发光分析仪，其成本是非常高的。一些供在线快速检测用的五气体分析仪没有采用化学发光分析法，而是将 CO、CO_2、HC 和 NO_x 都交由不分光红外线分析仪来检测，O_2 仍然由氧传感器测定。这无疑降低了成本，但是 NO_x 的检测精度较低。

4．烟度的测定原理

碳烟是柴油机的主要排放污染物。排气中碳烟含量的高低用烟度来表征，具体包括滤纸烟度和不透光烟度。

1) 滤纸烟度

从排气管抽取规定容积的排气，使之通过规定面积的标准洁白滤纸，滤纸被染黑的程度就是滤纸烟度。当污染滤纸为全黑时，定义滤纸烟度值为 10；全白的无污染滤纸烟度为 0。测定滤纸烟度的设备称作滤纸式烟度计，其机械结构和工作原理如图 3-11 所示。

滤纸式烟度计的测量装置采取光电式原理，如图 3-12 所示。固定光源照射被排气染黑后的滤纸，其反光照射在一个环形光电池上。滤纸染黑度越高，其反光率就越低，光电池产生的光电流就越小；反之，滤纸染黑程度越小，光电流就越大。

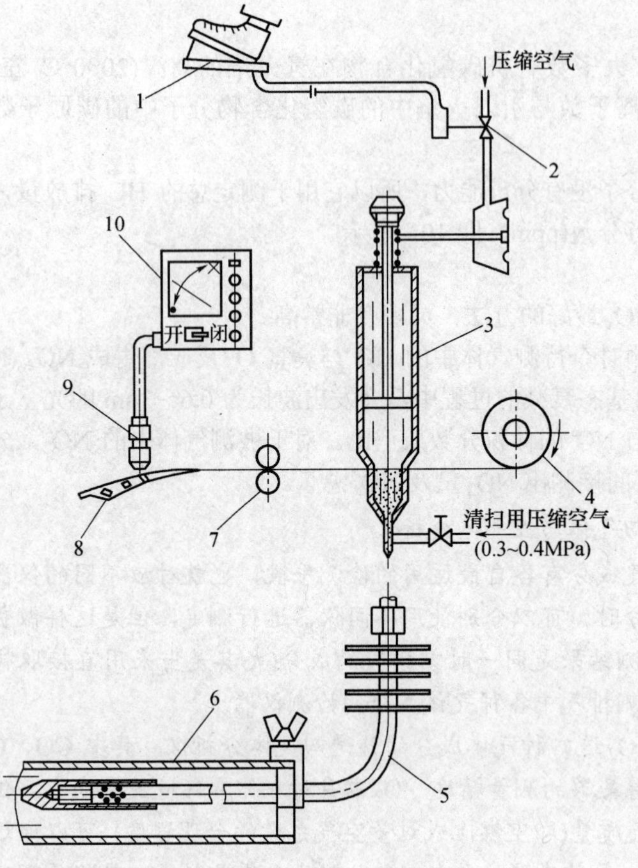

图 3-11　滤纸式烟度计结构简图

1—脚踏开关；2—电磁阀；3—抽气泵；4—滤纸卷
5—联样探头；6—排气管；7—进给机构；8—染黑的滤纸；
9—光电传感器；10—指示电表。

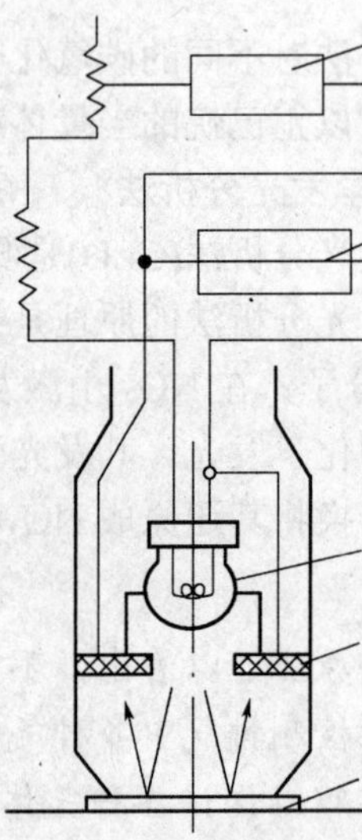

图 3-12　滤纸烟度值的测量

1—电源；2—指示仪表；3—光源；
4—光电池；5—待测滤纸。

滤纸式烟度计是一种比较传统的烟度检测设备，具有结构简单、调整方便、使用可靠、测量精度高、试验试样便于保存等优点，目前在检测和维修行业使用的较多。其缺点是，只能检测黑色碳烟，对于蓝烟灵敏度下降、测量失准，对于白烟则完全无效。另外，滤纸烟度的计量原理决定了其只能测量一张滤纸染黑全过程(也就是发动机一次测量工况的排气过程)的总染黑度，不能动态地显示柴油车(柴油机)在变工况过程中随着时间的变化排气中碳烟含量的变化规律。

2) 不透光烟度

不透光烟度又称消光式烟度，它是利用不透光度来反映排气中碳烟等可见污染物的含量。

不透光度是指光源的光线被排气中可见污染物吸收而不能到达光电检测单元的百分率，用 N 表示。测定不透光烟度的设备就是不透光烟度计。不透光烟度度计按 N 从 0～100%的变化进行线性刻度：N=0%，表示完全透射，被测排气不吸收光；N=100%，表示光线完全被排气吸收。

不透光烟度计分为全流式和分流式两种。全流式不透光烟度计测量全部排气的不透光度；分流式不透光烟度计是先将排气中的一部分引入取样管，再送入不透光烟度计进行连续分析。我国排放标准规定使用分流式不透光烟度计，如图 3-13 所示，这种分流式不透光烟度计又称哈特里奇烟度计。

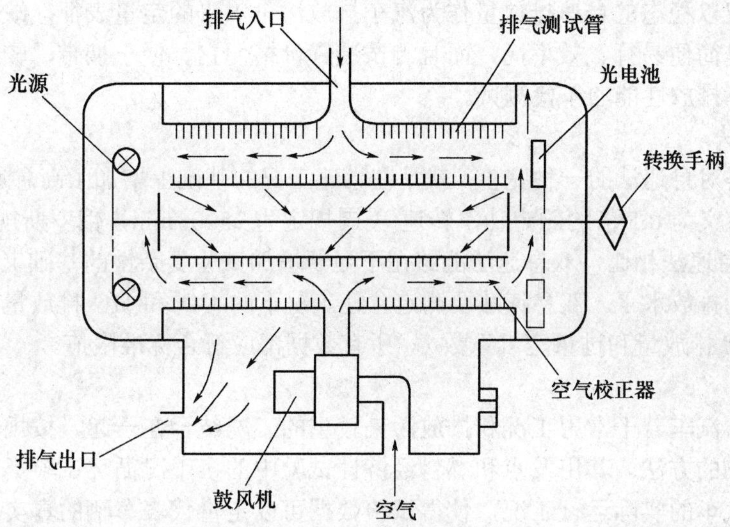

图 3-13　不透光烟度计

测量前，向空气校正器中吹入干净空气，转动转换手柄，使光源和光电池移至校正器两侧，做零点校正。然后再转动手柄，将光源和光电池移至排气测试管两侧，并将需要测定的一部分汽车排气连续不断地导入测试管。光源发出的光被排气中的可见污染物所吸收，烟度越大，光吸收率就越高、即不透光度越高，光电池接收到的光通量也就越小，并通过光电转换显示出测量结果。

滤纸式烟度只能测定黑烟的烟度，而且不能做连续动态测量。不透光烟度则充分考虑了排气中的黑烟、蓝烟和白烟等可见污染物对环境的综合污染，强调了排气中所有可见成分对人的视觉感知的影响。而且不透光烟度计可以对柴油车排气可见污染物进行连续的动态测量，便于分析发动机工况变化对于碳烟排放的影响，目前在世界各国得到广泛的应用。我国标准要求压燃式发动机和装用压燃式发动机的车辆(包括 2005 年 7 月 1 日以后生产的新车和 2001 年 10 月 1 日以后生产的在用车)，其排气检测是测定其可见污染物的不透光烟度。

五、排气污染物的试验方法

排气污染物的试验方法指的是对汽油车和柴油车分别采取哪些试验工况来测定其排气污染物的含量。

不同国家和地区及不同的组织机构，对不同种类的内燃机(主要就是汽油机或柴油机)及装用这些内燃机的不同种类的汽车，制定了不同的试验方法，供试验单位根据自身条件、测试对象和试验目的加以选择。试验方法的标准很多、更新很快，这里介绍几种较典型的试验方法，其中怠速法、双怠速法和工况法是针对汽油车的，稳态法和非稳态法是针对柴油车的。

1. 汽油车的排放试验方法

1) 怠速法

也就是单怠速法，是一种经典的测量汽油机排气污染物的方法，就是选择怠速作为试验工况，一般仅测量 CO 和 HC。一般来说，汽油机(汽油车)在怠速工况下的排放污染是较严重的，选取怠速作为试验工况有其合理性。但是，怠速时间占汽车运行总时间的比例并不大，而且装备电控燃油喷射系统和三元催化转化器的汽车，排放最严重的工况是急加速等非稳态工况，所以，仅以稳态的怠速排放量作为汽车排放污染水平的定量表征，缺乏全面性。怠速法突出的优点是简便易行、效率高，而且测试装置价格便宜、便于携带，较适用于汽车检测站对在用汽油车排放性能的年检测试。

2) 双怠速法

双怠速法是对怠速法的一种完善，就是在怠速工况的基础上增加了高怠速工况。高怠速，按我国的标准定义为 0.5 倍的额定功率转速(美国规定为 2500r/min，俄罗斯规定为 0.6 倍额定功率转速)。与怠速法相比，双怠速法能够在不显著增加试验复杂性的基础上，更全面地反映出汽车污染物的排放水平。双怠速法要测定怠速工况下的 CO 和 HC 排放量，以及高怠速工况下的 CO、HC 排放量和过量空气系数 λ。所有数据都应符合标准限值。

3) 工况法

工况法是将汽车若干常用工况和排放污染较重的工况结合在一起，按规定工况循环模式测定排放污染物的方法。其出发点和燃料经济性试验中的多工况循环试验类似，都是力图最大限度地重现汽车的实际运行工况，使得试验数据可以定量代表车辆的真实使用性能。不同的国家和组织，针对不同的车型和使用环境，编制了许多循环工况，供试验者参照选用。(例如，图 3-14 是欧盟的轻型汽车排放循环工况，是在前面的 ECE15 工况的基础上增加一个郊外高速 EUDC 工况。)工况法的优点在于试验结果更全面、更可靠，但操作复杂，对仪器设备的要求较高，其应用受到一定的限制。

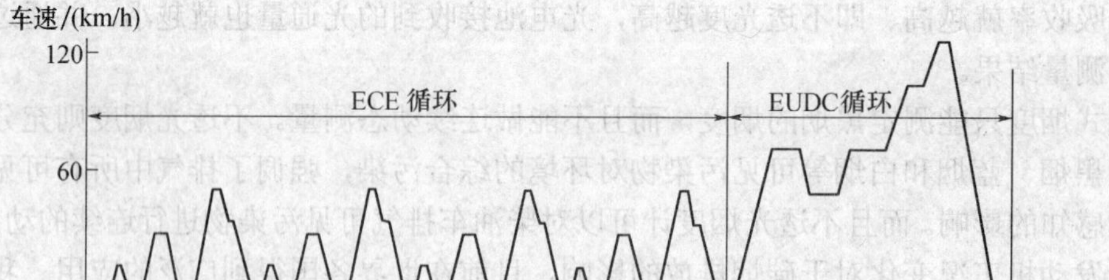

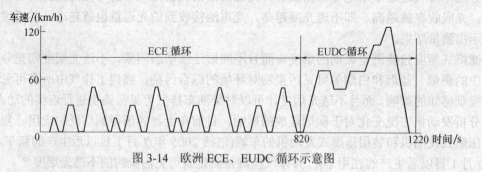

图 3-14 欧洲 ECE、EUDC 循环示意图

2. 柴油车的排放试验方法

柴油机(车)排气污染物的试验方法分为稳态法和非稳态法。

1) 稳态法

稳态法是指在柴油机稳定运转状态下，对其排气污染物进行测定。由于柴油车在全负荷运转时排黑烟较严重，所以稳态试验法通常就是测量柴油车全负荷运转时的排气烟度，国家标准要求采用不透光烟度。基本过程是：由最低转速至额定转速之间选取适当分布且数量足够的转速点进行全负荷烟度测试，其中包括最大扭矩转速和最大功率转速，最低转速是指 45% 的额定转速、1000r/min 或怠速控制器允许的最低转速中最高的一个。每一转速下烟度的测量必须在柴油机运转稳定后进行，任何一次测量结果都不得超过标准允许的限值。

由于需要准确控制柴油机的转速和负荷，稳态烟度试验适用于在发动机试验台架上进行，就车检测较困难。另外，只进行稳态烟度测定，不能反映柴油机的全部排烟特性。

2) 非稳态法

非稳态法是指按规定的控制程序，在柴油机非稳定运转状态下对其污染物进行测定的方法。非稳态法包括自由加速法和加载减速法，其中自由加速法的应用最为广泛。

自由加速法是指柴油机从怠速状态突然加速到高速空载转速过程中，在自由加速工况下进行排气污染物测定的一种方法。这里的自由加速工况是指在发动机怠速下，迅速但不猛烈地踩下加速踏板，使喷油泵供给最大油量，在柴油机达到调速器允许的最大转速前，保持此踏板位置；达到最大转速后立即松开加速踏板，使发动机恢复至怠速。

自由加速法不需要对柴油机加载，易于就车进行，并且能客观地反映柴油机的排烟特性，因此该法适用于检测站对在用柴油车的年检及环保部门对柴油车的监测。

对于机动车保有量大、污染严重的地区，也可以采用加载减速试验法。加载减速法是在一定工况条件下测量柴油车排气可见污染物的方法，加载减速过程必须完全自动化。自动控制系统采集实测最大轮边功率时的转鼓线速度 V_e、90%V_e 和 80%V_e，将上述 3 个工况下的轮边功率、发动机转速、转鼓线速度和排气光吸收系数作为检测结果。只有上述 3 个工况点测得的光吸收系数或烟度值均满足标准限值，排放测试才判定为合格。

加载减速法来自香港地区，北京、上海等地区也开始使用加载减速工况法检测在用柴油车的烟度。

前文已述，排放试验标准是根据车型分类制定的，不同国家和机构对车型的分类标准不一样，同一类型汽车的试验方法也很多，排放限值的标准数据更新也很快，这里不再详述。希望试验者在进行汽车排放测试时，查阅最新的有效标准，并依据自身情况参照执行。

事实上，对于很多燃料经济性试验和排放性试验，或者其他汽车试验，试验单位在操作时并不一定完全按国家标准执行，包括试验工况、操作规范、所采用的仪器设备和标准限值等。例如，国家标准规定轻型汽车(轿车和总质量小于 3500kg 的货车)除装备压燃式发动机的以外，都必须进行双怠速工况测试，但是很多检测单位仍然采用单怠速法；标准要求压燃式发动机和装用压燃式发动机的车辆(包括 2005 年 7 月 1 日以后生产的新车和 2001 年 10 月 1 日以后生产的在用车)，其排气检测是测定其可见污染物的不透光烟度，而很多检测和试验单位仍然采用滤纸式烟度计；加载减速法的烟度限值目前只有国家环保总局给出的建议性原则，很多地区使用的是地方标准；而另一方面，很多科研单位和大专院校在进行科研创新性试验时，往往采用国外组织和机构的标准。这些是由于试验单位自身条件的限制或者试验目的的不同造成的，可以说是一种可以接受的变通措施。但是在试验报告中一定要注明所采用的试验方法和仪器设备，而且要注意，其结果与采用现行正规国家标准得到的试验结果没有可比性。

第五节 噪声试验

所谓噪声，是泛指人们不欢迎的、不需要的和令人烦躁、讨厌的干扰声。在示波器上往往表现为一系列不规则或随机的声信号。

噪声会使人的听力减弱、视觉功能下降、神经衰弱、血压变化和胃肠道消化功能障碍，影响人的睡眠、谈话、学习、工作和情绪等。总之，噪声对人体的生理和心理都由诸多不利影响。

噪声按来源可分为交通噪声、工业噪声和生活噪声。其中交通噪声包括道路交通噪声、铁路交通噪声、航空交通噪声和内河航运噪声。道路交通噪声还可分为车辆噪声和道路噪声。本节研究的就是车辆噪声。

车辆噪声(或称汽车噪声)主要来源于两大方面：一类是与发动机运转有关的噪声，一类是与汽车行驶有关的噪声。前者包括燃烧噪声、机械噪声、进/排气噪声和风扇噪声，后者包括底盘传动系统噪声、制动噪声和轮胎噪声。

汽车噪声试验并不着重考察汽车噪声的来源和产生机理，而是主要测定不同工况下、车内外不同位置所受到的噪声水平。

一、声音的评价指标

不仅要研究声音的客观物理评定量，还要考虑人对声音的生理感受。

1．声压与声压级

声压是指声波波动引起传播介质压力变化的量值。设介质处于平衡状态时各处的静压强为 p_1，当声波通过时介质中某点的压强变化为 p_2，其变化量 p 即为声压，单位为帕斯卡(Pa)，即

$$p = p_2 - p_1$$

正常人耳能够听到的最弱的声压为 1×10^{-5} Pa ，开始感到疼痛的声压为 20 Pa ，差距达数百万倍。可见，用声压的绝对值来表征声音的强弱很不方便，因此引入“级”的概念，用成倍比关系的对数值来评定声音的强弱。于是定义声压级 L_p 为

$$L_p = 20\lg\frac{p}{p_0} \tag{3-4}$$

式中：p 为被描述点的声压；p_0 为基准声压，$p_0 = 2\times10^{-5}$ Pa

声压级 L_p 的单位是分贝(dB)，它是一个相对于基准的对数指标，由式(3-4)可以看出，声压变化 10 倍，声压级改变 20dB。

2．声功率与声功率级

声压描述的是声场中某点的压强变化，而声功率表征的是声源在单位时间内传播的声能，单位为瓦特(W)。

同样采用“级”的概念，可以将声功率倍比关系的对数值定义为声功率级，即

$$L_W = 20\lg\frac{W}{W_0}$$

式中：W 为声源辐射的声功率；W_0 为基准声功率，$W_0 = 1\times10^{-12}(W)$ 。

3．声强与声强级

声强：通过与声能传播方向垂直的单位面积的声能的时间平均，记作 I，单位为 W/mm^2。声强描述的是声场中某一点的“功率密度”(但不是瞬时值，而是一个周期 T 内的平均值)，声强是矢量，方向指向该点的声能传播方向。

同样采用“级”的概念，可以将声强倍比关系的对数值定义为声强级，即

$$L_I = 20\lg\frac{I}{I_0}$$

式中：I 为被描述点的声强；I_0 为基准声强，$I_0 = 1\times10^{-12}(\mathrm{W/mm^2})$。

4．响度级

响度级是人耳听到声音时的主观感觉的定量描述。它是同时考虑声音的声压级和人耳对不同频率声音响应的一个表示响度的主观评价量，单位是方(phon)，其数值等于频率为1000Hz的纯音的声压级分贝值。举例来说，如果一个1000Hz纯音的声压级是50dB，那么它的响度级就是50方。

人耳的听觉生理特征是，对各种频率的声音有不同的选择性和响应。一般来说，人耳对高频声音比对低频声音要敏感，感觉声音更响；但是频率过高(大约超过4000Hz)后敏感度下降。这个关系可以用“等响曲线”表示，如图3-15所示。因此，除了1000Hz的纯音以外，人感觉到的响度级和声音的声压级是不同的。或者说，频率不是1000Hz的两个声音听起来一样响，但是其声压级是不同的。

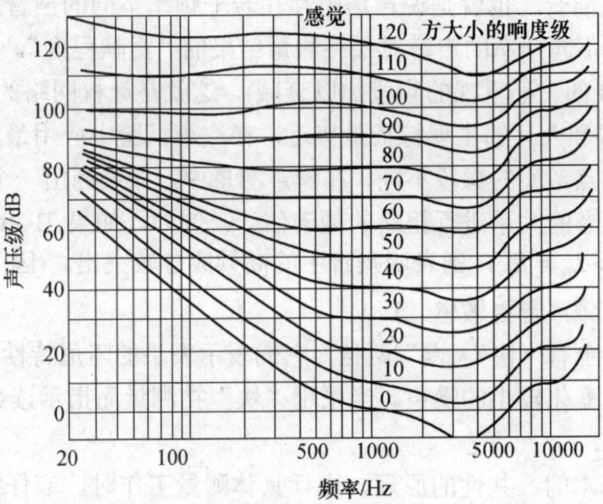

图3-15　等响曲线

二、噪声试验的仪器——声级计

噪声测量仪器有声级计、声强测量仪和频率分析仪等，其中应用最多的是声级计。它不仅可以单独用于噪声声压级的测量，而且还可以和相应的仪器设备配套，用于频谱分析和振动测量等。在有关汽车噪音试验方法和噪声允许限值等国家标准中，均规定使用声级计作为汽车噪声试验的测量仪器。

根据测量精度的不同，声级计可以分为普通声级计和精密声级计。与普通声级计相比，精密声级计除了频率响应更宽、灵敏度更高、指向性和稳定性更好外，还能与各种带通滤波器配合使用。

声级计通常由传声器、放大器、衰减器、计权网络、检波电路和指示表头等部分组成，如图3-16所示。

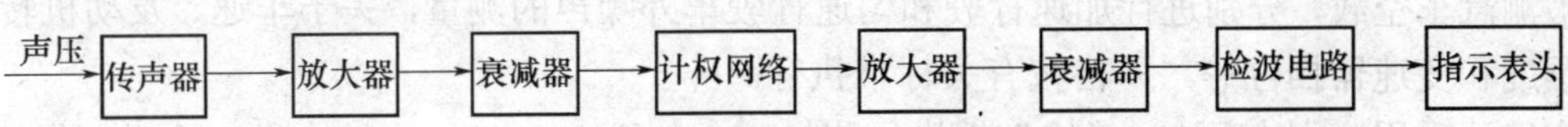

图3-16　声级计的基本原理

声级计的基本工作原理是将被测声波的声压信号通过传声器转换成电压信号，经放大器放大，交由衰减器调整量程后，再经过计权网络修正、检波，最后由表头显示相应的声压级数值。

传声器是声级计的声—电转换器件，也就是传感器。普通声级计一般采用动圈式或者压电式传声器，而精密声级计采用电容式传声器，也就是电容式微音器，可参阅第二章第二节中有关电容式传感器的部分。

声级计中的放大器是用来放大传声器的输出信号的，对其基本要求是高增益，在声频范围(20～20000Hz)内线性好，固有噪声低，工作性能稳定等。衰减器则是用来控制指示表头的显示量程，通常每一档的衰减量为 10dB。

声级计设有 A、B、C 三种计权网络，当旋钮指向某计权位置时，该计权网络便被接入输入放大器和输出放大器之间。声级计的最终显示也要标明所用计权网络的名称，例如显示"85dB(A)"就表示采用 A 计权网络得到的声压级——也称 A 声级，是 85dB，记作 $L_A = 85\text{dB}$。噪声试验测量的一般是混音，也就是说声场中存在若干频率不同的声音，而声级计只显示一个声压级，必然要考虑不同频率的声音对最终测量结果的"贡献程度"，也就是各声音要按频率加权(实际上是对次要的、不重视的频段加以衰减)，这就是计权网络的功用。3 种计权网络中，A 声级的加权方式和人耳的生理特征最接近，在汽车试验中应用最广。另外，由于不同的计权网络反映的是重点考察的频段不同，在噪声测量中，如果测出一个噪声的 A、B、C 三个声级，就可以依据三者的关系进行粗略的频谱估计。例如，如果 B、C 声级读数相同但小于 A 声级读数，即 $L_A > L_B = L_C$，则表明噪音中的高频成分较突出。(因为 A 计权网络和人耳的生理特征类似，对高频声音更敏感。)

声级计的指示表头上有"快""慢"两挡，它们表示表头的阻尼特性，或称动特性。"快"挡用来测量随时间起伏变化较小的噪声。当采用"快"挡测量而指示读数波动大于 4dB 时，应采用"慢"挡测量。

这只是声级计的基本的、共性的原理，进行具体测量工作时，应仔细阅读所用声级计的说明书。

汽车噪声试验一般包括车外噪声试验、车内噪声试验和驾驶员耳旁噪声试验，另外对汽车喇叭的声级也有一定要求。每项试验的具体要求较复杂，以下仅介绍其基本思想和操作要点。

三、车外噪声试验方法

场地要求水平、坚实、平整，半径 50m 范围内不得有大的反射物。

使用两个声级计，其传声器分别位于试验路线中线两侧 7.5m 处，距地面高 1.2m，用三脚架固定，其轴线水平、垂直于试验道路中线，如图 3-17 所示。

试验时包括风在内的本底噪声(本底噪声：测试对象噪声不存在时，周围环境的噪声)比所测汽车噪声至少低 10dB。为避免风的干扰，可以采用防风罩，但应注意防风罩对声级计灵敏度的影响。

被测汽车空载，分别进行加速行驶和匀速行驶车外噪声的测量，关于车速、发动机转速、加速强度和变速器挡位等，严格按有关标准执行。

声级计采用 A 计权网络、"快"挡进行测量。

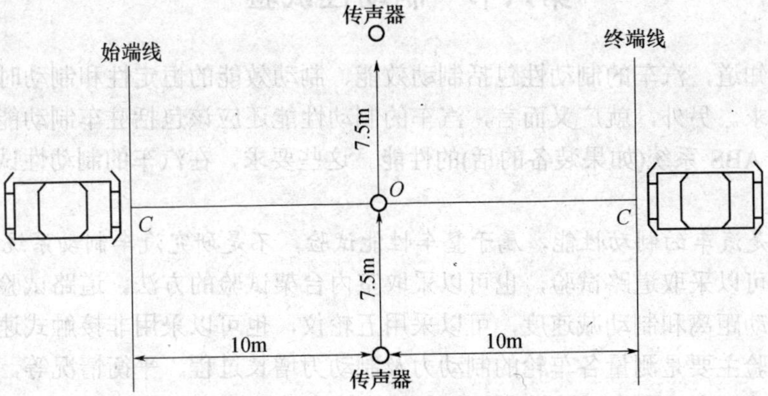

图 3-17　车外噪声试验的试验路线和传声器布置

进行数据处理时，要注意：汽车同侧的噪声值可以进行平均，但两侧的噪声值不做平均，取较大者作为该车的代表。

四、车内噪声试验方法

场地要求和车外噪声试验类似，周围不得有大型反射物的距离要求由 50m 降低为 20m。本底噪声比所测汽车噪声至少低 10dB。

车内噪声试验的一个重点是车内测量点的选择：一个测量点必须选在驾驶员座位，基本处于驾驶员右耳旁；对于轿车，可以在后排无人座位上追加一个测量点；对于客车还应追加车厢中部和后部站立处的测量点，距地板高 1.5～1.7m，基本处在站立乘客的耳旁。

从以下 3 种运行工况中选出一种可以代表被试汽车车内噪声的运行条件：匀速行驶、全节气门加速和车辆定置。

声级计采用 A 计权网络、“快”挡进行测量。

具体操作严格按有关标准执行。

五、驾驶员耳旁噪声试验方法

驾驶员耳旁噪声试验可以认为是一种车内噪声试验，但前者对车辆测试工况有专门的要求，故本节将其单列为一项。

驾驶员耳旁噪声试验要求汽车处于静止状态，变速器挂空挡，发动机于额定转速稳定运转。(车内噪声试验的定置工况，则是要求变速器空挡，发动机由低速空转开始，迅速踩下加速踏板，全力加速至发动机高速空转，测量 5s。)

声级计采用 A 计权网络、“快”挡进行测量。

六、汽车喇叭噪声试验方法

机动车喇叭应具有连续发声的功能，工作应可靠，且声级不得过强。测量喇叭声级时，声级计的传声器距地面高度为 1.2m，距被测汽车最前端 2m。

测试时应注意不被偶然的其他声源峰值干扰，测量次数最好达到两次以上，并注意监听喇叭声音是否悦耳。其声压级应在 90～115dB(A)之内。

第六节　制动性试验

由汽车理论知道，汽车的制动性包括制动效能、制动效能的恒定性和制动时汽车的方向稳定性等方面要求。另外，就广义而言，汽车的制动性能还应该包括驻车制动能力、应急制动系统的效能及 ABS 系统(如果装备的话)的性能。这些要求，在汽车的制动性试验中均有所体现。

本节研究的是汽车的制动性能，属于整车性能试验，不是研究汽车制动系统的零部件。

制动性试验可以采取道路试验，也可以采取室内台架试验的方法。道路试验的主要测试参数是汽车的制动距离和制动减速度，可以采用五轮仪，也可以采用非接触式速度仪和加速度计等。台架试验主要是测量各车轮的制动力及制动力增长过程、平衡情况等，有的台架试验也可以测量制动距离，室内试验设备包括各种滚筒式或平板式制动试验台。

一、制动性的道路试验

试验道路应坚硬、水平、干燥，附着良好(测试防抱死制动系统性能的路面对附着系数的组成另有特殊的要求)，最好是混凝土路面，而且要有足够的宽度，相关试验要按规定施画标线。

主要试验项目及要点如下。

1．磨合试验

磨合试验包括磨合前的检查试验、磨合前的制动效能试验和磨合试验。

1) 磨合前的检查试验

磨合前的检查试验用于初步检查汽车的制动性能和各仪表状况。如存在较严重问题，则应检修好之后再进行试验，如果制动性能和仪表性能难以恢复，则中断试验。

试验时，初速度为 30km/h，末速度为 0，减速度为 3.0m/s^2(具体操作时需保持相应的制动踏板力或制动管路压力)，制动间隔距离 1.6km，制动 10 次。同时，测量制动管路压力、制动减速度和制动器初始温度，应符合相关要求。

2) 磨合前的制动效能试验

所有制功效能试验，都要同时考察制动效能和制动时汽车的方向稳定性。

制动初速度分别取 30km/h 和 65km/h(对于最高车速超过 100km/h 的车辆，增加 80km/h 的初速度)，制动末速度均为 0。

试验道路上按规定的通道宽度施画标线，例如，对于各种总质量小于等于 3500kg 的汽车，通道宽度为 2.5m。注意，在标线两侧要留有足够的道路安全宽度。

每次制动时，先将车速提升到略高于规定的初速度，然后分离离合器、摘空挡滑行，当车速降低到规定初速度时，以一定的力度踩下制动踏板并尽量保持该力度不变。制动踏板上套有脚踏开关，踩踏板的同时就启动该开关，五轮仪、减速度计等测量仪器开始测量速度、距离和制动减速度等信号。

其中，减速度计用于道路试验中测量汽车的制动减速度。减速度计包括摆锤式和滑块式两种。摆锤式减速度计是在车辆减速时，随着摆锤的摆动角位移而指示减速度值；滑块式减速度计是重块在惯性力作用下沿铜质导轨做线位移，按线位移的大小显示减速度值。滑块式减速度计的精度更高、误差更小。

制动时，监测制动踏板力、制动管路压力或制动减速度，以其中任意一个参数作为制动强度的代表(此处的“制动强度”与汽车理论中的制动强度 z 含义有所不同)。同时，检查是否达到最大制动效能。发生以下三种情况的任意一种，就认为达到了最大制动效能：①有任意车轮抱死；②车体任何部位对地面的投影超出划定的通道宽度；③制动踏板力超过规定的允许值(出于实际驾乘体验的考虑，很大的踏板力下才能实现的制动效能，对于很多体力不是很强壮的驾驶员来说是不现实的，所以规定了该限制。例如，国标中对于乘用车的踏板力，是要求不得大于 500N)。

试验时，逐次搜索、提升制动强度，直到达到最大制动强度。以该工况下的制动效能作为试验结果。可以看出，制动效能的路试，要求反复调控制动强度，力争在不突破“达到最大制动效能”限制的条件下尽可能提高制动效能，这对于驾驶员的操作技能和抗疲劳能力有较高要求，同时对车辆的制动系统和轮胎等部件的技术状况也有较高要求。制动效能用制动距离或制动减速度为表征，其中关于制动减速度，国家标准要求采用充分发出的平均减速度 MFDD，而汽车行业内也有采用平均减速度 $\bar{a}$ 的。(可参见汽车理论。)为计算方便，也有采用制动减速度曲线上的初期值、中期值和终期值 3 点的算术平均值代表制动减速度的。

国家标准中对于不同的车型，规定了不同的制动初速度、不得超出的通道宽、制动距离限值、制动减速度限值和制动踏板力限值等。具体数据参阅标准。注意，常说的制动性能试验限值，一般指的是下文“冷态制动效能试验”的限值，不是这里的“磨合前的制动效能试验”的限值。

3) 磨合试验

制动磨合试验，就是在一定初速度、末速度、减速度和制动间隔里程等条件下反复减速制动的过程，类似“磨合前的检查试验”。但是磨合试验对不同车型的制动初速度、末速度和减速度的要求是不同的，最大总质量小于 4500kg 的汽车，初速度为 65km/h、末速度为 0、制动减速度为 4.5 m/s^2；最大总质量大于等于 4500kg 的汽车，初速度为 65km/h、末速度为 30km/h、制动减速度为 3.0 m/s^2。

制动间隔里程都不得大于 1.6km，制动器温度不得高于 120°C，制动次数均为 200 次。试验过程中，记录第 1 次制动，和以后每隔 25 次制动时的：制动减速度、制动踏板力、制动管路压力和初始制动器温度。

2．冷态制动效能试验

冷态制动效能试验的操作规范，与磨合前的制动效能试验相同。

国家标准中规定的、可以代表被试汽车的行车制动效能的，就是该试验的结果。国家标准中对于不同的车型，规定了不同的制动初速度、不得超出的通道宽、制动距离限值、制动减速度限值和制动踏板力限值等。(例如，乘用车要求任意载荷下的制动初速度为 50km/h、制动时不得偏出的通道宽 2.5m、制动踏板力不得超过 500N、制动距离不超过 20m，MFDD 不小于 5.9 m/s^2。)

3．制动系统部分回路失效效能试验

制动系统部分回路失效效能试验，其试验规范同磨合前的制动效能试验一样。但为了模拟回路失效，允许配置必要的附加装置和管路，附加装置不得影响汽车原有的行车制动效能和部分回路失效后的制动效能。

部分回路失效的模拟，对于气压制动来说，是将失效回路的气压直接排入大气；对于液压制动来说，可将失效回路的制动液通过另接的管路返回储液罐。在装有制动力调节装置的汽车上，应拆除其机械控制装置。

部分回路失效试验时，可选择实现最严重的失效工况，例如对于载货汽车，可以断开后轴制动回路，轿车则可以分别断开前轴或后轴回路，具体失效模拟方案视试验车制动系统而定。部分回路失效后，其剩余制动效能(如制动减速度)应能保持原规定值的30%以上。

4. 应急制动试验

应急制动是指常规的行车制动失效后，在适当的距离内将车停住。应急制动装置必须可控制、可调节。

国家标准要求汽车必须要有应急制动装置，同时允许应急制动装置与常规行车制动系统或者与驻车制动系统合为一体，但不得三者合为一体。而对于轿车等车型来说，应急制动装置往往与行车制动系统合为一体，也就是“双回路制动系统”。所以其应急制动试验实际上就是制动系统部分回路失效效能试验，试验方法与规范同上。区别在于两者的限值要求不同，应急制动效能尚无统一的规定，通常按车辆设计要求或试验目的进行评定。一般来说，应急制动的制动减速度，至少应该达到正常行车制动的50%。(制动系统部分回路失效效能试验则是要求30%。也就是说，对于轿车等车型来说，通过了应急制动试验，自然意味着通过了制动系统部分回路失效效能试验。)

5. 制动器热衰退试验

注意，“制动器热衰退试验”并不是将制动器从车上拆下来进行台架测试，而是仍然进行整车道路测试。

制动器热衰退试验包括基准试验、热衰退性能试验和恢复试验。评价制动器的抗热衰退性能，用制动效能衰退率来表示

$$衰退率=\frac{第i次踏板力（管路压力）-基准踏板力（管路压力）}{基准踏板力（管路压力）}\times 100\%$$

注意，该式中的数值均是在相同的制动减速度下取得的。显然，衰退率越高，说明为了获得相同的制动效能，衰退后的制动器需要更大的制动踏板力(或制动管路压力)，抗热衰退性能就越差。

1) 基准试验

基准试验的制动初速度为65km/h，末速度为0，最大总质量≤4500kg的汽车的制动减速度为4.5m/s^2，最大总质量>4500kg的汽车的制动减速度为3m/s^2，制动器初始温度为90℃。共制动3次。试验过程中，测量制动减速度作为制动效能的代表，另外，测量制动踏板力或制动管路压力。

2) 热衰退性能试验

热衰退性能试验的制动初速度为65km/h，最大总质量≤4500kg的汽车，制动末速度为0、制动减速度为4.5 m/s^2，最大总质量>4500kg的汽车，制动末速度为30km/h、制动减速度为3.0 m/s^2。制动时间间隔为60s，冷却车速为65km/h，制动次数为20次。试验时，测量并记录制动踏板力、制动管路压力、制动减速度和制动器初始温度(制动踏板力和制动管路压力可以选择一个测量)。计算衰退率，考察制动器的抗热衰退性能。

3) 恢复试验

热衰退性能试验后，立刻进行恢复试验。恢复试验的制动初速度、末速度和减速度，与热衰退性能试验相同。制动时间间隔拉大到180s，冷却车速仍为65km/h，制动次数为15次。

试验时，测量并记录制动踏板力、制动管路压力、制动减速度和制动器初始温度(制动踏板力和管路压力可以选择一个测量)。要求最后一次制动器初始温度应降到 120°C 以下。

6．涉水试验

制动效能的恒定性，除了抗热衰退性能外，还包括抗水衰退性能。涉水试验就是考察抗水衰退性能，基本思想和操作要点，与制动器热衰退试验类似。也采用衰退率评价，同样的制动效能下衰退率越小，说明抗水衰退性能越强。

涉水试验包括基准试验、涉水试验和恢复试验。

1) 基准试验

基准试验的制动初速度为 30km/h，末速度为 0，最大总质量≤4500kg 的汽车的制动减速度为 $4.5m/s^2$, 最大总质量>4500kg 的汽车的制动减速度为 $3m/s^2$，制动器初始温度为 90℃。共制动 3 次。试验过程中，测量制动减速度，另外，测量制动踏板力或制动管路压力。

2) 涉水试验

将汽车驶入水槽，车轮浸入水深大于车轮半径，并使制动器处于放松状态(确保水可以进入其内部)，然后驾驶汽车以 10km/h 以下的速度往、返行驶，行驶 2min 后驶出水槽。注意，涉水试验中不进行制动减速，也不测量数据、不计算衰减率。

3) 恢复试验

涉水后，驶出水槽 1min 后进行恢复试验。恢复试验就是进行反复制动行驶，每次的制动初速度、末速度和减速度，与基准试验相同。制动间隔时间为 180s，行驶车速为 30km/h。试验过程中，测量制动减速度，另外，测量制动踏板力或制动管路压力。计算衰退率，考察制动器的抗水衰退性能。

7．制动系统时间特性的测定

按汽车理论，制动过程包括驾驶员反应时间、制动器起作用时间、持续制动时间和制动释放时间四个过程。此处的制动系统时间特性，指的就是制动器起作用时间和制动释放时间。这两个时间分别影响制动效能和解除制动后汽车迅速加速或者减轻侧滑的能力，都要求越短越好。

在试验环节，制动器起作用时间一般用制动协调时间代表。制动协调时间：从驾驶员踩到制动踏板到制动管路压力(或制动器制动力，但路试一般难以测量制动器制动力)达到规定值的 75%所需的时间，也称制动促动时间。制动释放时间就是从制动踏板开始松开到管路压力下降到规定值的 10%所需的时间。

制动协调时间和制动释放时间是在汽车静止状态下测量，制动管路压力是在液压管路或者前后制动气室的进口处测量，装有制动力调节装置的应将其置于满载位置。试验时应快速踩下或松开制动踏板。

8．防抱死制动系统性能试验

对于装备有 ABS 的汽车，还应进行防抱死制动系统的指示灯检查试验、剩余制动效能试验、防抱死制动系统特性校核试验、附着系数利用试验、对开路面试验、对接路面试验、能耗试验和抗电磁干扰试验等。

防抱死制动系统的设置，是基于轮胎在不同滑动率下附着系数不同的规律，力图使汽车在各种附着系数的路面上均能获得较理想的制动力系数和侧向力系数，提高汽车的制动效能和制动时汽车的方向稳定性。因此，防抱死制动系统试验，对试验道路的附着能力有特定的要求。

防抱死制动系统性能试验所采用的典型路面，如表 3-3 所列。

表 3-3　防抱死制动系统性能试验所用典型路面

路面类型	路面类型代号	附着系数	图例路宽/m
高附着系数路面	G	$\varphi_G \geqslant 0.5$	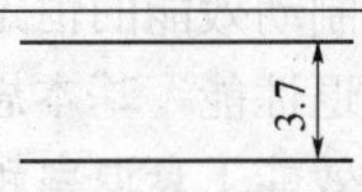
低附着系数路面	D	$\varphi_D < 0.5$	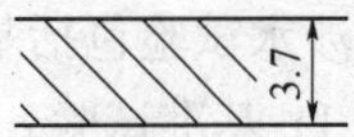
高低附着系数对开路面	DK	$\varphi_G \geqslant 0.5$，$\varphi_D < 0.5$ $\varphi_G / \varphi_D \geqslant 2$	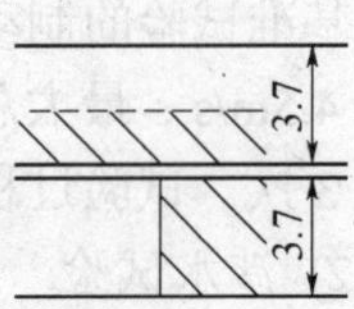
高低附着系数对接路面	DJ		

具体试验项目、操作规范等，请参阅有关标准。

二、制动性的台架试验

一般来说，整车的制动性能，采取道路试验是比较理想的，制动工况真实，数据精度和可信度都较高。但是路试对于道路条件和气象条件要求较高，试验周期长，所需的人员和设备较多。因此，在很多检测、维修企业，采用台架试验法检测整车的制动性，以节约时间、提高效率。如果对台架检测的结果有争议，标准规定采用路试法进行复检，并以满载路试的试验结果为准。

下面介绍几种常见的制动性试验台，及其检测操作要领。

1. 反力式滚筒制动试验台

滚筒式制动试验台，其外观和基本测试思想与底盘测功机有相似之处，都是利用滚筒(转鼓)充当活动路面支承车轮，在试验台上测量力矩和转速，反映车轮和滚筒之间的相互作用力。滚筒试验台包括反力式和惯性式两类，其中反力式主要用于测量制动器制动力。图 3-18 是反力式滚筒制动试验台的结构简图。

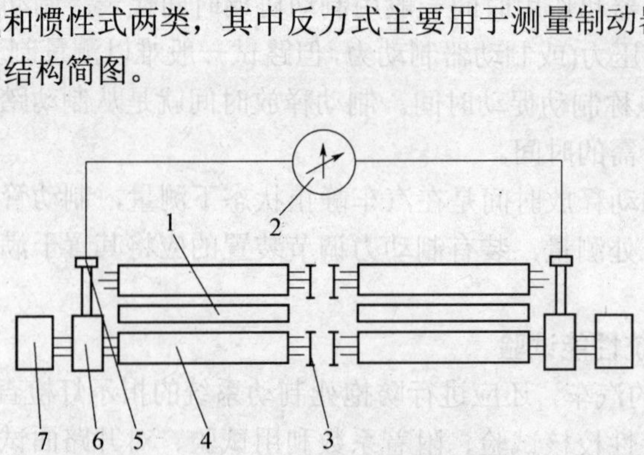

图 3-18　反力式滚筒制动试验台的基本构造

1—举升器；2—测量表；3—链传动；4—滚筒；5—测力传感器；6—减速器；7—电动机。

被试汽车驶入试验台，前/后车轴的左、右轮分别停放于左、右滚筒上，为保持制动助力，可以使发动机运转。试验台的电动机开动起来，通过减速器、链传动等装置带动滚筒转动，滚筒带动被试车轮低速转动。在不施加行车和驻车制动的条件下，可以测出车轮阻滞力，也就是滚筒带动车轮空转所需要的推力。

驾驶员踩下制动踏板，轮胎和滚筒之间的摩擦力(相当于汽车理论中的地面制动力F_{Xb})力图使车轮和滚筒减速。而试验台的电动机驱动系统会驱使滚筒继续转动，车轮在摩擦力的作用下也转动。也就是说，当制动踏板踩下时，车轮还在转动，这就意味着制动器内部的主从动部分(制动盘—制动钳或制动鼓—制动蹄)产生了相对滑动，此时车轮和滚筒之间的摩擦力就是制动器制动力F_μ。两侧车轮的制动器制动力及其变化过程，都可以由试验台测量并显示出来。

反力式滚筒试验台一般都是单轴式的，一次只能测一根车轴，测完前轴左右车轮的制动力，再测后轴的。

单轴反力式制动试验台，结构较紧凑，制动力的测试较精确。但是也存在一些缺点：

为了能测得车轮的最大制动器制动力，要求轮胎和滚筒之间的附着力足够大。而由汽车理论可知，一般的汽车是最大制动器制动力大于附着力。因此，利用反力式试验台检测最大制动器制动力时，通常需要在车辆上增加足够的附加质量，或施加相当于附加质量的作用力，以增大附着力。而这些力是不计入轴荷的。(轴荷用于计算制动力与轴荷之比，供与标准限值进行对比。)为了维持较高的附着力，对滚筒表面技术状况及日常维护的要求较高。

另外，反力式试验台只能在很低的车速下测试，工况模拟不够真实；也无法体现汽车的ABS功能，因为车速较低时ABS装置不起作用。

2．惯性式滚筒制动试验台

惯性式试验台的外观与反力式类似。惯性式试验台具有飞轮机构，用于模拟汽车的惯性。惯性式试验台主要用于测量制动距离和制动减速度。

测试时，先使滚筒带动车轮在同一转速下转动，然后切断驱动滚筒旋转的动力、并踩下制动踏板。于是车轮对滚筒产生切向阻力(相当于地面制动力F_{Xb})，而滚筒在试验台飞轮机构的惯性作用下继续转动、逐渐减速。在此过程中，滚筒周缘的减速度和线位移，就相当于汽车的制动减速度和制动距离。

由于要模拟不同型号汽车的不同惯量值，惯性式试验台的飞轮机构需要具备多组飞轮，而且为了定量反映汽车的制动距离，惯性式试验台需要同时测试所有车轮(一般称双轴式试验台)，因此占地面积大，结构较复杂，而且适应的车型受限制。

3．平板式制动试验台

上述两种滚筒式试验台的一个共性的缺点：由于汽车不运动，不会产生轴荷转移，也不会发生由轴荷转移造成的悬架系统动变形。而轴荷转移和悬架动变形对于制动效能和汽车制动时的方向稳定性是有影响的。

平板式制动试验台的一个主要优点，就是车辆是在动态减速过程中测试，工况模拟更加真实。平板式试验台的结构如图3-19所示。

检测时，汽车以5～10km/h的速度驶上测试平板，紧急制动。在车轮不打滑的情况下，制动器制动力就是车轮受到平板的地面制动力F_{Xb}，而地面制动力与车轮给平板的切向力是一对作用力与反作用力，数值相等，车轮给平板的切向力由拉力传感器测出来。该试验台可以测量各车轮的制动器制动力。如果急踩制动、车轮抱死，测得的就是最大地面制动力(附着力)。

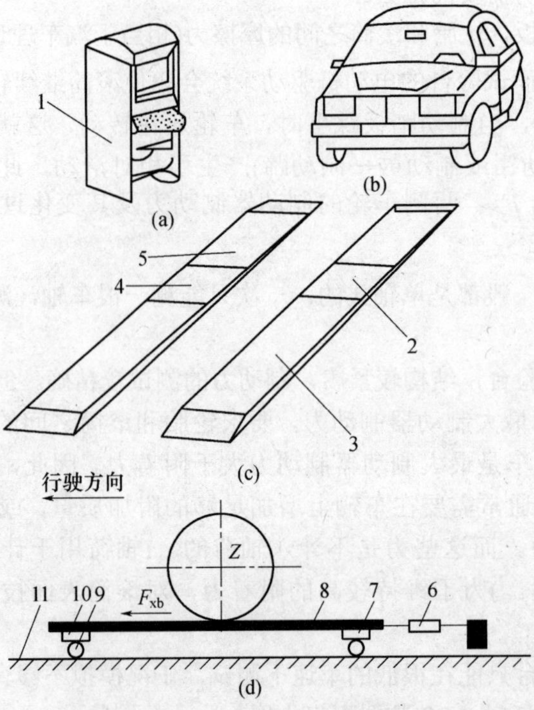

图 3-19　平板式制动试验台简图

1—显示和控制台；2—侧滑测试平板；3、5—制动、轴重测试平板；4—过渡板；
6—拉力传感器；7、10—压力传感器；8—面板；9—钢球；11—底板。

平板式制动试验台结构简单，测试过程与实际道路行驶较接近，能反映轴荷转移及悬架动变形等因素对汽车制动性的影响，不需要增加垂直质量或模拟汽车的惯性，操作简便，效率较高，而且容易与轴重仪、车轮侧滑仪等组合在一起。在检测单位应用广泛。

其主要缺点是测试的重复车轮性差，占地面积较大，需要助跑车道，存在一定安全问题等。

第七节　操纵稳定性试验

汽车的操纵稳定性是指在驾驶者不感到过分紧张、疲劳的条件下，汽车能遵循驾驶者通过转向系及转向车轮给定的方向行驶(操纵性)，且当遭遇外界干扰时，汽车能抵抗干扰而保持稳定行驶(稳定性)的能力。

操纵稳定性的评价指标体系较复杂，需要采用较多的物理量从多方面进行评价。广义而言,汽车的操纵稳定性试验包括三类：操纵稳定性道路试验、汽车力学参数的测定和轮胎的机械特性试验。汽车力学参数的测定主要包括汽车质量、质量分配、质心位置及转动惯量的测定、静态抗侧倾能力试验、转向器和转向系统刚度试验和车轮定位参数的测定等。轮胎的机械特性试验则主要研究轮胎—地面相互作用力、行驶工况、道路条件和车轮定位等之间的关系。

本节以操纵稳定性道路试验为主要对象，选取一些有代表性的试验项目加以介绍。主要讲述试验原理和测试工况，具体的被测物理量及数据处理，可参阅试验标准。

一、稳态回转试验

稳态回转试验，简单地说，就是通过试验方法判定汽车的稳态转向特性是不足转向还是过多转向,并且确定不足/过多转向量。

根据试验原理，稳态回转试验包括变侧向加速度 a_y 法和固定侧向加速度 a_y 法。其中，变侧向加速度法是通过改变前进车速 v 来获得不同的侧向加速度 a_y，该方法又包括定转向盘转角法和定转向半径法；采用固定侧向加速度法时，不仅要改变前进车速 v，还要改变转向半径，以维持 a_y 不变。

注意，在汽车理论中，强调“转向盘角阶跃输入下汽车进入的稳态响应”，这是为了和“转向盘角阶跃输入下的瞬态响应”做时间域的衔接和对比。事实上，稳态转向特性的研究前提就是要求车辆“等速圆周行驶”，然后提高车速或侧向加速度，以观察其稳态转向特性，对于是以何种转向盘输入进入这种等速圆周行驶的，理论上并无限制。因此，在进行试验时，并不一定要求做“转向盘角阶跃输入”，因为这种操作有一定难度和风险。

1. 定转向盘转角法

这是判定稳态转向特性最直观的方法，其原理和汽车理论中对于“不足转向”“过多转向”的描述是一致的：汽车进入等速圆周行驶工况(无论是在何种转向盘输入下进入此工况)后，保持转向盘转角 δ_{sw} 不变，缓慢加速或以不同车速行驶时，随着车速的增加，转向半径增大的就是不足转向，转向半径减小的就是过多转向。

具体操作时，采用“缓慢加速”的，就是连续加速法，采用“以不同车速行驶”的就是稳定车速法。两者的本质要求是相同的，就是行驶过程中汽车的纵向加速度尽量小，地面切向力对轮胎侧偏特性的影响尽量小。

1) 连续加速法

国家标准要求初始转向半径 $R_0=15\mathrm{m}$，将该圆周用较明显的颜色画在试验场地上。汽车按初始转向半径以 $3\mathrm{m/s^2}$ 的侧向加速度行驶 500m，使轮胎升温。

正式测试时，汽车起步，沿该圆周以最低稳定车速行驶，固定转向盘转角 δ_{sw} 不变。缓慢加速，纵向加速度不超过 $0.25\mathrm{m/s^2}$，直到汽车的侧向加速度达到 $6.5\mathrm{m/s^2}$，或者汽车出现甩尾致使车速无法升高，或者轮胎发出尖叫声为止。整个过程保持转向盘转角 δ_{sw} 不变。显然，不足转向的汽车，随着车速(也就是侧向加速度)的提高，转向半径将变大；过多转向的汽车则相反。试验按向左转和向右转两个方向各进行 3 次，每次试验开始时车身均应处于正中位置。汽车行驶轨迹如图 3-20 所示。

按试验目的和试验标准，测取车速和横摆角速度等被测量，进行数据处理。

2) 稳定车速法

稳定车速法和连续加速法的测试基本原理相同，只不过前者在每次行驶过程中，均保持车速不变，不足转向还是过多转向的判定，则是在不同次行驶中变换车速，通过转向半径的变化看出。稳定车速法不需要采用五轮仪(或非接触式速度计)和陀螺仪等设备，只需要简单的喷水装置、秒表和皮尺等。

试验时，汽车先以极低的速度等速绕圈行驶，其半径可根据试验场地合理确定。稳定行驶后，打开喷水装置的开关，喷头(针)向地面喷水，显示出前、后轴中点的行驶轨迹。如图 3-21 所示。行驶一圈后，汽车开出圈外，用皮尺测量内外圈半径 R_1 和 R_2。以后在相同的转向盘转角 δ_{sw} 下，分别以不同的、逐渐升高的稳定车速绕圈行驶，喷水，测量内外圈半径 R_1 和 R_2。

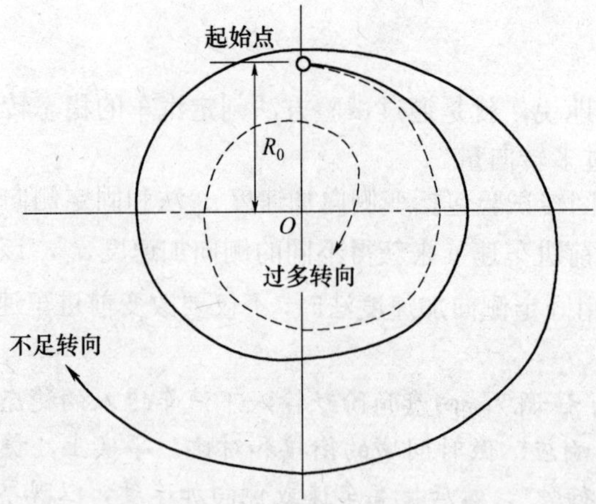

图 3-20 固定转向盘转角连续加速的试验车辆的运行轨迹

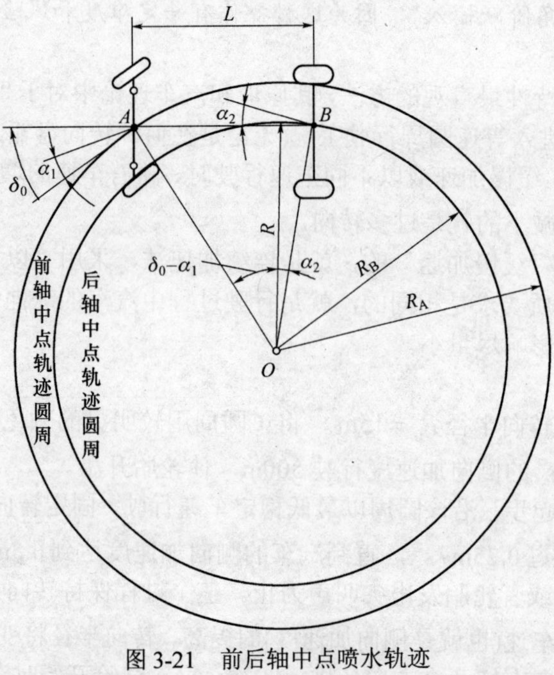

图 3-21 前后轴中点喷水轨迹

与连续加速法相同，不足转向的汽车，随着车速(或侧向加速度)的提高，转向半径将变大；过多转向的汽车则相反。

按试验目的和试验标准，测取被测量，进行数据处理。

该试验方法驾驶操作简便，成功率高，尽管所用器材简单，但同样可以准确判定汽车的稳态转向特性，还能计算前、后轮的侧偏角 α_1 和 α_2。

2．定转向半径法

定转向半径法，顾名思义，就是在转向半径 R 不变的前提下，通过提高车速来改变侧向加速度 a_y，试验时通过转向盘转角 δ_{SW} 的变化来反映稳态转向特性。

在试验场地上画出半径 $R=30$m、圆心角为 120°的圆弧线，弧线的两边每隔 5m 放置一个标桩，以形成通道。如图 3-22 所示。通道宽=车宽+B。轴距 $L\leqslant 2.5$m 时，$B=0.6$m；轴距 $L>2.5$m 时，$B=1.0$m。

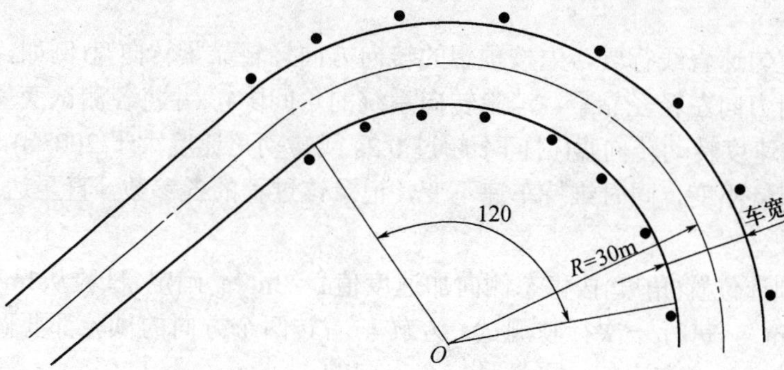

图 3-22　固定转向半径 R=30m 的试验通道

试验时，汽车先以极低的速度驶过通道，测量转向盘转角 δ_{sw}。以后逐次提高车速进行试验，侧向加速度的每次增量不得大于 $0.5m/s^2$，直至汽车的侧向加速度达到 $6.5m/s^2$，或者汽车出现不稳定状态。汽车通过通道时，车速应稳定、转向盘转角 δ_{sw} 不变(指同一次行驶通过通道)，不要撞倒标桩。记录每次的转向盘转角 δ_{sw}。显然，随着车速的提高，不足转向的汽车需要更大的转向盘转角，以维持转向半径不变的前提；过多转向的汽车则刚好相反。

定转向盘转角法和定转向半径法的关系：两者都属于变侧向加速度 a_y 法，试验行驶时都要提高车速；定转向盘转角法是固定转向盘转角 δ_{sw}，观察转向半径 R 的变化；定转向半径法则是固定转向半径 R，测量转向盘转角 δ_{sw} 的变化。

按试验目的和试验标准，测取被测量，进行数据处理。

定转向半径法的优点是对仪器设备和试验场地宽度的要求不高；缺点是对驾驶技术要求较高，随着车速的提高，准确地给出转向盘转角 δ_{sw} 以保证顺利驶过通道并不容易，车速较快时容易撞到标桩，试验成功率低。

3．固定侧向加速度法

试验时，汽车分别以 40km/h、80km/h 和 110km/h 等速度匀速行驶，调节转向盘转角，使得汽车的侧向加速度达到 $a_y=(0.4\pm0.12)g$，维持 10s。测量汽车的横摆角速度 ω_r 和转向盘转角 δ_{sw}，计算横摆角速度增益 $\frac{\omega_r}{\delta_{sw}})_s$，绘制横摆角速度增益 $\frac{\omega_r}{\delta_{sw}})_s$—车速 v 的曲线，用于评价汽车的稳态转向特性。(其原理可参看汽车理论，此处的 δ_{sw} 是转向盘转角而不是前轮转角，两者的比例差异是汽车转向系统的角传动比。)

二、转向盘角阶跃输入下的瞬态响应试验

一些标准文件中称此试验为“转向盘转角阶跃输入试验”，其主要测试内容是车辆的瞬态响应，为此，本节将此项目称为“转向盘角阶跃输入下的瞬态响应试验”。

汽车在等速直线行驶工况下，给转向盘一个突然的转角 δ_{sw} 并维持此转角不变，汽车一般进过一个短暂而复杂的过程进入等速圆周行驶，这一“短暂而复杂的过程”就是“转向盘角阶跃输入下的瞬态响应”。

试验前，行驶 10km，使轮胎升温。

试验车速为试验车最高车速的 70%，圆整至 10km/h 的整倍数，建议取 60、80、100 或 120km/h。

汽车以试验车速匀速直线行驶，先按预想的转向方向轻轻靠紧转向盘(例如，准备向左转向，就将转向盘略用力向左轻轻靠紧，消除转向系统的角间隙)，并将各测试变量的记录曲线调零。然后以尽快的速度转动转向盘(时间不超过 0.2s 或转动角速度大于 200°/s)，使其达到预先选定的位置、并保持不变，同时维持车速不变，记录该过程的各参数，直至达到新的稳态，也就是等速圆周行驶。

试验中转向盘预选位置(角度)按稳态侧向加速度值 $1\sim3\mathrm{m/s^2}$ 确定，试验从 $1\mathrm{m/s^2}$ 的侧向加速度做起，每隔 $0.5\mathrm{m/s^2}$ 进行一次行驶测试。左转与右转两个方向的试验都要做，可以交替进行，也可以连续做完一个方向的，再做另一个方向的。

以转向盘转角达到终值的 50%的时刻作为时间原点，至所测变量过渡到新稳态值的 90%所需的时间为整个时间域。转向盘转角输入、汽车的横摆角速度和汽车的侧向加速度等的时间响应曲线，如图 3-23 所示。

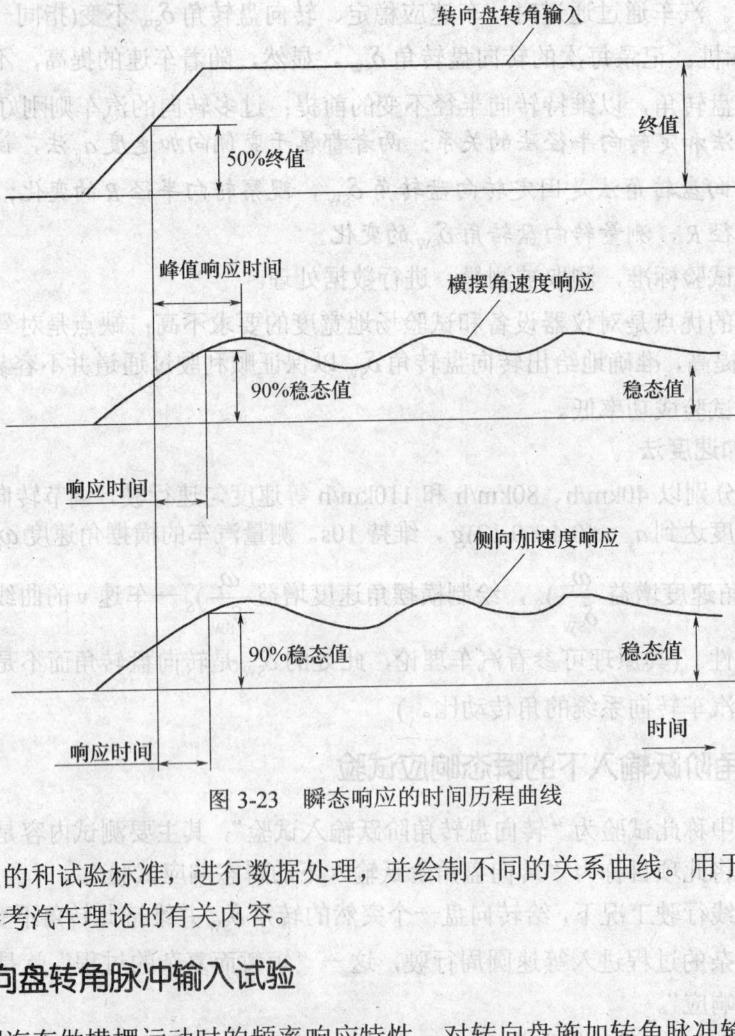

图 3-23　瞬态响应的时间历程曲线

按试验目的和试验标准，进行数据处理，并绘制不同的关系曲线。用于评价瞬态响应的指标，可以参考汽车理论的有关内容。

三、转向盘转角脉冲输入试验

为了得到汽车做横摆运动时的频率响应特性，对转向盘施加转角脉冲输入是一个简便的办法。脉冲输入试验对场地要求不高，宽度大于 20m 即可，试验操作简单，数据处理容易，而且能得到满意的结果。

为造成横摆角速度的明显振荡波动，要求汽车横摆系统的阻尼比 ξ 较小(此理论可参看第二章第一节有关“二阶系统”的内容)，而由汽车理论可知阻尼比ξ随前进车速v的提高而减小，所以该试验的车速要求较高。

试验前，检查并调整转向盘自由行程，直线行驶时不得大于±10°。试验车速为试验车最高车速的70%，圆整至10km/h的整倍数。

汽车以试验车速直线行驶，维持极小的横摆角速度$(0\pm0.5)^\circ/s$，记下转向盘中间位置。保持车速不变，给转向盘一个三角脉冲输入：向左或向右转动转向盘，并迅速转回原处保持不动，转角输入脉宽0.3～0.5s，转角峰值应使本次试验过渡过程中的最大侧向加速度为$4m/s^2$。如图3-24 (a)所示。记录全部过渡过程，直至汽车恢复到直线行驶状态。试验至少按向左、右方向转动转向盘做三角脉冲输入各3次，每次输入的时间间隔不少于5s。

利用专门的数据处理机或通过用电子计算机，进行数据处理，分析汽车横摆响应的幅频特性和相频特性。图3-24 (b)是某轿车的频率响应特性曲线。

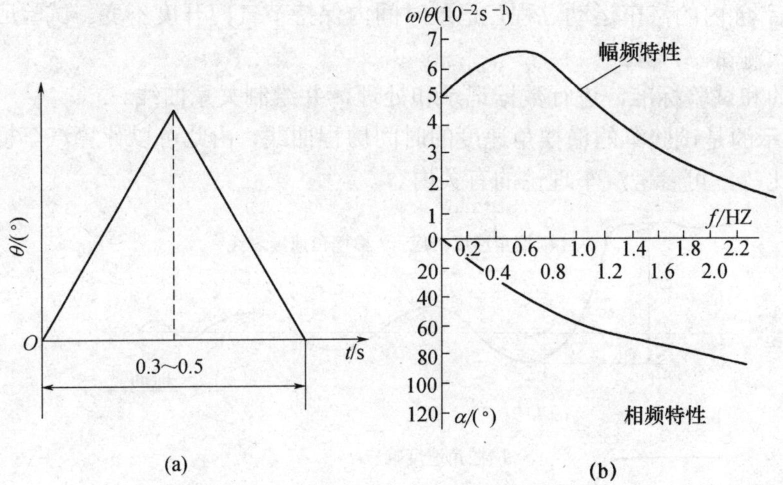

图3-24 转向盘脉冲输入及频率响应特性曲线

(a) 三角脉冲转角输入；(b) 某款轿车的频率特性曲线。

有关汽车操纵稳定性的频率响应特性，可参考汽车理论的有关内容。

四、转向回正性试验

转向回正性试验是转向盘力输入试验的一个基本项目，用以表征和评价汽车从曲线行驶自动恢复到直线行驶的过渡过程和能力。

试验中，在驾驶员松开转向盘之前，驾驶员作用于转向盘上的力为一定值，当驾驶员松开转向盘的一瞬间，作用于转向盘上的力由该定值突然变为0，因此本试验也可看作某种转向盘力阶跃输入的瞬态响应试验，在一定程度上还能反映汽车“路感”的好坏。

试验时要测试的变量有汽车前进速度、横摆角速度和侧向加速度。

在试验场地上用明显的颜色画出半径为15m的圆周，试验前，汽车以$3m/s^2$的侧向加速度沿该圆周等速行驶500m，使轮胎升温。

试验分低速回正性能试验和高速回正性能试验两项。每项试验均应向左转和向右转各进行3次测试。

1．低速回正性能试验

汽车直线行驶，各测试量的记录曲线调零。调整转向盘转角，使汽车沿半径为(15±1)m 的圆周行驶，调整车速，使侧向加速度达到$(4\pm0.2)\ m/s^2$之后固定转向盘转角，稳定车速并开始记录。(简单)计算可知，该车速约为 27.9km/h。稳定 3s 后，驾驶员突然松开转向盘，至少记录松手后 4s 内的汽车运动过程，记录时间内保持节气门开度不变。试验应向左转和向右转各进行 3 次测试。对于侧向加速度达不到$4\pm0.2m/s^2$的汽车，按试验车所能达到的最大侧向加速度进行试验，在试验报告中加以说明。

2．高速回正性能试验

对于最高车速超过 100km/h 的汽车，要进行高速回正性能试验，试验车速为试验车最高车速的 70%，圆整至 10km/h 的整倍数。试验过程与低速回正性能试验类似。

试验时，按试验车速沿试验路段直线行驶，各测试量的记录曲线调零。然后驾驶员转动转向盘，使侧向加速度达到$(2\pm0.2)\ m/s^2$，待稳定并开始记录后，驾驶员突然松开转向盘，至少记录松手后 4s 内的汽车运动过程，记录时间内保持节气门开度不变。试验应向左转和向右转各进行 3 次测试。

按试验目的和试验标准，进行数据记录和处理，并绘制关系曲线。

图 3-25 所示的是试验车的横摆角速度的时间历程曲线，由此可以计算汽车横摆系统的固有频率和阻尼比等，可参考汽车理论的有关内容。

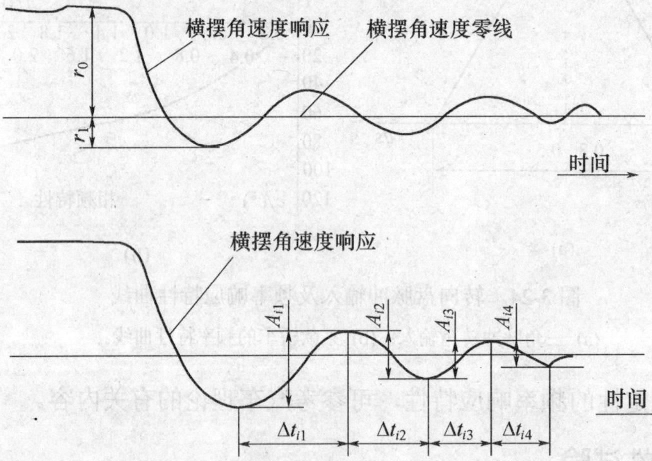

图 3-25 横摆角速度的时间历程曲线

五、转向轻便性试验

转向轻便性试验主要是测量转向时操舵力的大小。操舵力试验包括低速大转向角试验、中转速小转向角试验、高速转弯操舵力试验和原地转向操舵力试验 4 种。国家标准采用低速大转向角试验。

试验场地上通常画出所谓“8 字形”路线。具体包括 4 种：

两个相切圆的“8 字形”路线；

转向盘以等速度转动时形成的“8 字形”路线；

侧向加速度变化率为常数时形成的“8 字形”路线；

双扭线的“8 字形”路线。

其中，两个相切圆的“8 字形”路线，节省场地、试验方便，但获得的有用数据较少；转向盘以等速度转动时形成的“8 字形”路线和侧向加速度变化率为常数时形成的“8 字形”路线，工况模拟真实，能消除无关因素的干扰，但是驾驶员难以保证按要求操控，难度很高。

由于双扭线上各点的曲率各不相同，在整个试验过程中操纵转向盘的力(即所谓“操舵力”)是连续变化的，所以可以获得许多有用信息。而且双扭线路线对转向盘操纵动作没有事先的严格要求，实现难度不是很大。因此，转向轻便性试验一般都采用双扭线路线。

双扭线的轨迹方程用极坐标表示为

$$e = d\sqrt{\cos 2\varphi}$$

式中：e 为极径，(m)；d=3R，R 为双扭线路径上的最小曲率半径(m)。

在双扭线路线的最宽处、顶点和中点(即结点)的路径两侧各放置两个标桩，共计 16 个。标桩与试验路线中线的距离为车宽的一半加 50cm，或转弯通道圆(此概念参见汽车理论通过性的有关内容)宽度的一半加 50cm，如图 3-26 所示。

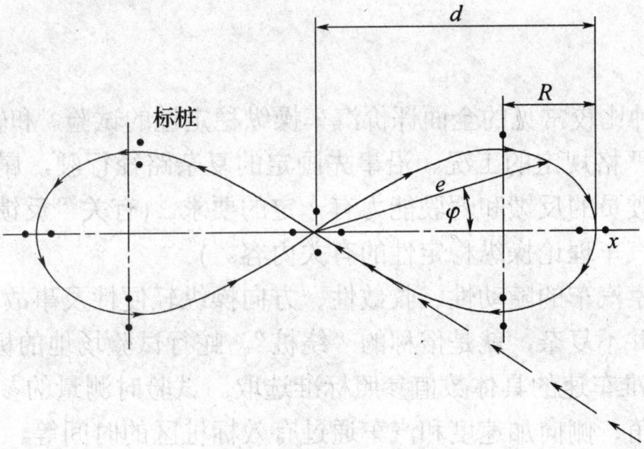

图 3-26　双扭线路线

正式测试前，驾驶员可驾驶汽车沿双扭线路线行驶若干周，熟悉路径和相应操作。随后，使汽车沿双扭线中点(结点)O 的某切线方向向该点作直线滑行，停止于 O 点。松开转向盘，记录转向盘中间位置和操舵力矩的零线。

驾驶员操纵转向盘使汽车沿双扭线路线行驶，待车速稳定在(10±2)km/h 后开始记录转向盘转角和作用力矩，并记录车速作为监测参数。汽车沿双扭线路线行驶一周回到起始位置即完成 1 次行驶，全部试验应行驶 3 次。在驾驶和测试记录过程中，驾驶员应保持车速稳定，同时尽可能平稳地转动转向盘，而且不准撞倒标桩。

转向轻便性试验主要是考察操舵力矩 M 和转向盘转角 θ 的关系，以评价汽车操控的轻便性。根据记录的转向盘转角和操舵力矩，按双扭线路径每一周整理成 M-θ 关系曲线，如图 3-27 所示。

或者直接采用计算机采样得到的转向盘转角和操舵力矩数值，计算其他表征汽车转向轻便性的参数，如转向盘最大作用力矩平均值、转向盘最大作用力平均值、绕双扭线路径行驶每一周的作用功、绕双扭线路径行驶每一周的转向盘平均摩擦力矩和摩擦力等。可参考有关标准。

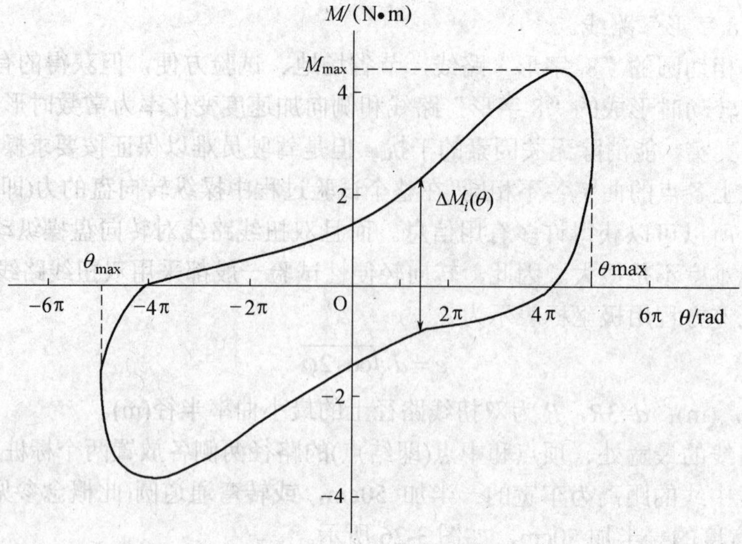

图 3-27　*M-θ* 关系曲线

六、蛇行试验

蛇行试验，是一种比较常见的全面评价汽车操纵稳定性的试验。和转向轻便性试验一样，蛇行试验也是要求按严格规定的工况、沿事先画定的复杂路径行驶，属于人—汽车—路组成的闭路试验，对于驾驶员的反馈和驾驶能力有一定的要求。(有关“反馈”“开路”和“闭路”研究模型，可以参考汽车理论操纵稳定性的有关内容。)

蛇行试验综合考察汽车的随动性、收敛性、方向操纵轻便性及事故的可避免性等。

蛇行试验的操作并不复杂，就是俗称的“绕桩”。蛇行试验场地的标桩布置如图 3-28 所示。标桩间距 *L* 和基准车速的具体数值参照标准选取。试验时测量的参数有转向盘转角、横摆角速度、车身侧倾角、侧向加速度和汽车通过有效标桩区的时间等。

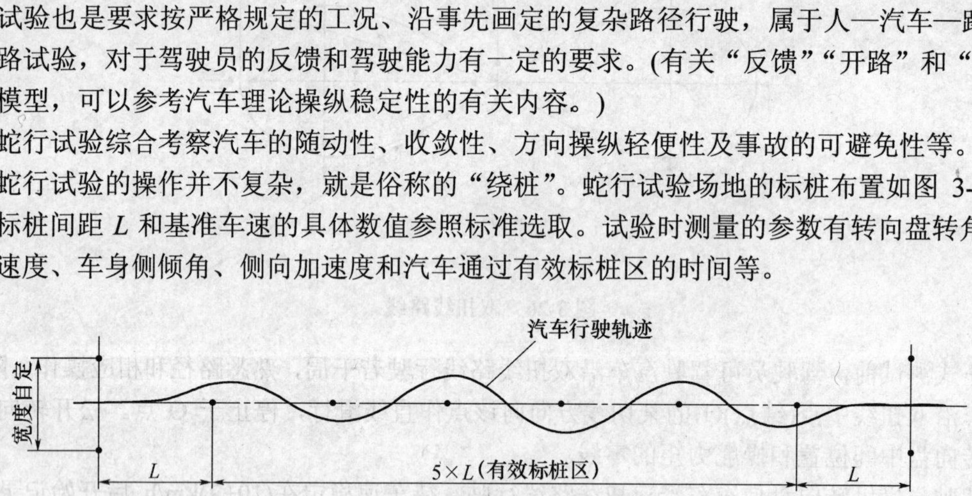

图 3-28　蛇行试验场地布置

试验驾驶员应具有丰富的驾驶经验，正式试验前，应该在试验场练习至少 5 个往返。

试验时，汽车以接近基准车速的一半的速度匀速直线行驶，在进入试验区段之前，各测量数据的记录曲线调零，然后蛇行通过试验路段，同时记录各参数的时间历程和汽车通过有效标桩区的时间。试验按自行规定的车速间隔，从低到高，每一个车速各进行一次，共 10 次(撞到标桩的次数视作失败，重新进行试验，不计在内)。试验的最高车速以保证安全为原则，自行选取，但不得超过 80km/h 基准车速与汽车的最大总质量有关。

作为一项典型的“闭路试验”，蛇行试验对于驾驶员的反应能力和驾驶技能要求较高，也就是说试验结果受试验员的影响较大。有的时候就采取主观评价法，也就是由有经验的驾驶员按规定工况和路线进行试验驾驶，然后对汽车的操纵稳定性给出“很好”“较好”“中等”

“较差”或“很差”的定性评价。(事实上有关操纵稳定性的很多道路试验项目都可以由驾驶员进行主观评价，根据各项分数进行加权，得到该车的操纵稳定性主观评价试验的综合结果。)

当对蛇行试验采用客观评价法时，最简便的就是按汽车行通过有效标桩区的时间，数值越小认为车辆的操控性越好。但这种评价一方面不可避免的受到驾驶员因素的影响,对于车辆性能来说难称“客观”；另外这样单纯追求高速通过，往往忽视安全，结果不够全面。目前我国的标准已经采用基准车速下的平均转向盘转角峰值、平均横摆角速度峰值和平均车身侧倾角峰值等指标来进行客观评价，同样的基准车速下，这些峰值越大，说明车辆的“蛇行”越难以控制，乘员的舒适性和安全性越差。

第八节 平顺性试验

一、汽车的平顺性的试验思想和评价指标

1. 平顺性试验思想——车速特性

汽车的平顺性(很多情况下可以理解成“乘坐舒适性”)取决于三个因素：车辆结构参数、道路条件和行驶车速。在汽车理论的研究中，一般将道路和车速视作常数(例如，“路面不平度速度输入的功率谱密度为常数”这一重要结论的前提就是：路面不平度系数 $G_q(n_0)$ 和车速 v 是常数)，因此主要研究车辆结构参数对行驶平顺性的影响。而在试验环节，一般来说试验车辆和试验道路是给定的，因此，平顺性将取决于行驶车速。这种将平顺性视作车速的函数的思想，就是“车速特性”。进行平顺性试验，就是测定这种车速特性。也就是对给定的试验车，在给定的路面上，以不同的车速行驶，测量特定部位的加速度值并计算出平顺性的各项评价指标参数。如果针对不同车型做横向对比，则要在同样的路面上比较其车速特性，利用车速特性曲线的高低来评价各车辆的平顺性。(类似用“等速燃油消耗特性曲线”来评价不同车辆的燃料经济性。)

2. 评价指标

关于评价指标，传统的方法是：对人体采用疲劳—降低工效界限 T_{FD}、降低舒适界限 T_{CD} 及总加权加速度均方根值 a_v 来评价，对货车车厢采用加速度均方根值 a_{rms} 或加速度功率谱密度 $G_a(f)$ 。现在的趋势是，对人体采用总加权加速度均方根值 a_v，对货车车厢采用加速度均方根值 a_{rms} 或加速度功率谱密度 $G_a(f)$ 。总加权加速度均方根值 a_v 和加速度功率谱密度 $G_a(f)$，可以参看汽车理论汽车的平顺性的有关内容。

但是很多试验单位在进行平顺性试验时，仍然采用疲劳—降低工效界限 T_{FD} 和降低舒适界限 T_{CD} 等评价指标。这种界限分级的评价方法，能够指出人体平均而言在某种振动环境中能承受多长时间，其直观性要强于采用加速度等物理量的评价方法。

疲劳—降低工效界限是指，超过该界限，就可能引起工作效率的显著降低。一般用于评价驾驶员长时间驾驶汽车引起的疲劳。人体对机械振动的反应取决于振动的强度、方向、频率和持续时间。所以疲劳—降低工效界限(及其他界限)要同时考虑这些因素。

例如，在图 3-29(a)中，“*”点的信息意味着在振动频率中心值为 4Hz 左右、振动加速度的均方根值约为 0.32m/s^2、振动方向为垂直的条件下，人体可以承受大约 8h 的振动，否则就会引起疲劳和工作效率的显著降低。而如果振动频率和振动方向不变，将振动强度提升到

0.71m/s^2，则可承受的时间将缩短至 2.5h 左右。此处的 8h 和 2.5h，就是各自工况下的疲劳—降低工效界限 T_{FD}，显然，该数值越大越好。

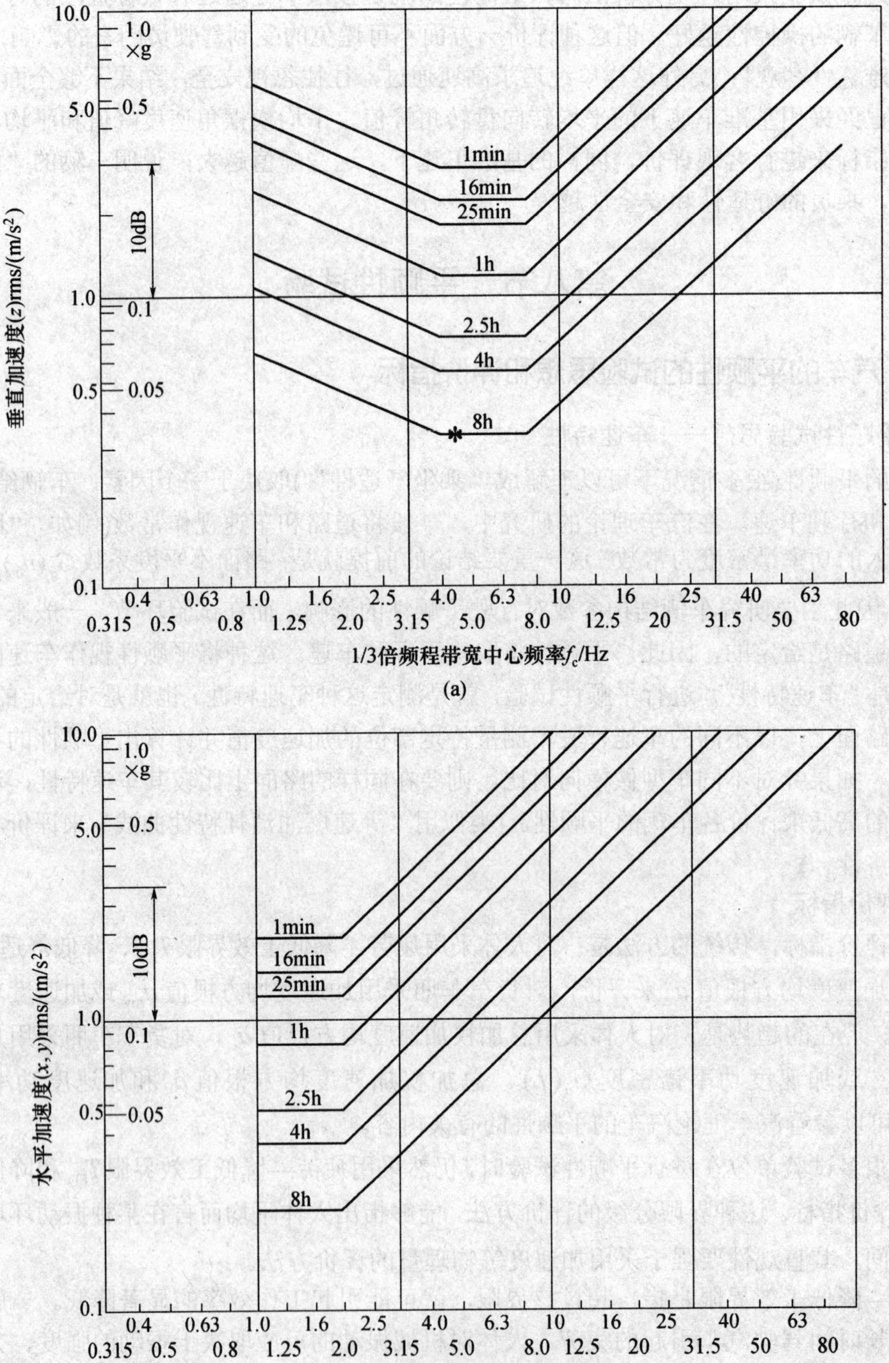

图 3-29 疲劳—降低工效界限

(a) 垂直方向(z)；(b) 水平方向(x—纵向、y—横向)。

降低舒适界限则适用于评价汽车运行中车内的乘员吃、读和写等动作感觉困难的程度。其界限曲线与疲劳—降低工效界限(图 3-29)的曲线形状完全相同，只是曲线上所有点的纵坐标数值降低了 1/3 倍振级，也就是说将疲劳—降低工效界限的曲线向下平移相当于 10dB 的距离，就得到降低舒适界限曲线。

另外，还有暴露极限。超出该极限，将危及人的健康甚至生命安全。其界限曲线与疲劳—降低工效界限(图 3-29)的曲线形状完全相同，只是曲线上所有点的纵坐标数值增大了 1 倍振级，也就是说将疲劳—降低工效界限的曲线向上平移相当于 6dB 的距离，就得到暴露极限曲线。

3．试验方法

在整个汽车运行中，使用最多的工况是在接近平稳随机的路面上行驶，在此工况下激起的汽车振动是随机振动。与此对应的试验工况就是随机输入行驶试验。这是汽车的平顺性道路试验中最常见的方法。

汽车在道路上行驶时，有时还会遇到很突出的不平障碍物，如石块、土堆、凹坑、管道或铁轨等，这些障碍物使得汽车遭遇的振动输入突然增大很多，具有脉冲输入的性质。脉冲输入出现的次数不多、作用时间也很短，但是会引起乘员的极度不适，甚至损害健康或使货物破坏，也是值得重视的。脉冲输入行驶试验就是考察在这类工况下汽车的平顺性。

二、平顺性道路试验的测试系统

平顺性道路试验的主要被测量是加速度，其测试系统简图如图 3-30 所示。

图 3-30　平顺性道路试验的测试系统

测量加速度的传感器较常见的是压电式传感器，当要求测量频率的下限很低时，例如要求低于 0.2Hz，可以考虑采用应变式加速度传感器。

加速度传感器的安装位置如下：轿车安装在左侧前排和后排座椅上；客车安装在驾驶员座椅上、左侧后轴正上方座椅上和左侧最后排座椅上；其他类型汽车安装在驾驶员座椅上、车厢地板中心及距车厢边板、车厢后板各 300mm 处的车厢地板上。安装在座椅上的传感器要能测量垂直、侧向(左右)和纵向(前后)三个方向的加速度。

所测试的座椅上由真人乘员乘坐，身高 1.75±0.05m、体重 65±5kg。乘员应全身放松，两手自然地放在大腿上，驾驶员允许双手自然地置于转向盘上。乘员应自然地靠在靠背上，否则应注明。试验过程中乘员姿势应保持不变。

传感器应与人体紧密接触，而且在人体和座椅间放置安装传感器的垫盘，推荐采用如图 3-31 所示的结构。

压电式传感器输出信号弱、阻抗高，应采取高输入阻抗的前置放大器与之配套。

三、随机输入行驶试验

按上述要求设置传感器、安排乘员。

试验车速的选择：至少有高于常用车速、低于常用车速和常用车速在内的三种车速。(简化的试验允许只测量常用车速下的平顺性。)

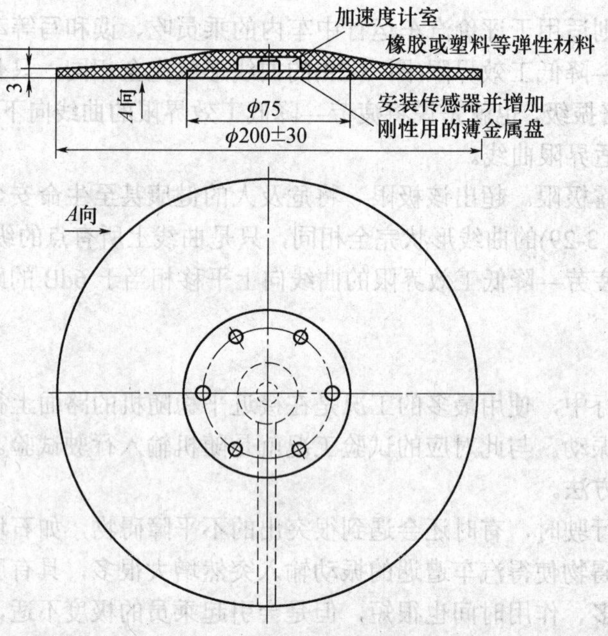

图 3-31　安装传感器用垫盘的结构图

不同的路面常用车速的界定也不同。沥青路面上，轿车的常用车速取 70km/h，其他类型汽车为 60km/h；砂石路面上，轿车的常用车速取 60km/h，其他类型汽车为 50km/h。实际试验车速相对于预选值允许有±4%的偏差。

试验时变速器采用常用挡位。

试验开始前，标定传感器、调零。

试验时，汽车在稳速路段以规定的车速稳定行驶，然后以该稳定车速通过试验路段。在进入试验路段时，启动测试仪器开始测量并记录各测试部位的加速度时间历程，同时测量通过试验路段的时间以计算平均车速。驶出试验路段后关闭仪器。记录样本的时长不短于 3min。

变换车速，重复上述试验过程。

将记录器(磁带机)内的信号重放至数据处理机或通用电子计算机，计算疲劳—降低工效界限 T_{FD}、降低舒适界限 T_{CD}、总加权加速度均方根值 a_v、加速度均方根值 a_{rms} 或加速度功率谱密度 $G_a(f)$ 等各评价指标。

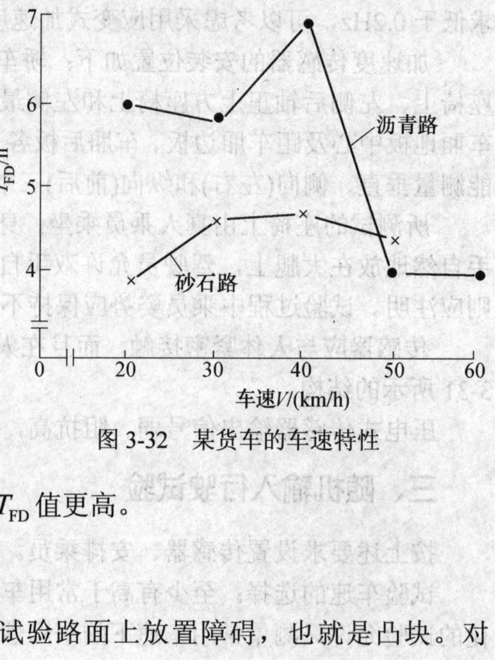

图 3-32　某货车的车速特性

如图 3-32 所示，是某货车在给定的不同路面上进行随机输入行驶试验得到的车速特性。可以看出，该车在沥青路面上的平顺性普遍优于在砂石路上；但是当车速较高，超过 50km/h 时，在砂石路上的平顺性反而更好，其疲劳—降低工效界限 T_{FD} 值更高。

四、脉冲输入行驶试验

为了人为地获得较典型的脉冲输入，需要在试验路面上放置障碍，也就是凸块。对凸块的基本要求是具有足够的脉冲强度、具有相当的频带宽度及能够模拟路面的形状、容易实现。

三角形凸块能激起汽车较强的振动，频率成分丰富，而且实际路面的许多障碍物都可以简化为三角形凸块。所以，选择三角形凸块作为脉冲输入行驶试验的障碍凸块。凸块采用木质，外包铁皮。凸块的高度 h 可以在 60mm、90mm 和 120mm 中根据车型选取，同时必须保证凸块的宽度 B 大于车轮宽度，如图 3-33 所示。

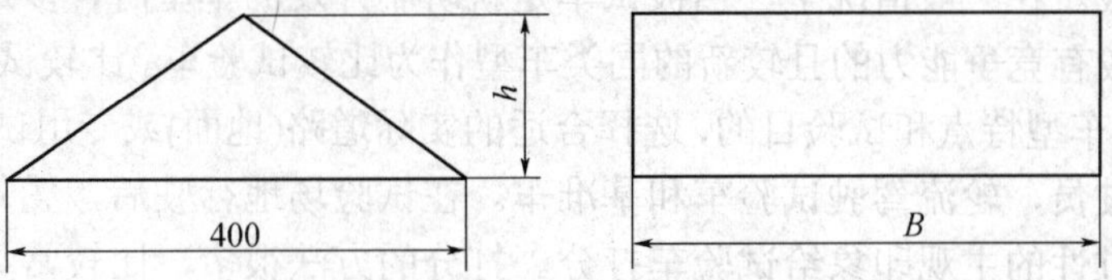

图 3-33　三角形凸块

试验时，将两个凸块放置在试验道路中间，并按汽车的轮距调整好两个凸块之间的距离。为保证同一车轴的左、右侧车轮同时驶上凸块，应将两个凸块放在与汽车行驶方向垂直的一条线上。

试验车速分别为 10、20、30、40、50 和 60km/h，每种车速的试验次数不得少于 8 次。

当汽车行驶到距凸块 50m 时应稳定在试验车速上，然后以该稳定车速驶过凸块，注意要保证左右轮同时驶过。同时用记录器记录汽车振动的全过程，待汽车驶过凸块且冲击响应消失后，停止记录。

由于脉冲输入行驶试验是评价汽车的极端振动工况的，因此用响应量(平顺性的振动响应量有三个：振动加速度、悬架动挠度和车轮—地面的相对动载，参见汽车理论汽车的平顺性的有关内容)的最大值作为定量评价。很多试验仅取振动加速度做为响应量。

任意车速下都进行不少于 8 次的重复测量，测出每次的响应量最大值，进行算术平均，作为该车速下的响应量最大值 X_{max} 。

不同车速下的响应量最大值 X_{max} 是不同的，因而试验结果采用响应量的最大值 X_{max} —车速 v 的关系来表示，这也是一种车速特性。

第九节　通过性试验

汽车的通过性(越野性)是指汽车能以足够高的平均车速通过各种坏路和无路地带(如松软地面、凹凸不平地面等)及各种障碍(如陡坡、侧坡、凸岭、壕沟、台阶、灌木丛和水障等)的能力。其中，通过各种坏路和无路地带的能力被称作支承通过性或牵引通过性，其主要影响因素是轮胎(或其他行走机构，如履带等)和地面之间的力学机械特性；通过各种障碍的能力被称作几何通过性或越障通过性，其主要影响因素是车辆接地部分和地面障碍物的几何尺寸关系。

显然，单纯的几何通过性的研究是比较简单的，无论是理论分析还是试验，基本上只需要确定汽车底部和地面突起或凹陷部位的几何尺寸，与土壤和轮胎的力学特性无关(除了“跨越台阶和壕沟的能力”的研究，该项目与驱动轮的附着能力有关)。

而车辆的实际行驶地面，往往是几何障碍和坏路/无路地带同时存在，因此在试验过程中不必严格区分几何通过性还是支承通过性。

由于目前对于通过性—尤其是牵引通过性的一些基本理论，例如轮胎和土壤的力学模型的建立，轮胎与土壤相互作用机理的理论解释和数学抽象，尚处于研究、分析阶段，还没有普遍适用的、高度准确的可用模型，所以对于通过性也没有非常规范化的评价指标和试验方法标准，主要采用比较试验的方法。

比较试验，就是根据被试车的特点和设计目的，适当选用比较试验车作为基准车，用来和被试车进行比较。在一般情况下，当被试车是新研制开发的车型时，多选用现生产车，尤其是在市场上比较有竞争能力的且较新的同类车型作为比较试验车。比较试验车又称基准车。

试验时，根据车型特点和试验目的，选择合适的实际道路(地面)或专用试验场地。选择 3～5 名有经验的驾驶员，轮流驾驶试验车和基准车。在试验场地行驶后，凭驾驶员对各车在上述试验行驶中通过性的主观印象给试验车打分。打分的方法很多，比较常见的是“7 分制”打分法，即将试验车的成绩划分为−3、−2、−1、0、1、2、3 这 7 个。各分值的含义是：0 表示试验车与基准车相同，这是比较成功的设计；1 表示试验车比基准车稍好，这是最成功的设计；2 表示试验车比基准车好，但可能造成生产成本的提高，可根据情况适当修改设计，以保证生产成本不至过高；3 表示试验车的性能和质量比基准车好很多，但很可能引起生产成本的大幅度提高，因此必须修改设计；−1 表示试验车比基准车稍差，可根据具体情况考虑修改或不修改设计；−2 表示试验车比基准车差，市场竞争能力差，应该修改设计；3 表示试验车的性能和质量比基准车差很多，是失败的设计，必须修改设计。

比较试验法的最终评定是一个或若干个定量分值，但其本质属于一种主观评价法，因为每位驾驶员的打分是来源于其主观经验、现场驾驶感受乃至个人好恶，而不是仪器设备给出的客观物理量。

通过性试验的项目大致包括最大挂(拖)钩牵引力试验、行驶阻力试验、沙地通过性试验、泥泞地通过性试验、冰雪路面通过性试验、凸凹不平地面通过性试验、连续高速行驶试验、涉水性能试验和地形通过性试验等。其中地形通过性试验主要包括通过垂直障碍物试验、通过凸岭能力试验、测定通过水平壕沟的最大宽度和通过路沟的试验等。

第十节　汽车可靠性试验的基本理论

一、基本概念

1. 可靠性与可靠度

可靠性：产品在规定的条件下、在规定的时间内，完成规定功能的能力。

可见，可靠性定义包含了 4 个要素：产品、条件、时间和功能。

所谓“产品”，按《可靠性、维修性术语》(GB/T 3187—94)之规定，是指“能够被单独考虑的任何元器件、零部件、组件和系统。”产品可以是硬件、软件或者两者兼而有之，另一方面也可以兼指产品的总体或产品的一个子样。对汽车试验来说，通常指的就是汽车整车或者某个系统、总成或零件。关于产品，首先要明确研究对象和研究范围，区分产品是可修复的还是不可修复的，对于不同的对象，要区别对待，提出合理的要求，采取相应的研究方法、试验方法和评价指标(及其计算模型)。

规定的条件，包括产品使用时的环境条件(如道路、环境温度、湿度、化学气氛、振动和冲击等)、维修条件和存储条件等。

根据产品的特点，时间单位可以采取工作小时或日历时间，也可以用周期、次数、里程或其他可以反映使用寿命的单位。

规定的功能，就是依据设计任务书、使用说明书、国家标准或订货合同等，产品应具备的完成其设计任务所需具备的能力。其中包含了对产品工作时的载荷条件、使用者技能、维护管理能力等的要求。

可靠性的定量表达就是可靠度：产品在规定的条件下、在规定的时间内，完成规定功能的概率，一般用 $R(t)$ 表示

$$R(t) = P(T > t)$$

式中：T 为产品能在其内完成规定功能的时间，是一个随机变量；t 为规定的时间。

$R(t)$ 的含义就是“产品能够完成规定的功能的时间超过 t 的概率”，也可以理解成“其寿命超过 t 的概率”。显然，可靠度是给定的时间 t 的减函数。

对于汽车来说，可靠性不是独立于动力性、燃料经济性、……、通过性等基本使用性能之外的另一种使用性能，而是上述基本使用性能的可靠程度的反映。

另外，还有“维修性”的概念，意指发生故障后能够快速、简单、可靠地恢复其技术状况和使用功能的能力，用“维修度”来评价：可维修系统在规定的条件下，在规定的时间内维修完毕的概率。

可靠性和维修性的综合，就是汽车的有效性。也就是说，追求的是产品不容易坏，而一旦坏了要容易修复。有效性的定量评价是有效度，如汽车发生故障不能工作的时间为 D，能工作的时间为 U，则：有效度$A(t)=\dfrac{U}{U+D}$。例如，有效度函数 A(1000h) = 90%，就是说在新产品出厂 1000 小时内，某台机器能使用的概率是 0.9(或者说 1000 小时内，某种机器在 100 台中始终有 90 台能用)。

2．故障(失效)及其分类

产品不能完成规定的功能，就是不可靠，对于可修复产品来说称“故障”，对不可修复产品来说就是“失效”。在汽车行业，由于汽车(及其零部件)基本上属于可修复产品，所以，尽管存在某些不可修复的零部件(如，灯泡)，比较通用的称呼还是“故障”。

汽车故障可以根据发生的后果，即按故障对总成、系统或整机及人身安全、周围环境等的影响，分为四类，或者说 4 个级别：

第 1 类故障——致命故障：危及汽车行驶安全，导致人身伤亡，引起主要总成报废，造成重大经济损失或对周围环境造成严重危害。

第 2 类故障——严重故障：可能导致主要零部件、总成严重损坏，或影响行车安全，且不能用易损备件和随车工具在较短时间(30min)内排除。

第 3 类故障——一般故障：使客车、轿车停驶或性能下降，但一般不能导致主要部件、总成严重损坏，并可用更换易损备件配合随车工具在较短时间(30min)内排除。

第 4 类故障——轻微故障：一般不会导致汽车停驶或性能下降，不需要更换零件，用随车工具能轻易(5min 以内)排除。

为定量表达不同类型故障的危害程度，提出当量故障数的概念，就是某类故障发生一次相当于第 3 类故障(即一般故障)发生若干次：第 1 类故障的当量故障数是 20、第 2 类是 5、第 3 类当然就是 1、第 4 类是 0.4。

3. 累计故障概率

累计故障概率，又称不可靠度或失效度，是产品在规定的条件下和规定的时间内，丧失规定的功能而发生故障(对不可修复产品亦可称“失效”，下同)的概率，可以用 $F(t)$ 表示，即

$$F(t)=P(T\leqslant t)$$

式中：T 为产品能在其内完成规定功能的时间，是一个随机变量；t 为规定的时间。

$F(t)$ 的含义就是“产品能够完成规定的功能的时间不超过 t 的概率”，也可以理解成“其寿命不超过 t 的概率”。显然，累计故障概率是给定的时间 t 的增函数。累计故障概率和可靠度是相对的，即有 $R(t)+F(t)=1$。

4. 故障分布密度

当仅需知道“到某时刻还有多少产品有效”时，可以用可靠度 $R(t)$ 或累计故障概率 $F(t)$ 来表示。但是很多情况下，需要研究“产品在哪个(哪些)时间段更易发生故障”，也就是要研究故障在时间域上的分布信息，就需要利用故障分布密度函数，记作 $f(t)$。

可以看出，故障分布密度函数是累计故障概率的变化率，也就是 $f(t)$ 对时间 t 的一阶导数。即

$$f(t)=\frac{\mathrm{d}F(t)}{\mathrm{d}(t)}$$

$$F(t)=\int_0^t f(t)\mathrm{d}t$$

$f(t)$ 的单位是 1/h(或%/h)，意味着“产品在 t 时刻附近每小时失效了百分之若干”。

5. 故障率

故障分布密度 $f(t)$ 描述的是产品在整个时间域内发生故障的概率分布信息，“整个时间域”是指从产品生产出来，一直到无穷远的时间或者最后一件产品(样品)失效的时间。而我们更感兴趣的往往是“截至目前尚未失效的产品中，继续使用下去，再过某一单位时间发生故障的概率”，这就要用到瞬时故障率的概念，简称故障率，记作 $\lambda(t)$。

故障率：工作到某时刻 t 尚未发生故障的产品，在该时刻后单位时间内发生故障的概率。

可以这样说：故障分布密度 $f(t)$ 是单位时间产品故障数与产品总数之比；故障率 $\lambda(t)$ 则是单位时间产品故障数与残存产品数之比。经分析可得，二者关系为

$$\lambda(t)=\frac{f(t)}{R(t)}$$

对汽车来说，故障率 $\lambda(t)$ 表示汽车、总成或零部件在使用中，其规定的工作能力丧失的频繁程度，故障率越高，可靠性就越差。

6. 平均故障间隔时间 MTBF 与平均无故障时间 MTTF

平均寿命是评价产品质量所达到水平的一个重要指标。对于可修复产品，指的是平均故障间隔时间，对于不可修复产品则是平均无故障时间。

平均故障间隔时间(Mean Time Between Failures，MTBF)：可修复产品两次相邻故障之间的平均工作时间。其定量度量：在规定的条件下和规定的时间内，产品的寿命总和与故障总数之比。

平均无故障时间(Mean Time To Failures，MTTF)：不可修复产品故障前工作时间的平均值。其定量度量：在规定的条件下和规定的时间内，产品寿命总和与故障产品总数之比。

对于汽车整车来说，这两个“时间”通常用行驶里程来度量。

7. 可靠寿命

可靠寿命指的是，当给定可靠度 $R(T_r)=r$ 时，所对应的产品工作时间 T_r。例如，$T_{0.9}$ 的含义就是：产品的可靠度为 0.9 所对应的工作时间(也就是同一批样品中已经失效了 10%的时间)。其具体计算取决于对产品的失效(故障)分布模式采取哪种数学模型。

$T_{0.5}$ 通常被称作中位寿命，就是产品可靠度为 0.5 所对应的工作时间，也就是同一批样品中刚好失效了一半、还有一半能完成规定功能的时间。

在总成和零部件的疲劳寿命试验的结果评价中，可靠寿命的应用也很广。

二、可靠性分析中常用的理论分布模型

对于某一种或某一件产品而言，其工作时间(也就是失效的时间)具有随机性，无法事先准确预测，而且单件样品的实测值也不能代表全体。但是总体上存在一定的统计学规律，经假设和合理简化，抽象成故障分布函数，或称寿命分布函数，反映故障率 λ 的高低在时间域上的分布特性。

针对不同的汽车产品和不同的失效物理机理，可以采取不同的理论模型。其中比较常见的有指数分布和威布尔分布。

1. 指数分布

指数分布是汽车可靠性分析中最常用的寿命分布函数，适用于汽车或发动机的可靠性试验中对故障间隔时间的预测。

指数分布的核心数学理论是，故障率为常数，即 $\lambda(t)=\lambda$。结合故障率的概念，可以看出，这种特性表现为一种“无记忆性”：对于寿命 T 服从指数分布的产品来说，如果时刻 t 产品正常，那么它在 t 以后的剩余寿命与新的产品一样，故障率与当前工作时间 t 无关。

可以这样理解：如果一批产品的失效规律是“每小时失效 1%”，那么无论工作了多长时间，对于尚未失效、仍能正常工作的产品来说，对于未来的预测仍然是“每小时失效 1%”。

该模型之所以被称作“指数分布”，是因为其故障分布密度函数为

$$f(t)=\lambda e^{-\lambda t}(\lambda>0)$$

寿命分布服从指数分布的产品，其可靠度为

$$R(t)=e^{-\lambda t}$$

指数分布存在特征寿命的概念，记作 η，$\eta=\dfrac{1}{\lambda}$，即特征寿命就是故障率的倒数。经计算，$F(\eta)=0.632$，$R(\eta)=0.368$。也就是说，特征寿命是产品可靠度为 0.368 时的平均寿命，可以记作 $\eta=T_{0.368}$。

2. 威布尔分布

威布尔分布适用于对汽车零部件的可靠性寿命的预测，尤其是疲劳和磨损失效形式。

威布尔分布的故障分布密度函数为

$$f(t)=\frac{m(t-\gamma)^{m-1}}{t_0}e^{-\frac{(t-\gamma)^m}{t_0}}\quad(\gamma\leqslant t,m>0,t_0>0)$$

式中：m 为形状参数；γ 为位置参数；t_0 为尺度参数；t 为到出现故障位置的时间，是该函数的自变量。

关于可靠性研究的深入理论和各类数学模型的详细讨论，可以参考数理统计或者交通运输专业关于汽车维修工程等课程的教材和文献。

三、快速可靠性试验的基本原理

通俗地说，可靠性试验就是研究产品的寿命的试验。通过对若干试件的实测，将各样件的实测寿命值应用于某种理论分析模型，推算该类产品(或该批次产品)的平均寿命。

由于汽车及其零部件的设计寿命很长，用常规的试验条件进行可靠性试验要耗费很多资金和时间，给产品的改造、新产品的开发与产品质量检查都带来很大的困难。因此，在汽车可靠性试验中广泛采用了快速试验方法。

快速可靠性试验可以在室外道路(包括越野条件)上进行，也可以在室内台架上进行。

从原理上讲，快速可靠性试验主要包括增大应力法和浓缩应力法。

1. 增大应力法

即强化法。这里的“应力”是广义的，除了力学中的应力(单位为 Pa 或 MPa)之外，还可能包括力、力矩、温度、湿度、压强、振动加速度或往复行程等各种加载量。例如，在总成或零部件的疲劳试验台上，对试件施加大于实际使用条件的载荷，使得零件在比实际应用中更早的时间发生疲劳破坏；在人工老化试验装置中，提高平均温度(温差)、湿度、光照和空气流速等，加速材料或零件的老化。

根据材料力学等理论研究，可以得出零件寿命与应力等载荷的关系。于是可以通过强化试验的结果，推断出零件在正常使用条件下的平均使用寿命。

2. 浓缩应力法

即浓缩法。这种方法不增大零部件的载荷，而是尽可能保持实际使用中的载荷状况，但是将对试件寿命影响较小或无影响的实际载荷时间去除，也就是说，试验中试件都是在对寿命有影响的作用载荷下工作，如图 3-34 所示。这种方法容易保持故障模式的一致性，越来越多地被采用。

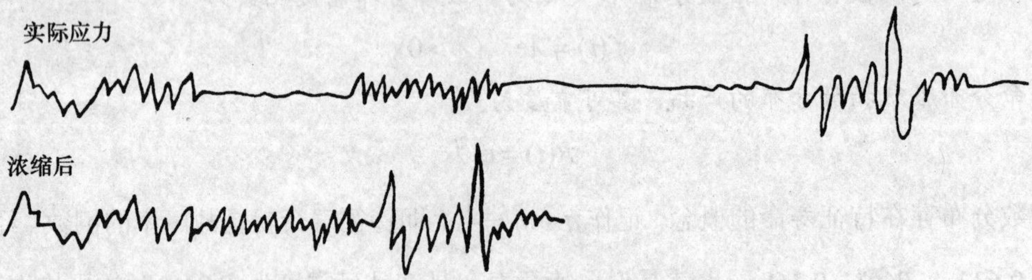

图 3-34 应力浓缩的原理

例如，汽车试验场中的大卵石路、比利时路和长波路等，就是将实际行驶中可能遇到的不平度较大的路面集中起来，而去除实际上占大部分比例的良好路面，来考察汽车通过时的可靠性。

另外，快速可靠性试验还有贝叶斯法、增加试样数目法和分组最小值法等。

四、汽车可靠性行驶试验的要点

1. 基本测试条件

试验条件按整车道路试验方法通则(参见本章第一节)。

试验道路可选择常规可靠性试验道路或试验场可靠性试验道路。

应注意气象条件的选择，针对车辆设计用途和预期的行驶环境，应在相应的气候条件(如严寒、湿热或盐雾等环境)下进行可靠性试验。

2．试验评价

1) 平均故障间隔里程 MTBF 的点估计

$$\mathrm{MTBF}=\frac{nt}{r}$$

式中：n 为试验样车数；r 为试验车发生 1、2 和 3 类故障的总数，如果没有,按 r=1 计；t 为试验截止里程。

2) 各子系统平均当量故障数

$$C_r=\frac{\sum_{i=1}^{3}\varepsilon_i r_i}{n}$$

式中：n 为试验样车数；r_i 为所有试验样车某子系统发生的第 i 类故障总数；ε_i 为第 i 类故障的当量故障数。

不同车型及其零部件的可靠性道路行驶试验的评价指标限值，可以查取最新的国家标准。

还可以在可靠性试验台上进行整车的可靠性试验。台架试验可以排除不同驾驶员的技术或同一驾驶员疲劳状态的差异，试验条件统一，前车不会对后车行驶的地面造成影响，且比道路试验节省时间与费用。

台架试验的一个要点就是确定驱动信号，也就是载荷，使其再现程度和精度达到规定的要求。一般要经过道路载荷谱的采集和试验台载荷的编谱等计算过程，再由电控系统施加载荷，确保复现的精度。

第四章　汽车总成与零部件试验

汽车总成与零部件的数量和种类繁多，每个总成和零部件出于设计目标、使用环境和研究目的的不同，又有许多试验项目。本章针对汽车主要总成与系统及其重要零部件，介绍一些有代表性、典型性和一定特色的试验项目。对了解和掌握其他试验项目的测试思想和操作方法也有一定的启示作用。

总成与零部件试验一般是对车辆进行解体(当然也包括未装车的新产品)，将被试件装在专门的室内台架上进行测试。本章讨论的试验主要是性能试验，也就是被试件履行规定功能的能力和水平、强度、刚度、可靠性和耐久性等，基本上不涉及产品制造方面的工艺性和技术经济性等问题。

检测和维修行业通常进行的整车不解体的检测与诊断，不作为本章的重点。

第一节　发动机总成试验简介

发动机试验主要内容包括功率试验、部分负荷特性与万有特性试验、性能匹配试验、使用特性试验、各种专项试验(包括各子系统的)和出厂试验等。

本节主要介绍功率试验和部分负荷特性试验。

一、发动机功率试验——外特性的测定

输出功率是发动机最重要的性能指标。发动机功率试验主要测定发动机的最大功率及其对应转速、最大转矩及其对应转速、最低燃油消耗率及其对应转速，以及这些指标的变化特性等。

功率试验分为总功率试验和净功率试验，区别在于发动机工作时所带的附件不同，可参见汽车理论汽车的动力性中关于“外特性”和“使用外特性”的介绍。

总功率试验时，发动机仅带有确保其工作所必需的附件，如化油器(如有的话)、润滑油泵、点火组件(如有的话)等，没有这些附件，发动机无法运转，哪怕是短时间的。总功率试验结果表示发动机运转时有可能产生的最大性能指标。

净功率试验时，发动机应带上在车上正常工作时安装的所有附件，而且要求这些附件是原生产装备件，安装位置尽可能与实际安装情况相同。净功率试验结果表示发动机装在汽车上运转时曲轴端能输出的最大有效性能。由于净功率的测试工况更真实，而且发动机的动力性、燃油经济性和排放性的匹配调整试验必须在净功率状态下进行，所以现代发动机的性能指标常采用净功率指标来表示。

功率试验时，将发动机装在专用的试验台架上，预热运转至正常水温和机油温度。测试时，节气门全开或柴油机供油泵在最大供油量位置，在发动机转速范围内均匀地选择不少于8个转速点，其中必须包括最大转矩转速点。每个转速点测试读数时都要达到稳定运转状态。

测量各稳定工况点的转速、转矩和耗油量，并计算功率和燃油消耗率。可以将试验结果用数据曲线表达，如图 4-1 所示。

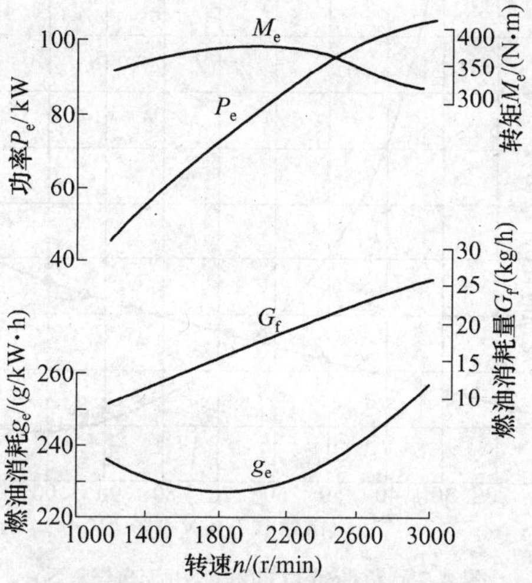

图 4-1　净功率性能曲线

试验中，转矩和转速由测功器测定，燃油消耗量(燃油消耗率)由油耗传感器测定。

试验时，大气压力、湿度和进气温度等会随着试验地点和季节的不同而有所差异，这些环境状态的变动会影响发动机的工作特性。为了使试验数据规范、试验结果具有典型性和可比性，各国的试验标准都提出了修正公式，将实测数据换算到标准状态的数值。

在很多检测和修理企业，采用“无负荷测功法”快速确定发动机的功率。无负荷测功，又叫无外载测功，是一种在汽车不解体条件下快速确定发动机动力性能的检测方法。汽车置于原地，变速器挂空挡，起动发动机，快速踩下加速踏板，利用发动机自身惯量的加速阻力及运转时的摩擦阻力等做负载，用专用设备测量发动机全力加速时的加速时间或瞬时加速度，利用车型参数(例如发动机的当量转动惯量等)换算出发动机的功率。这种方法的定量精度不是很高，但是便捷迅速，用于鉴定发动机是否可以继续使用或者对比修理前后动力性能的恢复程度，还是很有效的。

二、部分负荷特性试验——万有特性的确定

汽车正常行驶时，发动机往往并不工作在外特性状态，而是处于某种部分负荷状态，需要通过试验确定发动机在不同转速、不同负荷率时的动力性和燃油经济性。

部分负荷特性试验方法有 3 种：

(1) 在发动机转速不变的条件下，测量不同功率时的燃油消耗量(率)，有时还要测定排放值。其特性曲线如图 4-2 所示，也就是汽车理论中介绍的“负荷特性曲线”。

(2) 在节气门开度保持不变的条件下，测量并计算不同转速下的转矩、功率和油耗，得到的曲线就是汽车理论中介绍的“部分负荷特性曲线”，而“外特性曲线”或“使用外特性曲线”(图 4-1)可以认为就是节气门开度保持 100%时的测量结果。

(3) 根据计算或道路试验所获得的使用特性数据进行试验，它代表汽车的使用工况，用于评价汽车使用的燃料经济性。也就是说，结合汽车整车和动力传动系统的特性和信息，建立起发动机工况—汽车使用工况的模型，利用发动机的台架试验确定整车的燃油经济性。

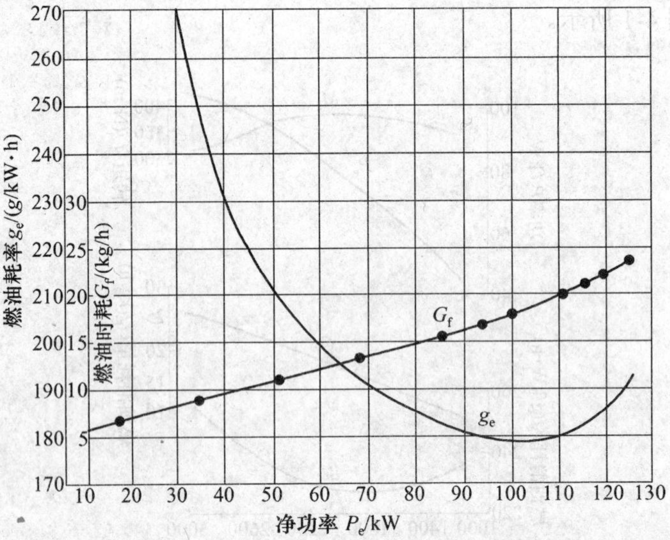

图 4-2　负荷特性曲线(某恒定转速下)

在负荷特性或部分负荷特性台架试验的基础上，可以绘制发动机的万有特性图，它表示发动机的功率或转矩、转速和燃油消耗率三者之间的关系。参见汽车理论燃油经济性的有关内容。

负荷特性、部分负荷特性和万有特性，三者所包含的信息是相同的，是同一个数学模型——发动机的功率(或转矩)、转速和燃油消耗率三者之间的关系的不同几何解释，区别就在于所采用的坐标体系不同。具体使用哪一个，根据研究任务和研究对象的特点而定。在试验测定环节，万有特性图源于负荷特性或部分负荷特性的试验曲线。

第二节　传动系统试验

汽车的传动系统试验，按试验内容和目的大致可以分为：动力传递性能的评价、变速性能的评价、操纵性能的评价、振动与噪声等安静性能的评价、静强度的评价、刚度的评价、疲劳和磨损耐久性的评价等。

对于各种传动系总成与零部件，开发了许多种类的专用试验台，使用前要参照设计说明书和使用说明书熟悉其原理与详细的操作方法。

本节针对离合器、机械式变速器、万向传动装置(传动轴)和驱动桥等主要总成及其零部件，介绍一些有代表性的试验项目。

一、离合器试验

离合器的设计和工作特点是：从动部分惯量很小，主动部分惯量很大；工作时利用摩擦力传递动力，由弹簧提供压紧力，接合后正常传动时要求主、从动部分没有相对滑磨，而在分离和接合的工况变化过程中对滑磨有一定要求，还要有一定的吸收冲击和振动的能力等。因此，介绍三项离合器试验：离合器压盘及盖总成的高速破坏试验、离合器热负荷测定试验和从动盘总成扭转特性测定试验。

1．离合器压盘及盖总成的高速破坏试验

本试验的对象是离合器压盘及离合器盖总成。离合器的压盘和离合器盖都属于离合器的主动部分，两者周向联接在一起同步转动，轴向有一定允许变形量，用以离/合动作(参见汽车构造)。

为了保证内外圈基本上同步磨损，离合器主、从动部分的摩擦面设计成内径较大、外/内径相对差异较小的环状，另外还要求接合时较柔顺、同时滑磨发热时温升较低，所以压盘及盖总成的尺寸和质量都较大，且质量分布比较靠外圈。因此，在高速旋转时，元件内部的离心力较大，有可能在设计或制造的薄弱环节发生断裂破坏。所以，要进行高速破坏试验。

被试离合器压盘及盖总成事先要经过静平衡，不平衡量要符合设计文件的规定。

试验机在接近破坏转速(或限值转速)时转速变化率不能大于100(r·min^{-1})/s。

图4-3是一种离合器压盘及盖总成高速破坏试验的试验设备。

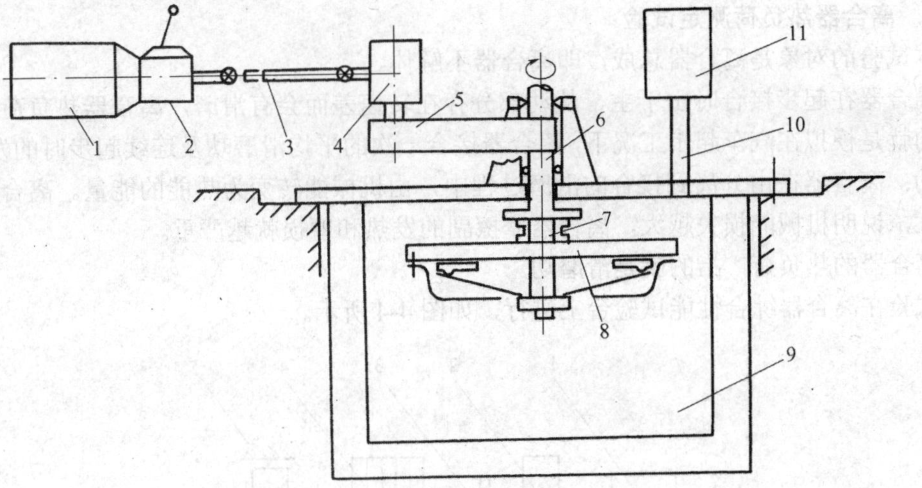

图4-3　离合器压盘及盖总成高速破坏试验台

1—发动机；2—变速器；3—传动轴；4—角传动齿轮箱；5—平带传动；6—驱动装置；7—联接法兰；8—被试压盘及盖总成；9—破坏舱；10—软管；11—真空泵。

各国的离合器高速破坏试验台的最高转速多在20000r/min左右。

真空泵用于将破坏舱抽成真空，以降低被试件高速旋转时的空气阻力。

高速驱动装置的轴承采取喷油雾润滑。因为试验时间短，喷雾足够可靠，而且干净、简单，无搅油损失。

试验时，起动发动机(或其他动力源)，带动被试压盘及盖总成加速旋转，直至发生破坏。

零件破坏的判定，是利用装在破坏舱顶部角落里的声音传感器实现的。试验员听到响声或自动化仪器提示“破坏”时，读出此时的转速，即为破坏转速。

一般要求该破坏转速大于配套发动机的最高转速的1.5倍。

因此该试验有时也可以这样进行：使被试压盘及盖总成在规定的限值转速(如1.5倍发动机最高转速)下稳定运转一定时间，考察其零部件是否有破坏。这样做可以避免被试件的破坏，对试验设备的损伤也较小；但是试验结果只能判定“合格”还是“不合格”，无法得到试件所能达到的极值破坏转速。

在试验时，如果被试件发生破坏，尤其是在高速下，那么即使是很小的碎片脱出产生很小的不平衡量，也会造成极大的不平衡离心力冲击，整个被试件——驱动装置主轴系统受到极大的横力弯曲与剪切，很可能损坏主轴或者轴承。为此，在试验台的传动体系中设置了一个联接法兰，又称“牺牲法兰”，该法兰的轴颈断面人为地设计得比较脆弱，抗弯模量较小，一旦零件破坏导致不平衡，离心力造成的弯矩会将该法兰的轴颈折断，从而将破坏了的压盘及盖总成与驱动装置断开，保护试验设备。

另外，如果破坏舱的内壁是钢制的，被试件破坏后有部分零件高速飞出，撞击厚钢壁，会对零件(不是破坏舱)造成二次破坏，难以辨认零件的破坏部位和破坏形式。为此，可以在破坏舱内壁镶木板或布置沙袋。

从动盘总成也有高速破坏试验，试验方法与设备和压盘及盖总成高速破坏试验类似。一个要点是：从动盘总成在进行加速测试之前，要在规定温度的预热炉内加热并保温，在规定的热状态下进行测试。因为摩擦片等非金属材料的机械特性对温度的变化比较敏感。

2．离合器热负荷测定试验

本试验的对象是离合器总成，即离合器不解体。

离合器在起步接合时由于主、从动部分存在转速差而会有滑磨，离合器热负荷测定试验的目的就是模拟在汽车起步工况下，离合器接合一次的平均滑磨功及连续起步时的发热情况。滑磨功：离合器在由分离到接合的滑磨过程中，由机械能转变为热能的能量。离合器的滑磨功越大，说明机械能损失越大，离合器摩擦副的发热和磨损就越严重。

离合器的热负荷，指的就是滑磨功。

试验在离合器综合性能试验台上进行，如图 4-4 所示。

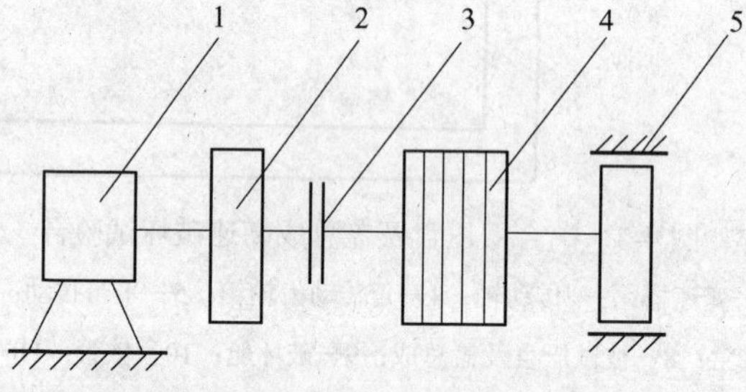

图 4-4　离合器综合性能试验台

1—电动机；2—惯性飞轮；3—被试离合器；4—惯量盘；5—制动器。

对离合器来说，汽车起步时的阻力主要来自两方面：道路阻力(由滚动阻力和坡度阻力所构成)和加速阻力(包括平移质量产生的惯性阻力和旋转质量产生的惯性阻力偶矩)，空气阻力极小，忽略不计。可参考汽车理论汽车的行驶阻力的内容。阻力要转化为阻力矩，由试验装置施加到被试离合器轴上。

道路阻力转化到离合器轴(从动盘毂)上的阻力矩 M_{T} 按下式计算，即

$$M_{\mathrm{T}} = \frac{mg\psi r}{i_g i_0}(\mathrm{Nm})$$

式中：m 为汽车总质量(kg)；ψ 为道路阻力系数，$\psi = f\cos\alpha + \sin\alpha$；$f$ 为轮胎的滚动阻力系数，根据试验车型选取；α 为道路的坡道角度，建议按 $\tan\alpha = 0.08$ 确定；r 为轮胎的滚动

半径(m)；i_g 和 i_0 为变速器和主减速器传动比，其中变速器的起步挡位：半挂车或主车带拖挂(1 挡)，单车、四挡或四挡以上变速器(2)挡，单车、四挡以下变速器(1 挡)，重型车，视具体情况由有关方面商定。

该道路阻力矩 M_T 由电磁粉末离合器、湿式多片离合器或干式制动器施加。图 4-4 中采用的是干式制动器 5，该制动器的另一个作用是使惯量盘组件迅速减速，节约试验时间。

作用在离合器上的加速阻力矩取决于惯量盘 4 的调节，该惯量盘是一个可调惯量的飞轮组件，其转动惯量数值应调节到相当于整车的惯量转化到离合器轴上的当量惯量。也就是说，在试验台上离合器带动惯量盘加速转动，就相当于在道路上离合器带动整车加速行驶。当量惯量 J 的计算如下，即

$$J = \frac{mr^2\delta}{{i_g}^2{i_0}^2}(\mathrm{kg \cdot m^2})$$

式中：δ 为计入旋转质量的惯性力偶矩后得到的旋转质量换算系数，可参见汽车理论有关加速阻力的内容。在试验中，一般取 $\delta = 1.025 \sim 1.045$，也可简化为 $\delta = 1$。其余参数同 M_T 的计算公式。

惯性飞轮 2 的作用不是提供加速阻力，也不完全是模拟汽车发动机的飞轮，其主要目的是储能、平滑转速波动，减小电动机功率。试验最理想、模拟最真实的动力源是原车用发动机，但是在室内环境下内燃机的振动、噪音和排放污染较大，而且油耗较大。这项试验的一个特点是：只有在离合器从开始接合到接合完毕的滑磨过程中需要发动机输出机械能，而在主、从动部分转速一致时动力源是无负载的，对动力源平均功率的要求并不高。因此，可以选用小功率的直流电动机，采用可控硅控制。当离合器滑磨时，一方面电动机的电枢电流增大，输出扭矩增大；另一方面惯性飞轮转速下降，释放出存储的一部分旋转动能，克服阻力做功。惯性飞轮的作用就是在电动机扭矩不是很大的情况下依靠其较大的转动惯量来平滑转速波动，使得我们可以选择功率较小的电动机。因此惯性飞轮的惯量没有必要严格模拟原车发动机飞轮的转动惯量，可以适当大些，这也会使得试验的滑磨功略大于实际汽车的。

试验前，样件需经磨合，磨合表面温度不超过 100℃，磨合后主、从动部分接触面积需达到 80%以上。对压盘及盖总成和从动盘总成进行复验，确定夹紧厚度和对应的工作压紧力。

在压盘表面中径处，距工作表面 0.5±0.1mm，埋装热电偶或其他温度传感器。

安装、连接好温度、转矩、转角或转速的测量和记录装置，必要的话采用集流环。调节制动器和惯量盘组件，使之符合起步工况的要求。

将被试离合器分离，起动电动机，使试验台整个主动旋转系统达到规定的转速(由于离合器分离，此时惯量盘是不转的)。接合被试离合器，开始滑磨，主动部分转速略有下降、从动部分转速迅速上升，直至两者转速达到一致，也就是惯量盘的转速与驱动电动机的转速相等，接合、滑磨过程完毕。将离合器分离，利用制动器对惯量盘制动使之静止。至此，完成一个工作循环。再次接合离合器，进入下一次工作循环……进行 10 次离合器接合试验。记录其中 3 次接合过程的各参数，包括转矩、主/从动部分转速、温度和滑磨时间等。其余各次仅记录温度变化，并观察发热情况。

图 4-5 是各参数的记录曲线。

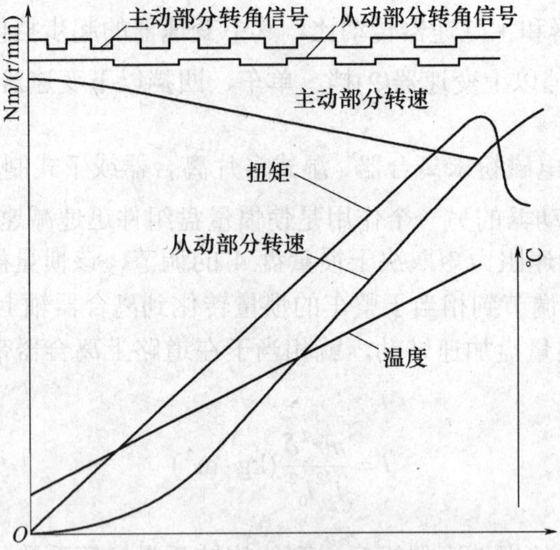

图 4-5　离合器接合过程的曲线变化图

热负荷测定属于间接测量，滑磨功 A 由各直接测量参数计算得到，公式如下

$$A = \int_{t_0}^{t_1} M_c(\omega_m - \omega_t)\mathrm{d}t \quad \text{(J)}$$

式中：M_c 为摩擦力矩(N·m)，在离合器的输入或输出轴上由转矩测量装置测出；ω_m、ω_t 分别为主、从动部分角速度(rad/s)；t_0、t_1 为接合过程的起、止时间(s)。

滑磨功除以离合器主、从动部分的名义摩擦面积，可以得到单位面积的滑磨功(J/cm^2)，该数据应满足标准或设计文件的限值要求。

连续起步 10 次平均每次温升也应满足要求，一般要求不得高于 10°C/次。

图 4-4 所示的试验台具有惯量盘和驱动电动机，属于惯性式驱动型离合器综合性能试验台(除了驱动型，还有制动型试验台，性能较差，使用不多)。除了可以进行热负荷测定试验，该试验台还可以进行离合器摩擦力矩的测定和离合器摩擦片磨损等项目的试验。

3．从动盘总成扭转特性测定试验

本试验的对象是离合器的从动部分——从动盘总成。

从动盘总成的扭转特性指的是从动盘扭转减振器的力矩与转角之间的关系，也就是扭转刚度。

图 4-6 是一种试验设备的简图。扭转力臂 8 和拉压力传感器 1 配合用于测量扭矩。

将从动盘总成装到试验台的花键轴 4 上，该花键轴的齿形与离合器从动盘毂的花键孔要匹配。在摩擦衬片处将从动盘总成夹紧。安装转角测量装置，例如转角指针或者角位移传感器 6，令该装置可以与从动盘毂一同转动。先将转角值调零。对从动盘毂施加扭转力矩，使从动盘毂转动，直到与扭转减振器的限位销接触为止。卸载至零，反向加载，直到与另一侧限位销接触为止。卸载至零，重复上述步骤两次。在加载与卸载过程中，需记录转角及其对应的扭转力矩数值，同时注意在零位置检查并调整转角的零位。根据试验数据，绘制扭转特性曲线，如图 4-7 所示。

图 4-7 中，相同转角下正向加载和反向加载的扭矩差，就是扭转减振器阻尼片的摩擦力矩 M_1。因为机构中的摩擦会导致回程误差，表现为正向加载与反向加载引起的输出不一致。(可参看第二章第一节的有关内容。)

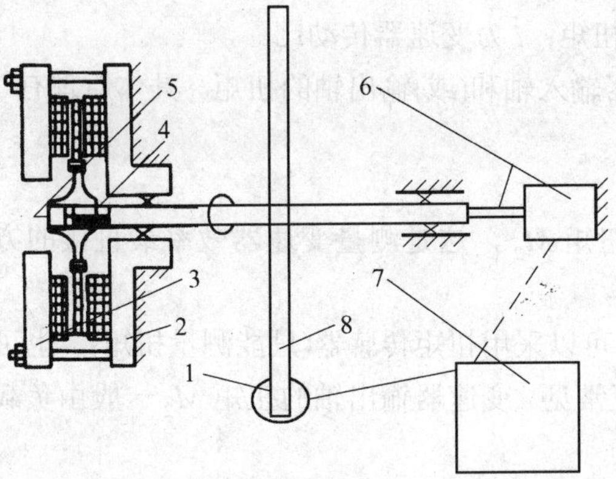

图 4-6　扭转特性试验装置

1—拉压力传感器；2—支承板；3—夹紧盘；4—花键轴；
5—转角轴；6—角位移传感器；7—X-Y 记录仪；8—扭转力臂。

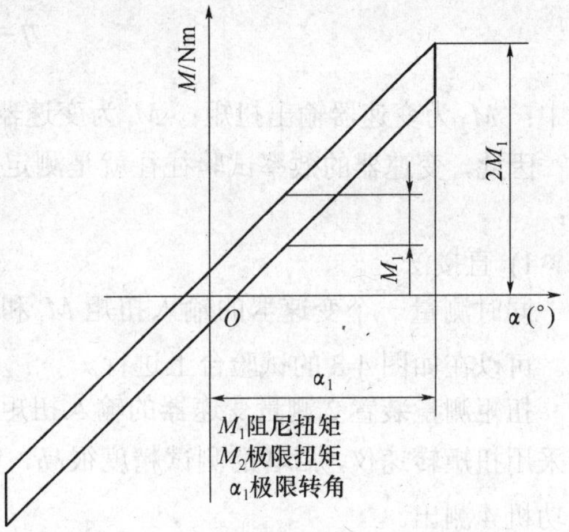

图 4-7　扭转减振器扭矩与转角曲线图

扭转减振器的扭转刚度 K 的计算如下，即

$$K=\frac{M_2-M_1}{\alpha}$$

式中：M_2 为转至最大转角(接触限位销)时的力矩；M_1 为扭转减振器阻尼片的摩擦力矩；α 为最大转角(接触限位销)。

其中，最大转角位置可以按扭转减振器接触限位销确定，如上所述，也可以取发动机输出最大转矩对应的转角。

扭转特性的定量计算还有其他公式。总之正向加载线和反向加载线之间的垂直距离就是阻尼片摩擦力矩的 2 倍，曲线的斜率就是扭转刚度。合理的公式应该能剔除曲线局部随机波动的影响，在曲线的较大范围内取平均值。

二、机械式变速器试验

在传动系统中，变速器承担着发动机输出动力和驱动轮输出驱动力之间连接和转换的重要作用，对于汽车的动力性、燃油经济性、排放性和操纵轻便性有很大影响。

变速器种类较多、原理各异、结构复杂、组成零件繁多，可能出现的失效形式多种多样，其试验项目也很多。本节主要介绍机械式变速器的效率试验、变速器总成疲劳寿命试验、变速器单对齿轮疲劳寿命试验、变速器总成静扭强度试验和变速器总成动态刚性试验。

1. 机械式变速器的效率试验

变速器的传动效率就是其输出功率与输入功率之比，即 $\eta=\dfrac{P_2}{P_1}$。传动效率是变速器非常重要的性能指标，它标志着变速器的功率损耗水平，其高低将影响汽车的动力性、燃料经济性、排放性及变速器自身的磨损和发热，传动效率同时也是变速器自身技术状况的诊断指标之一。

功率等于扭矩乘以角速度。如果能确定当前传动比，则有

$$\eta = \frac{M_2}{M_1 i} \tag{4-1}$$

式中：M_2 为变速器输出扭矩；M_1 为变速器输入扭矩；i 为变速器传动比。

因此，变速器的效率试验往往就是测定变速器输入轴和(或)输出轴的扭矩。具体原理有3种：

1) 直接法

同时测量一个变速器的输入扭矩 M_1 和输出扭矩 M_2，这是测量变速器效率最直接的方法。可以在如图4-8的试验台上进行。

扭矩测量装置2测量变速器的输入扭矩 M_1，可以采用扭矩传感器(只能测量扭矩)，也可以采用扭矩转速仪，后者的测试精度很高，使用更常见。变速器输出轴的扭矩 M_2 一般由负载测功机4测出。

将变速器的输入扭矩 M_1 和输出扭矩 M_2 代入式(4-1)，结合当前传动比，就可以算出变速器的效率。

2) 对接法

两个同型号变速器对接，同时测量其第一轴扭矩，如图4-9所示。

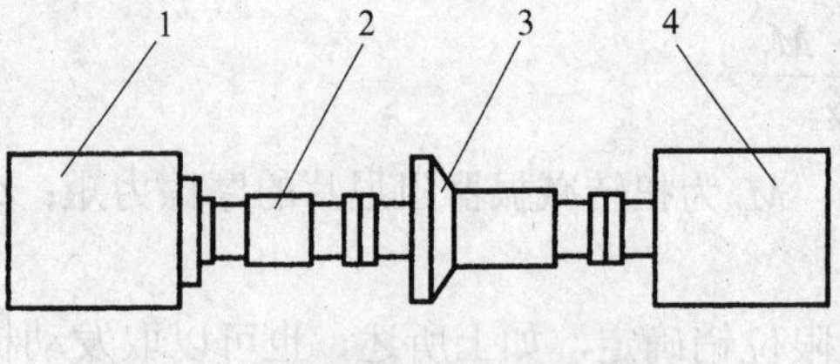

图 4-8　直接测量输入扭矩和输出扭矩

1—电动机；2—扭矩测量装置；3—被试变速器；4—负载测功机。

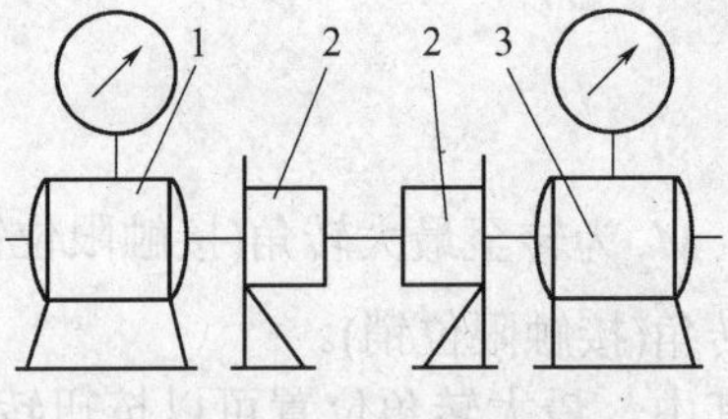

图 4-9　对接法测量变速器效率

1—电动机；2—被试变速器；3—负载测功机。

两个变速器的输出轴对接，挂相同挡位，一个降速、一个升速，各自的输入轴扭矩分别由两个电力测功机测出。图中动力由左向右传递，输入扭矩 M_1 在左侧变速器的左侧、由1测出，输出扭矩 M_2 在右侧变速器的右侧、由3测出。也可以利用扭矩转速仪测量这两个扭矩。

可以看出，这个传动体系中的总传动效率，是由于两个变速器串联形成的，由于两个对接的变速器挂相同挡位，总传动比为1，所以总传动效率是 $\frac{M_2}{M_1}$。

单个变速器的效率就是其几何平均值，即

$$\eta = \sqrt{\frac{M_2}{M_1}}$$

3) 平衡法

平衡法是指利用浮动壳体上的平衡力矩求出一个扭矩。前面的两种方法，变速器的外壳(及联接、测量设备的外壳)都是固定的。而在平衡法中，被试变速器的外壳不固定，采用“浮动支承”，就相当于仅用轴承将变速器的轴线支承住，不能限制其转动。当变速器输入轴和输出轴扭矩不相等时，变速器的力矩就不平衡，此时其外壳会向某方向转动，而在此方向上设置平衡杆，平衡杆端部下面接触一个拉压传感器，根据平衡杆端部到旋转轴心的距离和拉压传感器的示值，就可以算出壳体上的平衡扭矩 M_p。显然平衡扭矩就是变速器输入轴和输出轴扭矩之差，测出输入扭矩 M_1 和输出扭矩 M_2 中的一个，就可以求出另一个，代入式(4-1)算出变速器的效率。

在图 4-10 中，是一个变速器的浮动支承，其外壳上的平衡扭矩 M_p 由拉力传感器 3 测出(结合平衡杆的长度)。再由转矩传感器 2 测出输入扭矩 M_1(如果电动机 1 采用的是电力测功机，也可以省去 2，由电动机 1 直接测量 M_1)，就可以算出输出扭矩 $M_2 = M_1 + M_P$，继而算出传动效率为 $\eta = \dfrac{M_1 + M_P}{M_1 i}$。

在图 4-11 中，将两个挂相同挡位的变速器对接，安装在平衡框架内。输入扭矩 M_1 由转矩传感器 2 测出，再测出平衡框架杆端部的拉压传感器数值，算出作用于平衡框架的平衡扭矩 M_p。在此体系中，输出扭矩 $M_2 = M_1 - M_P$，考虑到两个变速器的串联，单台变速器的传动效率则为 $\eta = \sqrt{1 - \dfrac{M_p}{M_1}}$。

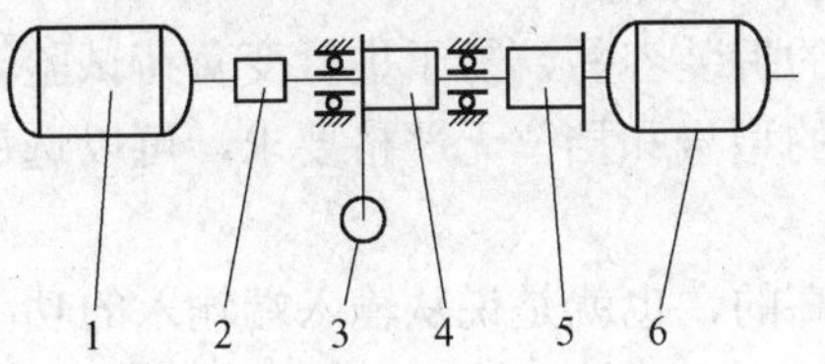

图 4-10　变速器平衡法测转矩

1—电动机；2—转矩传感器；3—拉力传感器；
4—被试件；5—陪试件；6—加载装置。

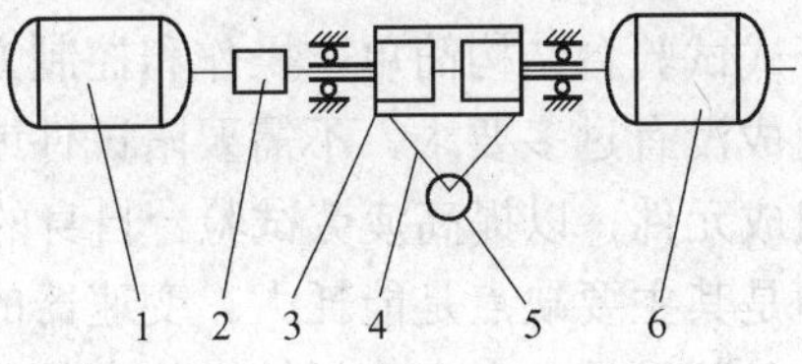

图 4-11　变速平衡框架法测转矩

1—电动机；2—转矩传感器；3—被试件；
4—平衡框架；5—拉力传感器；6—加载装置。

注意，图 4-10 和图 4-11 中都有两个变速器，但是各自的功用不同。在图 4-11 中，两个变速器必须是同型号的、挂相同的挡位，用以抵消传动比的影响，两个变速器都是被试件。而在图 4-10 中，4 是被试件、5 是陪试件。陪试的目的是将转速适当升高，以满足加载装置 6 的速度特性要求。由于动力并不循环，所以也不必严格要求 5 的升速比与 4 的降速比完全抵消，所以陪试件 5 的型号和挡位可以灵活选取，不必和被试件 4 相同。

上述三种效率试验的方法都是针对三轴式变速器，也就是输入轴和输出轴同轴的情况。对于两轴式变速器，可以适当修改方案，参照执行。

无论采用上述哪种方法，效率测定的工况基本相同，可参照如下规定：

(1) 试验扭矩：取该汽车发动机最大扭矩的 20%、40%、60%、80%和 100%共 5 种工况。

(2) 试验转速：变速器输入轴转速分别按汽车最低稳定车速时的发动机转速和发动机最大功率转速进行，并在该转速范围内再选取 3 个大致等分的试验转速。共计 5 个转速工况。

(3) 润滑油技术状况：按设计规定选取变速器润滑油的品种和数量，油温取 40°C、60°C、80°C 和 100°C。

按以上 3 个方面，选取对被试变速器较有代表性、典型性的若干工况组合进行测试，也就是说不一定对所有组合都做试验。

机械式变速器效率的实测值，随车型、变速器型式和试验工况的不同而异，大致在 95%～

99%之间。在试验结果中应注明试验工况，包括挡位，若条件工况不一致，则数据之间无可比性。

2．变速器总成疲劳寿命试验

变速器总成疲劳寿命试验的目的，是通过室内台架试验，快速、准确地确定变速器总成的耐久性，为新产品定型、新技术改进、设计、材料和工艺的检验和改进等提供依据。

疲劳寿命试验的两个主要问题是，采用什么样的设备、选取什么样的试验工况。

1) 试验设备

国内外用于变速器(或其他总成、零部件)的疲劳寿命试验台的型式很多，具体构造、加载原理和操作方法等各不相同。但是从试验功率循环的角度来看，可以分为两大类：开式试验台和闭式试验台。

(1) 开式试验台。

所谓“开式试验台”，指的就是功率流不封闭的试验台。这类试验台，原动机将动力传给被试件(此处指的就是变速器)，由于被试件存在效率损失，会消耗一部分功率，剩余的功率由加载装置吸收掉。这种吸收是耗散性的，一般是以发热的形式散失掉，无法回收。例如，在图 4-8 中增设转数计量装置，就成为一种开式疲劳寿命试验台。

开式试验台结构简单，操作和控制方便，试件的拆装容易，易于进行变负荷试验。对台架的组成没有过多要求，不需要陪试件或对陪试件的型号和挡位无严格要求，可以选用强度高的组成元件，以提高疲劳试验台自身的寿命。

但是其主要缺点是能耗大。变速器的效率是很高的，也就是说从输入端输入的功率，只有很小一部分被其自身消耗掉，绝大部分都由负载装置吸收掉。开式试验台的负载多采用电涡流测功机，无法将这部分功率回收，最终是以热量的形式发散掉。而为了满足试验扭矩和转速的要求，输入功率不能降低；同时疲劳寿命试验势必要进行长时间的连续运转。这就意味着能量消耗，也就是浪费的总量是巨大的，尤其是对于大吨位车辆的疲劳寿命试验来说。

为此，开发出了各种闭式试验台。

(2) 闭式试验台。

“闭式试验台”，指的就是功率流封闭的试验台，原动机输出的总功率由被试件消耗一部分后，剩余的大部分可以回收，功率流形成封闭的循环，以节约能源。据统计，维持闭式试验台运转(克服台架运动件及被试件、陪试件的运转阻力、发电机效率损失等)仅需原动机总功率的 20%～25%，也就是说可以将原动机总功率中大约 75%～80%的能量回收再利用。

按功率流循环的实现方法，闭式试验台分两种：电封闭和机械封闭。

电封闭试验台，其机械部分与开式试验台类似(可能要加装无级变速器等传动元件)，但必须采用电力测功机作为试验台的负载。可以参看图 4-8，其中的负载测功机 4 就是电力测功机。进行疲劳试验时，测功机做发电机使用，将被试件传来的剩余机械能转换成电能，回馈到原动电动机或输入电网，以实现节能的目的。

电封闭试验台的优点是机械结构简单、台架的搭建和试件的拆装容易。缺点是操纵控制系统复杂，电力测功机的成本高，在整个寿命试验期间该测功机都被占用，不能进行其他试验。

在变速器及驱动桥的总成疲劳寿命试验中，广泛采用机械封闭式试验台。机械封闭的基本原理，就是利用齿轮箱、带轮或链轮传动等机械手段，将被试件输出轴的输出功率回馈至输入端，以降低原动机的能耗。图 4-12 是几种机械封闭式试验台的布置形式。每种方案的特点各不相同。

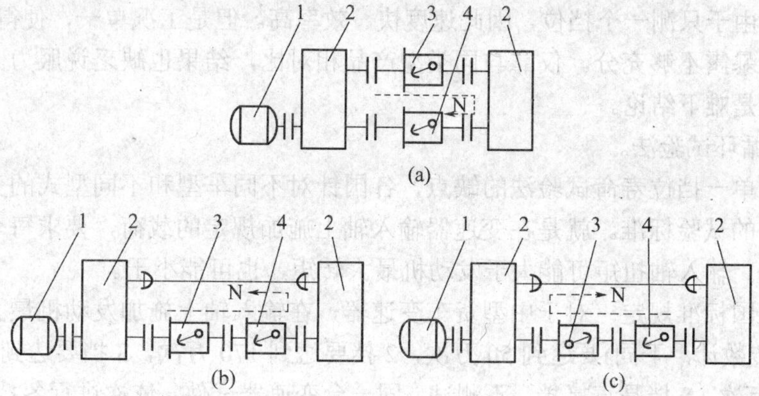

图 4-12　机械封闭式变速器试验台 3 种布置方案示意图

1—电动机；2—辅助齿轮箱；3—被试变速器；4—陪试变速器。

机械封闭的缺点是传动环节较多，很多部件需要试验室加工和自制，安装和调整费时费力。为了实现机械封闭，避免速度干涉，必须采用陪试件，使回馈动力的转速与原动机转速一致，陪试件必须与被试件同型号，其寿命不高。

布置台架时需要注意，扭矩转速仪必须直接测量被试变速器的输入轴扭矩。

另外，在机械封闭系统中无法设置测功机等负载设备(因为机械动力不能“透过”测功机，无法回馈)，需要采取各种机械式的加载方法，为被试变速器提供一个大小可控的阻力。机械加载的基本原理是：令被试变速器的主动轴和从动轴之间产生一个扭转角，这个角度可以调节、然后锁紧，当变速器运转时就相当于输入、输出两根轴上存在一对反向的扭矩。具体结构和操作方法可以参考试验台的说明和指导文件。

2) 试验工况及评价方法

(1) 强化试验法。

强化试验法是为了缩短试验周期，在变速器输入轴上施加的扭矩等于或大于发动机最大转矩的方法。试验载荷扭矩与发动机最大转矩的比例即强化系数。

在强化试验中，试验扭矩(也就是强化系数)，是根据预计达到的损坏形式来选取的。一般是根据被试变速器中有关齿轮的计算应力值，并参照相近车型变速器寿命试验的数据来确定的。

试验转速一般取发动机最大转矩转速。

对不同挡位都要进行测试(除了直接挡)。一台变速器试件做完某一挡位的疲劳寿命试验后，不仅该挡位齿轮发生破坏，变速器内的各轴、轴承及常啮合齿轮等各挡位共用的零部件实际上也产生了疲劳损伤积累，因此，再做另一个挡位的试验时往往要更换新的试件。

这种强化试验方法，对试验结果的评价，只能采取对比的方法，适用于工艺性试验，即评定不同工艺条件下产品耐久性的优劣。不宜用来预测产品在实际使用环境中的真实寿命。

例如某中型载货汽车，配套发动机的最大转矩 304N·m，进行变速器齿轮的工艺试验时，为了确定接触疲劳强度，输入轴上的试验扭矩为 363 N·m、即强化系数为 1.19；在进行弯曲疲劳强度试验时，输入试验扭矩则确定为 441 N·m，即强化系数为 1.45，获得了满意的试验效果。

(2) 单一挡位寿命试验法。

新设计变速器的总成定型试验，可以采用单一挡位寿命试验法，即只测量 1 挡(有时可增加 2 挡)的疲劳寿命，然后将试验结果与同类车型进行对比，以评价新型产品的优劣。

这种方法由于只测一个挡位，因此速度快、效率高。但是工况单一，使得结果不够全面，各种隐藏缺陷暴露不够充分。仅靠与同类型产品相对比，结果也缺乏说服力。当没有可比车型数据时，更是难下结论。

(3) 挡位循环试验法。

为了克服单一挡位寿命试验法的缺点，各国针对不同车型和不同型式的变速器，都提出了挡位循环法的试验标准。就是在变速器输入轴上施加规定的载荷，要求每个挡位能运转一定的循环次数。输入轴扭矩可能大于发动机最大转矩，也可能小于。

例如，我国标准规定，对于中型货车变速器，在输入轴上施加发动机最大转矩，1 挡寿命(以输出轴转数计，下同)要达到 50 万次，2 挡要达到 170 万次，3 挡要达到 500 万次，4 挡要达到 1100 万次，5 挡是直接挡、不测试。同一台变速器试件，依次进行各挡位的循环试验，每次循环进行各挡位规定寿命的 1/10 的转数，也就是要进行 10 次循环。试验转速一般取发动机最大转矩转速，如该转速小于 1450r/min，则取 1450r/min。

强化试验法和挡位循环法的关系：两者都是要测试除了直接挡和超速挡外的所有变速器挡位(倒挡一般要求在发动机最大转矩下运行 2h)。但强化试验法是每个挡位都要换新的变速器试件，也就是说强化试验法强调某挡齿轮的疲劳强度，如前所述，该方法适用于工艺性对比研究；而挡位循环法是要求同一台变速器的各挡位都要达到规定的循环次数，也就是考察变速器总成的综合耐久性。显然，挡位循环法更能够反映变速器实际工作时的疲劳强度，国家标准规定以挡位循环法作为变速器总成疲劳寿命的试验方法。

(4) S-N 曲线法。

S-N 曲线指的是齿轮台架试验寿命与试验载荷的关系曲线。一些整车或变速器制造企业，消耗了很多齿轮进行了大量的齿轮寿命试验，整理出了齿轮寿命与载荷及齿轮结构设计参数的关系。使用中，只要给定一个载荷扭矩，再给出齿轮的参数，就可以查取 S-N 曲线确定该齿轮的疲劳寿命。这种方法直接确定的是变速器某挡齿轮的寿命。

3. 变速器单对齿轮疲劳寿命试验

单对齿轮疲劳寿命试验需要将变速器解体，将待测齿轮副装在单对齿轮疲劳试验台上进行测试。试验台也分为开式和闭式两种，其组成原理、性能特点和加载方式与上述变速器总成疲劳试验台类似。

试验载荷扭矩也是根据预计达到的损坏形式来选取的，以便能在试验台上再现使用中的损坏形式，并尽量缩短试验周期。

注意，对于三轴式变速器而言，“某挡齿轮”通常指的是中间轴和二轴上的齿轮，对该对齿轮做疲劳寿命试验，施加在主动齿轮上的试验载荷扭矩应该是变速器的中间轴扭矩，其基准值是发动机最大转矩乘以变速器常啮合齿轮的传动比。根据试验要求也可以进行强化。

试验转速一般按变速器实际使用的常用转速确定。为缩短试验周期，在保证试验台架不发生激振、润滑油温度不过高的前提下，可以适当提高试验转速。

对于新齿轮，试验前应先进行磨合。磨合扭矩为试验扭矩的一半，磨合转速与试验转速相同，磨合时间 2h。磨合结束后。清洗齿轮，更换润滑油。

进行齿轮接触疲劳寿命试验时，运转至 20h 后，开箱进行第一次齿面检查，以后每 4h 检查一次，记录试验参数和齿面状况。做齿轮弯曲疲劳寿命试验时，可不检查齿面，但要每隔 4h 记录一次试验参数。

直到齿轮失效或达到规定的运转次数，试验结束。

对于多样件试验，将各齿轮的寿命值按威布尔分布进行统计，算出平均寿命(可参阅第三章第十节的有关内容)。同时全面分析零件的材料工艺、断口和金相组织等。

4. 变速器总成静扭强度试验

静扭，就是将被试件的输出端固定，在输入端施加扭矩，直至发生破坏，以暴露变速器总成(或其他被试件)的薄弱环节，同时确定其静扭强度后备系数。

变速器总成静扭强度试验台，如图 4-13 所示。

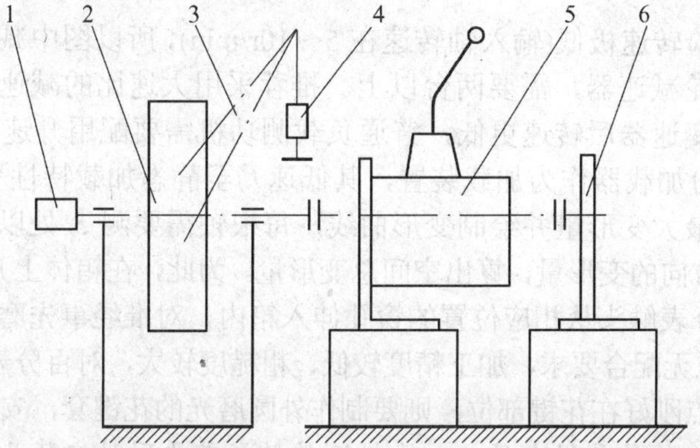

图 4-13 变速器总成静扭强度试验台示意图

1—角位移传感器；2—扭力机；3—扭力机力臂；4—拉力传感器；5—被试变速器；6—固定支架。

被测变速器在台架上的固定方式，应与其在车上的实际安装方式尽量一致。变速器外壳可靠固定，台架各元件之间保证足够的同轴度，确保变速器的输入轴和输出轴不到附加受弯矩的影响。

变速器挂挡时，应全齿长啮合，扭力机的扭转方向保证轮齿的受力方向与汽车前进时相同。

调整和标定仪器，预热。起动电动机，连续缓慢加载，并记录扭矩和转角的关系曲线 $M = f(\varphi)$，直至变速器某处出现破坏为止。

标准要求被试变速器数量为 3～5 件。破坏扭矩与配套发动机最大转矩之比为静扭后备系数。轻型汽车为 2.5，中型载货汽车为 3.0。

需要注意，静扭试验看似简单、平稳、没有动负荷，但其实对安全防护的要求同样很严格。理论分析和许多实践都证明，被试总成静扭破坏时，断裂零件会突然释放出极大的弹性势能，如果该零件飞出被试件壳体，其破坏力是相当大的。所以进行静扭试验(包括变速器、传动轴和驱动桥等各总成的静扭试验)时一定要设置可靠的安全防护罩，现场人员要在指定规划好的位置工作，不得随意走动。

5. 变速器总成动态刚性试验

变速器总成的动态刚性，是指变速器各轴在传递动力时抗御弯曲变形的能力，其大小用轴受力时的挠度表示。如果轴的动态刚性不足，就会使齿轮的接触偏载，影响其传动的平稳性、安静性、可靠性和使用寿命。因此，变速器总成的动态刚性，是评价变速器设计、制造水平的重要指标之一。

变速器总成动态刚性试验台，如图 4-14 所示。

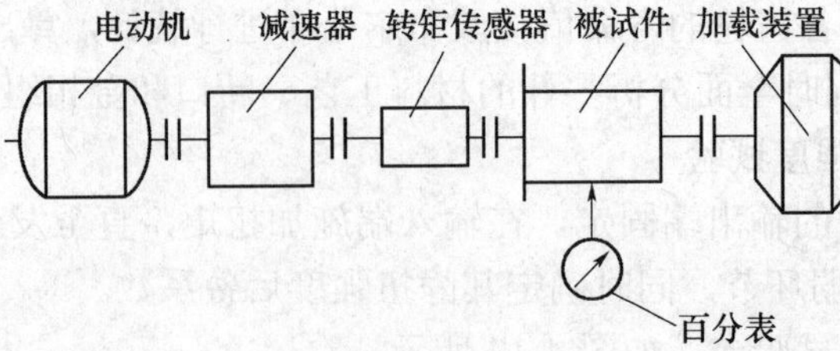

图 4-14　变速器总成动态刚性试验台示意图

试验标准要求试验转速极低(输入轴转速在 5～10r/min)，所以图中减速器的传动比必须很大。如果采用普通齿轮减速器，需要两台以上。推荐采用大速比的减速器，如谐波齿轮减速器等。另外，动力经变速器后转速更低，普通负载测功机需要配用升速箱(类似图 4-10 中的 5)，因此建议采用磁粉加载器作为加载装置，其低速乃至静态加载特性平稳、可控性好。

为了得到各轴的最大变形量并绘制变形曲线，每根轴需要测 5 处以上，每一处要同时测量其垂直方向和水平方向的变形量，算出空间总变形量。为此，在箱体上开窗孔，以便安装所需数量的百分表，将百分表触头从相应位置的窗孔伸入箱内，对准经事先磨光的测量部位(因为变速器轴的很多轴颈部位无配合要求，加工精度较低、粗糙度较大，对百分表的测量形成干扰，故需要磨光)，如果测量点刚好在花键部位，则要制作外圆磨光的花键套，安装在该部位。

安装百分表这个工作量是很大的，一次性测量的话需要同时安装几十个百分表，也很难做到。因此，允许每一加载条件下的不同轴、不同截面位置、不同方向的变形量值，分几次进行测量，具体步骤视变速器结构和实验室条件而定。

正式测量前，为消除各处间隙，首先预加一次载荷，卸载后将百分表调零，然后正式测试。为保证测量数据稳定，输入轴施加扭矩从 0 开始，缓慢增加至规定值，每次连续增量为规定值的 25%。正转和反转都要测量、记录。绘制各轴、各点的总挠度—扭矩关系曲线。

轴上某点的挠度是指该点相对于支承轴线的位置变动量，而变速器传递动力时轴的支承(就是轴承作用中心)也会发生位移。因此所有测量数据都要去掉各支承处的位移量(也就是该支承处或最接近处的百分表示值)。研究第一轴的变形对第二轴位置的影响时，也要按同样的办法处理。

对于变速器，还有总成噪声试验、同步器试验(包括性能试验和寿命试验)、变速操纵试验、摘挡试验和润滑试验等项目。

三、传动轴试验

此处的“传动轴”，指的是传动轴总成，也就是汽车传动系中的整套万向传动装置，包括若干个万向节和分段的带滑动花键的传动轴，有时还包括中间支承。由于变速器输出端和驱动桥输入端分属簧上质量和簧下质量部分，在汽车行驶时其相对位置会发生变化，而且两端的轴线不重合(即使在静止时)，所以要设置万向传动装置以适应这种距离和夹角的变动。

进行传动轴台架试验时，试件的标准安装状态是：传动轴的两个万向节中心之间的长度等于汽车在水平位置时静止、满载状态下的传动轴长度。而且传动轴水平放置，万向节的夹角都为零。(注意，这与车上实际安装角度很可能是不同的。)

额定负荷：在按照发动机最大转矩和驱动轮最大附着力计算得到的传动轴输入扭矩中，取较小者做为额定负荷，记作 M_g (N·m)。这个“额定负荷”的定义，也适用于驱动桥试验的输入载荷扭矩。计算公式为

$$M_{g},=\min(T_{tq\max}i_{g1}i_{p1}/n,\ G_2r\varphi/i_0) \tag{4-2}$$

式中：min 为求后面若干元素中的最小者；$T_{tq\max}$ 为发动机最大转矩(N·m)；i_{g1} 为变速器 1 挡传动比；i_{p1} 为多轴驱动汽车的分动器低挡传动比；n 为分动器挂低挡时的驱动桥数目；G_2 为驱动桥的满载轴荷(指全部重力，即接地压力)(N)；r 为车轮半径；φ 为轮胎和路面的附着系数，一般按良好的沥青或混凝土路面，取 $\varphi = 0.8$；i_0 为主减速器传动比。对于普通的前置后驱动的 4×2 汽车来说，就是

$$M_g = \min(T_{tq\max} i_{g1},\ G_2 r\varphi / i_0) \tag{4-3}$$

传动轴的最高转速 n_g：发动机的最高转速除以变速器的最小传动比(即最高挡传动比)，即

$$n_g = n_{\max} / i_{\min}$$

1．传动轴总成的静态跳动量试验

汽车的传动轴(总成)属于轴向长度较大、支承刚度较差，工作转速变动较大的总成，当发动机高速运转、变速器挂高挡时，传动轴转速很高，由于周向质量分布不平衡造成的离心力较大，从而造成传动轴的挠曲变形，影响传动的平稳性、安静性，同时增大磨损和发热等。因此，传动轴试验中对于质量的周向分布(平衡)问题是比较重视的，规定了若干个项目。

测定质量分布平衡性最初步的试验就是静态跳动量的测定，试验台如图 4-15 所示。

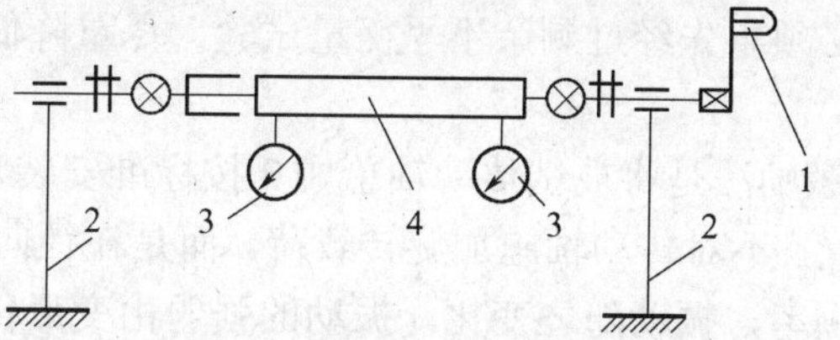

图 4-15　静态跳动量试验台示意图

1—旋转装置；2—支承装置；3—百分表；4—被试传动轴总成。

被试传动轴总成 4 按标准安装状态安装于试验台的支承装置 2 上，用旋转装置 1 以缓慢的速度(转速不大于 60r/min)摇动被试传动轴总成，手动或电动皆可。用百分表 3 测量轴管两端的径向跳动量。显然，跳动量即为几何偏心量的 2 倍。

各种标准根据被试传动轴总成所属的车型及该段轴在传动轴总成中属于固定轴还是滑动轴，规定了跳动量的限值，可参照执行。

2．传动轴总成的剩余不平衡量试验

静态跳动量试验只能确定传动轴总成的几何偏心量，难以完全代表力学不平衡量。所以一般在经过静态跳动量试验并经过初步平衡后，还要进行剩余不平衡量试验。

试验要在动平衡机上进行。传动轴总成的动平衡机种类很多，技术特色各异，使用前要熟悉其说明指导文件。

该试验的操作要点如下：

(1) 被试传动轴总成按标准安装状态安装于平衡机的支承装置上。

(2) 可以分初试和复试进行两轮试验。

(3) 为了精确测定不平衡量，试验转速应高些，原则上不低于传动轴最高转速 n_g 的 1/2。也可以根据初试的不平衡量确定复试的转速，不平衡量越小，复试转速应越高。

(4) 动平衡测试应在未加注润滑油/脂之前进行。

(5) 动平衡机具有自动焊接平衡片的功能(平衡片的功用就是纠正不平衡量、抵消其离心力，类似车轮动平衡检测时加补的配重片)，平衡片通常焊接在传动轴的轴管上，每段最多不超过三片。

不平衡量限值可按国家标准“刚性转子平衡品质许用不平衡量的确定”中规定的 G40 平衡品质等级，或者执行企业的设计标准。

3．传动轴总成的临界转速试验

所谓“临界转速”，是指传动轴转动速度达到或接近该转速时，传动轴的抖动会急剧加大，表现为振幅或振动加速度迅速增大。显然，临界转速对应的频率就是传动轴总成系统的固有频率。

临界转速试验可以采用旋转法，也可以采用激励法。

1) 旋转法

如图 4-16(a)所示。旋转法是将被试传动轴总成 4 按标准安装状态安装于试验台的支承装置上，由驱动装置 1 带动被试件 4 高速旋转，测量振动与转速之间的关系，振动的强弱由振动加速度传感器 2 或变形传感器 3 测出。

为达到并超过临界转速，旋转法要求的转速极高，两端支承处要具有足够的刚度，而且对试验台周边的安全防护有较高要求，高速转动时试验台支承处的轴承发热也很大。旋转试验的激振力是传动轴总成自身的不平衡质量高速旋转时的离心力造成的，为了降低上述不利影响，被试传动轴总成必须事先经过剩余不平衡量试验，尽量降低不平衡量。

2) 激励法

如图 4-16(b)所示。激励法是将被试传动轴总成 2 按标准安装状态安装于试验台的支承装置上，但是没有驱动装置，不对传动轴施加旋转载荷，而是在径向由激振器 1 施加横力激振，逐渐提高激振器的激振频率，振动随之变化，振动的强弱由变形传感器 3 测出。由于系统不做转动，在支承处可以不设轴承，但支承装置要保证既允许被试传动轴总成有轴向位移，该位移又不能过大(一般不超过 1～2mm)。由于激励法的激振力是外加的，传动轴总成自身剩余不平衡量的控制显得不太重要。

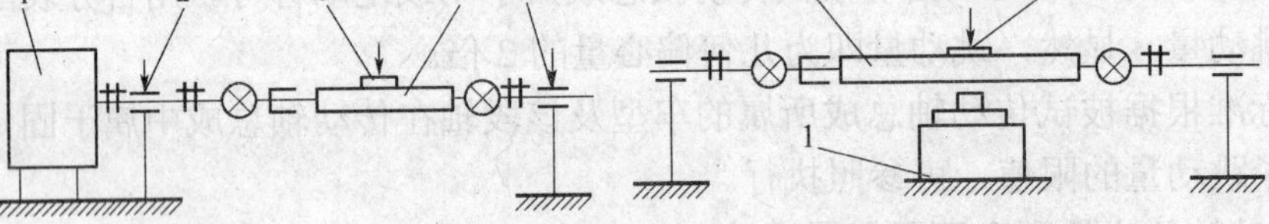

图 4-16　临界转速试验装置

(a) 旋转法；(b) 激励法。

开动试验台的旋转或者激振装置，逐渐升高转速或频率，直至充分超过临界转速(临界频率)，测出临界转速(激振法则是测出临界频率，乘以 60 得到临界转速)。

当采用旋转法时，缓慢加速之后要做缓慢减速的测试，取两者振动峰值对应转速的平均值为临界转速试验结果，且希望两峰值的转速差不超过 300r/min。

激振法时，要选取合适的激振力，使传动轴发生可以测出，又不致过大的挠曲振动。

传动轴临界转速曲线如图 4-17 所示。

临界转速意味着传动轴的振动急剧增大，对传动的平稳性、安静性和传动轴自身的寿命极为不利，我们希望在行驶过程中不会遇到临界转速。因此希望传动轴的临界转速 n_k 明显高于传动轴的最高转速 n_g，即 $n_k > kn_g$。系数 k 按国家标准推荐取 1.5，国内外一些制造企业根据传动轴的结构形式、制造工艺和轴管内外径尺寸，对 k 进行了更加细化的规定。

4．传动轴总成的静扭刚性与强度试验

静扭刚性和强度试验所使用的设备和操作方法类似，如果这两个项目都要做，可以放在同一次试验中依次进行。

传动轴静扭试验台如图 4-18 所示。将被试传动轴总成 2 按标准安装状态安装于扭转试验台上，一端固定，另一端由加载及测量装置 1 施加扭矩，并测量扭矩和扭转角。加载装置由扭力机和大传动比的减速箱构成，能输出扭矩极大、转速极低的动力。

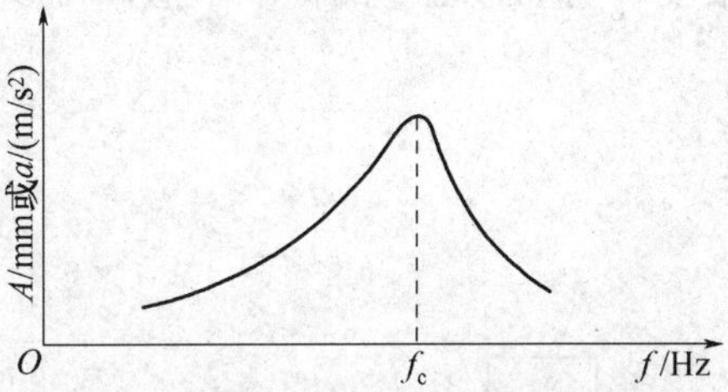

图 4-17　传动轴临界转速(激振试验时)

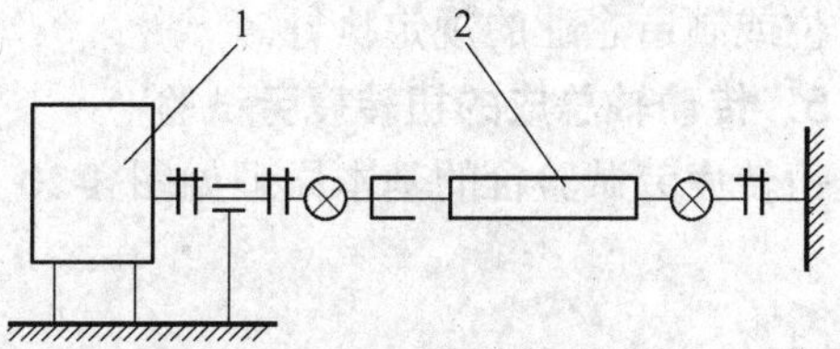

图 4-18　传动轴静扭试验台

1—测量装置；2—被试传动轴总成。

按一定方向对被试传动轴总成施加预扭，力矩达到额定负荷位置，然后退回到原始状态。预扭后进行正式试验。

先进行刚性试验。按一定方向施加扭矩直至额定负荷 M_g，然后卸载到负荷扭矩为零。试验过程中连续记录施加的扭矩和相应的扭转角。

如果需要的话进行强度试验。按一定方向施加扭矩并缓慢增大，同时记录扭矩及其对应的扭转角，直至被试传动轴总成某一零件损坏时为止。(注意，破坏扭矩并不是强度试验的结果。)

扭转刚度特性曲线如图 4-19 所示。刚性和强度试验的结果都由此曲线算出。

首先按下式计算出 α_T(°)为

$$\alpha_T = \frac{180 \times 0.1\% \times L}{\pi R}$$

式中：L 为传动轴两万向节的中心距(mm)；R 为传动轴轴管半径(mm)。

在横坐标上确定 α_T 点位置，过该点做刚度特性 $M = f(\alpha)$ 曲线中直线段的平行线，与 $M = f(\alpha)$ 曲线相交，该点的扭矩值(纵坐标值)就是被试传动轴的屈服扭矩 M_s。传动轴总成的静扭强度就用屈服扭矩 M_s 表示。

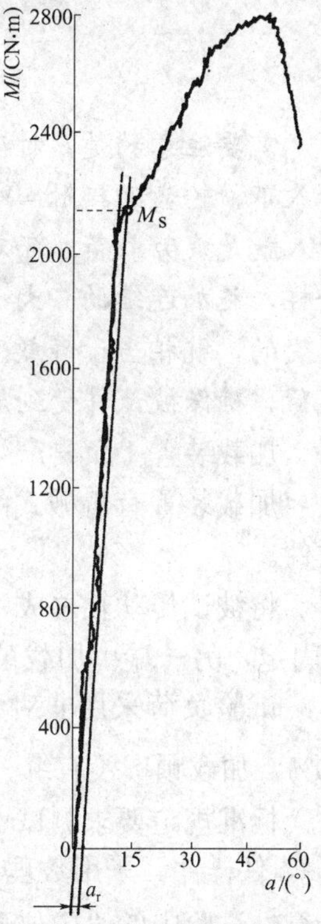

图 4-19　扭转刚度特性

刚度特性 $M = f(\alpha)$ 曲线中额定负荷 M_g 以下直线段上任一点的斜率 $k = \dfrac{M}{\alpha}$，就是该传动轴的扭转刚度。扭转刚度就是传动轴总成静扭刚性的试验结果。

对于静扭强度试验，后备系数$n_s = \frac{M_s}{M_g}$。国家标准要求$n_s > 1.5$为合格。

可以对比一下变速器的静扭强度试验，其后备系数要求大于2.5或3.0，明显大于传动轴的后备系数。这主要是因为变速器结构相对更复杂，对于单件或少量的抽样试验来说，试验过程中隐藏的不可预见缺陷更多，更大的后备系数才能保证其在实际使用中与传动轴大致相等的可靠程度。

传动轴总成的刚性对于十字轴万向节传动的等速性有较大影响，刚性不足，会造成附加的不等速旋转，从而引起振动和噪声。刚性试验结果没有明确、统一的标准限值，可参照设计单位或制造企业的规定执行。

5. 传动轴总成的扭转疲劳试验

扭转疲劳试验台的基本原理如图4-20所示。

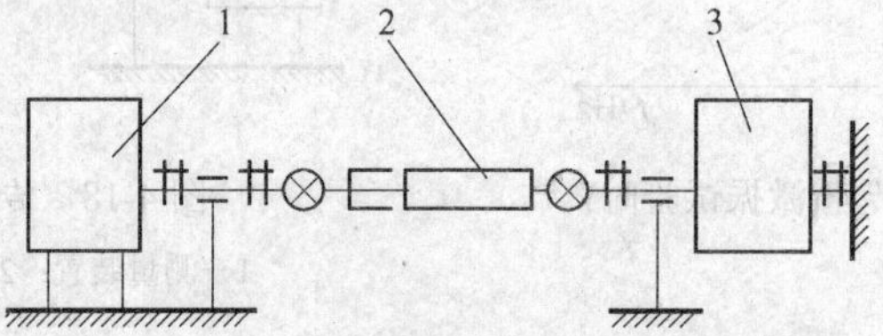

图4-20 扭转疲劳试验台示意图

1—加载装置；2—被试传动轴总成；3—扭矩测量装置。

需要注意的是，对变速器或者驱动桥来说，内部有齿轮传动，即使在恒定的力矩和转速输入下，轮齿的接触—啮合—脱离的过程就会造成齿轮及其他零件应力的变化，连续的力矩输入就是疲劳载荷。而对于传动轴来说，其内部没有齿轮啮合传动，如果像变速器或驱动桥一样，施加连续的、大小和方向都不变的旋转载荷，那么对于传动轴内部元件来说，受力是不变的，就相当于静载。因此，传动轴扭转疲劳试验台，必须能够施加脉动的、往复的扭转载荷，确保被试件受到周期性变化的应力作用。

加载装置1负责产生脉动的、往复的扭转载荷，2是被试传动轴总成，3是扭矩测量装置。

加载装置有机械式的和电控液压的两大类。具体结构、原理和操作方法参阅其说明指导文件。

将被试传动轴总成2按标准安装状态安装于扭转疲劳试验台上，一端通过扭矩测量装置3固定，另一端由加载装置1加载。

试验负荷采用非对称交变循环。最大扭矩取额定负荷M_g、最小扭矩取额定负荷M_g的30%。加载频率没有统一规定，我国的试验大部分取10～15Hz。

标准规定要求测试3件以上试件即可，为尽量消除样件数据随机波动的影响，建议测试5～7件样件。采用数理统计的方法，按威布尔分布，计算其中值寿命B_{50}(就是第三章第十节可靠性试验中的"中位寿命$T_{0.5}$")。

中值寿命达到15万次为合格。如果被试件的试验循环次数超过22.5万次，可以终止试验。

长期以来，对于国内的传动轴总成来说，由于万向节的磨损寿命偏低，故传动轴总成的扭转疲劳寿命问题并不是特别突出。

6. 传动轴滑动花键磨损试验

因为汽车行驶时传动轴总成两端的相对位置会发生变化，所以采取传动轴分段、花键联接的形式。而对于键联接(包括平键和花键)来说，在周向传递扭矩的同时存在轴向滑动，对齿面的磨损是相当严重的。如果磨损过大，会增加花键齿侧和齿顶的间隙，在传动时引起冲击噪声和扭转振动噪声，还可能导致传动轴总成临界转速的下降。因此，传动轴滑动花键磨损试验是传动轴总成台架试验的必做项目。

试验设备必须保证传动轴在传递扭矩的同时发生轴向伸缩，图 4-21 是一种试验台方案。

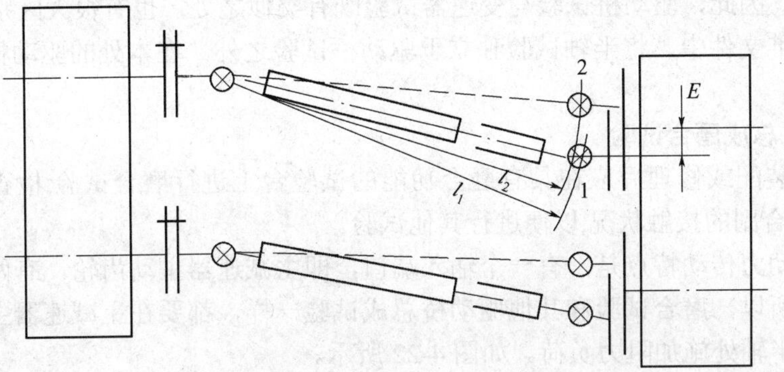

图 4-21　传动轴滑动花键磨损试验台示意图

在后齿轮箱的法兰处安装偏心附具，当该法兰转过半周时，传动轴万向节由图中的位置 1 运动到位置 2，传动轴长度由 l_1 变动至 l_2。

试验前随机选取 4 个花键齿，测量其原始齿厚，并做好标记。测量时每个齿沿齿长度方向测 3 个点，取平均值作为齿厚记录值。然后将传动轴按装配技术条件规定的要求装复，加注润滑脂，直到润滑脂从花键缝隙溢出为止。

将被试传动轴总成按标准安装状态安装在滑动花键磨损试验台上。

空载走合 4h。

然后施加 16%的额定负荷 M_g，开始测试。试验时花键副的轴向位移量应不小于 10mm，往复运动的频率不低于每分钟 30 次。

每试验 30h 后，拆检一次，观察花键表面的磨损状况，测量花键齿侧厚度、计算磨损量并记录。然后将传动轴按装配技术条件规定的要求装复，加注润滑脂，直到润滑脂从花键缝隙溢出为止。

试验过程中，如果滑动花键处温度过高，可以采用鼓风机强制冷却。

磨损失效的标志：被试花键有半数的齿产生擦伤或者多于 3 个齿的齿厚磨损量达到 0.50mm，即认为该试件已磨损失效，停止试验。

磨损按其机理不同可以分为磨料磨损、粘着磨损、表面疲劳磨损和腐蚀磨损几类。此处的“擦伤”，基本上属于粘着磨损，主要是因为对偶材料的硬度和表面处理工艺有差异，或者运转中因发热产生了不同程度的固相焊合，一个齿的齿面材料转移到配合零件的对偶齿上。擦伤可以目视观察到。

以不少于 3 件样件(推荐使用 5～7 件)做抽样试验，采用数理统计的方法，按威布尔分布计算其中值寿命 B_{50}，达到 150 万次为合格。如果被试件的试验循环次数超过 225 万次，可以终止试验。

四、驱动桥试验

以汽车的整体式后驱动桥为例，介绍驱动桥总成及其重要零部件的台架试验。

驱动桥和变速器一样，都是齿轮传动装置，都承担着汽车动力传动和动力匹配的任务。但是两者也有很大区别：驱动桥处于传动系统的最末端，承受的载荷很大；驱动桥属于非悬挂质量，承受的载荷形式与变速器也不同；驱动桥的齿轮种类与变速器也有很大差异；而且驱动桥的壳体属于结构件，不仅起到总成自身的密封、定位和盛油等作用，还要承担汽车的全部驱动轴荷。因此，驱动桥试验与变速器试验既有类似之处，也有很大区别。

在一些标准文件中，将半轴试验独立于驱动桥试验之外。在本处的驱动桥试验中，则包括了半轴试验。

1．驱动桥总成磨合试验

驱动桥在装配或修理后应在具有磨合功能的试验台上进行磨合试验,检查驱动桥的装配质量,并改善配合副的接触状况,以便进行其他试验。

驱动桥的动力传动特点是，有一个输入端口，即主减速器主动齿轮，有两个输出端口，即两侧半轴。所以，磨合试验和其他驱动桥总成试验一样，都要在主减速器主动齿轮处输入动力，在两侧半轴处施加阻力负荷。如图 4-22 所示。

驱动桥总成磨合试验分无负荷和有负荷两个阶段进行。一般要求磨合总时间不少于 20～25min，其中有负荷磨合时间不少于 10～15min。试验时主减速器主动齿轮的转速一般为 1400～1500r/mim，施加在每侧半轴上的负载扭矩按有关技术规定。

该试验可以在专用的磨合试验台上进行。动力装置采用交流电动机，直接或通过万向节与被试驱动桥主减速器的主动齿轮联接。两侧半轴处的加载方式，可以采用电涡流制动器、绕线式异步电动机或被试驱动轴本身的车轮制动器。

当采用车轮制动器加载时，因驱动桥拆离整车，没有制动操纵机构和传动机构，试验台需设置制动主缸、制动杠杆、压力表和相关的油管，为车轮制动器提供液压力，并通过调节其压力来控制加载量。在轮毂设置测力仪，以监测左右车轮制动器的大小和平衡状况。这种制动器加载方式不能在有负荷的情况下长时间连续工作。

也可以在通用的驱动桥试验台上进行磨合试验。这种试验台的输入动力和负载阻力全部由电动机提供，采用全电控方式，能进行各种驱动桥总成的驱动传动性试验，对输入和负载控制全面，测试精度和自动化程度都很高。由于其一个输入端、两个输出端的布置形式，在试验行业经常被简称做“T 形试验台”。

磨合试验结束后，可以视试验目的和磨合时的具体情况对被试件进行拆检、重新润滑和复装，也可以只做简单的外观检查后直接进入其他试验项目。

2．驱动桥总成静扭试验

静扭试验的目的是发现驱动桥总成中抗扭的最薄弱零件(一般来说是半轴),并计算驱动桥总成的静扭强度后备系数。

为避免随机波动的影响，要求试件数不少于 3 件，建议取 5 件。

和离合器、变速器等总成的静扭试验一样，驱动桥总成静扭试验也是将总成的壳体和动力输出端固定、在输入端加载。加载装置采用扭力机和减速器等。注意驱动桥有两个输出端，要将两侧半轴外端(即法兰端)都固定。试验时测量并记录主减速器主动齿轮轴的扭矩和对应的转角。

试验时，开动扭力机，缓慢加载，并记录扭矩和转角，直到驱动桥总成中最薄弱的零件被扭断为止。记录静扭断裂扭矩 M_K (N·m)。

将扭坏的驱动桥总成拆开,仔细检查各零件的状况。对断裂零件的断口形貌进行分析，并取样进行金相分析，观察材质及金相组织是否符合设计要求。

静扭后备系数定义为

$$K_K = \frac{M_K}{M_P}$$

式中：M_K 为静扭断裂扭矩；M_P 为试验计算扭矩。试验计算扭矩 M_P 可以按传动轴的额定负荷 M_g 选取，即

$$M_P = M_g = \min(T_{tq\max} i_{g1} i_{p1} / n,\ G_2 r\varphi / i_0)$$

对于大部分汽车而言，可以认为就是 $M_P = T_{tq\max} i_{g1}$。(也有的制造企业认为应该在此基础上再乘以传动效率。)

国家标准要求静扭后备系数 $K_K > 1.8$ 为合格。

可以再对比一下变速器和传动轴总成的静扭后备系数。变速器的是 2.5 或 3.0，传动轴是 1.5。前面讨论过：两者的差异是由于结构的复杂程度不同造成的。变速器的结构更复杂、零部件更多，隐藏的不可预见缺陷更多，对少量样件的试验需要提高安全系数，以确保实际使用中工作的可靠程度与传动轴基本相等。

而对于变速器和驱动桥来说，两个总成的复杂程度相当，而静扭后备系数仍有较大差异，这主要是由于两个后备系数定义中的基准，就是分母不同造成的。变速器的静扭后备系数中的分母是发动机最大转矩 $T_{tq\max}$，而驱动桥的静扭后备系数中的分母则是发动机最大转矩乘以变速器最大传动比 $T_{tq\max} i_{g1}$。不难看出，事件“发动机输出转矩等于其最大转矩，同时变速器传动比等于其最大传动比”的概率比事件“发动机输出转矩等于其最大转矩”的概率小。(按汽车理论的统计，以装备 5 挡变速器的中型货车为例，变速器 1、2、3 三个挡的使用率加起来大约 10%～15%，可见“变速器传动比等于其最大传动比”的概率是非常低的。)也就是说驱动桥的输入扭矩达到额定负荷，比变速器的输入扭矩达到发动机最大转矩要少见得多。对于这种更难出现的工况，当然可以规定较低的后备系数，这样两者的工作可靠程度是大致相当的。

3. 驱动桥总成锥齿轮支承刚性试验

螺旋锥齿轮(尤其是双曲面螺旋锥齿轮)的啮合状态，对支承刚度非常敏感，支承刚性对齿轮的传动平稳性和工作寿命有极大的影响。锥齿轮支承刚性试验的结果，可以复核齿轮设计和载荷计算等理论研究工作的结果，并揭示出设计中的弱点和缺陷。

锥齿轮支承刚性试验一般采取组合式试验装置。驱动装置联接被试驱动桥的主减速器主动齿轮轴，总成的半轴端部联接到制动装置，施加制动载荷。在驱动桥壳体上钻孔、伸入百分表的触头，测量部位要光洁、平整，必要时可以磨削加工。图 4-22 是一种试验台布置，百分表安装在主减速器壳上的刚性圆环上。

检查被试驱动桥总成的各轴承预紧度和主/从动齿轮的啮合间隙。将被试总成装在试验台上，为确保试验数据稳定，在进行正式测量之前，需带轻负荷走合一段时间。安装百分表，施加一个方向载荷(符合汽车前进方向)，调整百分表盘使其循环一周，再撤销载荷，仪表调零。

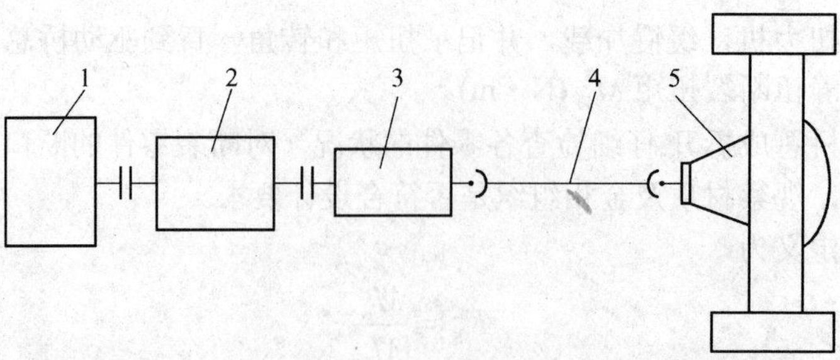

图 4-22　驱动桥总成齿轮支承刚性试验台示意图

1—齿轮减速电动机；2—变速器；3—转矩转速传感器；4—传动轴；5—被试驱动桥。

正式测试时，在主减速器输入齿轮轴上施加扭矩，从零开始，直到规定值，分段连续施加，每段连续增量为规定值的 25%。对各齿轮的各待测部位，记录其相对壳体在同一时刻的 3 个坐标方向上的百分表示值和对应的扭矩值，必要时要多次测量，待测定值稳定后方可作为测量结果。

分别按正车和倒车方向施加输入扭矩，测量并记录各点变形。

试验的规定载荷及刚性评价标准，尚无统一规定，国内外汽车和齿轮行业多采用或参照美国格里森公司的规范执行。

4．驱动桥总成齿轮疲劳试验

驱动桥总成齿轮疲劳试验用于确定驱动桥的主要传动零件——主减速器齿轮副的工作寿命，通常被视为驱动桥的“验收性”试验。

和变速器总成的疲劳寿命试验相同，驱动桥总成齿轮疲劳试验也经常在机械封闭式试验台上进行。图 4-23 是一种较典型的机械加载式驱动桥总成封闭试验台的布置简图。

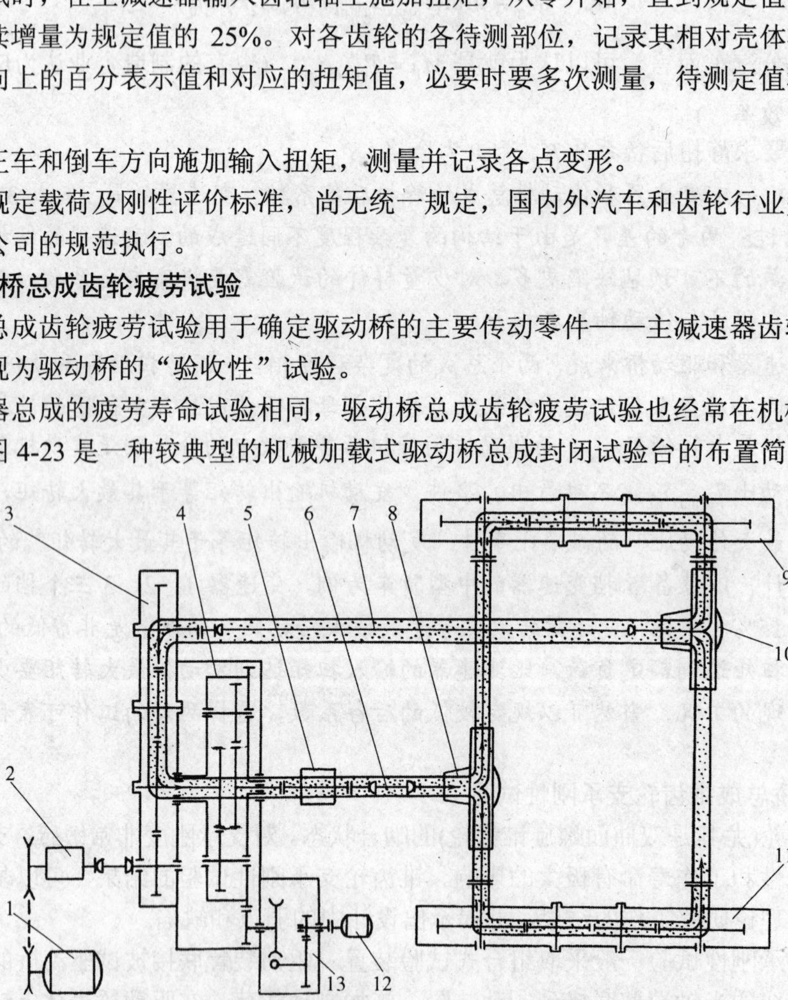

图 4-23　机械加载式闭式驱动桥总成齿轮疲劳试验台示意图

1—电动机；2—变速器；3—齿轮箱；4—行星传动机构；5—转矩转速传感器；6、7—传动轴；
8—被试驱动桥样品；9、11—侧齿轮箱；10—陪试驱动桥总成；12—加载(或卸载)小电动机；13—加载小齿轮箱。

电动机 1 通过带传动经由变速器 2 带动齿轮箱 3 运转，再通过和齿轮箱联接在一起的行星传动机构 4、转矩转速传感器 5、传动轴 6 传动到被试驱动桥 8。然后，动力经两侧的齿轮箱 9 和 11 及陪试驱动桥 10，再经过传动轴 7 与齿轮箱 3 相联接。加载方式是由小电动机 12 带动加载小齿轮箱 13 中的齿轮副和蜗轮副驱动行星传动机构中的行星架，使正在运转中的太阳轮附加扭转一个角度，从而实现力矩加载。

试验样品不少于 5 件(仅指被试件、不包括陪试件)。

试验载荷按传动轴试验的额定负荷 M_g，参见式(4-2)或式(4-3)。

齿轮失效的标志为轮齿断裂、齿面压碎、齿面严重剥落或齿面严重点蚀。

国家标准对于寿命限值的要求是：由样件结果统计的中位寿命不低于 50 万次，同时样品中最低寿命不低于 30 万次。

随着运输条件的变化，相应的试验规范和标准限值也随之改变。

5. 驱动桥桥壳垂直弯曲的刚性与静强度试验

对于汽车的驱动桥桥壳来说，要承担对驱动桥总成的密封、元件定位和承装润滑剂等作用，对其静刚度有要求。同时壳体结构件还要承受车轮和悬架之间的相互作用力，尤其是当汽车在崎岖不平路面行驶时，尽管悬架和轮胎有缓冲和减振的作用，桥壳还是要承受很大的垂直载荷，有时会达到 3g 以上。所以，桥壳的弯曲强度非常重要。

该试验一般在液压试验台上进行。该试验台还可以进行桥壳的垂直弯曲疲劳试验，因为电控系统可以精确、灵活地控制载荷大小和载荷形式。图 4-24 是液压疲劳试验台的示意图。

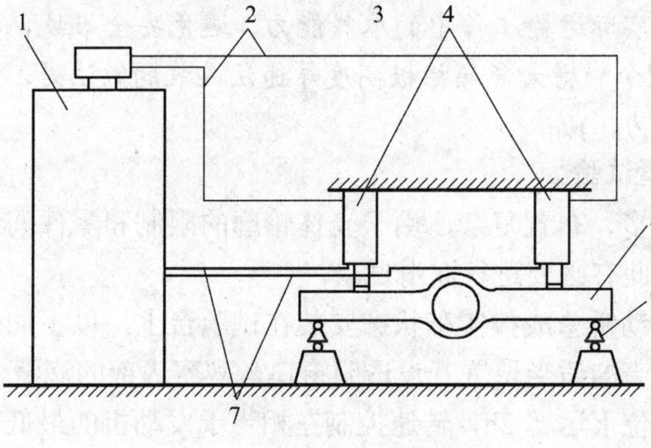

图 4-24　液压疲劳试验台

1—液压疲劳试验主机；2—输出高压油油管；3—支架；
4—液压脉动千斤顶；5—试验样品；6—支承；7—回油管。

选取不少于 3 件样件。

样件在车轮平面处支承、在钢板弹簧座位置加载，也可以将加载点和支承点对调。

为消除壳体结构件内部随机分布的内应力、提高测量结果的重复性，正式测量之前应对试件预加载 2～3 次，每次加载至满载轴荷、再卸载。

在桥壳下表面安置不少于 7 块百分表(注意，由于桥壳的结构、材质和热处理工艺并非完全对称，所以最大挠曲变形点不一定在中点，所以要多设置一些百分表)。开始正式测试。

测量刚性时，用液压装置缓慢加载，直至满载轴荷。记录各百分表读数，卸下百分表。继续缓慢加载，一次性直至桥壳失效。该过程可以采用应变式测量装置测量并记录。桥壳失效的标志是断裂或严重塑性变形，依桥壳的材料和制造工艺不同合理确定。

对于刚性试验，应计算满载轴荷时各百分表读数、即变形量，将各点变形量连成折线图。限值要求：满载最大变形量/轮距≤1.5(mm/m)。

对于静强度，要求垂直弯曲静强度后备系数$=\dfrac{失效载荷}{满载轴荷}>6$。

这是一个相当大的安全系数。之所以取得如此之大，主要基于两点考虑。

第一，驱动桥在实际道路上行驶时，不止受到 1 倍标准轴荷所形成的、垂直平面内的弯矩。驱动力或制动力会造成水平面内的弯矩，转向时内侧桥壳的弯矩会增大，另外制动时地面制动力对车轴线形成的扭矩也作用在桥壳上。车轮驶过不平路面时垂直冲击还会加剧。这些都会导致桥壳上某些关键部位的工作应力增大。(以上因素可以参看汽车设计有关驱动桥壳设计的内容。)而该试验仅在垂直平面内施加载荷，且计算的后备系数仅以满载轴荷为基准，所以后备系数应取得高一些。

另外，桥壳强度对超载的敏感程度与齿轮传动装置不同。当车辆超载时，驾驶员出于完成运输任务的目的，会加大加速踏板开度、调节变速器挡位，对于变速器或者驱动桥主减速器等的齿轮传动装置，其传递的扭矩可能会增加，但不可能超过车辆原设计规定值，因为超载属于使用环节，汽车的动力参数不会随之改变。(例如，无论使用者对于装载质量超载多少，对于驱动桥来说其输入扭矩不会超过发动机最大转矩与变速器 1 挡传动比的乘积。)但是桥壳是结构件，其任务之一就是承载该轴的全部簧载质量。轴荷超载多少倍，桥壳的载荷就增大多少。所以，为了提高实际运输工作中的承载能力、避免安全事故，桥壳要有相对更大的后备系数。(注意，这种理念和增大货箱栏板高度等违法改装的做法是不同的，其出发点并不是主动提高车辆的超载能力。)

6．驱动桥总成润滑试验

驱动桥内部零件较多、布置复杂，由于壳体轮廓的限制和零件间的互相遮挡，某些部位的润滑条件不理想。因此有必要进行润滑试验。

该试验是将被试驱动桥总成按实车状态安装在试验台上，以不同的转速驱动运转，但是不施加负载扭矩。在桥壳的适当位置开设透明窗口，观察内部的润滑情况。

在变速器的每个挡位下运转 2h，转速控制在相当于发动机的最低转速至最高转速的 3/4。也可以自行编制不同的挡位循环运转工况。

润滑油的温度对于其流动性和雾化性的影响很大，试验时要在相应位置安装温度传感器、如热电偶，确保油温不超过 140°C，且在 10min 内油温变化不超过 3～4℃。

除了利用透明窗口观察润滑状况外，可以采取以下两种方式检查润滑状况：在相应位置设置压力计，以推算油浴高度；在相应位置设置旁通油路，测量该管路的流量。

7．半轴静扭试验

在一些标准文件中，半轴试验是独立于驱动桥试验之外单独编列的。但是半轴从汽车构造的角度来看属于驱动桥，而且单纯的半轴试验项目较少，所以本书将半轴试验归入驱动桥试验。

半轴强度直接影响汽车的使用可靠性和安全性。另外，驱动桥设计时希望半轴的强度和寿命略低于主减速齿轮，因为半轴的更换比主减速器的拆修和零件更换要容易，所以半轴应该有较合适的静强度和疲劳寿命。

半轴静扭和驱动桥总成静扭的试验原理相同、试验设备相似。扭力机—减速器在半轴花键端(内端)加载，半轴的法兰端(外端)固定。

样件不少于 3 件。检查其尺寸、硬度及有无表面缺陷。在样件表面画一条直线，以便观察试验过程中的扭转变形情况，确保安全防护措施可靠。

开动扭力机加载，记录扭矩和对应的扭转角。当扭矩—扭转角关系明显不成线性时，认为达到屈服状态。继续加载，直至半轴断裂。

可以分别计算屈服和断裂时的强度后备系数。其中断裂的强度后备系数为

$$K_B = \frac{M_K}{M_{PB}}$$

式中：M_K 为断裂扭矩，M_{PB} 为试验计算扭矩，有

$$M_{PB} = \min(0.6T_{tq\max} i_{g1} i_0, 0.5G_2 r\varphi)$$

各参数含义参见公式(4-3)。

由于一侧车轮承担一半的轴荷，也就是说每侧半轴承担一半的驱动轴附着力所产生的扭矩，所以式中第二项乘以 0.5。而由于对称式行星齿轮差速器内部有较轻微的内阻，可以使得来自发动机的动力从两侧半轴齿轮输出的扭矩略有不等(可以参见汽车构造有关差速器的内容)，所以式中第一项乘以 0.6，意味着“当该半轴处于扭矩较大一侧时”。

标准限值对于断裂强度后备系数做出了规定，要求 $K_B \geqslant 1.8$。

8. 半轴扭转疲劳试验

对于半轴来说，扭转疲劳载荷必须是脉动的、往复的扭转载荷，而不能是连续的旋转，这一点类似“传动轴总成扭转疲劳试验”。

试验设备为激振式(机械的或电液伺服式的)或曲柄摇杆式扭转疲劳试验机。曲柄摇杆式试验机的原理和结构，可以参考后文的“钢板弹簧疲劳试验”。

试验样件不少于 5 件。检查其尺寸、硬度及有无表面缺陷、裂纹等。

试验前要对样件进行标定，确定变形和扭矩的关系。

扭转疲劳试验的载荷要求是扭矩，但是试验台(无论激振式还是曲柄摇杆式)直接控制输出的都是位移。对于给定的试件来说，其扭矩和扭转角(也就是试验台的输出位移)存在确定的关系，标定就是要确定该关系。其基本过程是：将样件安装在试验台上，按实际试验方式进行固定和装夹，施加已知大小的扭矩，测量其扭转角，从而确定两者的定量关系。在试验加载时，控制试验机的输出位移，就相当于对半轴施加了确定的扭矩。注意，在标定过程中起“刚度”作用的，包括了被试半轴及随同其一起受力和变形的试验台装夹机构，这是正常的，并没有造成误差。

按试验规范，根据标定规律调节试验台的输出。疲劳载荷为正弦脉动扭矩，其最小值 $M_{min} = 0.1M_{PB}$、最大值 $M_{max} = M_{min} + M_{PB}$，$M_{PB}$ 是试验计算扭矩，含义同半轴静扭试验。加载频率不超过 30Hz，半轴表面温度不高于 200℃。

在对样件加载测试过程中，要仔细观察疲劳裂纹的萌生和扩展的规律。

半轴失效的标志是断裂。标准要求断裂中位寿命达到 25 万次为合格。

对于驱动桥总成，还有驱动桥总成噪声试验和桥壳垂直弯曲疲劳试验等项目，可参看有关标准文件。

第三节　转向系统试验

汽车的转向系统，是用来改变汽车行驶方向和保持直线行驶能力的重要安全系统，转向系统由转向操纵机构、转向器和转向传动机构组成，还包括转向加力(助力)装置。

对于汽车的转向系统，可以使用转向系统试验台，以整个转向系统为试验对象，进行性能试验、强度和疲劳寿命试验及运动干涉校核等，如图 4-25 所示。

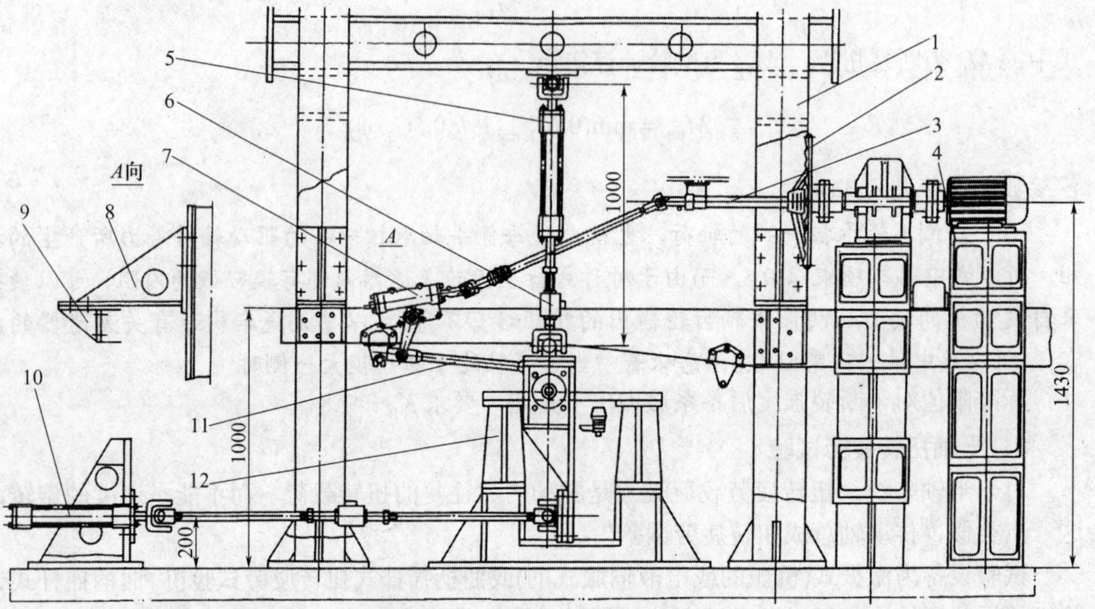

图 4-25　转向系统试验装置(侧视图)

1—2.2m 立柱；2—转向盘；3—转向轴；4—组合支架；5—垂直油缸；6—力传感器；7—转向器；8—直角支架；9—小直角支架；10—纵向油缸；11—纵拉杆；12—前桥支架。

这种试验方法，可以按转向系统的实际装配和车上安装状况进行测试，结果准确、直观。但是试验台组成复杂，成本高，被试系统在台架上的安装、调整和拆卸等工作量较大。因此，对于转向系统，更多的是进行部件试验，就是将整个转向系统解体，以需要研究的总成或零部件为对象进行试验测试。

转向系统的部件主要包括机械式转向器、转向盘、安全转向柱、转向轴和万向节、转向助力装置和液压传动装置等。下面介绍几个主要部件的典型试验。

一、机械式转向器试验

转向器总成是汽车转向系统的主要部件，它的性能和工作可靠性直接影响汽车的转向性能和操纵稳定性。转向器的试验项目较多，按考察指标的类别大体上可以归纳为性能试验、静扭试验、落锤冲击试验和疲劳寿命试验等。

1．性能试验

试样应先进行磨合。磨合规范如下：转向器输入轴的转角不大于全转角的 90%；加在摇臂轴或齿条轴上的载荷为额定值的 40%；循环次数不低于 1500 千次；磨合频率不大于 10r/min；

磨合后更换润滑油。

1) 传动比的测定

对于循环球式、蜗杆滚轮式和蜗杆曲柄指销式等以角位移为输出的转向器，传动比指的是其角传动比，即转向轴输入转角φ与转向器摇臂轴输出转角β之比。角传动比试验装置如图 4-26 所示。

在摇臂轴上安装角度仪，在转向轴上安装万能分度仪。试验时，驱动转向轴转动，测量其转角φ，同时测出对应的摇臂轴转角β，改变转角，得到若干数据对(φ_i，β_i)。将各数据对描点、绘制成曲线。对数据进行线性回归分析，求得回归方程$\varphi = k\beta + b$，其斜率k就是转向器的角传动比。

对于齿轮齿条式转向器，传动比指的是其角线传动比(°/mm)；就是输入轴转角φ与齿条位移之比。齿轮齿条式转向器传动比测定原理，如图 4-27 所示。

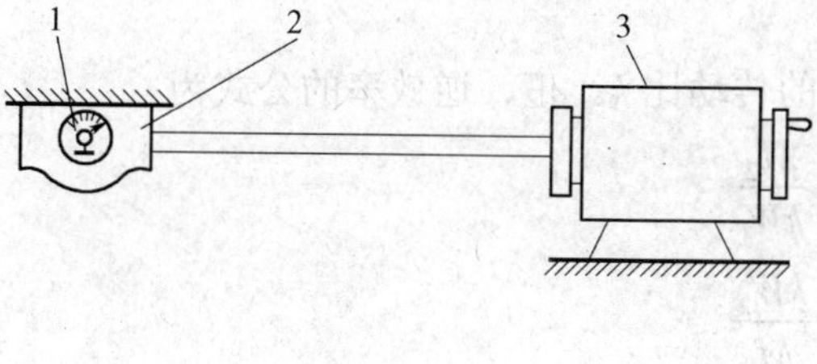

图 4-26　角传动比试验装置

1—角度仪；2—转向器；3—万能分度头。

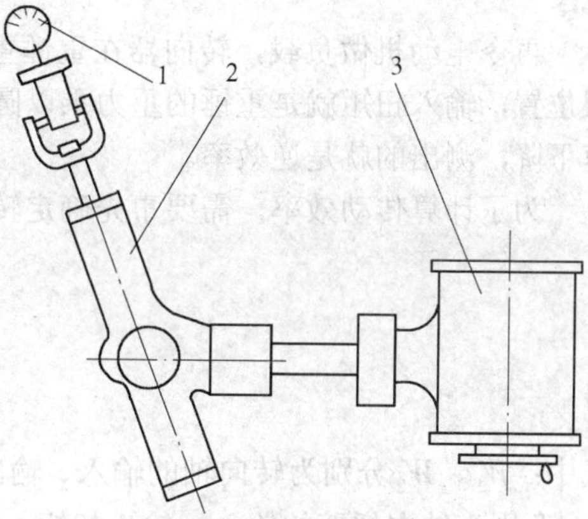

图 4-27　齿轮齿条式转向器传动比测定原理图

1—百分表；2—转向器；3—万能分度头。

由于齿条输出的是线位移，所以采取百分表而不是角度仪测量。

试验方法和数据处理与角传动比试验类似。驱动转向轴转动，测量其转角φ，同时测出对应的齿条位移L，改变转角，得到若干数据对(φ_i，L_i)。将各数据对描点、绘制成曲线。对数据进行线性回归分析，求得回归方程$\varphi = k_L L + b$，其斜率k_L就是转向器的角线传动比。

2) 传动效率的测定

传动效率就是转向器的输出功率与输入功率之比。

与传动比试验相同，根据转向器输出的是角位移还是线位移，传动效率试验可分为角传动效率和角线传动效率两类，前者是针对循环球式、蜗杆滚轮式和蜗杆曲柄指销式等以角位移为输出的转向器，后者则适用于齿轮齿条式这种以线位移为输出的转向器。两者的试验装置和具体操作略有不同，但原理和基本方法是相同的。现以角传动效率的测定为例加以介绍。

转向器传动效率试验台示意图，如图 4-28 所示。

转向器的传动效率包括正效率和逆效率。正效率指的是以转向轴为输入、摇臂轴为输出时的效率，逆效率则是由摇臂轴带动转向轴转动时的效率。

试验时，先令电动机提供驱动动力，转向器由一侧极限位置缓慢匀速转动至另一侧极限位置，输入扭矩由传感器 2 测出，输出扭矩就是重锤的重力乘以圆盘的半径，此时重锤匀速上升，测出的就是正效率。

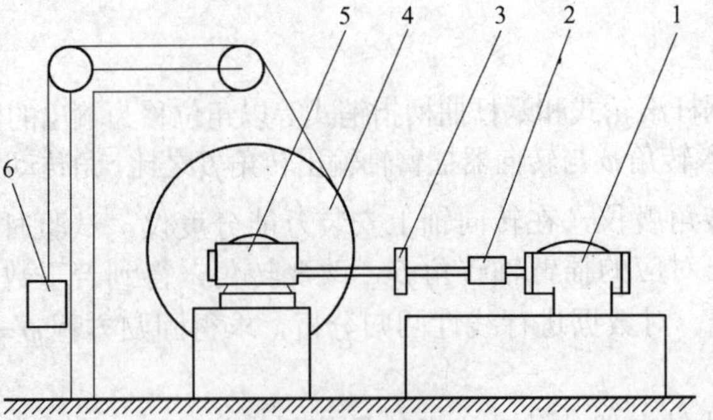

图 4-28　转向器传动效率试验台示意图

1—调速电动机；2—扭矩传感器；3—转角传感器；4—加载圆盘；5—被试转向器；6—垂锤。

再令电动机做负载，转向器在重锤重力带动下由一侧极限位置缓慢匀速转动至另一侧极限位置，输入扭矩就是重锤的重力乘以圆盘的半径，输出扭矩由传感器 2 测出，此时重锤匀速下降，测出的就是逆效率。

为了计算传动效率，需要事先确定转向器的传动比 k。正、逆效率的公式为

$$\eta_{+} = \frac{M_2}{kW_1}$$

$$\eta_{-} = \frac{kW_2}{M_1}$$

式中：W_1、W_2 分别为转向轴的输入、输出扭矩，即重锤上升、下降时传感器 2 的示值；M_1、M_2 分别为转向摇臂的输入、输出扭矩，即重锤下降、上升时重锤重力与圆盘半径的乘积。

各类转向器的正、逆效率都应符合转向器总成质量分级的标准限值(由中国汽车工业联合会颁布)。

3) 啮合间隙特性的测定

啮合间隙的测定方法是：转向轴每转过一个角度、固定后，在转向摇臂轴上施加正、反 10N • m 的力矩，测定转向摇臂轴的转角旷量，或者转向摇臂上距摇臂轴轴线 200mm 处的位移旷量；对于齿轮齿条式，则是转向轴每转过一个角度、固定后，在齿条上施加±40N 的力，测量齿条的位移旷量。只要能精确测量转向摇臂轴转角或齿条位移的试验设备，例如传动比试验台，都可以用来做该项试验。

啮合间隙的测量结果，可以评价汽车直线行驶的稳定性和转向器的使用寿命。一般要求转向器在中间位置的啮合间隙极小，大转角时啮合间隙增大，如图 4-29 所示。

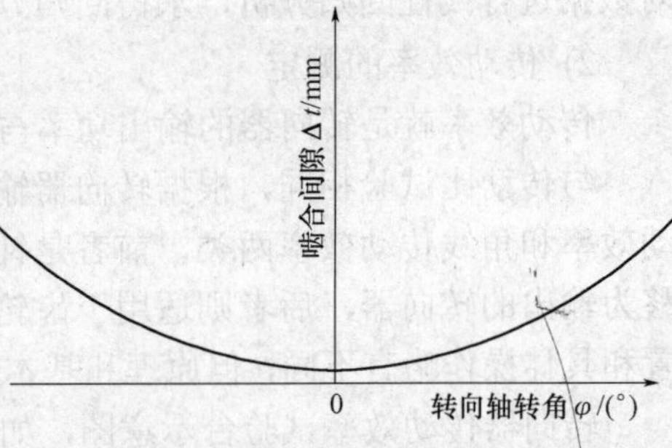

图 4-29　转向器啮合间隙特性曲线

4) 刚度的测定

这里的刚度指的是固定转向器输出端(摇臂轴或齿条)的情况下，施加在转向轴上的扭矩与转向轴夹角的比，单位 N • m/rad。

转向器的刚度包括小扭转角的刚度和大扭转角的刚度。试验装置如图 4-30 所示。被试转向器 6 安装在刚性底座上，固定转向摇臂或齿条。

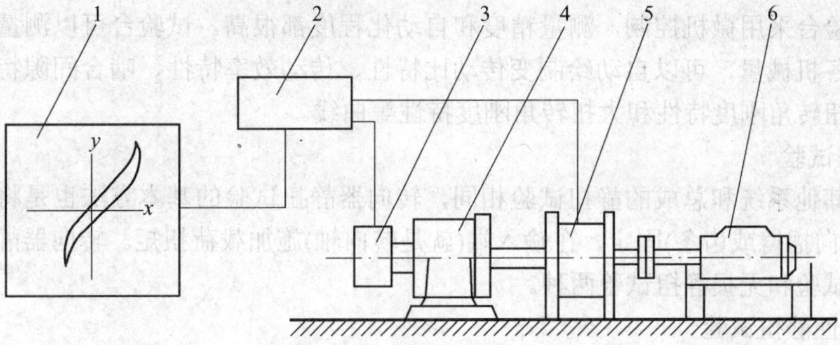

图 4-30　转向器刚度试验台

1—x-y 函数记录仪；2—应变仪；3—角位移传感器；4—调速电动机；5—力矩传感器；6—被试转向器。

测量小扭转角的刚度时，固定转向器输出端，将转向轴先向左扭转 5°，使其回到中间位置，再向右扭转 5°，使其回到中间位置。如此循环两次。每个循环中，分别测出向左和向右扭转 0.5°和 2.5°的扭矩值，以两个扭矩差除以转角差(就是 2°)，得到向左和向右的刚度，取平均，作为一个循环的试验结果。取两个循环的平均值，作为小扭转角刚度的试验结果。

测量大扭转角的刚度时，固定转向器输出端，将转向轴先向左扭转 20°，使其回到中间位置，再向右扭转 20°，使其回到中间位置。循环两次。每个循环中，分别测出向左和向右扭转 10°和 15°的扭矩值，以两个扭矩差除以转角差(就是 5°)，得到向左和向右的刚度，取平均，作为一个循环的试验结果。取两个循环的平均值，作为大扭转角刚度的试验结果。

上述转向器性能试验，是在各专用台架上进行。很多制造企业和研究单位，都采用了转向器综合性能试验台。图 4-31 就是一种综合性能试验台的布置简图。

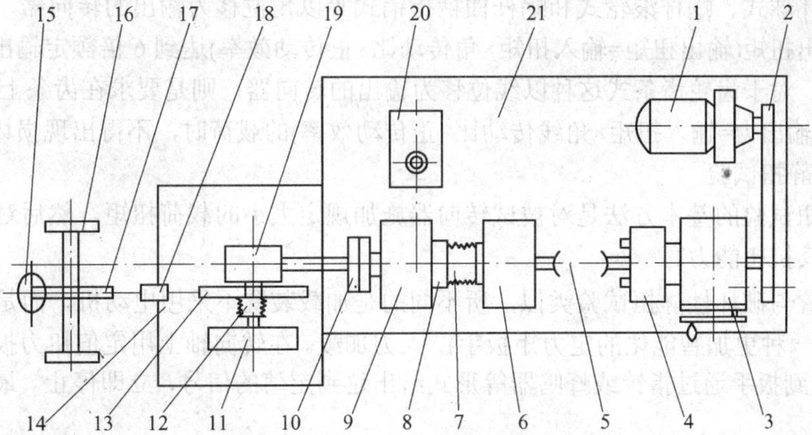

图 4-31　转向器综合性能试验台示意图

1—减速箱；2—皮带轮；3—分度头；4—三爪卡盘；5—万向节；6—扭矩、角位移传感器；7—波纹管；8—转向轴端连接盘；9—静扭传感器；10—法兰盘；11—角位移传感器；12—波纹管；13—加载扭矩盘；14—转向器固定底座；15—砝码；16—加载支架；17—加载滑轮；18—测力传感器；19—被试转向器；20—位移传感器；21—试验台底座。

这种试验台采用微机控制，测量精度和自动化程度都很高。试验台可以测量转向轴扭转角和对应的各机械量，可以自动绘制变传动比特性、传动效率特性、啮合间隙特性、转动力矩特性、小扭转角刚度特性和大扭转角刚度特性等曲线。

2. 静扭试验

与汽车其他系统和总成的静扭试验相同，转向器静扭试验的基本方法也是将转向器的输出端(就是转向摇臂或齿条)固定，在输入端(就是转向轴)施加载荷扭矩。转向器静扭试验包括破坏性静扭试验和无损静扭试验两种。

1) 破坏性静扭试验

静扭试验台示意图，如图 4-32 所示。将被试转向器安装在试验台上，摇臂轴或齿条固定在除两极限位置以外的任意位置。

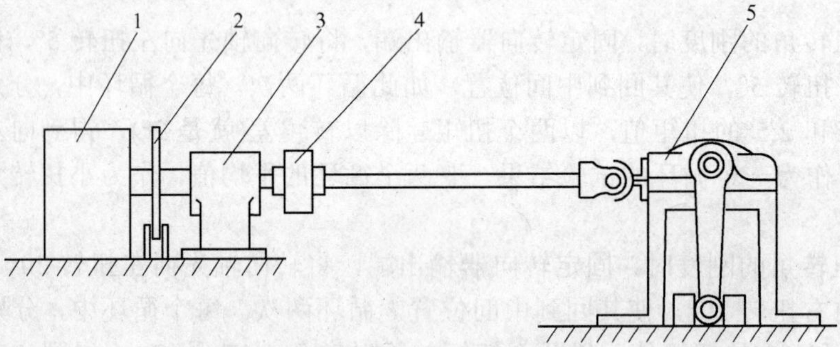

图 4-32　静扭试验台示意图(破坏性)

1—调速电动机；2—转角传感器；3—扭矩传感器；4—联轴器；5—被试转向器。

在转向轴上施加扭矩，并缓慢增大，直至破坏。测量并记录转向轴输入扭矩和对应转角的关系。

对于循环球式、蜗杆滚轮式和蜗杆曲柄指销式等以角位移为输出的转向器，要求输入扭矩对应的输出扭矩(输出扭矩=输入扭矩×角传动比×正传动效率)达到 6 倍额定输出扭矩时，不得出现损坏。对于齿轮齿条式这种以线位移为输出的转向器，则是要求在齿条上承受 6 倍于额定输出力(输出力=输入扭矩×角线传动比×正传动效率)的载荷时，不得出现损坏。

2) 无损静扭试验

无损静扭试验的基本方法是对被试转向器施加规定大小的载荷扭矩，然后对试件进行拆检，以考察其抗扭能力。

试验装置与破坏性静扭试验类似，所不同的是加载装置不采用电动机，而是用定值扭力扳手(也就是一种更加智能化的定力矩扳手)，人力加载。在转向轴上用定值扭力扳手施加载荷扭矩 M_1，直到扳手通过指针或蜂鸣器等形式给出达到定值的信号，立即停止。最后对试件进行拆检。

所需的试验载荷扭矩计算如下，即

$$M_1 = \frac{0.5G_1L_1}{k}K$$

式中：G_1 为对应车型的满载前轴荷；L_1 为转向摇臂的球销中心到转向摇臂轴中心的距离(m)；k 为转向器的角传动比；K 是安全系数，一般取 3。注意，M_1 是施加到转向轴上的载荷扭矩。

3．落锤冲击试验

落锤冲击试验是考察当路面的冲击通过车轮、转向节和转向传动机构“逆向”传递到转向器输出端时，转向器的抗冲击强度。所以该试验是将转向轴固定，在转向摇臂或齿条上施加冲击载荷。

试件应先进行磨合，磨合规范同性能试验。

落锤冲击试验台示意图如图 4-33 所示。落锤质量一般取 50kg，试验台底座质量不小于落锤质量的 50 倍。输入轴固定在除两极限位置以外的任意位置。

试验时，将转向器的摇臂水平放置，使落锤升起到一定高度，然后自由落下，冲击摇臂末端。测量转向摇臂受到的冲击载荷，并计算出冲击扭矩值。每次冲击后，拆检试样，观察是否有扭曲、裂纹等损坏现象，检查其转动是否灵活、不发卡。如果没有任何损坏和故障，则重新将试件装配调整好，按上述方式再次安装在试验台上。将落锤高度升高 0.1m 或 0.2m 后，继续试验，直到损坏为止。

对于循环球式、蜗杆滚轮式和蜗杆曲柄指销式转向器，要求在转向摇臂轴处，承受的冲击扭矩为额定输出扭矩的 2 倍时，不得出现裂纹等情况，且转动灵活、不发卡。

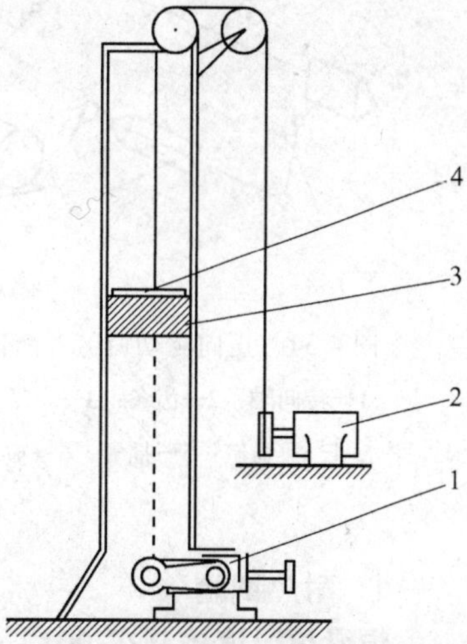

图 4-33　落锤冲击试验台示意图

1—被试转向器；2—调速电动机；3—重锤；4—磁力吸盘。

4．疲劳寿命试验

转向器的疲劳寿命试验分正向驱动和逆向驱动进行。正向驱动试验就是由转向轴输入动力，在转向摇臂轴或齿条上施加阻力负荷；逆向驱动试验则是由摇臂轴或齿条输入动力，在转向轴上施加阻力负荷。

如图 4-34 所示，正向驱动试验时，电动机—减速器 3 通过齿条 2(该齿条是试验装置的一部分，不是减速器的齿条)带动转向轴，从而对被试转向器 6 正向输入动力，阻力负荷由摇臂 5 和负荷缸 4 产生，要求施加于转向器的摇臂轴(或齿条)上的阻力负荷为额定输出扭矩或额定输出力。(当额定输出扭矩大于 1700N·m 时，按 1700N·m 加载。)润滑油温度不得超过 60°C。

要求经过 15 万次循环后，将被试转向器拆检，各零件不得出现点蚀、剥落等损坏。

如图 4-35 所示，逆向试验时，直流电动机 1、减速箱 2 带动偏心轮 3 转动，该偏心轮相当于一个曲柄，其转动引起被试转向器 5 的摇臂摆动，要求摇臂轴上的输入扭矩相当于转向器额定输出扭矩的 1.5 倍(当额定输出扭矩大于 1700N·m 时，按 1700·Nm 计算)。润滑油温度不得超过 60°C。在被试转向器的转向轴上联接惯性加载盘 6，提供惯性阻力负荷。

试验中每隔 5 万次循环允许拆检一次，但不允许更换零件。要求经过 30 万次循环后，将被试转向器拆检，各零件不得出现点蚀、剥落等损坏。

二、转向盘试验

转向盘，就是俗称的“方向盘”，其骨架由金属制成，外包裹工程塑料等非金属材料。试验中主要考察其热学性能、受力变形时的机械性能、表面硬度、表面摩擦性能和抗老化能力等。

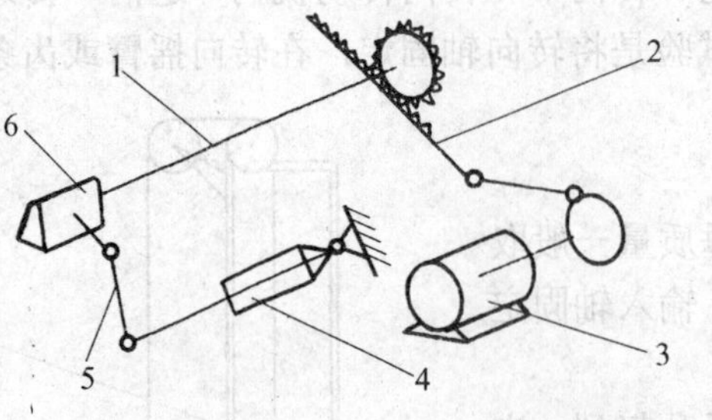

图 4-34　正向驱动疲劳寿命试验台示意图

1—转向轴；2—齿条；3—电动机—减速器；
4—负荷缸；5—摇臂；6—被试转向器。

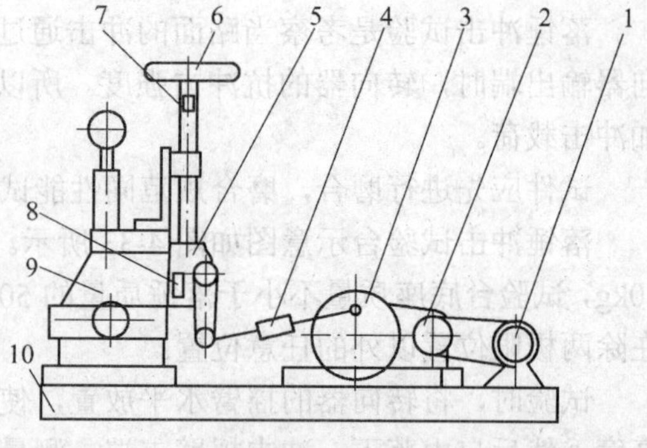

图 4-35　逆向驱动疲劳寿命试验台示意图

1—直流电动机；2—减速箱；3—偏心轮；4—拉压传感器；
5—被试转向器；6—惯性加载盘；7—扭矩计；8—测温计；
9—固定支架；10—底板。

1．耐热试验

恒温箱温度控制在 90±2°C，将被试转向盘置于恒温箱内，保持 4h 后取出。观察其外表面是否有裂纹、变形、变色、气泡或沾手等。

2．受力变形试验

考察其承受垂直压力后半径和高度的变化。转向盘受力变形试验装置，如图 4-36 所示。

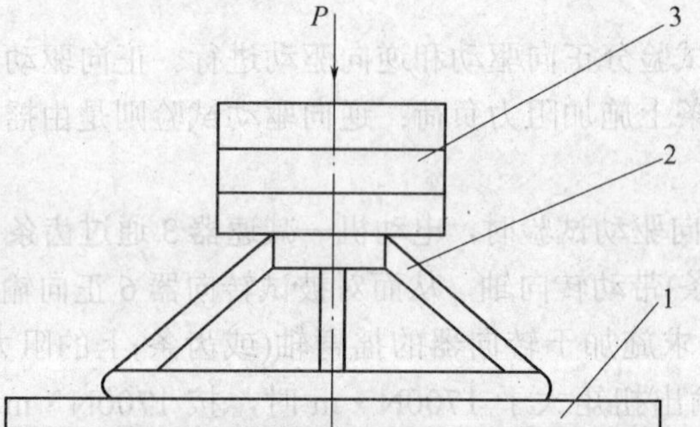

图 4-36　转向盘受力变形试验装置(整体加载法)

1—钢板；2—被试转向盘；3—标准砝码。

试验前，在被试转向盘 2 的轮缘上标记测量点，在测量点上测量轮缘的外径和转向盘的高度。然后把转向盘轮缘向下放置在水平、光洁的钢板 1 上，钢板厚度不小于 10mm。按试验规范在转向盘上用标准砝码 3 施加垂直载荷 P，保持 20min，卸载。然后将转向盘在室温条件下放置 20min，再次测定标记点处的外径和高度，求出永久变形。

3．扭力试验

扭力试验是测试转向盘抗御扭转变形的能力，试验装置如图 4-37 所示。将被试转向盘固定在与转向轴相同的夹具上，将百分表置于图示位置，触头接触辐条，调零。按试验规范在轮缘水平处施加载荷 P，在保持 20min 后卸载。在室温条件下放置 20min，读出百分表示值 δ_i(mm)。按下式计算扭转永久变形量(角度) α_i 为

$$\alpha_i = \arctan\frac{\delta_i}{L}$$

式中：L 为辐条上的测量点距转向盘轴心的距离(mm)。

4．摩擦试验

摩擦试验是考察转向盘外表面材料的色泽牢固度和抗磨损能力。转向盘摩擦试验装置如图 4-38 所示。

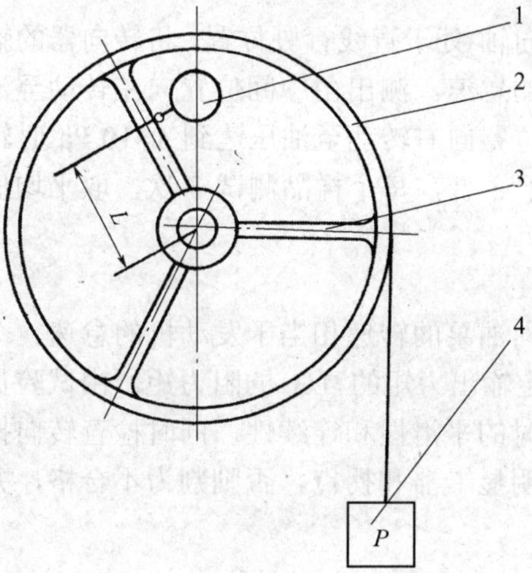

图 4-37 转向盘扭力试验装置

1—百分表；2—轮缘；3—轮辐；4—重块。

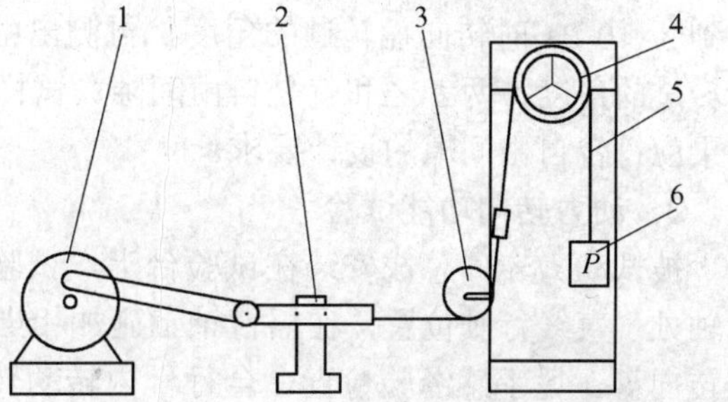

图 4-38 转向盘摩擦试验装置

1—电动机；2—导套；3—导轮；4—被试转向盘；5—摩擦布；6—重锤。

电动机—导套—导轮机构带动摩擦布 5 往复运动，在重锤 6 加载下摩擦转向盘的外表面。摩擦布为幅宽 45mm 的白布，试验前浸在人体汗液(或成分相近的配制液)中 10min，然后略微拧干。试验时，往复摩擦行程 100mm，频率 0.83Hz，重锤质量 1.5kg。

每隔 10min 观察摩擦布上是否有颜色。试验总时间按规范要求，结束后测量转向盘外表面磨损量。

三、动力转向总成试验

此处的“动力转向”，指的是在人力转向的基础上加装一套液压伺服加力装置，也就是常说的“液压助力”。动力转向总成的主要组成包括机械式转向器、转向控制阀、转向加力缸、转向油泵、油罐和相关管路等。目前较常见的组合形式是将机械式转向器、转向加力缸和转向控制阀集成在一起，称为整体式动力转向总成。其中机械式转向器按上述“机械式转向器”进行试验。对于动力转向总成，还有很多特定的试验项目，下面选取几项加以介绍。

1．转向器总圈数的测定

动力转向的出发点，是通过液压助力来减轻驾驶人员的操作强度，解决转向系设计中“轻与灵的矛盾”，也就是可以在不加大机械传动比(大传动比意味着操作时的多圈数)的条件下减轻转向盘操纵力，或者说车轮从一侧极限位置转至另一侧极限位置过程中，转向盘的转动圈数不必很多。所以要进行总圈数测定。

试验方法较简单：被试动力转向总成安装在试验台上，输出端(摇臂或齿条)不施加任何载荷，测定转向盘(或转向轴)从一个极限位置转到另一个极限位置所转过的总圈数。

注意，这个试验测定的是转向器的转动总圈数，和装车后转向盘的转动总圈数可能不一致。因为汽车的转向盘极限位置，也就是对应转向轮的极限位置是由车轮和前桥设计保证的，不完全取决于转向器的设计。

2．自由间隙的测定

被试动力转向总成安装在试验台上，转向盘(转向轴)处于直线行驶位置，将转向器的输出端刚性固定。试验时转向油泵的转速相当于发动机的怠速。测出由中间位置向左转动至油压达到 1×10^5Pa 时转向盘转过的角度，再测出由中间位置向右转动至油压达到 1×10^5Pa 时转向盘转过的角度，两者之和就是自由间隙。试样不少于 3 件，每个样品测试 3 次，取平均值，结果应符合自由间隙的设计要求。

3．动力转向功能试验

被试动力转向总成安装在试验台上，试验时转向油泵的转速相当于发动机的怠速。令摇臂轴处于直线行驶位置，在摇臂轴上施加相当于额定输出力矩的 1/3 的阻力矩。由试验员操纵转向盘，凭手感经验检查在全行程内转动转向盘时的平滑性和连续性，同时检查转向控制阀的回位情况。转向控制阀应能自动回位，不得有明显卡滞和拐点，否则判为不合格，并中断试验。

4．回正能力试验

被试动力转向总成安装在试验台上，如图 4-39 所示。试验时转向油泵的转速相当于发动机的怠速。在输出端(如摇臂轴)上施加相当于额定输出力矩的 8%的负载阻力矩。分别测量松手后转向盘从两个极限位置自行回到中间位置所需的时间，该时间不应超过 10s。

5．动力转向系统转向操舵力特性的测定

转向操舵力特性，指的是液压加力装置的工作油压与转向轴输入扭矩的关系，反映了系统对驾驶员操舵意图的“助力”程度。

动力转向系统试验装置如图 4-39 所示。实际情况可以根据被试动力转向系统的具体布置灵活配置。

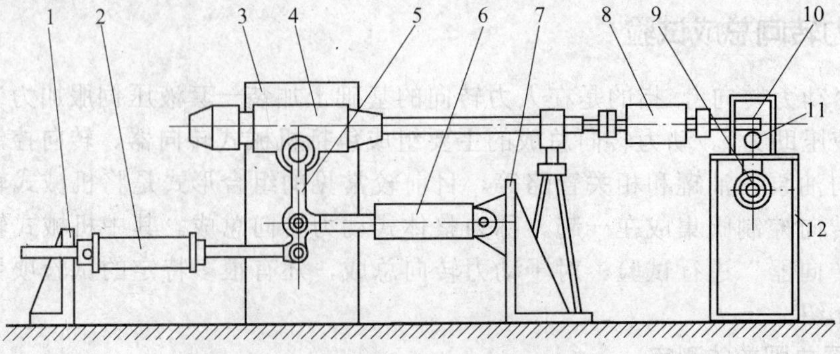

图 4-39　动力转向系统试验台装置

1—加载缸支架；5—加载缸；3—转向器支架；4—被试转向器；5—转向摇臂；6—转向动力缸；7—动力缸支架；8—扭矩传感器；9—驱动油缸；10—齿条；11—齿轮；12—驱动装置支架。

将被试系统的输出端(如转向摇臂)固定在汽车直线行驶的位置，向左、右两个方向转动转向盘，直到油压升高到最大值为止。分别记录向左、右转动时转向轴的输入扭矩 M 与工作油压 P 之间的关系，如图 4-40 所示。

另外，有一些书籍和资料，把“车轮定位”和“车轮侧滑”等项目也算作转向系统试验。而实际上车轮定位参数和车轮侧滑的大小(侧滑主要就是定位参数中的车轮外倾和车轮前束不匹配造成的)，更多是由车桥和悬架等机构的设计和技术状况保证的，与转向系关系不大。而且这些项目的检测都是在整车不解体条件下进行，并非完全针对转向系统。故本书不介绍这些项目。

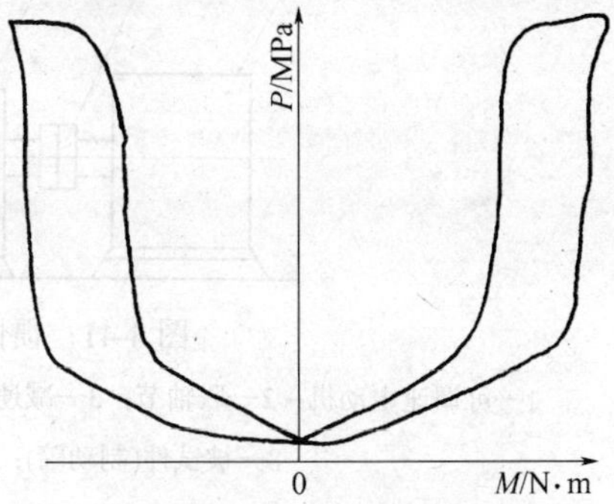

图 4-40　动力转向操舵力特性曲线

第四节　制动系统试验原理与试验装置简介

汽车的制动系统是关系到汽车行车安全的重要系统，对其工作性能、机件强度和耐久性必须给予高度重视。

汽车制动系统的基本组成包括制动器、制动操纵机构、制动传动机构和制动力调节机构等。

由于制动系统涉及的元件较多，在车上的布置范围较大，因此在进行台架试验时往往不对整个系统进行测试，而是分几个主要组成部分(部件)进行，主要分成液压制动驱动装置、气压制动驱动装置和制动机构三大部分。对各部件，一般根据其主要工况，按照性能、强度和寿命三方面进行试验。

汽车制动系统的类型和布置方案较多，不同部件和零件的要求各异，因此试样项目非常多，标准(包括国家标准和企业标准)中对试验方法和限值的要求也很详细。本节主要针对制动机构，即制动器试验设备的原理和试验操作的基本规范做一定的介绍。

一、行车制动器试验

行车制动器的台架试验就是利用各种台架当量载荷来模拟汽车的制动过程，在非道路行驶的条件下确定制动器总成的制动效能、热稳定性、摩擦衬片磨损及强度等性能指标。(由于是对制动器进行的台架试验，难以确定整车在制动时的方向稳定性。)

1．性能试验

对于行车制动器，通常采用惯性式制动器试验台来模拟制动器的制动工况，从而测试各项性能。与摩擦材料试验机相比，惯性制动器试验台的工况模拟更真实，数据结果更可靠；而与汽车的制动性道路试验相比，该试验台又具有经济、方便、试验周期短和数据重复性高的优点。所以惯性式制动器试验台已成为研制和验证制动器和制动衬片的重要试验工具。

图 4-41 是一种适用于鼓式制动器的惯性式制动器试验台的基本布置。

一套完整的试验台，除上述主体机械装置以外，还应包括气压或液压系统，吹风与除尘装置，数据采集与处理系统及试验程序自动控制系统。

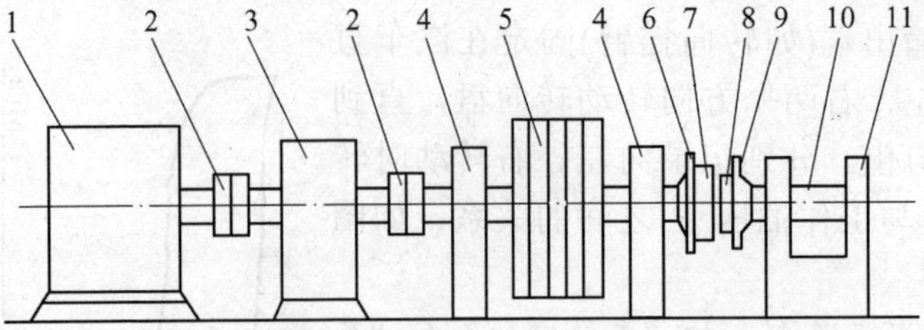

图 4-41　惯性式制动器试验台的一般结构示意图

1—可调速电动机；2—联轴节；3—减速箱；4—支承座；5—飞轮；6—主动轴法兰；7—被试件(制动鼓)；8—被试件(制动蹄)；9—从动轴法兰；10—从动轴；11—从动轴座。

惯性式试验台的基本原理是令台架惯性飞轮组的转动惯量与汽车在道路上行驶时的质量(包括整车的平移质量和主要旋转件的旋转惯量)相当，也就是台架惯性飞轮组的动能与汽车在道路上行驶时的动能(包括整车的平动动能和主要旋转件的转动动能)相等，从而使得台架制动能耗与汽车上相等。

这种试验原理和整车制动性能试验的惯性式滚筒制动试验台相同，参见第三章第六节。但本试验的试验对象是制动器而不是整车，因而也就没有滚筒机构。

试验开始前，令制动器温度与车上试验状况相同。试验时，利用可调速电动机 1 将被试制动器的旋转部分，即制动鼓 7 的转速控制到相当于规定的汽车平动初速度，此时飞轮 5 的转速与之相同，其蕴含的动能与汽车在该平动速度下的动能相等。使被试制动器的非旋转部分，即制动蹄 8 与旋转部分接合，在液压驱动作用下产生制动力矩，该制动力矩对飞轮的减速，就相当于制动器在车上时产生的地面制动力给汽车减速。

在此试验过程中，就可以测得制动力矩、制动时间、相当于整车的制动减速度、制动管路压力、制动器的发热情况及制动衬片的磨损情况等。

由上述原理可以看出，惯性式制动器试验台模拟汽车制动过程的关键参数有两个：飞轮的惯量和主轴的转速。

飞轮的惯量应该与汽车的整车惯性相对应，包括整车平移质量和主要旋转元件的转动惯量。经力学推导可以得出，飞轮需要模拟的汽车等价转动惯量 I_a 为

$$I_a = [m_a + (\delta - 1)m_0]r^2\ (\mathrm{kg \cdot m^2})$$

式中：m_a 为汽车满载总质量或试验规范指定模拟的整车总质量(kg)；δ 为汽车旋转质量换算系数，参见汽车理论汽车的加速阻力部分；m_0 为汽车整备质量(kg)；r 为车轮半径(m)。

注意，此处的等价转动惯量 I_a 模拟的是整个汽车的惯性，而制动器试验通常只对一个制动器或一根车轴的左右两个制动器进行测试，所以要考虑单根车轴承担的整车惯性。

汽车理论中定义了制动器制动力分配系数 β，即前轮制动器制动力与汽车全部制动器制动力之比。由此，可以得出：

单个前轮制动器对应的飞轮惯量 $I_f = \dfrac{1}{2}\beta[m_a + (\delta - 1)m_0]r^2$

单个后轮制动器对应的飞轮惯量 $I_r = \dfrac{1}{2}(1-\beta)[m_a + (\delta - 1)m_0]r^2$

这种模拟计算的前提是汽车的制动器制动力分配系数 β 为常数，而且制动时前、后轮均

不抱死。如果车轮抱死，δ值会略微降低。

另一个需要模拟的行驶工况参数就是汽车制动时的初速度$V\ (m/s)$，由试验台主轴转速$n(\mathrm{r/min})$——也就是飞轮转速来体现。

简单计算可得

$$n = 2.65\frac{V}{r}$$

式中：r为车轮半径(m)。

行车制动器的试验规范，无论是国家标准还是企业标准，具体的测试项目都很多，对于试验工况和参数要求规定得都十分详细。每一个测试项目，都规定了制动初速度与末速度、制动管路压力或制动减速度、摩擦衬片(衬块)温度控制范围、制动周期、制动次数、冷却风速和需要测量监控的参数等。

操作前请仔细阅读现行的有效标准。

2．结构强度试验

结构强度试验的基本方法是：模拟汽车最紧急制动时制动系统机件的受力条件，考察制动系统的极限强度、工作可靠性和寿命。对行车制动器的结构强度试验，可以采用上述惯性式制动器试验台，也可以采用专门的制动器结构耐用性试验机。图 4-42 是一种典型结构。

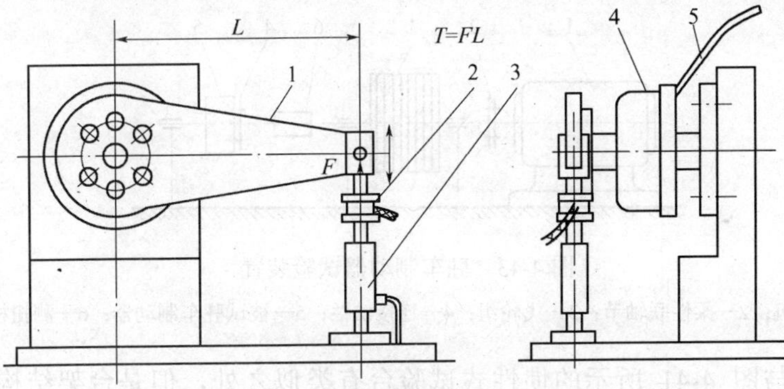

图 4-42　汽车制动器结构耐用性台架试验装置

1—力臂；2—测力传感器；3—加载缸；4—制动器；5—制动管路。

试验规范对被试制动器的制动力提出要求，根据车辆结构参数和制动系统的设计参数(如制动器制动力分配系数β)来计算该制动力对应的试验当量制动力矩。试验时，由试验台的液压机构驱动制动器产生该力矩，在该力矩下验证制动器结构强度和耐久性。

由于惯性制动器试验台结构复杂，成本很高，所以，当不需要进行性能试验而仅要求进行结构可靠性和耐久性试验时，建议采用这种重复制动试验台。

注意，行车制动器的试验标准中，通常只要求进行前进方向的试验。

二、驻车制动器试验

驻车制动器既可以在停车时使车辆保持在原地，特别是能可靠地驻留于一定的坡道上，又可以在较大上坡路起步时方便驾驶员的起步操作，或者在行车制动器失效时做为应急制动装置来使用。

常见的驻车制动器包括 3 种：中央制动器，装在变速器或传动轴上；装在行车制动器上，且与行车制动器共用同一套摩擦副；装在行车制动器上，摩擦副则为专用。

驻车制动器的台架试验主要是在给定输入力(常见的就是驻车制动手柄力)的情况下，测定驻车制动器摩擦副的摩擦力矩，然后按下式算出汽车可以驻留的坡道角度 α 为

$$\alpha = \arcsin\frac{Mi}{rm_{\mathrm{a}}g}\,(^\circ)$$

式中：M—静摩擦力矩(N • m)；i 为从驻车制动器到车轮之间的传动比，对于中央制动器，就是主减速器传动比，对于车轮制动器就是 1；m_a 为汽车满载总质量或试验规范指定模拟的整车总质量(kg)；r 为车轮半径(m)。

驻车制动试验多采用惯性式原理，即将制动器的旋转部分连同试验台飞轮加速到某一转速，然后在驻车制动手柄上施加规定的作用力，飞轮在制动力的作用下减速，测出此过程的扭矩(或减速度，由飞轮惯量算出减速扭矩)。

这种测试过程中，飞轮连同驻车制动器的旋转部分处在运动工况，测得的是摩擦副之间的动摩擦力矩，而驻车时起作用的是静摩擦力矩。所以这种测试方法测得的驻车力矩和驻坡角度略偏小，属于偏于安全的方法。

可以采用行车制动器的惯性式制动试验台，也可以采用专门用于驻车制动器的试验台，如图 4-43 所示。

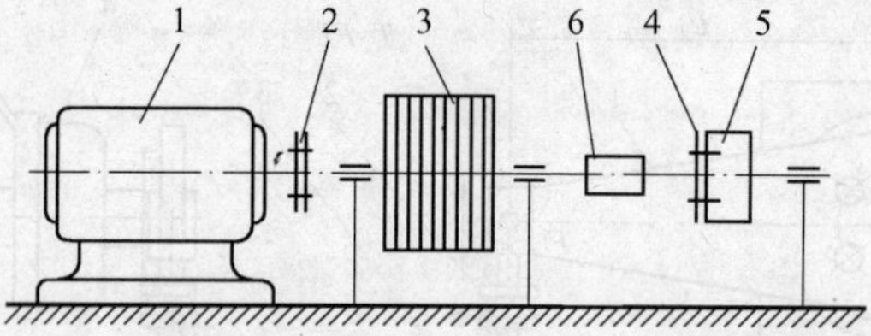

图 4-43　驻车制动器试验装置

1—电动机；2—柔性联轴节；3—飞轮组；4—连接法兰；5—被试驻车制动器；6—测扭机构。

这种试验台与图 4-41 所示的惯性式试验台有类似之处，但是台架结构和测试过程更简单。

对驻车制动器，只有在磨合试验中才需要准确规定飞轮的惯量和主轴的转速，而对于现代常见的制动器来说，驻车制动器与行车制动器是兼用同一套摩擦元件的，制动器的磨合在行车制动器试验已进行。因此，对驻车制动器通常可以直接进行驻车力和驻留角度的测定。

此时对试验台的惯量和转速不需要精确规定，只要飞轮具有一定的转动惯量，在电动机驱动下达到一定转速，按规定拉动驻车制动手柄，制动器旋转部分连同试验台飞轮一同减速，制动器摩擦副力矩就可以由传感器 6 直接测出，用以计算驻坡角度。也就是说，飞轮惯性大些小些、主轴初始转速高些低些，只是影响减速度的大小和减速过程的时间长短，这些因素对于驻车制动力的测量来说没有影响。

由于这种专用的驻车制动试验台结构简单，成本低，因此单独测量驻车制动能力时推荐使用这种设备。

注意，驻车制动器的试验标准中，对前进和倒退行驶的驻车制动试验分别作了规定。

第五节　行驶系统试验

汽车的行驶系，可以认为就是汽车的接地行走装置，主要负责承受汽车的总质量，将发动机—传动系传递来的驱动扭矩转化成地面驱动力，传递地面和车身之间的一切作用力，缓冲减振、提高行驶平顺性，与转向系配合工作控制汽车的行驶方向、确保操纵稳定性。按汽车构造的专业观点，行驶系包括车架、车桥、车轮(或履带等)和悬架。

而实际上由于汽车的类型众多，整体布置方案和设计形式不同，汽车行业对“行驶系”涵盖范围的界定不大确切。行驶系的组成元件必然包括车桥(轴)、车轮和悬架。其中车桥一般指的是支承桥、转向桥或转向驱动桥，也就是说不包括后驱动桥，后驱动桥习惯上被划入传动系。汽车的行驶系还应包括车架，当然对于轿车等没有车架的汽车则无此元件，或者也可以认为指的是承载式车身(或者该车身底部与悬架相连的部分即本身底板)。

本节介绍车桥、悬架和车轮等行驶系部件的试验。

一、车桥试验

车桥，尤其是前桥，也被称作前轴或前梁。本节主要介绍整体式(也就是非断开式)前转向桥的刚度和疲劳寿命试验，以及转向节的疲劳寿命试验。按试验行业的习惯，以下将“前桥”统称为“前轴”。

1. 前轴的刚度试验

刚度试验的目的是检查前轴系统的整体刚度，被试件是在前轴本体上安装了转向节、主销、转向节臂、转向横拉杆和轮毂等扩展部件的前轴系统。

根据施加载荷方向的不同，前轴的刚度试验分为垂直方向、纵向和横向刚度试验。这里以垂直方向刚度试验为重点加以介绍。

垂直刚度试验时被试前轴的支承，如图 4-44 所示。

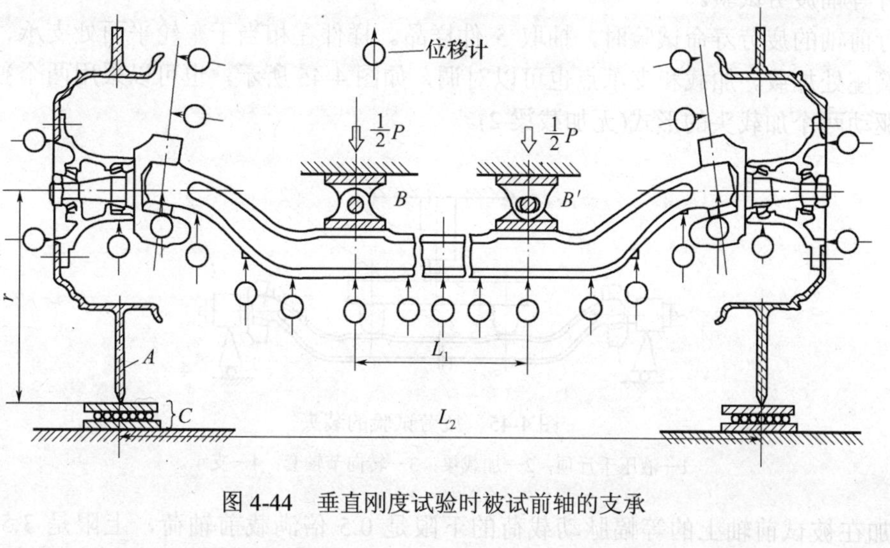

图 4-44　垂直刚度试验时被试前轴的支承

图 4-44 中，A 为相当于轮胎的卡具。B 和 B′是相当于钢板弹簧的卡具，其中 B 是固定铰链、只允许相对转动，B′可以横向滑动，两者各承担试验载荷 P 的一半。C 是允许横向滚动

的支承机构。L_1 是钢板弹簧座的间距，L_2 是左右轮距。r 是轮胎的静力半径。位移计一般采用百分表，数量多些为好。

令满载前轴荷为 W，指的是前轴左右车轮与地面间的垂直作用力之和，而不是钢板弹簧和车轴之间的。试验载荷 P 与满载轴荷 W 之比为 n。

试验时，先施加 n=0.1 的预加载荷，将各百分表调零。以 n=0.2～0.5 的间隔施加试验载荷，直到载荷上限。根据试验规范，载荷上限为 n=2.5～5.5。然后以同样的间隔减载，恢复到 n=0.1 的预加载荷状态。

在此加、减载过程中，以 0.01mm 为单位，测量前轴各测量点的变形量，同时测量车轮外倾角的变化。在弹性区内测量时，可以不做减载试验的测量。

进行纵向刚度试验时，支承形式与上述垂直刚度试验类似。关键是要确保前轴在相当于钢板弹簧的夹具处只受到纵向载荷，前轴在水平面内发生弯曲。

横向刚度试验，则是考察地面给车轮侧向力，例如转向时，前轴的弯曲刚度。试验时只对一侧车轮接地点(类似图 4-44 卡具 A 的接地点)施加横向力，方向向内或向外。

前轴刚度试验结果应满足制造企业标准或试验大纲预计的限值。

2．前轴的疲劳寿命试验

在路面输入下产生的疲劳现象，可以采用载荷谱加载和等幅加载两种方法来模拟。

等幅加载法就是事先选定疲劳载荷的最大值和最小值，以及加载频率，以正弦激励的形式施加脉动疲劳载荷。等幅法简便易行、试验载荷控制精度高，在同等条件下的试验数据可比性强，但是由于等幅载荷与实际工况有差别，不能用来准确估计被试件的真实使用寿命。前轴等汽车行驶系部件，在实际工作时承受的是路面随机载荷，考察其疲劳寿命时，理应按路面载荷谱进行程序加载，就是令汽车以不同的速度在不同的路面上行驶，将采样路面的真实激励记录下来，进行频域分析与处理，按不同频段编制载荷谱。其优点是加载工况与实际使用工况吻合度高；但是载荷谱的编制要根据不同车型和不同路面条件进行大量的分析、采集和模型化处理，试验时载荷谱的施加也对试验设备提出了很高的要求。因此，很多情况下还是进行等幅疲劳试验。

进行前轴的疲劳寿命试验时，抽取 5 件样品。样件在相当于车轮平面处支承、在相当于钢板弹簧座处加载。加载和支承点也可以对调，如图 4-45 所示，也可以采用两个独立的千斤顶分别驱动两个加载头的形式(无加载梁 2)。

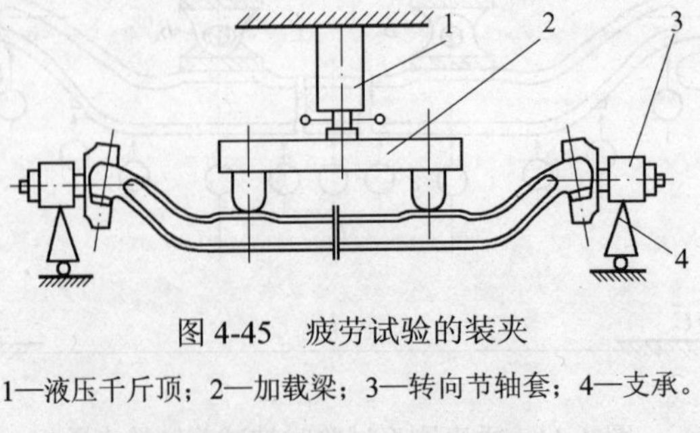

图 4-45　疲劳试验的装夹

1—液压千斤顶；2—加载梁；3—转向节轴套；4—支承。

施加在被试前轴上的等幅脉动载荷的下限是 0.5 倍满载前轴荷，上限是 3.5 倍满载前轴荷。

试验机调节的载荷上、下限的指示值，实质上只是对应液压系统的工作油压，也就是静载时加载头施加于试件的作用力。而在此试验中，液压千斤顶的运动件、加载梁及转向节轴套等零件随同脉动载荷也做上下往复运动，而且这些零件的质量较大，因此其惯性力对被试件的真实载荷的影响必须考虑。

这种惯性力对真实载荷的影响被称为试验机的脉动值。例如，当试验机的指示载荷增大至 P 时，前轴向下变形，所有运动件也都向下运动，当达到静载 P 所能达到的最大挠度位置时，前轴“意图”反弹、恢复，但运动件的惯性会“强制”前轴继续变形，直至所有运动件的速度降为零，所以前轴的最大变形，也就是对应的最大载荷比静载 P 产生的要大；同理，当试验机的指示载荷减小至 Q 时，前轴向上恢复变形，所有运动件也都向上运动，当达到静载 Q 所能允许的最小挠度位置时，前轴“应该”达到平衡，但运动件的惯性会“强制”前轴继续向上挠曲变形，直至所有运动件的速度降为零，所以最小变形，也就是对应的最小载荷比静载 Q 产生的要小。可见由于试验机脉动值 δ 的存在，实际施加在被试前轴上的力是以指示载荷为中心、以该脉动值为幅度做波动，即指示载荷 $\pm\delta$。

所以，在进行试验加载之前，必须对试验机的脉动值进行估算，在加载时进行校正。

脉动值的估算可以采用计算法和实测法。计算法是参考液压疲劳试验机的说明书，简单可行，但准确度不高。实测法是在前轴加载点(钢板弹簧座处)放置压力传感器，或者在前轴上贴应变片，在试验频率下实际测出台架运动件的惯性力对试件真实载荷的影响，这种方法的精度和可信度都很高。

对试验机的脉动值进行估计后，液压试验机施加的指示载荷就应该是：

下限值=0.5 倍满载前轴荷+试验机脉动值；

上限值=3.5 倍满载前轴荷−试验机脉动值。

试件支承和装夹牢固、调节好试验机指示载荷后，开机进行试验。工作频率不超过 500 次/min。直至被试前轴发生断裂，记录断裂时的循环次数、损坏部位和断口情况。进行化学成分和金相组织分析，测定表面脱碳层的深度。

按国家标准的规定，对试件的寿命进行统计计算，按威布尔分布，同时满足可靠寿命 $B_5=30$万次(或 $B_{10}=38$万次)、$B_{50}=70$万次，为合格。

此处的 B_5、B_{10} 和 B_{50}，是采取标准文件的写法，意为样品累积失效概率分别达到 5%、10%和 50%所对应的工作循环数。按第三章第十节中关于“可靠寿命”的定义，应分别写作 $T_{0.95}$、$T_{0.9}$ 和 $T_{0.5}$。

3. 转向节的疲劳寿命试验

在生产出的经检验合格的转向节产品中随机抽取不少于 6 件做样品，左、右转向节各一半。

被试转向节以相当于车上实际安装方式或机能上相似的方式安装在试验台上。夹持装置应牢固地夹住转向节轴颈(但在转向节轴颈根部圆角半径 2 倍的长度范围内不得夹持)，转向节不允许绕主销孔轴线转动，试验系统应该有足够的刚度。

施加对称波形的正弦脉动循环载荷，频率不超过 50Hz。幅值计算如下

$$M = Pr = 0.5G_1Kr$$

式中：M 为试验弯矩载荷(N·m)；P 为试验力载荷(N)；r 为车轮半径，即试验台加载力臂的长度(m)；G_1 为满载前轴荷(N)；K 为载荷系数，取 0.7。

疲劳试验载荷可以用与弯矩有关的量表示，例如力或者振幅。当用振幅表示时，需要事

先标定，确定振幅与力(也就是振幅与弯矩)的定量关系。

样件的试验结果按正态分布，统计其可靠寿命。存活率为 95%的寿命即$T_{0.95}$达到 30 万次为合格。

二、悬架试验

汽车的悬架系统包括弹性元件、导向机构和减振器。由于悬架组成零件较多，而且装配和安装的尺寸精度要求较高，在试验台上做整部悬架系统的试验比较困难。因此通常对悬架系统的部件进行试验。

悬架系统的特性参数——即固有频率和阻尼比的测试，有的资料将其归入整车性能试验，有的则认为属于悬架系统试验。其基本方法是在整车不解体条件下对汽车的前悬架或后悬架施加初始扰动，然后测量并记录其车身或车轮部分的振荡频率和衰减状况，经计算得到固有频率和阻尼比。具体方法和计算可参见汽车理论汽车的平顺性的试验部分。

1. 钢板弹簧台架试验

钢板弹簧台架试验包括 3 项：垂直负荷下的永久变形试验、弹簧特性试验和垂直负荷下的疲劳寿命试验。

1) 垂直负荷下的永久变形试验

悬架弹簧等弹性元件在负荷下的弹性变形较大，其支承方式必须要有足够的变形允许空间。对于有卷耳的钢板弹簧，可以采取如图 4-46 的支承方式，销轴处允许卷耳与孔轴相对转动，带滚轮的滑车则允许弹簧伸展与收缩。钢板弹簧弧线凸面朝上(与车上安装相反)装夹在两侧滑车上，在中部中心螺栓处施加向下的载荷。

其他结构的钢板弹簧，可以按产品图纸规定的方式支承与装夹。

由于不需要动态加载，所以可以使用加载块，手动加、卸载。如图 4-47，尺寸单位为 mm。

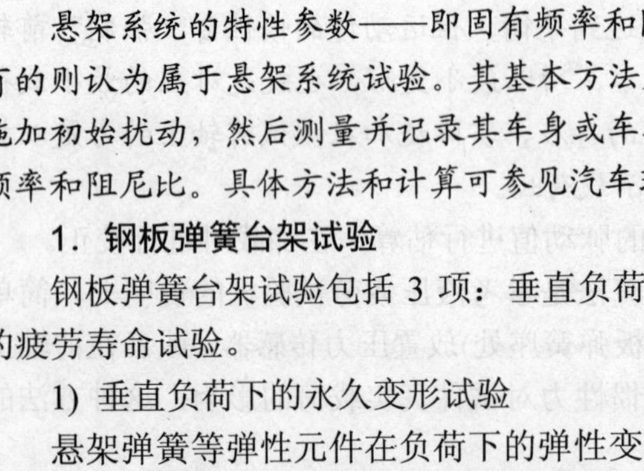

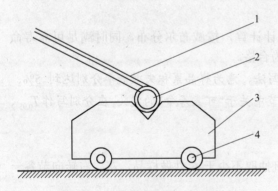

图 4-46　带卷耳弹簧的支承方法

1—被试弹簧；2—销轴；3—滑车；4—滚轮。

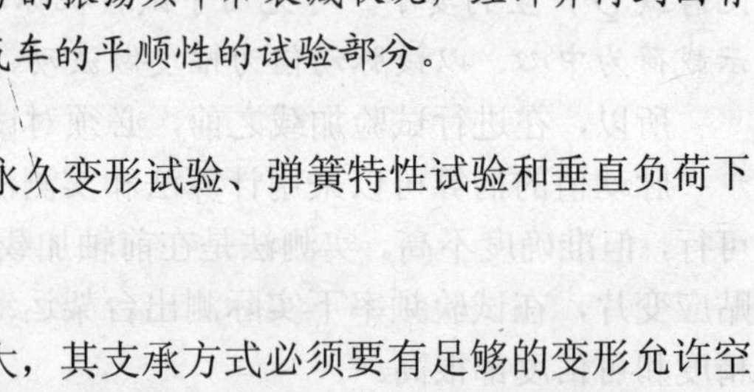

图 4-47　加载快

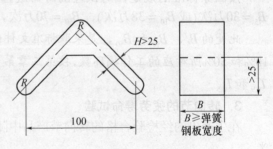

弹簧类零件，在零件图上都注有用于试验验证的验证负荷。

试验时，先进行预压缩：以产品图纸规定的验证负荷缓慢地对被试钢板弹簧加载、卸载，然后测量被试弹簧的弧高。

正式压缩：以同样的方法加载、卸载两次，最后再测量其弧高。

前后两次弧高的差值，就是永久变形量。

标准要求，经预压缩后的弹簧，不得产生永久变形，测量精度为±0.5mm。

2) 弹簧特性试验

弹簧特性指的是载荷与变形的关系，即弹簧刚度。

试件的支承方式和加载位置与永久变形试验相同。

弹簧特性应该是变形与弹力的关系，为了消除摩擦力的影响，被试钢板弹簧总成的片与片之间应均匀涂满润滑脂。

以产品图纸规定的验证负荷缓慢、连续地对被试钢板弹簧加载、卸载，然后再缓慢、连续地加载至 1.5 倍汽车满载静负荷，最后缓慢、连续地卸载。在加、卸载过程中，测量并记录载荷及相应的变形，以绘制弹簧特性曲线。

对满载静负荷±30%的两个载荷点，各求其加、卸载的刚度，两个点共四个刚度值，求平均，就是刚度试验的结果。

某点的刚度就是该点的载荷与变形之比。由于系统存在摩擦、间隙及弹性元件的滞后，载荷和变形之间必然有回程误差(参见第二章第一节中“测试系统的静态特性”有关内容)，所以同一载荷下，加载和卸载过程的变形量不同，需要求平均。

标准对于刚度的要求：满载静负荷时的挠度偏差应符合产品图纸的规定；满载静负荷时的弧高偏差，对于一般车辆不得大于±6mm，对于重型车辆不得大于±8mm。

3) 垂直负荷下的疲劳寿命试验

试件的支承方式和加载位置与永久变形试验相同。

由于需要施加动态的疲劳载荷，需要采用液压试验机或机械式加载试验台。

进行疲劳寿命试验之前，需要对被试钢板弹簧进行相当于车上夹紧状态的弹簧特性试验，求出该状态下的弹簧满载静变形 F_j。然后将试件按规定的支承和夹持方式安装在疲劳试验台上，施加预加变形 F_m 和脉动幅值 F_a。往复疲劳载荷的范围就是 $F_m \pm F_a$。

钢板弹簧疲劳试验的载荷都是以变形量表征：

预加变形 $F_m = 0.6(F_j + \beta\sqrt{F_j})$ (cm)；

脉动幅值 $F_a = 0.4(F_j + \beta\sqrt{F_j})$ (cm)。

式中：F_j 为相当于车上夹紧状态的弹簧满载静变形量(cm)；β 为弹簧种类系数，载货汽车前弹簧取 $\beta = 2.5$，后主簧取 $\beta = 2.0$，对于越野汽车的前弹簧、后主簧和平衡悬架弹簧取 $\beta = 3.0$，对于客车前弹簧和后主簧取 $\beta = 2.0$。各种汽车副簧之 $\beta\sqrt{F_j}$，取其主簧相应值。

由于载荷以变形的形式表示，所以此试验适用于机械式加载试验台。通过偏心轮—加载臂机构，按曲柄连杆原理施加往复运动。机械式加载直接控制加载变形量(即加载臂的往复运动量)，就是试验载荷，不需要标定。

试验中，被试钢板弹簧的表面温度不得超过 150°C。

试验过程中，每隔 1 万次循环检查一次试件。若发现出现裂纹，则改为每 5 千次检查一次。对一副被试钢板弹簧，以任何一片弹簧出现宏观裂纹(同一部位的两侧面沿厚度方向裂通)时的循环次数作为该试件的疲劳寿命。

标准将各种汽车的钢板弹簧按承受的应力幅划分为 4 个区段，每个区段的循环次数(即疲劳寿命)不得低于表 4-1 的要求。

这种评价方法存在一定缺陷：只考虑垂直负荷，没有考虑不同方向受力的影响，尤其是对于受力状况最为复杂的主片；简单地将寿命分为 4 个档次，寿命指标差距较大；试验结果与实际行驶表现差距较大。因此一些部门和企业都提出了修正方法和建议。

表 4-1　钢板弹簧疲劳寿命试验评价指标

应力幅值(MPa)	最大应力①(MPa)	钢板弹簧疲劳寿命(万次)
≤284.2	≤715.4	16
>284.2～323.4	>715.4～813.4	8
>323.4～362.6	>813.4～901.6	4
>362.6	>901.6	3
①：最大应力供参考		

2．螺旋弹簧台架试验

螺旋弹簧台架试验包括 3 项：永久变形试验、弹簧特性试验和疲劳寿命试验。试验方法和钢板弹簧的基本相同，需要注意的是螺旋弹簧的支承与加载方式。

变形和刚度试验，要求螺旋弹簧的载荷与轴线重合，支承和加载方法如图 4-48 所示。

当采用机械式加载方式进行疲劳寿命试验时，只能采用导向臂机构来约束加载头的横向位移，由于导向臂的长度有限，加载头是做近似垂直的弧线运动，因此无法保证载荷与螺旋弹簧完全同轴，如图 4-49 所示。(钢板弹簧的疲劳寿命试验，由于钢板弹簧采用图 4-46 所示的滑车式支承，可以横向自由移动，所以采用导向臂机构就可以确保载荷垂直作用在中心螺栓位置。)

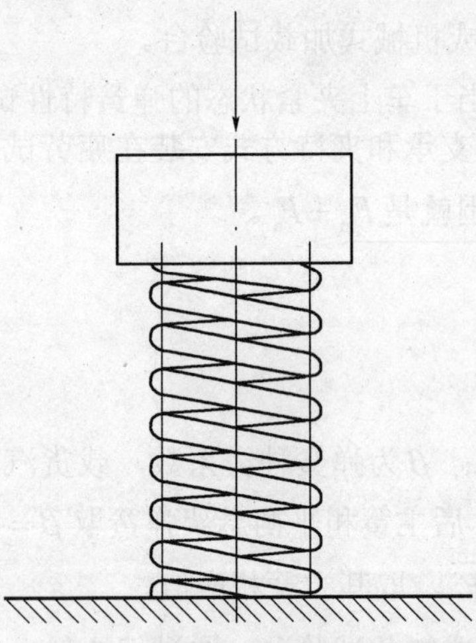

图 4-48　变形和刚度试验的加载方法

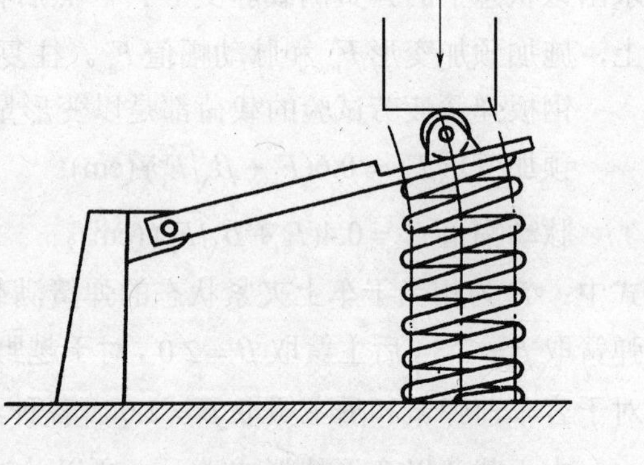

图 4-49　疲劳寿命试验的加载方法

3．筒式减振器台架试验

汽车用筒式减振器的台架试验项目也较多，比较重要的是示功试验和速度特性试验。

1) 示功试验

示功试验是测定减振器在一定振幅、一定频率下做往复运动时，阻力与位移的关系。在专用的减振器示功试验台上进行。

试验环境温度 20±2°C，往复行程 S=100±1mm(对于行程较小、不适于选用 100mm 行程做试验的减振器，可与厂家协商)，频率 n=100±2 次/min。

按正弦激励下的往复运动，可以算出活塞的最高速为

$$V = \frac{\pi S n}{6} \times 10^{-4} (\mathrm{m/s}) \tag{4-4}$$

被试减振器垂直放置，注意，此方位与车上实际安装可能不同。试验位置大致在减振器总行程的中间部位。

按上述行程和频率要求，施加往复运动，测量阻力和对应的位移。往复 3～5 次，根据试验数据绘制示功图，如图 4-50 所示。图中的阻力，正值表示复原阻力，负值表示压缩阻力。

试验结果评价：示功图应丰满、圆滑，不得有空行程(即该段行程没有阻力)和畸形等；试验过程中不得有漏油和明显的噪音等异常现象；根据被试减振器工作缸直径的不同，复原阻力和压缩阻力应符合要求，例如，对于缸径 30mm 的减振器，复原阻力应在 1000～2800N 之间，压缩阻力应不大于 1000N。

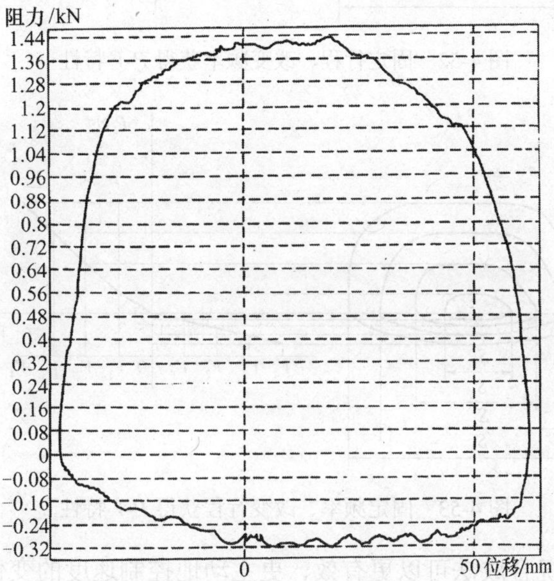

图 4-50　减振器的示功图

2) 速度特性试验

速度特性指的是减振器的阻力和活塞速度之间的关系。

采用测功试验台，配以相应的测量装置。

试验温度 20±2°C，试验行程 20～100mm，往复运动频率应保证最高速度大于 1.5m/s，参见式(4-4)。

具体试验方法分两种，直接记录法和工况合成法。

(1) 直接记录法。

直接记录法就是在试验台上，利用相应的传感器和其他电测装置，直接测量减振器的瞬时速度 V 和对应的阻力 P，得到速度特性，并绘制速度特性图。如图 4-51 所示。

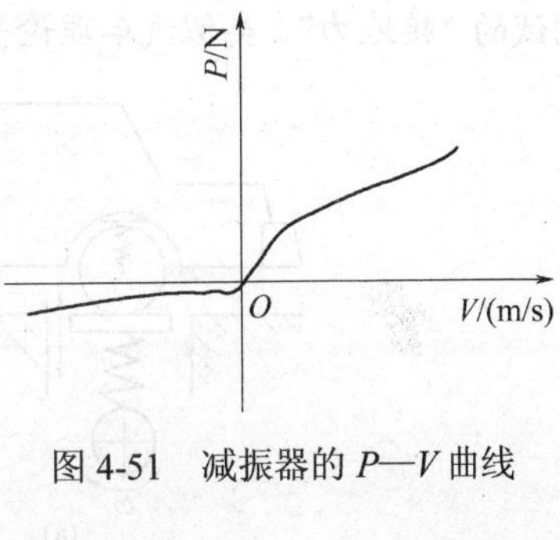

图 4-51　减振器的 P—V 曲线

(2) 工况合成法。

工况合成法就是根据行程和频率对速度的影响，对于行程 S 和频率 n，固定两者其一，改变另一个，由公式(4-4)取得连续变化的速度 V，同时测得对应的阻力 P。在图 4-52 中，固定行程 S、改变往复频率 n 以获得不同的速度 V；在图 4-53 则是固定 n、改变 S 以获得不同的速度 V。

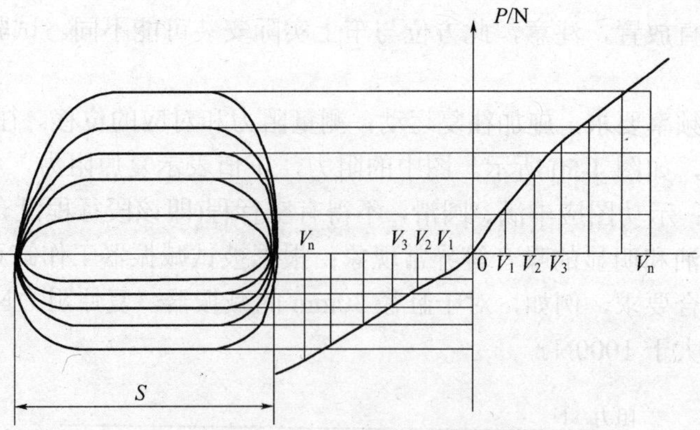

图 4-52 固定行程、改变频率获得 P-V 特性

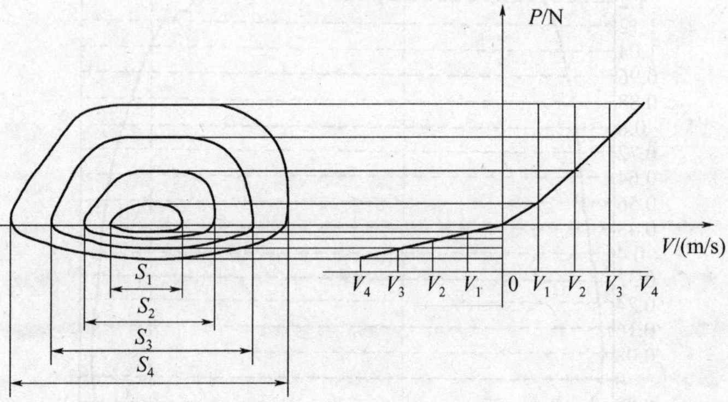

图 4-53 固定频率、改变行程获得 P-V 特性

与直接法相比，工况合成法可以更有效、更主动地控制速度的变化规律，可以对预定的速度区间进行重点研究。

在检测和修理行业，有一种以测试“接地力”为目的的悬架—减振器快速检测方法。其基本原理是测量共振频率下车轮和台面之间的法向作用力的大小，以快速判定悬架的技术状况，尤其是减振器，因为减振器在悬架系统中最容易发生故障。该方法是整车不解体置于检测台上，由台架施加激励振动，然后切断电动机的动力，系统自行减速，当振动系统的频率逐渐降低至汽车——台面系统的共振频率时，车轮和台面之间接触状况最恶劣，测量并记录此时的接地力。所测试的“接地力”，类似汽车理论平顺性中介绍的车轮和地面间的动载 F_d 的概念，如图 4-54 所示。

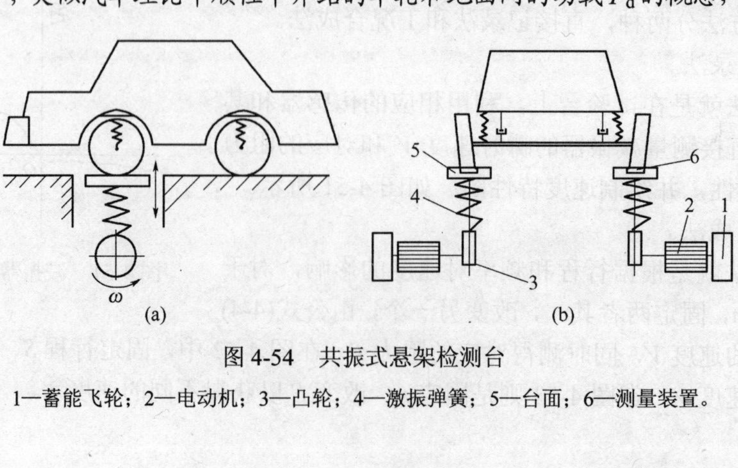

图 4-54 共振式悬架检测台

1—蓄能飞轮；2—电动机；3—凸轮；4—激振弹簧；5—台面；6—测量装置。

三、车轮试验

车轮的机械特性对于汽车的操控性和行驶舒适性影响很大，其强度对于行车安全更是息息相关，而目前对于车轮这类断面较复杂的薄壁金属结构件尚无可靠且通用的理论计算模型来预估其强度，所以车轮的试验研究就显得尤为重要。

比较重要的项目是车轮弯曲疲劳试验和车轮径向疲劳试验。

1．车轮弯曲疲劳试验

试验设备应该具有一个旋转装置，使得车轮可以在静止状态下承受旋转的弯矩作用；或者外界弯矩方向不变，车轮旋转，如图 4-55 所示。

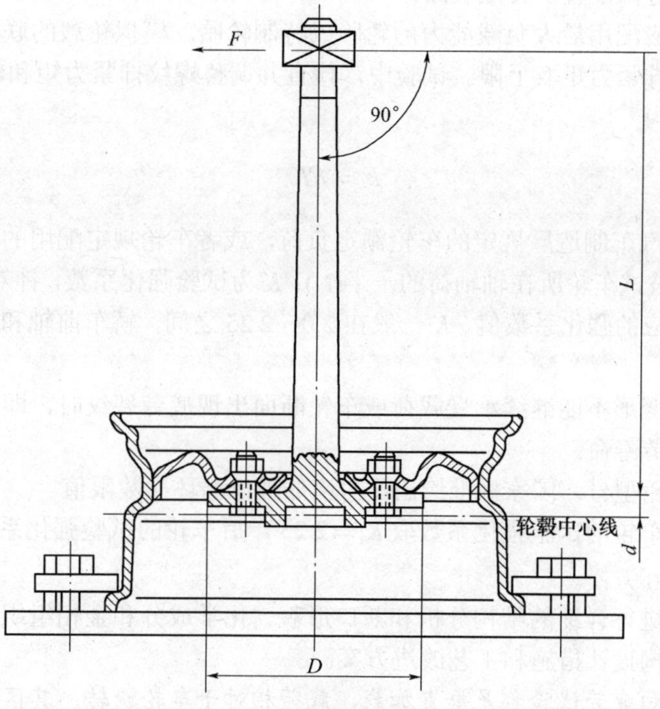

图 4-55　车轮弯曲疲劳试验

清洁被试车论，将加载轴和联接件用螺栓螺母固定到车轮的安装面上，安装情况与实车状况相同，并按车轮或汽车制造厂规定的程序装配和紧固。

调好车轮位置后，将轮辋的边缘牢固地夹紧到试验台卡具上，试验台支承面与轮缘端面牢固紧密地贴合。螺纹联接件在试验过程中可以重新紧固，但不得润滑。

试验时，以固定大小的横力的形式施加试验力矩为

$$M = (\mu r + d)Fs$$

式中：μ 为轮胎与道路间的附着系数，一般取 $\mu = 0.7$ ；r 为车轮或汽车制造厂规定的车轮配用最大轮胎时的静力半径(m)；d 为车轮偏距，即轮毂的安装孔内侧面(固定面)到轮毂中心线的距离(mm)，如图 4-55 所示；F 为车轮或汽车制造厂规定的车轮额定负荷，或者车轮规定配用的最大轮胎的最大负荷，对于轿车车轮则为前轴荷的一半(N)；s 为试验强化系数，针对不同的车轮型号，国家标准给出了对应的强化系数值，s 一般在 1.1～1.6 之间。

当车轮因严重变形不能继续承受载荷或车轮断面出现疲劳裂纹时，即判定为失效。此时的循环次数就是疲劳寿命。

针对不同的车轮型号，国家标准给出了对应的最低循环次数限值。

轿车车轮的试验强化系数取 $s=1.6$，最低循环次数 9 万次。

对失效样件要进行详细的结构分析和断口形貌、化学成分和金相组织检验，寻求提高其弯曲疲劳强度的结构设计措施和工艺改进方案。

2．车轮径向疲劳试验

车轮径向疲劳试验在车轮转鼓试验台上进行。这个试验不需要轮胎和转鼓相互带动，所以转鼓表面光滑，仅起到支承车轮(含轮胎)的作用。当车轮转动时，试验台能给车轮施加固定不变的载荷，加载方向垂直于转鼓表面。

试验时，车轮应配用最大负载能力的轮胎或特制轮胎。模拟轮毂的联接件应采用车轮使用的螺纹连接件，拧紧力矩取上限。试验中，检查并调整螺纹拧紧力矩和轮胎气压。

径向试验载荷为

$$F_r = FK$$

式中：F 为车轮或汽车制造厂规定的车轮额定负荷，或者车轮规定配用的最大轮胎的最大负荷，对于轿车则为被试车轮所在轴轴荷的一半(N)；K 为试验强化系数，针对不同的车轮型号，国家标准给出了对应的强化系数值，K 一般在 2.0～2.25 之间，轿车前轴和后轴的强化系数不同。

当车轮因严重变形不能继续承受载荷或车轮断面出现疲劳裂纹时，即判定为失效。此时的循环次数就是疲劳寿命。

针对不同的车轮型号，国家标准给出了对应的最低循环次数限值。

对于轿车，前车轮的试验强化系数取 $K_1=2.25$，后车轮的试验强化系数取 $K_2=2.0$，最低循环次数均为 100 万次。

对失效样件要进行详细的结构分析和断口形貌、化学成分和金相组织检验，寻求提高其径向疲劳强度的结构设计措施和工艺改进方案。

弯曲疲劳和径向疲劳试验都是垂直加载，载荷相对于车轮旋转。其区别是弯曲疲劳试验的外界主动作用力不通过车轮中心平面、因而形成一个弯矩，径向疲劳试验则是外界载荷和夹具的约束反力都作用在轮毂中心线上，对车轮仅有压力、不产生弯矩。

同时试验也表明，车轮弯曲疲劳的失效点和径向疲劳的失效点是不完全相同的。一般建议，弯曲疲劳循环次数低于 10 万次的所有车轮，都应该进一步进行径向疲劳试验。

参考文献

[1] 李杰敏．汽车拖拉机试验学[M]．北京：机械工业出版社，2001.

[2] 尹安东．汽车试验学[M]．合肥：合肥工业大学出版社，2011.

[3] 王俊杰．传感器与检测技术[M]．北京：清华大学出版社，2011.

[4] 赵立军．汽车试验学[M]．北京：北京大学出版社，2008.

[5] 王丰元．汽车试验测试技术[M]．北京：北京大学出版社，2008.

[6] 长春汽车研究所．汽车试验技术手册（上、下）[M]．长春：吉林科学技术出版社，1995.

[7] 《汽车工程手册》编辑委员会．汽车工程手册(试验篇)[M].北京：人民交通出版社，2001.

[8] 刘彦戍．汽车标准汇编(2000 版)[M]．长春：中国汽车技术研究中心标准化研究所，2000.

[9] 中国汽车技术研究中心标准化研究所．汽车标准汇编[M]．北京：中国标准出版社，2010.

[10] 余志生．汽车理论[M]．北京：机械工业出版社，2009.

[11] 陈家瑞．汽车构造[M]．北京：人民交通出版社，2006.

[12] 陈焕江．汽车检测与诊断(上、下)[M]．北京：机械工业出版社，2012.

[13] 戴耀辉．汽车检测与故障诊断[M]．北京：机械工业出版社，2007.

[14] 李春明．汽车发动机燃油喷射技术[M]．北京：北京理工大学出版社，2008.